Der Aufbau des Sicherheitsapparates in Sachsen 1945–1949

AF890763

Europäische Hochschulschriften
Publications Universitaires Européennes
European University Studies

Reihe III
Geschichte und ihre Hilfswissenschaften

Série III Series III
Histoire, sciences auxiliaires de l'histoire
History and Allied Studies

Bd./Vol. 945

PETER LANG
Frankfurt am Main · Berlin · Bern · Bruxelles · New York · Oxford · Wien

Joachim Spors

Der Aufbau des Sicherheitsapparates in Sachsen 1945–1949

Die Gewährleistung von Ordnung und Sicherheit unter den Bedingungen eines politischen Systemwechsels

PETER LANG
Europäischer Verlag der Wissenschaften

Bibliografische Information Der Deutschen Bibliothek
Die Deutsche Bibliothek verzeichnet diese Publikation in der Deutschen Nationalbibliografie; detaillierte bibliografische Daten sind im Internet über <http://dnb.ddb.de> abrufbar.

88
ISSN 0531-7320
ISBN 3-631-50489-6

© Peter Lang GmbH
Europäischer Verlag der Wissenschaften
Frankfurt am Main 2003
Alle Rechte vorbehalten.

Das Werk einschließlich aller seiner Teile ist urheberrechtlich geschützt. Jede Verwertung außerhalb der engen Grenzen des Urheberrechtsgesetzes ist ohne Zustimmung des Verlages unzulässig und strafbar. Das gilt insbesondere für Vervielfältigungen, Übersetzungen, Mikroverfilmungen und die Einspeicherung und Verarbeitung in elektronischen Systemen.

www.peterlang.de

„Solange noch einige am Leben sind, die die Mißstände einer obrigkeitlichen Herrschaft erfahren haben, sind sie glücklich und zufrieden mit dem gegenwärtigen Zustand und achten nichts höher als die Freiheit des Wortes und der Meinung. Wenn jedoch eine neue Generation heranwächst und die Demokratie in die Hände der Enkel kommt, dann wissen sie diese Freiheit nicht mehr zu schätzen."

Polybios, griechischer Geschichtsschreiber, 200-120 v. Chr.

Vorwort

Die nachfolgende Untersuchung ist das Ergebnis mehrjähriger intensiver Arbeit. Bei dieser Arbeit haben mich viele unterstützt, denen ich zu Dank verpflichtet bin. Mein besonderer Dank gilt dabei Herrn Professor Dr. Ulrich Kluge von der Philosophischen Fakultät der Technischen Universität Dresden, meinem wissenschaftlichen Betreuer. Herr Professor Kluge gewährte mir vertrauensvoll und großzügig Freiraum, was ich als besonders angenehm und zugleich als Ansporn empfand. Danken möchte ich auch seinem Mitarbeiter, Herrn Privatdozent Dr. Winfrid Halder, der meine Arbeit ebenfalls stets kompetent und fördernd begleitete.

Die Ergebnisse meiner Untersuchung stützen sich in wesentlichen Teilen auf die im Sächsischen Hauptstaatsarchiv in Dresden befindlichen umfangreichen Aktenbestände. Mein Dank gilt daher auch den Mitarbeiterinnen und Mitarbeitern dieses Archivs, ohne deren Hilfe ein Erfolg in dieser Form nicht möglich gewesen wäre. Entsprechendes gilt für die Mitarbeiterinnen und Mitarbeiter anderer Archive und Institutionen.

Dank schuldig bin ich des Weiteren Herrn Professor Dr. Reiner Pommerin von der Technischen Universität Dresden und Herrn Professor Dr. Manfred Wilke vom Forschungsverbund SED-Staat an der Freien Universität Berlin. Beide waren neben Herrn Professor Dr. Kluge bereit, im Promotionsverfahren als Gutachter tätig zu werden. Auch Herr Professor Dr. Jürgen Schneider von der Otto-Friedrich-Universtät Bamberg, der sich in einer gründlichen Stellungnahme mit meiner Arbeit auseinandersetzte und weitere kompetente Hinweise gab, sei in diesen Dank einbezogen. Sämtliche Hinweise und Anregungen innerhalb und außerhalb des förmlichen Promotionsverfahrens empfand ich als konstruktiv und weiterführend. Ich bin ihnen - soweit möglich - gerne gefolgt.

Herzlich danken möchte ich schließlich meiner Frau, die mich auch bei dieser Herausforderung - wie immer - aufmerksam, wohlwollend und partnerschaftlich ermutigt und unterstützt hat.

Kornwestheim, im Herbst 2002 Joachim Spors

Inhaltsverzeichnis

1 Einleitung

„In der Polizeifrage verstehen wir keinen Spaß.“[1]

1.1 Zielsetzung und Forschungsstand

Die Aufarbeitung der Nachkriegsgeschichte in Sachsen

Im Rahmen der Anhörung der Enquete-Kommission des Deutschen Bundestages zur „Aufarbeitung von Geschichte und Folgen der SED-Diktatur in Deutschland“[2] monierte der Historiker Bernhard Marquardt wohl zu Recht, dass die Deutsche Volkspolizei nach dem Zusammenbruch der DDR „sowohl in dieser Phase der Agonie wie heute [...] nahezu jenseits allen Interesses und aller Kritik stand und steht“ und dass sich „Wut, Hass und Interesse [...] bis heute auf das Ministerium für Staatssicherheit als Inkarnation des Machtwillens der SED“ konzentriert hätten.[3] Diesen Hinweis oder - besser gesagt - diesen Vorwurf greift die nachfolgende Untersuchung auf. Dementsprechend sind „Interesse und Kritik“ hier nun umfassend und allgemein auf den Aufbau des deutschen Polizei- und Sicherheitsapparates nach dem Zweiten Weltkrieg in einem damaligen Bundesland bzw. Land der SBZ gerichtet. Bezogen auf Sachsen, dem wirtschaftlich stärksten Land in der SBZ[4], soll dieser Neuaufbau bis zur Gründung der DDR im Jahre 1949 Gegenstand der nachfolgenden Untersuchung sein.

Im Mittelpunkt dieser Untersuchung werden dabei zwei Fragen stehen, nämlich

1. die Frage nach der inneren Struktur des damals in Sachsen unter den Bedingungen eines politischen Systemwechsels aufzubauenden Polizei- und Sicherheitsapparates, also konkret die Frage nach den rechtlichen, organisatorischen und personalpolitischen Grundsätzen beim Aufbau dieses Sicherheitsapparates, und
2. hierauf aufbauend dann die Frage, wie unter den genannten Bedingungen die geforderte Ordnung und Sicherheit durch diesen Polizei- und Sicherheitsapparat gewährleistet werden sollte. Dabei wird konkret auch auf die einzelnen

---

[1] Walter Ulbricht auf der Innenministerkonferenz in Werder/Havel am 21./22. April 1948, SAPMO-BArch DY 30/IV 2/13/109, Bl. 260; Günther Glaser: Reorganisation der Polizei, S. 115.

[2] Diese Enquete-Kommission arbeitete während der 12. Wahlperiode des Bundestages (1990-1994).

[3] Bernhard Marquardt: Menschenrechtsverletzungen durch die Deutsche Volkspolizei, S. 710.

[4] Helga A. Welsh: Sachsen, S. 127; SächsHStA, LRS, MdI, Nr. 99, Bl. 48.

Dienstzweige, auf Spezialeinrichtungen und auf Schwerpunktaktionen einzugehen sein.

Diesen beiden Fragestellungen widmen sich die Abschnitte 3 und 4, welche den Hauptteil der Untersuchung ausmachen. Zuvor soll zum besseren Verständnis der Zusammenhänge im Abschnitt 2 kurz auch auf die nach dem Zweiten Weltkrieg in Sachsen bestehenden politischen Rahmenbedingungen eingegangen werden.

Da der Aufbau eines Sicherheitsapparates im damaligen Sachsen u. a. stets durch den Prozess einer so genannten „antifaschistisch-demokratischen Umwälzung" mit dem Ziele der Schaffung einer „antifaschistisch-demokratischen Ordnung" geprägt war, wird im Rahmen der gesamten Untersuchung immer wieder auch auf diese offiziell und verbal herausgestellte „Leitidee" einzugehen sein. Ebenso werden die Rolle der sowjetischen Besatzungsmacht und die besondere Bedeutung der Deutschen Verwaltung des Innern (DVdI) maßgeblich zu berücksichtigen sein.

Die nachfolgende Untersuchung ist einerseits chronologisch angelegt. Sie verknüpft diese Chronologie andererseits aber mit einer systematischen Gliederung, um so Zusammenhänge besser aufzeigen zu können. Auch auf relevante juristische Aspekte wurde wiederholt eingegangen. Ansonsten war aber schon aus Gründen der Übersichtlichkeit eine Konzentration auf die wesentlichen Entwicklungen unvermeidbar, zumal es ohnehin „keine Geschichte der Vergangenheit geben [kann], wie sie tatsächlich gewesen ist. Es kann nur historische Interpretationen geben, und von diesen ist keine endgültig." Jede wissenschaftliche Beschreibung von Tatsachen muss daher zwangsläufig selektiv und damit in einem gewissen Sinn „relativ" sein, „relativ allerdings einzig in dem Sinn, daß wir eine andere Beschreibung und nicht diese vorbrächten, wenn unser Standpunkt ein anderer wäre".[5]

Der Forschungsstand

Den meisten bis zur Wende im Jahre 1989/90 erschienenen Publikationen von DDR-Historikern über die eigene Geschichte muss heute mit Vorbehalten begegnet werden. Dies hängt mit systembedingten Vorgaben zusammen, wonach die DDR-Geschichtswissenschaft dem SED-Regime u. a. eine historische Legitimation zu verschaffen hatte. Sie hatte das zentrale Axiom der stalinistischen Ideologie zu untermauern, die Partei habe „immer Recht". Diese „Parteilichkeit" degradierte die DDR-Geschichte zur rückprojizierten Gegenwart. Geschichte

[5] Alle Zitate: Karl R. Popper: Alles Leben ist Problemlösen, S. 175 ff. und 187.

war dementsprechend so zu schreiben und zu interpretieren, wie sie nach der gerade gültigen Parteilinie hätte verlaufen sollen, aber nicht so, wie sie wirklich gewesen ist.[6] Für die linientreuen Historiker der stalinistischen und poststalinistischen Ära, die sich dem herrschenden Zeitgeist unterwarfen[7], war die Geschichtswissenschaft daher „nur eine Abteilung der Propaganda".[8] Gleichwohl lieferte die DDR-Geschichtswissenschaft mit anderen Wissenschaftszweigen trotz der genannten Einschränkungen vor allem in Einzelfragen wichtige Hinweise. In diesem Zusammenhang sei die von einem Autorenkollektiv unter Rolf Badstübner[9] vorgelegte „Geschichte der Deutschen Demokratischen Republik" genannt. Spezielle Bezüge zur Situation im Nachkriegssachsen enthalten darüber hinaus die Habilitationsschrift von Helfried Wehner[10] aus dem Jahre 1969 und die im Jahre 1989 abgeschlossene Dissertation von Klaus-Peter Krause.[11] Auch in diesen Abhandlungen wird aber selbstverständlich immer ein politisch „klarer", d. h. ein sozialistischer Standpunkt vertreten.

Die westdeutsche Geschichtswissenschaft hat in den Jahren vor der Wende zusammen mit anderen Wissenschaftszweigen versucht, gewissermaßen in Stellvertreterfunktion wichtige Lücken in der Erforschung der DDR-Geschichte zu schließen, und zwar für die hier behandelte Thematik mit durchaus bemerkenswertem Erfolg. Besonders hervorgehoben sei in diesem Zusammenhang die im Jahre 1973 erschienene Dissertation von Hartwig Lüers[12] mit dem Thema „Das Polizeirecht der DDR", deren Ergebnisse auch im Rahmen der vorliegenden Untersuchung Berücksichtigung fanden. Instruktiv und unverzichtbar ist außerdem nach wie vor das im Jahre 1990 von Martin Broszat und Hermann Weber herausgegebene „SBZ-Handbuch".[13]

Natürlich haben sich die Möglichkeiten der Erforschung der Geschichte der SBZ und der DDR nach den grundlegenden Veränderungen von 1989/90 ganz erheblich verbessert, nachdem nun die Möglichkeit einer umfassenden Einsichtnahme

---

6 Alle Zitate und Angaben: Hermann Weber: Aufbau und Fall einer Diktatur. S. 209 ff.

7 Karlheinz Blaschke: Die sächsische Landesgeschichte zwischen Tradition und neuem Anfang, S. 7.

8 Joseph Rovan: Geschichte der Deutschen, S. 730.

9 Noch im Jahre 1989 erschien unter Leitung von Rolf Badstübner ein besonderer Band 9 der „Deutschen Geschichte" mit dem Untertitel „Die antifaschistisch-demokratische Umwälzung, der Kampf gegen die Spaltung Deutschlands und die Entstehung der DDR von 1945 bis 1949".

10 Helfried Wehner: Proletarischer Internationalismus und sozialistische Besatzungspolitik.

11 Klaus-Peter Krause: Die Herausbildung und Entwicklung der Deutschen Volkspolizei unter Führung der marxistisch-leninistischen Partei im Land Sachsen 1945 bis 1952.

12 Hartwig Luers: Das Polizeirecht der DDR.

13 Martin Broszat/Hermann Weber (Hrsg.): SBZ-Handbuch. Staatliche Verwaltungen, Parteien, gesellschaftliche Organisationen und ihre Führungskräfte in der Sowjetischen Besatzungszone Deutschlands 1945-1949.

in noch vorhandene schriftliche Hinterlassenschaften in den Archiven der ehemaligen SBZ bzw. DDR besteht. Es gibt seitdem auch schon eine Anzahl von zeitgeschichtlich und sozialwissenschaftlich ausgerichteten Forschungsarbeiten, wobei die umfassenden Studien von Stefan Creuzberger[14] und Norman Naimark[15], die im Jahre 1996 bzw. 1997 erschienen sind, besonders hervorzuheben sind. Bemerkenswert sind weiter auch die 1999 erschienene Untersuchung von Jan Foitzik[16], die sich speziell mit der Sowjetischen Militäradministration in Deutschland befasst, sowie die im Jahre 2000 erschienene Untersuchung von Andreas Malycha[17] zur Geschichte der SED und ihrer Stalinisierung.

Speziell zur Nachkriegsgeschichte Sachsens bestanden bis vor kurzem allerdings noch erhebliche Defizite. Diese Defizite konnten in den letzten Jahren jedoch verringert werden, insbesondere durch eine Anfang 2000 veröffentlichte Dissertation von Andreas Thüsing zur Landesverwaltung und Landesregierung in Sachsen nach dem Kriege.[18] Diese behandelt den Sicherheitsapparat in Sachsen nach dem Zweiten Weltkrieg - der Themenstellung entsprechend - allerdings nur relativ pauschal. Der Polizeiverwaltung sind lediglich zehn Seiten gewidmet. Ansonsten sind aus neuester Zeit noch drei Untersuchungen zu nennen, die - teilweise - über ihre eigentliche Thematik hinaus wichtige Querschnittsinformationen zur Situation in Sachsen nach dem Kriege liefern. Einmal handelt es sich dabei um eine vom Hannah-Arendt-Institut in Dresden im Jahre 1999 herausgegebene Expertise zu den nach wie vor nicht völlig geklärten Umständen des plötzlichen Todes des damaligen sächsischen Ministerpräsidenten Rudolf Friedrichs[19] am 13. Juni 1947[20], zum anderen um eine im Jahre 1999 abgeschlossene Habilitationsschrift zur Wirtschaftspolitik und Wirtschaftsverwaltung in Sachsen nach dem Zweiten Weltkrieg von Winfrid Halder.[21] Schließlich gibt auch die unlängst veröffentlichte Dissertation von Dirk Belling, die sich mit der „Entwicklung der polizeilichen Aufgaben und Befugnisse der

---

[14] Stefan Creuzberger: Die Sowjetische Besatzungsmacht und das politische System der SBZ.

[15] Norman Naimark: Die Russen in Deutschland - die sowjetische Besatzungszone 1945-1949.

[16] Jan Foitzik: Sowjetische Militäradministration in Deutschland (SMAD) 1945-1949.

[17] Andreas Malycha: Die SED - Geschichte ihrer Stalinisierung.

[18] Andreas Thüsing: Landesverwaltung und Landesregierung in Sachsen 1945-1952.

[19] 09.03.1892-13.06.1947. Geb. in Plauen (Vogtland); 1913 Studium der Staats- und Rechtswissenschaften; 1914-1918 Soldat (zuletzt Leutnant der Reserve), Fortsetzung des Studiums; 1923 Zweite juristische Staatsprüfung; 1923-1933 Tätigkeit in der sächsischen Innenverwaltung; März 1933 Entlassung durch die Nationalsozialisten. - Vgl. Helmut Müller-Enbergs u.a.: Wer war wer in der DDR?, S. 228 mit weiteren Angaben.

[20] Michael Richter/Mike Schmeitzner: „Einer von beiden muss so bald wie möglich entfernt werden".

[21] Winfrid Halder: Modell für Deutschland. Wirtschaftspolitik und Wirtschaftsverwaltung in Sachsen 1945 -1948.

Gemeinden in Sachsen"[22] befasst, insbesondere zur Situation in der Zeit der Weimarer Republik wichtige Hinweise.

1.2 Thematische Eingrenzung und Quellenlage

Der Begriff „Sicherheitsapparat" und die thematische Eingrenzung

Bei der Verwendung des Begriffs „Sicherheitsapparat" folgt die nachfolgende Untersuchung grundsätzlich dem in Deutschland in einer langen Rechtstradition entwickelten Definitions- und Ordnungsschema. Hiernach waren bei der polizeilichen Gefahrenabwehr generell drei Dienstzweige zu unterscheiden, nämlich die Sicherheits-, Ordnungs- oder Schutzpolizei, die Kriminalpolizei und die Wohlfahrts- oder Verwaltungspolizei. Unter Polizei war dabei nach dem insbesondere in Preußen entwickelten „klassischen" materiellen Polizeibegriff[23] „alle Tätigkeit der öffentlichen Verwaltung zur Abwehr von Gefahren für die öffentliche Sicherheit und Ordnung sowie zur Beseitigung bereits eingetretener Störungen" zu verstehen. Auch in der Sowjetisch Besetzten Zone (SBZ) sowie bei der Deutschen Verwaltung des Innern (DVdI) galt nach dem Zweiten Weltkrieg im Prinzip dieses Ordnungsschema.[24]

Dementsprechend wurde in der nachfolgenden Untersuchung dem Begriff „Sicherheitsapparat" zunächst einmal alles zugeordnet, was - auf deutscher Seite - zum herkömmlichen Polizeivollzugsdienst, also zur Ordnungs- bzw. Schutzpolizei und zur Kriminalpolizei gehörte. Bei der Zuordnung der aus herkömmlicher Sicht grundsätzlich nicht zum Polizeivollzugsdienst zählenden Verwaltungspolizei war zu beachten, dass es hier in der SBZ bald neue Akzente gab, auf die noch näher einzugehen sein wird. Darüberhinaus war zu berücksichtigen, dass vom Polizei- und Sicherheitsapparat in der SBZ nach dem Zweiten Weltkrieg schon frühzeitig auch eine politisch ausgerichtete, „fortschrittliche" Gewährleistungsfunktion wahrzunehmen war, so dass der Begriff „Sicherheitsapparat" entsprechend zu ergänzen und zu erweitern war. Einbezogen werden in die Untersuchung musste daher auch der gesellschaftspolitische

---

[22] Dirk Belling: Die Entwicklung der polizeilichen Aufgaben und Befugnisse der Gemeinden in Sachsen.

[23] Carl Creifelds/Klaus Weber: Rechtswörterbuch, S. 991. Vom materiellen Polizeibegriff zu unterscheiden ist der institutionelle (organisatorische) und der formelle Polizeibegriff. - Vgl. ErwinWagner/Karl-Heinz Ruder: Polizeirecht, S. 31 ff. - Siehe auch Anmerkung 183.

[24] Dieter Marc Schneider: Innere Verwaltung/Deutsche Verwaltung des Innern (DVdI), S. 212.

Auftrag der Machtsicherung, der in besonderer Weise in sicherheitsrelevanten Spezialeinrichtungen - zum Beispiel in den Nachrichtenämtern, in der K 5-Organisation oder im polizeilichen Betriebsschutz - realisiert wurde.

In die Untersuchung nicht einbezogen wurden die ab Herbst 1948 gebildeten Ämter zum Schutz des Volkseigentums. Diese Ämter unterstanden den Landesinnenministern nur formal, insbesondere in dienstrechtlicher Hinsicht; ansonsten wurden sie nach den Vorgaben des Zentralen Ausschusses zum Schutz des Volkseigentums bei der Deutschen Wirtschaftskommission (DWK) durch Erich Mielke gesteuert.[25] Im Sinne einer Begrenzung wurden weiter auch die Vorläuferorganisationen der späteren Nationalen Volksarmee sowie die Grenzpolizei lediglich gestreift. Völlig ausgelassen wurden das Feuerwehrwesen und die Bahnpolizei bzw. die spätere Transportpolizei.[26] Schließlich blieben in der vorliegenden Untersuchung die sowjetische Geheimpolizei (MWD/KGB) ebenso unberücksichtigt wie sonstige sowjetische Spezialeinrichtungen (Militärtribunale, so genannte Technische Büros, Speziallager u. a.).

Eine auf Sachsen ausgerichtete Untersuchung zum Aufbau des deutschen Polizei- und Sicherheitsapparates könnte eigentlich bereits im Jahre 1947 oder 1948 enden, da es nach dem Kriege nur bis dahin eine - wenn auch in engen Grenzen - eigenständige sächsische Entwicklung auf dem Gebiet der inneren Sicherheit gab. Die Bildung und der forcierte Ausbau der Deutschen Verwaltung des Innern (DVdI) sowie der Deutschen Wirtschaftskommission (DWK) führte in der SBZ nämlich auch auf diesem Gebiet nun unter Ausschaltung föderalistischer Elemente und Kompetenzen ab Mitte1947 zu einer offen und systematisch betriebenen Zentralisierung. Da sich die verschiedenen Phasen der Zentralisierung jedoch zeitlich nicht immer klar eingrenzen lassen, wurde die Entwicklung in der Regel noch bis zur Gründung der DDR, also bis Ende 1949, knapp skizziert.

---

[25] Andreas Thüsing: Landesverwaltung und Landesregierung in Sachsen 1945-1952, S. 274 ff.; siehe hierzu auch den Beschluss der DWK vom 5. Mai 1948 „über die Funktionen des Ausschusses zum Schutz des Volkseigentums" - Zentralverordnungsblatt, S. 146.

[26] Die Bahnpolizei bzw. die spätere Transportpolizei unterstand in der SBZ praktisch von Anfang an der bereits im Sommer 1945 eingerichteten Zentralverwaltung Verkehr und ab Sommer 1946 dann der DVdI. - Vgl.: Wolfgang Mittmann: Die Transportpolizei, S. 537 ff. Das Feuerwehrwesen hingegen war trotz seiner gesellschaftspolitischen Bedeutung nach allgemeiner Auffassung als relativ „polizeifern" anzusehen. Dabei ist heute wie damals unstreitig, dass auch die Feuerwehr vom Inhalt her Aufgaben der Gefahrenabwehr wahrnimmt.

Die Quellenlage

Bernhard Marquardt beklagte in seinem Bericht für die Enquete-Kommission des Deutschen Bundestages auch, dass nach dem Zusammenbruch der DDR der auf das Ministerium für Staatssicherheit (MfS) konzentrierte Blick in Verbindung mit jener „Sicherheitspartnerschaft“ Ende 1989/Anfang 1990 zwischen Bürgerbewegung und Volkspolizei dazu geführt habe, dass keine Volkspolizei-Archive gestürmt und unter Kontrolle gebracht wurden. Die Volkspolizei habe daher bis zur staatlichen Vereinigung Zeit gehabt, ohne unmittelbaren zeitlichen Druck die eigenen Archive zu säubern.[27] Die gleiche Auffassung vertrat im Ergebnis auch Jochen Laufer, als er 1992 feststellte, dass „die Forschung und damit auch die Literatur zur Früh- bzw. Vorgeschichte des Sicherheitsapparates der DDR und zur Politik der SED auf diesem Gebiet sehr schwach entwickelt“ sei.[28]

Demgegenüber muss allerdings einschränkend festgestellt werden, dass Spuren einer „Säuberung“ der Archive für die hier in Frage stehende Phase der unmittelbaren Nachkriegszeit jedenfalls in der Zeit der Wende und bezogen auf Sachsen bei den Recherchen nicht feststellbar waren. Quellenmaterial zur „normalen“ Tätigkeit der Polizei aus der unmittelbaren Nachkriegszeit gibt es insbesondere im Sächsischen Hauptstaatsarchiv in Dresden reichlich, wenn auch nicht lückenlos. Genannt seien hier insbesondere die Aktenbestände des Präsidenten der Landesverwaltung Sachsen (LVS) bzw. des Ministerpräsidenten, des Innenressorts (MdI) und der Landesbehörde der Volkspolizei Sachsen (LBVPS), aber auch die Aktenbestände des ehemaligen Bezirksparteiarchivs der SED in Dresden (SED-BPA Dresden). Vorhandene Lücken zur „normalen“ Tätigkeit dürften nicht selten auf Zufälligkeiten oder auf Aussonderungen wegen Raummangels zurückzuführen sein.

Andererseits waren wichtigere Aktenbestände, insbesondere so genannte Verschlusssachen aus dieser Zeit, bei den Recherchen nur in Ausnahmefällen auffindbar. Auch wenn man unterstellt, dass seinerzeit vieles lediglich mündlich bei Dienstbesprechungen oder auch sonst „informell“[29] dekretiert worden sein mag, haben solche Verschlusssachen für das Polizeiwesen bzw. für den Sicherheitsapparat in Sachsen vermutlich aber durchaus existiert, und natürlich handelte es sich bei diesen Verschlusssachen dann um die eigentlich wichtigen Unterlagen. Sie waren in Sachsen jedoch wohl schon ab Mitte 1946 gesondert - vermutlich in Stahl- oder Panzerschränken - aufzubewahren, wie dies z. B. aus einer Rundverfügung des Polizeipräsidenten Dresdens vom 19. Juni 1946 hervorgeht.[30]

---

[27] Bernhard Marquardt: Menschenrechtsverletzungen durch die Volkspolizei, S. 710.
[28] Jochen Laufer: Die Ursprünge des Überwachungsstaates in Ostdeutschland, S. 146.
[29] Andreas Thüsing: Landesverwaltung und Landesregierung in Sachsen 1945-1952, S. 25.
[30] SächsHStA, LBVPS, Nr. 352, Bl. 1.

Auch bei den sowjetischen Streitkräften und bei der SMA galten für Verschlusssachen übrigens strenge Geheimhaltungsvorschriften.[31] Die spätere Dienstordnung der DDR vom 3. November 1949 schrieb die separate Aufbewahrung von sensiblen Unterlagen in Panzerschränken ebenfalls vor.[32] Wichtige Verschlusssachen der Nachkriegszeit mussten daher in Sachsen mit hoher Wahrscheinlichkeit längst vor der Wende u. a. auch deshalb vernichtet werden, weil die Kapazität der Stahl- oder Panzerschränke erschöpft war und Platz für neue Verschlusssachen geschaffen werden musste. Zuständig hierfür war in damaliger Zeit eine dem Innenminister unmittelbar zugeordnete Organisationseinheit (Abteilung) für Verschlusssachen, die auch ein auf der 1. Staatspolitischen Konferenz vom 23./24. Juli 1948 beschlossener „Normal-Strukturplan" ausdrücklich so vorsah.[33] Bereits vorher, nämlich mit Schreiben vom 8. April 1948, hatte die DVdI dem „Ministerium des Innern der Landesregierung Sachsen" einen Organisationsplan, der beim Sekretariat des Ministers auch eine „Abteilung Verschlußsachen" vorsah, „zur Realisierung"[34] überreicht. Diese Organisationseinheit war in der SBZ ansonsten so geheim, dass sie in der Regel nicht einmal in den allgemeinen Organisationsplänen mit aufgeführt wurde.

Soweit sich bei den Recherchen Lücken ergaben, ließen sich diese in der Regel jedoch durch eine Zusammenführung von „Indizien" schließen. Zusätzliche Hinweise gaben auch die einschlägigen Aktenbestände im Bundesarchiv in Berlin, insbesondere der Teilbestand „Deutsche Verwaltung des Innern" (DVdI) und der Bestand „Stiftung Archiv der Parteien und Massenorganisationen der DDR" (SAPMO). Auch ohne die Einbeziehung sowjetischer bzw. russischer Archive ermöglichte die Quellenlage im Rahmen dieser Untersuchung nach allem daher gut abgesicherte Ergebnisse.

---

[31] Jan Foitzik: Sowjetische Militäradministration in Deutschland, S. 288 ff..
[32] Jan Foitzik: Sowjetische Militäradministration in Deutschland, S. 20.
[33] SAPMO-BArch, DY 30/IV 2/110, Bl. 269.
[34] SächsHStA, LRS, MdI, Nr. 132 (nicht paginiert).

2 Die politischen Rahmenbedingungen in Sachsen

2.1 Die sowjetische Besatzungsmacht

2.1.1 Erste Weichenstellungen nach dem Kriege

Das Kriegsende in Sachsen

Alle am Zweiten Weltkrieg beteiligten Staaten, insbesondere aber die Sowjetunion, hatten durch diesen Krieg gewaltige Verluste erlitten. Neben großen Schäden materieller Art hatte allein die UdSSR ungefähr 20 Millionen Kriegstote zu beklagen.[35] Dass diese Tatsache für die sowjetische Politik, insbesondere auch bei den geforderten Reparationen[36], nicht ohne Auswirkungen sein konnte, ist nachvollziehbar. Jedenfalls begann dann mit der Besetzung durch sowjetische Truppen für die Bevölkerung Sachsens eine schlimme Zeit zwischen Hoffnung und Resignation. Diese Zeit war geprägt vom Gefühl, noch einmal davon gekommen zu sein, aber auch von allgemeiner Not in häufig zu Trümmerhaufen verwandelten Städten. Elend nach Flucht und Vertreibung sowie der Kampf ums Überleben zwischen Hunger und „Russenplage“ waren allgegenwärtig.[37] Hinzu kam die allgemeine Rechtlosigkeit mit Plünderungen und Vergewaltigungen.[38] Tauschgeschäfte und Schwarzhandel waren lebensnotwendig, aber auch Ausdruck der Tatsache, dass nicht einmal in der Stunde der totalen Niederlage Deutschlands alle Besiegten gleich übel dran waren. Ähnliche Probleme gab es auch in den anderen Besatzungszonen. Gleichwohl wurde die Situation unter der sowjetischer Besatzung allgemein als besonders drückend empfunden.

Sachsen war Ende April/Anfang Mai 1945 nur teilweise von sowjetischen Truppen besetzt worden. Die Gebiete entlang einer Linie westlich von Leipzig und Zwickau standen zunächst noch unter amerikanischer Besatzung. Es gab auch Gebiete um Stollberg und Schwarzenberg, die weder von amerikanischen noch von sowjetischen Truppen besetzt worden waren. Anfang Juli 1945 zogen sich die amerikanischen Truppen dann jedoch vereinbarungsgemäß zurück und

---

[35] Elke Scherstjanoi: Sowjetische Besatzungspolitik, S. 73.

[36] Die SBZ/DDR hat nach dem Krieg bis 1953 zweifellos den Löwenanteil der Reparationen getragen. - Vgl. Rainer Karlsch: Allein bezahlt?, S. 12.

[37] Peter Bloch: Zwischen Hoffnung und Resignation, S. 34

[38] Victor Klemperer: So sitze ich denn zwischen allen Stühlen, S. 138. (Allein für den Landkreis Görlitz wurden für die Zeit vom 17. Juli bis 1. August 1945 insgesamt 91 Übergriffe sowjetischer Besatzungssoldaten gemeldet. - SächsHStA, LRS, MdI, Nr. 278, Bl. 4.)

überließen die von ihnen besetzten Gebiete Sachsens der sowjetischen Besatzungsmacht.[39]

Unmittelbar nach der Besetzung bildeten sich so genannte antifaschistische Komitees und Ausschüsse, die provisorisch lebenswichtige Verwaltungsaufgaben übernahmen.[40] Die sowjetischen Kommandanturen gestatteten, dass sich „Antifaschisten" in diesen Komitees oder Ausschüssen „auf dem Boden des Kampfes gegen Reste des zerschlagenen Militär- und Staatsapparates" zusammenschlossen.[41] Zumeist schlugen die genannten Komitees oder Initiativgruppen sowie teilweise auch so genannte Frontbevollmächtigte des „Nationalkomitees Freies Deutschland" den zuständigen sowjetischen Militärkommandanten Persönlichkeiten vor, die daraufhin von diesen als Bürgermeister oder Landräte eingesetzt wurden.[42]

Es kam aber auch zu willkürlichen oder unkoordinierten politischen Aktivitäten sowjetischer Kommandanten. In Meißen hatte beispielsweise der dortige Kommandant unmittelbar nach Kriegsende die KPD zugelassen, obwohl die Zulassung von Parteien zu diesem Zeitpunkt besatzungspolitisch noch nicht vorgesehen war.[43] Hier erhielt der örtliche KPD-Chef das Amt des Bürgermeisters, der den städtischen Magistrat nach sowjetischem Vorbild in Kommissariate aufteilte. Betriebe wurden kurzerhand beschlagnahmt und in „sozialistische Unternehmen" umgewandelt. Auch wurden wohlhabendere Familien aus ihren Wohnungen vertrieben, die wiederum Arbeitern zur Verfügung gestellt wurden. Da dieser offen betriebene Sowjetisierungskurs[44] zum damaligen Zeitpunkt der offiziellen besatzungspolitischen Linie nicht entsprach, lösten die zuständigen vorgesetzten Stellen die kommunistische Parteiorganisation in Meißen kurzfristig wieder auf. Gleichzeitig annullierten sie alle Maßnahmen der revolutionären Heißsporne.[45]

---

[39] Otto Kaemmel: Sächsische Geschichte, S. 157.

[40] Reinhard Kluge: Grundlinien der Entwicklung, S. 1.

[41] SächsHStA, SED-BPA, Nr. I/B/035, Bl. 7.

[42] Stefan Creuzberger: Die Sowjetische Besatzungsmacht, S. 25.

[43] Die SMAD schuf die hierfür notwendigen rechtlichen Voraussetzungen erst mit Befehl Nr. 2 vom 10. Juni 1945.

[44] Der Begriff „Sowjetisierung" wird in dieser Untersuchung im Sinne der Beschreibung von Prozessen verwendet, welche die machtpolitische Einbeziehung in den sowjetischen Hegemonialbereich sowie die Umgestaltung des ökonomischen, sozialen und politischen Systems oder die kulturell-ideelle Nivellierung nach „sowjetischem Vorbild" bezweckten. Generell geht die deutsche und die internationale Forschung übereinstimmend davon aus, dass der Prozess der Sowjetisierungen im gesamten kommunistischen Machtbereich nach dem Zweiten Weltkrieg faktisch bereits unmittelbar nach dem Zweiten Weltkrieg einsetze und dass er dann von 1947/48 bis 1953 seine intensivste Phase durchlief. - Vgl. Michael Lemke: Sowjetisierung und Eigenständigkeit in der SBZ/DDR (1945-1953), S. 15.

[45] Stefan Creuzberger: Die Sowjetische Besatzungsmacht, S. 25.

Chaotische Zustände bestanden in der SBZ aber nicht nur unmittelbar nach dem Einmarsch der Roten Armee. Sie dauerten viele Monate und weit bis in das Jahr 1946 hinein. Im Herbst 1946 schließlich folgte nach entsprechenden Befehlen eine strenge Separierung sowjetischer Soldaten von der deutschen Bevölkerung. Die sowjetischen Einheiten verschwanden hinter hohen grünen Bretterwänden, und außerdienstliche Kontakte mit Deutschen wurden verboten. Auch der Besuch deutscher Restaurants, Nachtklubs, Bars und Theater war den Besatzungssoldaten nun ausdrücklich untersagt.[46] Diese grünen Bretterwände symbolisierten wohl am deutlichsten das wirkliche Verhältnis zwischen der deutschen Bevölkerung in der SBZ und den später häufig zu „Freunden" apostrophierten Soldaten aus der UdSSR.

Das Ziel der sozialistischen Umgestaltung

Die UdSSR übernahm nach dem Kriege ihre Rolle als Besatzungsmacht ohne spezielle Erfahrungen und - wahrscheinlich - auch ohne klares deutschlandpolitisches Konzept.[47] Die sowjetischen Offiziere und Fachleute in der SBZ waren ab Sommer 1944 zwar durch Schulungen auf ihre Tätigkeit als Besatzungsmacht vorbereitet worden. Allzu intensiv können diese Vorbereitungen und Schulungen im Vergleich zu denjenigen der westlichen Alliierten allerdings nicht gewesen sein. Marschall Shukow selbst bestätigte später jedenfalls ohne Umschweife, die sowjetische Seite habe hier „nichts" gehabt. Oft habe man Moskau konsultieren und von dort Anordnungen einholen müssen.[48]

Ob und gegebenenfalls in welchem Umfange bereits von Anfang an die gezielte Absicht bestanden hat, das besetzte Gebiet einer sozialistischen Umgestaltung nach sowjetischem Vorbild näher zu bringen, ist streitig. Stefan Creuzberger vertritt in seiner umfassenden, im Jahre 1996 erschienenen und auf der Grundlage von Moskauer Archivquellen erstellten Studie die These, die sowjetische Besatzungsmacht sei nach dem Kriege von Anfang an zielstrebig darauf aus gewesen, ein kommunistisch dominiertes Nachkriegsdeutschland mit prosowjetischer, „fortschrittlicher" Orientierung zu etablieren.[49]

Zu einem gegenteiligen Standpunkt gelangt der in Stanford lehrende Amerikaner Norman Naimark in seinem in deutscher Übersetzung im Jahre 1997 erschienenen Werk „Die Russen in Deutschland", das heute als Markstein der

---

[46] Jan Foitzik: Sowjetische Militäradministration in Deutschland, S. 70.
[47] Elke Scherstjanoi: Sowjetische Besatzungspolitik, S. 76.
[48] Jan Foitzik: Sowjetische Militäradministration in Deutschland, S. 44 ff..
[49] Stefan Creuzberger: Die Sowjetische Besatzungsmacht, S. 177, 180.

Forschungen über die sowjetische Deutschlandpolitik gilt.[50] Naimark setzt andere Prämissen als Creuzberger. Er geht davon aus, dass die Sowjetunion zu Beginn der Besatzungszeit noch nicht über ein geschlossenes deutschlandpolitisches Konzept verfügte. Deshalb wurden nach seiner Ansicht in der SBZ Sowjetisierungen, soweit sie stattfanden, von sowjetischen Offizieren nicht durchgeführt, weil es hierfür einen Plan gab, „sondern weil es die einzige ihnen bekannte Möglichkeit war, eine Gesellschaft zu organisieren".[51]

Auch dann aber, wenn, wofür vieles spricht, eine planmäßige Sowjetisierung in der SBZ unmittelbar nach dem Kriege zunächst noch nicht vorgesehen war, galt es aus der Sicht der sowjetischen Besatzungsmacht jedoch, unverzüglich eine „antifaschistisch-demokratische Ordnung" aufzubauen. Georgij Dimitroff, der Leiter der Abteilung für internationale Information beim ZK der Kommunistischen Partei der UdSSR, soll bereits Anfang 1944 in einem häufig zitierten Grundsatzreferat die wesentlichen Prinzipien der anzustrebenden „antifaschistisch-demokratischen Reformen" bzw. der „antifaschistisch-demokratischen Umgestaltung" entwickelt und erläutert haben. Nach seinen Ausführungen sollten in den „befreiten Ländern", gestützt auf alle „fortschrittlichen Kräfte", unter dem Schutz der Roten Armee einschneidende politische, gesellschaftliche und wirtschaftliche Umgestaltungen durchgeführt werden. Es sollte neben einer „demokratischen Agrarreform" u. a. auch zu einer „Beseitigung der privilegierten Stellung der Monopolgruppen" und zur „Abschaffung der Privilegien auf dem Bildungssektor" kommen.[52]

Der Begriff „Antifaschismus" wurde von den Sowjets und den Kommunisten in der SBZ jedenfalls von Anfang an intensiv und häufig benutzt. Er hatte den Vorteil, parteiübergreifend zu wirken und vielfältig interpretierbar zu sein. Mit diesem Begriff konnten sich im Kampf gegen Reste des Nationalsozialismus auch nicht kommunistische Kräfte identifizieren. Unstreitig setzten sich schließlich dann ab etwa Mitte 1947 sowohl in der sowjetischen Führung als auch in der Militärverwaltung der SBZ diejenigen Kräfte durch, die von Anfang an auf eine Sowjetisierung hingearbeitet hatten.[53] Jetzt war die Zeit derjenigen, die „den sozialistischen Staat wollten" und die sich nur „vorläufig" mit dem demokratischen Staat begnügt hatten, endgültig gekommen.[54]

Die spätere DDR-Geschichtsschreibung begann schon recht bald, die in der SBZ nach der bedingungslosen Kapitulation beginnende Phase der so genannten „antifaschistisch-demokratischen Umwälzung" zu glorifizieren. Die „demokratische

---

[50] Andreas Malycha: Die SED, S. 22.
[51] Norman Naimark: Die Russen in Deutschland, S. 586.
[52] Zitiert nach Stefan Creuzberger: Die Sowjetische Besatzungsmacht, S. 21 ff.
[53] Andreas Malycha: Die SED, S. 23.
[54] Victor Klemperer: So sitze ich denn zwischen allen Stühlen, S. 250.

Bodenreform" beispielsweise wurde „zur ersten großen Klassenauseinandersetzung zwischen den antifaschistisch-demokratischen Kräften und dem reaktionären Lager". Für DDR-Historiker trug sie den „Charakter einer anti-imperialistischen Agrarrevolution unter Führung der Arbeiterklasse", und das „Kernstück der antifaschistisch-demokratischen Umwälzung" bestand aus ihrer Sicht darin, der „Monopolbourgeoisie ihre wirtschaftliche Machtgrundlage" zu nehmen. Diesem Ziel diente die Überführung von Industriebetrieben in Volkseigentum. Die durch die Enteignungen neu geschaffenen volkseigenen Betriebe (VEB) wiederum wurden zur festen wirtschaftlichen Basis der sich entwickelnden „antifaschistisch-demokratischen Ordnung".[55]

Ansonsten nahm die sowjetische Besatzungsmacht für sich in Anspruch, sich an den Grundsätzen der Nachkriegspolitik in Deutschland zu orientieren, wie sie in den Konferenzen von Teheran (November 1943), Jalta (Februar 1945) und Potsdam (17. Juli bis 2. August 1945) festgelegt worden waren. Hierzu gehörten die Entmilitarisierung Deutschlands, die Entnazifizierung, die Dezentralisierung und Demokratisierung politischer Strukturen, die Entmachtung Preußens, die Vernichtung der Rüstungsindustrie u. a. Darüber hinaus betrieb sie in den ersten Nachkriegsjahren eine für die Bevölkerung sehr einschneidende, rigorose Reparations- und Demontagepolitik.[56]

2.1.2 Die sowjetische Militäradministration

Gründung, Struktur und Aufgaben

Am 5. Juni 1945 übernahmen die vier Siegermächte mit der so genannten Berliner Erklärung die oberste Regierungsgewalt in Deutschland. Es handelte sich um die „Erklärung in Anbetracht der Niederlage Deutschlands und der Übernahme der obersten Regierungsgewalt hinsichtlich Deutschlands durch die Regierungen des Vereinigten Königreiches, der Vereinigten Staaten von Amerika und der Union der Sozialistischen Sowjetrepubliken und durch die Provisorische Regierung der Französischen Republik".[57]

Einen Tag später, also am 6. Juni 1945, fasste der Rat der Volkskommissare in Moskau den „streng geheimen" Beschluss Nr. 1326/301, eine Militäradmini-

---

[55] Alle Zitate und Angaben: Rolf Badstübner: Geschichte der DDR, S. 48 ff.

[56] Stefan Creuzberger: SMAD, S. 17. Die SBZ/DDR hat nach dem Krieg bis 1953 zweifellos den Löwenanteil der Reparationen getragen. - Vgl. Rainer Karlsch: Allein bezahlt?, S. 12.

[57] Amtsblatt des Kontrollrats (Ergänzungsblatt Nr. 1), S. 7 ff.

stration für Deutschland einzurichten.[58] Gleichzeitig legte der Rat in einer internen Anordnung deren Zuständigkeit fest. Hiernach hatte die Sowjetische Administration in Deutschland die Aufgabe, „die Einhaltung der Bedingungen, die sich aus der bedingungslosen Kapitulation für Deutschland ergeben, zu kontrollieren, die Sowjetische Besatzungszone in Deutschland zu verwalten und die vereinbarten Beschlüsse des Kontrollrates zu grundsätzlichen militärischen, politischen, ökonomischen und anderen, für ganz Deutschland gemeinsamen Fragen durchzusetzen“.[59]

Nochmals drei Tage später schließlich, also am 9. Juni 1945, wurde mit dem Befehl Nr. 1 des „Obersten Chefs der Sowjetischen Militärverwaltung in Deutschland über die Organisation der militärischen Administration zur Verwaltung der sowjetischen Okkupationszone in Deutschland“ die Bildung der Sowjetischen Militäradministration in Deutschland (SMAD) mit Sitz in Berlin-Karlshorst als dem obersten Machtorgan für die SBZ offiziell bekannt gegeben.[60] Marschall G. K. Shukow wurde Oberster Chef, Armeegeneral W. D. Sokolowski Erster Stellvertreter und Generaloberst W. W. Kurasow Stabschef. Die SMAD bestimmte fortan - jedenfalls nach außen - als Repräsentantin der sowjetischen Staats- und Parteiführung im besetzten Deutschland „alle grundsätzlichen Entscheidungen [...] über die Neugestaltung des politischen, ökonomischen und geistig-kulturellen Lebens“ bis in die kleinsten Gemeinden der SBZ hinein.[61]

Bei der SMAD handelte es sich zu keinem Zeitpunkt um einen „nach einheitlichen Kriterien organisierten, monolithischen Besatzungsapparat“. Dem stand allein schon das „seit dem Zweiten Weltkrieg im militärischen Bereich gültige Prinzip der Mehrfachunterstellung“ entgegen.[62] Die meist im Hintergrund agierende Sowjetische Militärverwaltung versuchte, die ablaufenden politischen Prozesse auf allen Ebenen weitgehend nach ihren Vorstellungen zu gestalten. Ansonsten wurde „den von der Überlegenheit des bolschewistischen Weges zutiefst überzeugten sowjetischen Offizieren [...]von den zuständigen Politorganen der SMAD immer wieder die `klassenkämpferische´ Bedeutung ihrer Mission vergegenwärtigt“. Diese Mission bestand nicht allein darin, zum Aufbau eines neuen Deutschland beizutragen. Entsprechend dem Gebot politischer Wachsamkeit sollten vielmehr auch die Umtriebe „imperialistischer

---

[58] Stefan Creuzberger: Die Sowjetische Besatzungsmacht, S. 27 - mit weiteren Nachweisen.
[59] Zitiert nach Stefan Creuzberger: SMAD, S. 11.
[60] Amtl. Nachrichten, 1945, S. 3.
[61] Karl-Heinz Schöneburg u.a.: Die Errichtung des Arbeiter- und Bauernstaates, S. 35.
[62] Alle Zitate: Stefan Creuzberger, Die Sowjetische Besatzungsmacht, S. 40.

Kräfte“ entlarvt und die „Errungenschaften“ des Sozialismus in der UdSSR propagiert werden.[63]

Zur Wiederherstellung der öffentlichen Ordnung in der SBZ und zur gleichzeitigen Absicherung der von der sowjetischen Besatzungsmacht betriebenen Politik der „antifaschistisch-demokratischen Umwälzung“ wurde bei der SMAD auch das Amt des für Fragen der Zivilverwaltung zuständigen Stellvertretenden Chefs geschaffen.[64] Inhaber dieses Amtes war Generaloberst I. A. Serow. Serow war gleichzeitig Erster Stellvertretender Volkskommissar für Staatssicherheit der UdSSR. Er leitete die „eigentliche verwaltungsmäßige Schaltzentrale“ der SMAD, denn aufgrund seiner Verantwortung für den Kommandanturdienst besaß er auch die Befehlsgewalt über die örtlichen Militärkommandanturen sowie über die Länder- und Provinzialverwaltungen in der SBZ. Damit war er auch oberste Kontrollinstanz für die deutsche Zivilverwaltung. Über die ihm zugeordnete Abteilung (später Verwaltung) für innere Angelegenheiten steuerte er außerdem die sowjetischen Staatssicherheitsorgane in der SBZ maßgeblich.[65]

Die Aufgabenbereiche der verschiedenen Dienste und Einrichtungen der sowjetischen Besatzungsmacht überschnitten sich teilweise, so dass eine enge Zusammenarbeit erforderlich war, was jedoch nicht immer gelang. Die Innenabteilungen der SMAD und der NKGB/NKVD nahmen in allen Fragen der Entnazifizierung eine Schlüsselstellung ein.[66] Außerdem hatten sie bei der Verfolgung von Oppositionellen, Regimekritikern und „Klassenfeinden“ zu kooperieren, ebenso bei der Überwachung von Politikern, Parteien und Gewerkschaften.[67]

Eine der wichtigsten Aufgaben der Innenabteilung der SMAD - und der ihr nachgeordneten Fachabteilungen in den Ländern und Provinzen - bestand darin, einen zuverlässigen, schlagkräftigen deutschen Polizeiapparat in der SBZ zu errichten und unmittelbar anzuleiten.[68] Fragen der Polizeischulung und der politischen Erziehung fielen dabei ebenso in ihren Zuständigkeitsbereich wie die Festigung der SED-Vorherrschaft in den Polizeiorganen, die Ausarbeitung von Stellen- und Strukturplänen, die Säuberung von so genannten feindlichen und „innerlich fremden Elementen“ sowie die personelle und organisatorische Vorbereitung der K 5-Organisation, aus welcher 1950 dann das Ministerium für Staatssicherheit der DDR hervorging.[69] Parallel zu diesen Aufgaben befehligte und beaufsichtigte die Innenabteilung der SMAD auch die deutsche Justizver-

---

[63] Alle Zitate: Stefan Creuzberger, Die Sowjetische Besatzungsmacht, S. 180.
[64] Stefan Creuzberger: SMAD, S. 15.
[65] Stefan Creuzberger: SMAD, S. 16.
[66] Stefan Creuzberger: Die Sowjetische Besatzungsmacht, S. 31.
[67] Stefan Creuzberger: SMAD, S. 16; Karl Wilhelm Fricke: Politik und Justiz, S. 56.
[68] Stefan Creuzberger: Die Sowjetische Besatzungsmacht, S. 31.
[69] Stefan Creuzberger: Die Sowjetische Besatzungsmacht, S. 31.

waltung, die deutschen Gerichte, die Staatsanwaltschaften und die Gefängnisse.[70]

Zur Struktur der SMAD und deren Bedeutung liegen mittlerweile mehrere gründliche Untersuchungen vor. Die SMAD war hiernach „eine komplexe und differenzierte Organisation, die gleichzeitig mehrere, miteinander nicht immer vereinbare Ziele verfolgte".[71] Eines der größten Probleme dieser Organisation bestand darin, einen Stab qualifizierter und politisch zuverlässiger Fachleute zu halten bzw. zu gewinnen. „Die Militärregierung war durch und durch korrumpiert und nach Meinung der Partei moralisch degeneriert. Eine große Zahl von Offizieren mußte wegen verschiedenster Vergehen nach Hause geschickt werden, und es wurde immer schwieriger, Ersatz für sie zu finden."[72] Dieser personelle Engpass erklärt die Neigung der sowjetischen Behörden, möglichst viele Verwaltungsaufgaben auf die Deutschen zu übertragen. Ein Beispiel hierfür war die Übertragung der weiteren Entnazifizierung auf deutsche Instanzen durch den Befehl Nr. 201 vom 16. August 1947.[73]

Letztlich war die SMAD „kein Organ der sowjetischen Besatzungspolitik in Deutschland, sondern ihr Instrument. Die Definition und Artikulation der Interessen, Ziele und Methoden blieben Moskau vorbehalten."[74] Stalin selbst benutzte zumindest in der unmittelbaren Nachkriegszeit häufig persönlich die direkte Telefonverbindung zur SMAD in Berlin-Karlshorst, um auf diese Weise viele Fragen direkt mit Marschall Shukow zu regeln.[75] Insgesamt war die eigene Entscheidungskompetenz der SMAD eher gering; die Moskauer Zentrale behielt „alles in der Hand".[76] Allerdings konnte die „allgemeine Orientierung" aus Moskau, „ohne die konkrete Lage zu kennen", nicht immer realisiert werden.[77]

Die Sowjetische Militäradministration in Sachsen

Zur Errichtung von dezentralen sowjetischen Militäradministrationen in den fünf Ländern bzw. Provinzen der SBZ - und damit auch in Sachsen - kam es durch Befehl des Nr. 5 des „Obersten Chefs der Sowjetischen Militärverwaltung in

---

[70] Stefan Creuzberger: SMAD, S. 16.
[71] Jan Foitzik: Sowjetische Militäradministration in Deutschland, S. 13.
[72] Norman Naimark: Die Russen in Deutschland, S. 41.
[73] Zentralverordnungsblatt, S. 153.
[74] Jan Foitzik: Sowjetische Militäradministration in Deutschland, S. 423.
[75] Wladimir Semjonow: Von Stalin bis Gorbatschow, S. 210.
[76] Jan Foitzik: Sowjetische Militäradministration in Deutschland, S. 246 ff.
[77] Wladimir Semjonow: Von Stalin bis Gorbatschow, S. 198 ff.

Deutschland" vom 9. Juli 1945.[78] Chefs dieser Militärverwaltungen waren nominell die Oberbefehlshaber der in den Ländern und Provinzen stationierten Truppenverbände der Roten Armee. Diesen Oberbefehlshabern waren - wie auf der Ebene der SMAD - Stellvertreter für Fragen der Zivilverwaltung beigeordnet, die in den jeweiligen Ländern und Provinzen der SBZ die eigentlichen Verwaltungsaufgaben wahrnahmen.

Im Juli 1945 begannen also die sowjetischen Militärverwaltungen auf Länder- und Provinzialebene damit, ihren Verwaltungsapparat entsprechend dem vorgesetzten Hauptstab in Berlin-Karlshorst zu organisieren. Die sowjetischen Militäradministrationen in den Ländern und Provinzen der SBZ waren Außenstellen der SMAD in Berlin-Karlshorst und dieser Zentrale nachgeordnet.[79] Sie entsprachen bezüglich Aufgaben und Struktur der Zentrale. Dabei legten sie für ihren Zuständigkeitsbereich und in enger Absprache mit der Zentrale u. a. fest, wann und in welchem Umfange Maßnahmen für eine „antifaschistisch-demokratische Umwälzung" durchgeführt werden sollten. Letztlich beruhte die Zusammenarbeit mit der Zentrale in Berlin-Karlshorst auf den Prinzipien des so genannten „demokratischen Zentralismus". Die von der SMAD erlassenen Anordnungen und Befehle waren deshalb für alle Maßnahmen der Sowjetischen Militärverwaltungen in den Ländern und Provinzen verbindlich.[80]

Den deutschen Institutionen räumte die SMAD generell nur begrenzte Handlungsspielräume ein. Ihre Aufgaben blieben weitgehend auf exekutive Bereiche beschränkt. Deutsche Initiativen duldete die SMAD und damit auch die sowjetische Militärverwaltung in den Ländern und Provinzen nur, wenn sie mit dem besatzungspolitischen Gesamtkonzept vereinbar waren.[81] Abweichungen hiervon konnte es nicht geben.

Chef der sowjetischen militärischen Administration „im Bundesland Sachsen"[82] wurde gemäß Ziffer 2 e des Befehls Nr. 5 der SMAD vom 9. Juli 1945[83] Generaloberst M. E. Katukow; Stellvertretender Chef und zuständig für Fragen der Zivilverwaltung wurde Generalmajor D. G. Dubrowski. In dieser Eigenschaft war Dubrowski in Sachsen in besonderer Weise für die von der Besatzungsmacht betriebenen Politik der „antifaschistisch-demokratischen Um-

---

[78] Amtl. Nachrichten, S. 8.

[79] Stefan Creuzberger: Die Sowjetische Besatzungsmacht, S. 31.

[80] Stefan Creuzberger: SMAD, S. 19.

[81] Stefan Creuzberger: SMAD, S. 32.

[82] Auf diesen Befehl geht die Bezeichnung „Bundesland" zurück. In einem Rundschreiben des Sächsischen Innenministeriums vom 7. Januar 1947 hieß es allerdings dann schon, dass die Bezeichnung „Bundesland Sachsen" irreführend und schädlich sei, weshalb künftig die Bezeichnung „Land Sachsen" zu verwenden sei. - Vgl. SächsHStA, LRS, Ministerpräsident, Nr. 831, Bl. 4.

[83] Amtl. Nachrichten, S. 8.

wälzung“ verantwortlich. Da er von Anfang an für die Zusammenarbeit mit den deutschen Stellen zuständig war, trat er auch stärker in den Blickpunkt der deutschen Öffentlichkeit. Als der eigentliche geschäftsführende Chef der Besatzungsadministration in Sachsen wurde er ab etwa 1946 dann auch allgemein als „Chef“ tituliert.[84] Er galt als „kluger, weitsichtiger Marxist-Leninist“ und als „glühender Internationalist“.[85]

Der oben genannte Befehl vom 9. Juli 1945 war für Sachsen auch deshalb von Bedeutung, weil hier ausdrücklich die Einbeziehung des Westteils des bis dahin preußischen Regierungsbezirks Liegnitz (Provinz Niederschlesien) „in das Bundesland“ verfügt wurde, eine Maßnahme, die bis heute fortwirkt. Es handelte sich um die westlich der Oder-Neiße-Linie gelegenen, früher preußischen Gebiete um Hoyerswerda, Weißwasser und Görlitz. Die Fläche Sachsens wuchs damit von 14.995 Quadratkilometern im Jahre 1939 auf nun 16.992 Quadratkilometer.[86]

Die Ausstattung der Abteilungen bei der Sowjetischen Militäradministration in Sachsen (SMAS) richtete sich nach den jeweiligen Bedürfnissen. Ihr lag kein starres System zugrunde. Da Sachsen innerhalb der SBZ „fast die Hälfte der industriellen Potenzen aufzuweisen hatte, musste diese Tatsache in der Struktur der Besatzungsorgane berücksichtigt werden“. Ende 1946/47 gab es Abteilungen für Information/Propaganda, allgemeine Wirtschaft, Industrie, Brennstoff-, Energiewirtschaft und Bergbauindustrie, Erfassung und Verteilung der Materialkontingente, Handel und Erfassung, Planökonomie, Zwischenzonen- und Außenhandel, Transport, Wissenschaft und Technik, Land- und Forstwirtschaft, Nachrichtenwesen, Gesundheitswesen, Inneres sowie Volksbildung. Der Gesamtbestand der SMAS dürfte damals bei ca. 2000 Mitarbeitern gelegen haben.[87]

Sämtliche Anfragen, Anträge und Genehmigungsvorhaben der Landesverwaltung Sachsen (LVS) an die SMAS liefen offiziell ausschließlich über das Büro des Präsidenten der Landesverwaltung Sachsen bzw. später über die Kanzlei des Ministerpräsidenten. Der Schriftverkehr musste in deutscher und russischer Sprache erfolgen. Eine zügige Bearbeitung durch die SMAS war allerdings keineswegs gesichert. Genehmigungen konnten durch einfaches Gegenzeichnen oder durch handschriftliche Änderungen erfolgen oder durch die Weisung, in bestimmter Weise zu verfahren, eventuell aber auch durch mündliche Zustim-

---

[84] Jan Foitzik: Sowjetische Militäradministration in Deutschland, S. 150.
[85] Helfried Wehner: Proletarischer Internationalismus, S. 192.
[86] Andreas Thüsing, Landesverwaltung und Landesregierung in Sachsen 1945-1952, S. 60.
[87] Alle Zitate und Angaben: Helfried Wehner: Proletarischer Internationalismus, S. 193 ff.

mung oder Absprache. Teilweise gab es in angemessener Frist jedoch auch keinerlei Reaktion.[88]

Die SMAS war nicht zimperlich, wenn es darum ging, vermeintliche Fehler der LVS aufzudecken und auszumerzen. Mit Schreiben an den Präsidenten der LVS vom 31. Oktober 1946[89] beanstandete sie beispielsweise eine von der LVS erlassene Verordnung über die Behandlung ehemaliger NSDAP-Mitglieder vom 13. Oktober 1945[90] mit der Weisung, diese als „falsch und widersprechend aufzuheben". Dieser Weisung folgte dann umgehend in der Präsidialsitzung der LVS vom 7. November 1946[91] eine Aufhebungsverordnung.[92]

Auch sonst beschäftigte die SMAS die LVS mit Angelegenheiten aller Art. Beispielsweise teilte der Chef der Transportabteilung der SMAS dem Präsidenten Rudolf Friedrichs in einem am 30. Oktober 1946 eingegangenen Schreiben ohne Anrede und Grußformel lapidar mit:

„Sie haben Herrn Oskar Sch[...], dem Vertreter der Berliner Taximotorengesellschaft m. b. H., beim Einkauf von 150 Pkws, die keine Betriebsgenehmigung bekommen haben, Ihre volle Unterstützung zu gewähren."[93]

Und in einem Schreiben des Chefs der Abteilung Wirtschaftsplanung der SMAS vom 29. Oktober 1946 an den Präsidenten der LVS hieß es:

„Ordnen Sie an, dass an die Fa. Schneeberger, Ultramarinwerke bei Aue, zur Sicherstellung der Durchführung von Reparationslieferungen von Lacken und Farben aus dem Lager der Fa. Wiede & Söhne, Trebsen, 35 (fünfunddreißig) Tonnen Kaolin geliefert werden."[94]

Die Einflussnahme und die Überwachung der LVS durch die sowjetische Besatzungsmacht waren erheblich und häufig sicher auch ausgesprochen lästig. In Sachsen-Anhalt teilte beispielsweise der Präsident der dortigen Landesverwaltung in einer Sitzung des Präsidiums am 10. Oktober 1946 mit, er habe im laufenden Jahr nun den tausendsten Befehl „seines Generals" erhalten.[95] Im Land Sachsen dürften die Verhältnisse nicht anders gewesen sein.

Andererseits verfügten deutsche Stellen durchaus über Einfluss auf sowjetische Sachentscheidungen. Es bestand eine Gemengelage von Unterordnung und Eigeninitiative, von Opportunismus, Fatalismus und Gefolgschaftstreue, wobei

---

[88] Diese Praxis ergibt sich aus den einschlägigen Aktenbeständen der Landesregierung Sachsen - Ministerpräsident - beim Sächsischen Hauptstaatsarchiv in Dresden (SächsHStA, LRS, Ministerpräsident)

[89] SächsHStA, LRS, Ministerpräsident, Nr. 773, Bl. 4.

[90] Amtl. Nachrichten, S. 50.

[91] SächsHStA, LRS, Ministerpräsident, Nr. 773, Bl. 6.

[92] Gesetze, Befehle, S. 505.

[93] SächsHStA, LRS, Ministerpräsident, Nr.116, Bl. 144.

[94] SächsHStA, LRS, Ministerpräsident, Nr. 116, Bl. 139.

[95] Jan Foitzik: Sowjetische Militäradministration in Deutschland, S. 351.

„die Strukturen des Machtsystems [...] nicht eindeutig definiert“ waren und „zwischen deutschen und sowjetischen Linien [...] nicht immer oder nicht sinnvoll unterschieden werden“ konnte.[96]

2.2 Die Landesverwaltung in Sachsen

2.2.1 Neubeginn und Konsolidierung

Die Kommunen und die Bildung der Landesverwaltung Sachsen (LVS)

Symptomatisch für den in Sachsen unmittelbar nach dem Zweiten Weltkrieg zunächst auf kommunaler Ebene beginnenden Aufbau der Verwaltung war die Situation in Dresden. Mit dem Einmarsch der Roten Armee Anfang Mai 1945 nahm hier eine aus Moskau eingetroffene Initiativgruppe der KPD unter Leitung von Anton Ackermann ihre Tätigkeit auf. Ihr gehörten u. a. Hermann Matern, Kurt Fischer, Fred Oelßner, Heinrich Greif, Franz Greiner und Artur Hofmann an.[97] Von dieser Gruppe wurde Rudolf Friedrichs, ein sozialdemokratischer Jurist, für das Amt des Oberbürgermeisters vorgeschlagen. Seine Bestätigung durch den sowjetischen Stadtkommandanten erfolgte dann bereits am 10. Mai 1945.[98]

Die Auswahl und die Bestätigung von Rudolf Friedrichs entsprachen voll den allgemeinen Leitlinien, die Walter Ulbricht[99] als Leiter der Anfang Mai 1945 im Raum Berlin operierenden zehnköpfigen Initiativgruppe - der „Gruppe Ulbricht“ - dahingehend definiert hatte, dass Verwaltungen „richtig zusammengestellt werden“ müssten, dass dabei als Bürgermeister durchaus auch Bürgerliche oder Sozialdemokraten in Betracht kommen könnten, dass die Verantwortlichen für Personalfragen und Volksbildung aber „unsere Leute sein“ müssten und dass für den Aufbau der Polizei „ein ganz zuverlässiger Genosse“ ausfindig gemacht werden müsse. „Es ist doch ganz klar: Es muß demokratisch aussehen, aber wir müssen alles in der Hand haben“, hatte Ulbricht seinen Leuten eingeschärft.[100]

---

[96] Jan Foitzik: Sowjetische Militäradministration in Deutschland, S. 409.
[97] Agatha Kobuch: Die Personalpolitik der Landesverwaltung Sachsen, S. 681 ff.
[98] Reinhard Kluge: Grundlinien, S. 2.
[99] 30.06.1893-01.08.1973. Geb. in Leipzig;1907-1911 Tischlerlehre; 1915-1918 Soldat; 1926-1929 Landtagsabgeordneter in Sachsen (KPD); seit 1928 Mitglied des Reichstages; 1933 Emigration; 30.04.1945 Rückkehr aus der UdSSR nach Deutschland. - Vgl. Helmut Müller-Enbergs u.a.: Wer war wer in der DDR?, S. 868 mit weiteren Angaben.
[100] Alle Zitate: Wolfgang Leonhard: Die Revolution entläßt ihre Kinder, S. 364-365. Die Vorgaben Ulbrichts wiederum entsprachen den „Richtlinien“ der Moskauer KPD-Führung

Der „ganz zuverlässige Genosse" in Dresden für den Aufbau der städtischen Polizei war das KPD-Mitglied Kurt Fischer[101], der hier Erster Bürgermeister wurde.

Diese Vorgehensweise bei der Einrichtung einer eigenen deutschen Verwaltung auf der Ebene der Kommunen bestätigte später, im Jahre 1947, auch ein Bericht der Landesregierung Sachsen, wo es u. a. hieß:

„In der Regel bildeten sich entsprechend dem Vormarsch der Roten Armee in den einzelnen Gemeinden und Städten nach der Befreiung antifaschistische Komitees, auf deren Vorschlag [...] der Ortskommandant den Bürgermeister und in einzelnen Kreisen auch den Landrat ernannte. Diese suchten sich dann aus den Kreisen der antifaschistischen Bevölkerung die Kräfte, die für die Wiederingangbringung des Lebens notwendig waren, und übernahmen mit diesen die öffentliche Gewalt."[102]

Zur Bildung von deutschen Landes- oder Provinzialverwaltungen kam es in der SBZ dann - wie bereits erwähnt - durch Befehl Nr. 5 des Obersten Chefs der SMAD vom 9. Juli 1945.[103] Bereits vorher, nämlich schon am 4. Juli 1945, war die Landesverwaltung Sachsen (LVS) von der SMAD bestätigt worden.[104] Präsident der LVS wurde der bisherige Oberbürgermeister der Stadt Dresden, Rudolf Friedrichs, Stellvertreter und 1. Vizepräsident Kurt Fischer (KPD). Friedrichs war in den zwanziger Jahren u. a. „Mitarbeiter der revolutionären Zeigner-Regierung"[105] gewesen, und Kurt Fischer galt als besonderer Vertrauensmann Moskaus. Rudolf Friedrichs und die LVS arbeiteten „unter unmittelbarer Anleitung" der SMAS.[106]

Bei diesem Neubeginn auf Landesebene sollte es sich „nicht um einen Wiederaufbau oder eine Säuberung des alten, sondern um die Errichtung eines neuen demokratischen Verwaltungsapparates handeln, der sich auf alle demokratischen

---

„für die Arbeit der deutschen Antifaschisten in dem von der Roten Armee besetzten deutschen Gebiet" vom 5. April 1945. - Vergl. Hans-Peter Müller: „Parteiministerien", S. 349 ff.

101 01.07.1900-22.06.1950. Geb. in Halle; 1918-1921 Lehrerseminar in Eisleben und Merseburg; 1921 Emigration in die UdSSR; u. a. Agent des sowjetischen militärischen Nachrichtendienstes; Mai 1945 Rückkehr aus der UdSSR nach Deutschland. - Vgl. Helmut Müller-Enbergs u.a.: Wer war wer in der DDR?, S. 212 mit weiteren Angaben.

102 SächsHStA, LRS, MdI, Nr. 1676, Bl. 16.

103 Jan Foitzik: Sowjetische Militäradministration in Deutschland, S. 149 ff.

104 Andreas Thüsing: Landesverwaltung und Landesregierung in Sachsen 1945-1952, S. 58; Otto Kaemmel: Sächsische Geschichte, S. 159.

105 Erich Zeigner, SPD, hatte am 10. Oktober 1923 in Sachsen eine aus Sozialdemokraten und Kommunisten bestehende Landesregierung gebildet, die jedoch am 29. Oktober 1923 durch einen Reichswehreinmarsch aus dem Amt entfernt wurde. Opfer dieser „Reichsexekution" war Ende Oktober auch Rudolf Friedrichs, der damals verhaftet wurde. - Vgl. Michael Richter/Mike Schmeitzner: „Einer von beiden [...]", S. 39.

106 Reinhard Kluge: Grundlinien, S. 2 und 9.

Kräfte des Landes stützte".[107] Dementsprechend proklamierte Präsident Friedrichs im neuen amtlichen Mitteilungsorgan der LVS, in den „Amtlichen Nachrichten der Landesverwaltung Sachsen", unter der Überschrift „Das neue Sachsen" feierlich folgende Zielsetzungen:

„Ein wichtiger Schritt auf dem Weg zu einem neuen Deutschland, das wieder seinen Platz unter den Völkern finden will, ist die Bildung der Landesverwaltung Sachsen. Das Leben in unserer engeren Heimat soll wieder normal und gesund werden. Was verantwortungsbewußte Menschen in den Städten, Gemeinden und Landkreisen, durchdrungen von antifaschistischem Wollen, in den letzten Wochen getan haben und tun mußten, ohne Anweisung und Lenkung von oben und ohne auf eine Zentralverwaltung gestützt zu sein, soll jetzt in geordnete Bahnen gelenkt werden. Die Landesverwaltung Sachsen wird sich dabei auf alle aufbauwilligen Kräfte im Volk stützen. Eine neue Verwaltung ist im Entstehen. Ihre Träger sind neue Menschen, erfüllt von neuem Geist. Das wichtigste Instrument zur Durchführung ihrer schweren Aufgaben erhält die Landesverwaltung in den heute zum erstenmal hinausgehenden Amtlichen Nachrichten. Wir bauen auf!"[108]

Die konstituierende Sitzung des Präsidiums der neuen LVS fand in Dresden bereits am 9. Juli 1945 statt.[109]

Die neue Ordnung, die Arbeit der LVS und die ersten Wahlen

Der neuen LVS und ihrem neuen Präsidenten Friedrichs dürfte es, wenn auch mit unterschiedlichen Motiven, wirklich Ernst damit gewesen sein, nach den Schrecken der nationalsozialistischen Herrschaft etwas Neues, eine „antifaschistische Ordnung" zu schaffen und dabei den „neuen Menschen" in den Mittelpunkt zu stellen. Das Problem lag aber darin, dass es über diesen neuen Menschen und über den Inhalt einer „antifaschistischen Ordnung" völlig unterschiedliche Auffassungen geben konnte.

Teil der offiziell propagierten neuen Ordnung war es jedenfalls, die in der SBZ durch die sowjetische Besatzungsmacht mit SMAD-Befehl Nr. 2 vom 10. Juni 1945 neu zugelassenen Parteien (KPD, SPD, LDPD und CDU) zusammen mit dem FDGB bereits am 14. Juli 1945 zur „Bildung einer festen Einheitsfront der antifaschistisch-demokratischen Parteien", des so genannten antifaschistischen Blocks, zu veranlassen. In dem daraufhin auch in Sachsen gebildeten „Landesblock der antifaschistisch-demokratischen Parteien" sah die KPD eine maßgebliche Basis für die gemeinsame Arbeit, wobei das damalige Aktionsprogrammes

---

[107] Reinhard Kluge: Grundlinien, S. 2.
[108] Amtl. Nachrichten, 1945, S. 1.
[109] Agatha Kobuch: Die Personalpolitik der Landesverwaltung Sachsen, S. 686 ff.

vom 14. Juni 1945 die Einführung des sowjetischen Systems jedoch noch nicht vorsah. Der insoweit entscheidende Passus des genannten Programmes lautete:

„Wir sind vielmehr der Auffassung, daß die entscheidenden Interessen des deutschen Volkes in der gegenwärtigen Lage für Deutschland einen anderen Weg vorschreiben, und zwar den Weg der Aufrichtung eines antifaschistischen, demokratischen Regimes, einer parlamentarisch-demokratischen Republik mit allen demokratischen Rechten und Freiheiten für das Volk."[110]

Die vollständige Übernahme des Sowjetsystems wurde also unmittelbar nach Kriegsende von den Kommunisten offiziell zunächst abgelehnt. Statt dessen wurde damals - jedenfalls nach außen hin - von der KPD der Aufbau eines „antifaschistischen, demokratischen Regimes" und auch „einer parlamentarisch-demokratischen Republik mit allen demokratischen Rechten und Freiheiten für das Volk" gefordert.[111]

Auch Kurt Fischer, der 1. Vizepräsident der LVS, erklärte differenzierend in einer Rede vor den Lehrgangsteilnehmern der Parteischule der KPD in Ottendorf am 13. April 1946 noch, man könne „in unserer Arbeit nicht vollständig neue Wege beschreiten". Man müsse sich „auch an alte Wege, an demokratische Formen anpassen, ihnen jedoch einen neuen Inhalt verleihen". Es sei falsch, „die ganze Arbeit auf die eigenen Schultern zu nehmen". Vielmehr sei es zweckmäßiger, „genau abzuwägen und zu erkennen, wo [...] die Kommandohöhen" sind, um „dann diese zu besetzen, damit wir die Stellungen inne haben, von denen man die ganze Arbeit überblicken kann". Zu diesen Kommandohöhen zählte Fischer u. a. die Personalämter und die Polizei.[112]

Teil der neuen Ordnung war auch die am 21./22. April 1946 unter massivem Druck der sowjetischen Besatzungsmacht vollzogene Vereinigung von KPD und SPD zur SED.

Die neue LVS betrieb in der Folgezeit die von der sowjetischen Besatzungsmacht vorgezeichnete bzw. zugelassene und weitgehend von der „antifaschistischen Einheitsfront" bestimmte Blockpolitik. Es gab neben dem Präsidenten zunächst fünf Ressorts, und zwar Inneres und Volksbildung (Kurt Fischer, KPD), Wirtschaft, Arbeit und Verkehr (Richard Woldt, SPD), Ernährung und Landwirtschaft (Wilhelm Lenhard, parteilos), Justiz (Reinhard Uhle, LDP) und Finanzen und Steuern (Gerhard Rohner, CDU).[113] Der erste maßgebliche

---

[110] Fritz Weitzmann: Die Landesregierung Sachsen, S. 5.
[111] Hermann Weber: DDR, Dokumente zur Zeitgeschichte, S. 34 ff.
[112] Alle Zitate und Angaben: SächsHStA, LRS, MdI, Nr. 99, Bl. 50.
[113] Reinhard Kluge: Grundlinien, S. 2.

Geschäftsverteilungsplan der LVS wurde in den „Amtlichen Nachrichten“ vom 1. Dezember 1945 veröffentlicht.[114] Später erfolgten wiederholt Umbildungen.

Die neue LVS entfaltete eine rege Aktivität. Es fanden in der Regel wöchentlich Präsidialsitzungen statt, in welchen eine Vielzahl von Tagesordnungspunkten abgearbeitet wurde. Die in diesen Sitzungen gefassten Beschlüsse bezogen sich auf zu erlassende Verordnungen, Anordnungen, Bekanntmachungen sowie auf sonstige Grundsatz- und Personalentscheidungen im Zusammenhang mit dem Neuaufbau einer sächsischen Landesverwaltung. Bereits am 9. Juli 1945 wurde eine als besonders wichtig und vordringlich angesehene „Verordnung über die Beschäftigung im öffentlichen Dienst“.[115] Insgesamt fanden im ersten Jahr des Bestehens der LVS ca. 60 Präsidialsitzungen statt.[116]

Alle beschlossenen Maßnahmen und Entscheidungen waren in der Regel - wie bereits erwähnt - vorläufiger Natur. Für ihr Wirksamwerden bedurfte es der Genehmigung der SMAS, die wiederum aufgrund interner Kompetenzregelungen häufig die SMAD in Berlin-Karlshorst einschalten musste. Erst wenn die Zustimmung der sowjetischen Militärverwaltung vorlag, konnte eine vom Präsidium der LVS im Entwurf beschlossene Verordnung im amtlichen Mitteilungsorgan bekannt gemacht werden und damit in Kraft treten. Allgemeinen Grundsätzen einer geordneten Verwaltung entsprechend bestimmte eine „Verordnung über das Inkrafttreten von Verordnungen und sonstigen allgemein verbindlichen Anordnungen der Landesverwaltung“ vom 17. August 1945[117] hierzu nämlich ausdrücklich, dass Regelungen der LVS „verbindliche Kraft“ erst durch ihre Veröffentlichung in den „Amtlichen Nachrichten der Landesverwaltung Sachsen“ erlangen und dass diese Regelungen, „soweit sich aus ihrem Inhalt nicht etwas anderes ergibt, am ersten Tag nach ihrer Veröffentlichung in Kraft“ treten. In der Praxis wurde diese Verordnung allerdings nicht immer beachtet, insbesondere nicht im Bereich der inneren Sicherheit.

Theoretisch interessant war auch die Frage nach der Rechtsetzungsbefugnis der LVS überhaupt. Die Juristenfakultät der Universität Leipzig stellte hierzu in einem Gutachten vom 11. September 1945[118] u. a. mit Hinweisen auf die Zeit der Weimarer Republik Überlegungen an. Sie kam zu dem Ergebnis, die LVS habe eine nur bedingt und eingeschränkt bestehende Rechtsetzungsbefugnis. Erstaunlicherweise wurde in diesem Gutachten auf die aus dem Besatzungsrecht herzuleitende Rechtssetzungsbefugnis nicht eingegangen. Tatsache ist jedoch, dass die Existenz und damit die Kompetenzen der LVS ausschließlich auf Besat-

---

[114] Amtl. Nachrichten, S. 69.
[115] Amtl. Nachrichten, S. 1.
[116] SächsHStA, LRS, Ministerpräsident, Nr. 677, Bl. 2 ff.
[117] Amtl. Nachrichten, S. 19.
[118] SächsHStA, LRS, Ministerpräsident, Nr. 372.

zungsrecht beruhten. Rechtsetzungsakte, Anordnungen, Maßnahmen und bedeutendere Entscheidungen jedweder Art waren in den ersten Nachkriegsjahren praktisch immer auf Besatzungsrecht gegründet oder hieraus abgeleitet.

Eine formelle Klarstellung brachte der SMAD-Befehl vom 22. Oktober 1945[119], durch welchen den Verwaltungen der Länder und Provinzen ausdrücklich gesetzgeberische Befugnisse eingeräumt wurden. Die Ausübung dieser Kompetenzen durfte jedoch nur im Einklang mit „den Gesetzen und Befehlen des Kontrollrates und denen der sowjetischen Militärverwaltung“ erfolgen; sie durften diesen also nicht widersprechen.[120]

Am 1. September 1946 schließlich fanden in Sachsen die ersten Gemeindewahlen statt, denen am 20. Oktober 1946 die ersten Kreis- und Landtagswahlen nach dem Kriege folgten. Am 22. November 1946 trat zum ersten Male nach 1933 wieder ein aus allgemeinen Wahlen hervorgegangener sächsischer Landtag zusammen. Nach dem Ergebnis der Wahl hatte die SED 58 Sitze, die LPD 30 Sitze, die CDU 29 Sitze, die VdgB zwei Sitze und der Kulturbund einen Sitz.[121] Am 28. Februar 1947 verabschiedete der Sächsische Landtag dann die „Verfassung des Landes Sachsen“, die mit ihrer Verkündung im amtlichen Mitteilungsorgan am 15. März 1947 in Kraft trat.[122]

Nach der Wahl und der konstituierenden Sitzung des Sächsischen Landtages am 22. November 1946 hatte sich eine neue Situation ergeben. Die bisherige LVS, die „im Auftrag der Sowjetischen Militäradministration, getragen vom Vertrauen des Blocks der antifaschistischen Parteien, regiert hatte“, beschloss in der Präsidiumssitzung vom 10. Dezember 1946, ihre „Befugnisse an den Landtag und die neu zu bildende Regierung zu übertragen“.[123] Daraufhin wählte der Sächsische Landtag am 11. Dezember 1946 den bisherigen Präsidenten der LVS, Rudolf Friedrichs, zum ersten Ministerpräsidenten des Landes Sachsen nach dem Zweiten Weltkrieg. Friedrichs bildete eine aus acht Ministern bestehende Regierung. Die vom Landtag gebilligte Ministerliste (ohne Ministerpräsident) enthielt vier Mitglieder der SED sowie je zwei der LDP und der CDU.[124] Die neue sächsische Landesregierung war also einschließlich Ministerpräsident mehrheitlich mit SED-Mitgliedern besetzt, obwohl die SED bei den Landtagswahlen vom 20. Oktober 1946 die Mehrheit knapp verfehlt hatte. Eine parlamentarische Opposition gab es nicht.

---

[119] Tägliche Rundschau, Berlin, Nr. 141, vom 25. Oktober 1945.
[120] SächsHStA, LRS, MdI, Nr. 99, Bl. 121.
[121] Reinhard Kluge: Grundlinien, S. 4.
[122] Gesetze, Befehle, S. 103.
[123] Reinhard Kluge: Grundlinien, S. 5.
[124] Reinhard Kluge: Grundlinien, S. 5 ff.

Nach der sächsischen Verfassung bestimmte der Ministerpräsident „die Richtlinien der Regierungspolitik nach den vom Landtag aufgestellten Grundsätzen" (Art. 48). Er führte „den Vorsitz in der Regierung" und leitete „ihre Geschäfte" (Art. 49). Eine echte Richtlinienkompetenz war in damaliger Zeit allerdings nur sehr eingeschränkt möglich. Der Ministerpräsident leitete jedoch die Kabinettssitzungen wie er dies in ähnlicher Weise bereits als Präsident der LVS getan hatte, und er führte die „Geschäfte" auf Landesebene. Die „gesamte Korrespondenz zwischen den Ministerien der Landesregierung und der SMAS ging offiziell über das Büro des Ministerpräsidenten wie auch alle Befehle, die hier registriert und angereichert worden sind".[125] Der Frage, inwieweit diese formale Position den tatsächlichen Machtverhältnissen gegenüber anderen mächtigen Funktionsträgern (z. B. den Ministern Fischer und Selbmann) real entsprach, kann hier nicht nachgegangen werden. Das Gleiche gilt bezüglich der Frage des immer stärker werdenden Einflusses der SED.

Der Tod des ersten Ministerpräsidenten und die weitere Entwicklung

Die politische Bedeutung des sächsischen Ministerpräsidenten, welcher neben den Kontakten zur sowjetischen Besatzungsmacht u. a. auch für den Verkehr zu zentralen und regionalen Dienststellen sowie zu gesellschaftlichen Organisationen (z. B. Parteien, Gewerkschaften) und für die Kontakte zum sächsischen Landtag zuständig war, ging ab Frühjahr 1947 mehr und mehr zurück. Das Gleiche galt generell für die einzelnen Ministerien. Gleichzeitig nahm die Bedeutung der Zentralverwaltungen in der SBZ ständig zu. Die mehrjährige Agonie einer - wenn auch nur in Grenzen eigenständigen - sächsischen Landesverwaltung begann daher praktisch schon mit dem plötzlichen Tod des ersten sächsischen Ministerpräsidenten Rudolf Friedrichs am 13. Juni 1947.

Die sowjetische Besatzungsmacht hatte Friedrichs nach einer „streng geheimen" Auskunft des Chefs der Abteilung Propaganda der SMAS vom 27. März 1947 als „erfahrenen Staatsführer" geschätzt. Weiter hieß es in dieser Auskunft über ihn u. a.:

„Er vermochte die richtigen Formen zu finden, wie er seine Leitung mit der Arbeit der SMA in Sachsen in Einklang bringen konnte. Sein schneller Aufstieg, die Erlangung einer solch hohen Funktion und die Unterstützung seitens der SMA-Organe trägt in vielem dazu bei, daß er sich an der Politik der Sowjetunion orientiert. Dr. Friedrichs ist zweifellos daran interessiert, seine Position zu behalten. Durch seine geschickte Leitung deutscher Selbstverwal-

---

[125] SächsHStA, LRS, Findbuch Ministerpräsident, Einleitung, S. V.

tungsorgane erweckt er bei der Bevölkerung nicht den Eindruck, die Weisungen der SMA einfach nur auszuführen, deshalb genießt er beim größten Teil der Bevölkerung Autorität."[126]

Zu seinem Innenminister Kurt Fischer geriet Friedrichs in immer größeren Gegensatz, während er bei der sächsischen Bevölkerung ein hohes Maß an Achtung und Anerkennung besaß. Hinter „seiner unnahbaren, manchmal strengen Schale" stand nach dem Urteil von Zeitgenossen „wirklich ein Mensch", eine auf Pflichterfüllung, Sachlichkeit und Ausgleich hin ausgerichtete Persönlichkeit, deren „innerstes Bestreben" es war, „den Menschen den Glauben an die Gerechtigkeit wiederzugeben".[127] Er kann als Repräsentant einer ansatzweise noch parlamentarischen und demokratischen Regierungsform angesehen werden, während nach ihm die bis zur Wende im November 1989 andauernde Phase des fortschreitenden Zentralismus begann.

Zum Nachfolger von Rudolf Friedrichs bestimmte der sächsische Landtag am 30. Juli 1947 den linientreuen Max Seydewitz.[128] Friedrichs' Tod machte also in Sachsen den Weg endgültig frei für „ideologisch konforme Politiker und [für] das Zurückdrängen ehemaliger Sozialdemokraten zugunsten ehemaliger KPD-Mitglieder in der SED".[129] Max Seydewitz hatte ein völlig anderes Amtsverständnis als sein Vorgänger. Er fühlte sich als Beauftragter der Partei. Dementsprechend definierte er sein Amtsverständnis anlässlich einer Sitzung des Landesvorstandes der SED am 25. August 1947 in Dresden auch wie folgt:

„Da möchte ich ganz klar ausdrücken und herausstellen, daß wir, die Minister in der Regierung, Funktionäre und Beauftragte in der Partei sind, daß wir nicht neben der Partei Politik machen können, sondern in allen entscheidenden Fragen in vollster Übereinstimmung mit der Partei handeln müssen. Es hat sich in der Art, wie sich die Dinge von 1945 an entwickelt haben, gezeigt, daß die Leute nicht nur in der Regierung meinen, sie wissen die Dinge besser als die Partei. Ich habe [...] mit ganz besonderem Nachdruck immer wieder diesen Standpunkt vertreten, daß wir, die Genossen, die Funktionäre, die in der Regierung oder Verwaltung tätig sind, nicht Auftraggeber, sondern Beauftragte der Partei sind. Ich glaube, daß sich das im Laufe der Zeit durchsetzen wird."[130]

---

[126] Zitiert nach Michael Richter/Mike Schmeitzner: „Einer von beiden [...]", S. 302.

[127] Michael Richter/Mike Schmeitzner: „Einer von beiden [...]", S. 63 ff.

[128] 19.12.1892-08.02.1987. Geb. in Forst (Lausitz); Buchdruckerlehre; 1931-1933 Mitbegründer und Vorsitzender der Sozialistischen Arbeiterpartei; Emigration nach Prag, Norwegen, Schweden; Rückkehr nach Deutschland 1946.- Vgl. Helmut Müller-Enbergs u.a.: Wer war wer in der DDR?, S. 795 mit weiteren Angaben.

[129] Michael Richter/Mike Schmeitzner: „Einer von beiden [...]", S. 248; Seydewitz war im Jahre 1931 als Reichstagsabgeordneter aus der SPD ausgetreten. Er gründete dann mit Gesinnungsfreunden die Sozialistische Arbeiterpartei (SAP). Nach seiner Ausbürgerung im Jahre 1934 schloß er sich der KPD an.- Vgl. auch Andreas Thüsing: Landesverwaltung und Landesregierung in Sachsen 1945-1952, S. 218.

[130] SächsHStA, SED-BPA Dresden, Nr. A/759, Bl. 245.

Sächsischer Minister des Innern war und blieb Ende August 1948[131] Kurt Fischer. Fischer war im Zweiten Weltkrieg „hoher und erfahrener Geheimdienstoffizier des Generalstabes der Roten Armee“ gewesen. Zeitweise unterstanden ihm als sächsischer Ressortchef sechs Abteilungen, darunter das Personalamt der LVS, die Polizeiverwaltung, das Landesnachrichtenamt und das Volksbildungswesen. Damit vereinte er unmittelbar nach dem Kriege in Sachsen „die bedeutendsten Felder staatlicher Macht in seinen Händen“. Fischer galt als der neben Ulbricht „einflußreichste, geschickteste und energischste Repräsentant des russischen Kurses“.[132] Er stand für eine „aggressive Politisierung der sächsischen Polizei“.[133] Für diejenigen, die ihn gut kannten, galt er darüber hinaus als „ein korrupter, machtgieriger, vor nichts zurückschreckender Stalinist“.[134] Bei der Polizei war er anscheinend - zumindest teilweise - beliebt[135], dies wohl deshalb, weil er sich voll für deren Belange einsetzte.[136] Ihm folgten als Innenminister in Sachsen Wilhelm Zaisser[137] (1948-1949) und Artur Hofmann[138] (1949-1952), der langjährige „Chef der sächsischen Polizei“.[139]

---

[131] SächsHStA, LRS, MdI, Nr. 305, Bl. 167.

[132] Alle Zitate: Michael Richter/Mike Schmeitzner: „Einer von beiden [...]“, S. 50 und 77.

[133] Hans-Peter Müller: „Parteiministerien“, S. 410.

[134] Wolfgang Leonhard: Die Revolution entläßt ihre Kinder, S. 271 ff.

[135] Michael Richter/Mike Schmeitzner: „Einer von beiden [...]“, S. 96.

[136] Kurt Fischer wollte z. B. die von seinem Ministerium verwalteten Haushaltsmittel für die zentrale Beschaffung von Büroeinrichtungen entgegen der Zweckbestimmung nur für sein Ressort verwenden, wogegen seine Parteifreund, Wirtschaftsminister Selbmann, beim Ministerpräsidenten heftig remonstrierte. Als dieser die Angelegenheit in der „nächsten Kabinettssitzung“ behandeln wollte, lenkte Fischer mit Schreiben vom 29. April 1947 ein. - SächsHStA, LRS, MdI, Nr. 139 (nicht paginiert).

[137] 20.06.1893-03.03.1958. Geb. in Rotthausen (bei Gelsenkirchen); 1910-1913 Lehrerseminar in Essen; 1914-1918 Soldat (ab 1916 Leutnant); 1919 KPD; wiederholte Teilnahme an Schulungen in der UdSSR; Emigration und Spanienkämpfer; Februar 1947 Rückkehr aus der UdSSR nach Deutschland. - Vgl. Helmut Müller-Enbergs u.a.: Wer war wer in der DDR?, S. 946 mit weiteren Angaben.

[138] 24.06-04.05.1987. Geb. in Plauen (Vogtland); Ausbildung zum Maschinenschlosser; ab 1931 Mitglied der KPD; Emigration in die UdSSR, Mai 1945 Rückkehr aus der UdSSR nach Deutschland. - Vgl. Helmut Müller-Enbergs u.a.: Wer war wer in der DDR?, S. 369 mit weiteren Angaben.

[139] Die Bezeichnung „Chef der Polizei“ gab es nach einem Führererlass vom 17. Juni 1936 bereits in der Zeit des Nationalsozialismus. - RGBl. I, S. 487.

2.2.2 Die Ausschaltung föderalistischer Strukturen

Die Bildung von Zentralverwaltungen

Der Frage, wie die in der SBZ in der unmittelbaren Nachkriegszeit im Einklang mit den Vorgaben der Potsdamer Konferenz geschaffenen bzw. zugelassenen föderalistischen und dezentralen Strukturen zu gewichten sind, kann hier im Detail nicht nachgegangen werden. Die politische Entwicklung in der SBZ und damit auch in Sachsen war in den nachfolgenden Jahren jedenfalls maßgeblich von einem sich entwickelnden Konzentrations- und Zentralisierungsprozess geprägt. Dieser Prozess verlief nicht immer gleichförmig, sondern vielmehr in Schüben. Bereits am 25. Juli 1945 waren aber durch den SMAD-Befehl Nr. 17 für die SBZ insgesamt elf deutsche Zentralverwaltungen gebildet worden[140], die der SMAD unterstanden und nach ihren Direktiven arbeiteten sollten. Es handelte sich um ausschließlich besatzungsrechtlich legitimierte Einrichtungen, also um Hilfsorgane der SMAD. Eine Zentralverwaltung des Innern gab es damals in der SBZ allerdings zunächst noch nicht.

Die weitere Frage, ob die von der SMAD für die SBZ gebildeten Zentralverwaltungen gegenüber den Landesverwaltungen eine unmittelbare Weisungsbefugnis haben sollten, war offensichtlich von Anfang an umstritten. Sie wurde in der Sitzung des Präsidiums der LVS vom 17. November 1945 eingehend erörtert.[141] Diese Frage war zuvor auch schon Gegenstand einer Besprechung bei der SMAD am 13. und 14. November 1945 unter Leitung von Marschall Shukow gewesen.[142] Hiernach wurde das Verhältnis der Deutschen Zentralverwaltungen zu den Landes- und Provinzialverwaltungen dahingehend geklärt, dass den Zentralverwaltungen grundsätzlich nur Planungs- und Lenkungsaufgaben zufallen sollten. Lediglich auf bestimmten Gebieten wie Post und Eisenbahn sollten sie auch eine unmittelbare Verwaltungstätigkeit ausüben können. Dennoch erwies sich der Grundsatz, dass die Zentralverwaltungen in die Tätigkeit der Landesverwaltungen nicht unmittelbar eingreifen sollten, in der Folgezeit „als lediglich abstrakter Grundsatz, der die vorhandene Kompetenzkonfusion eher noch steigerte".[143]

Weil es eine Zentralverwaltung des Innern - wie bereits erwähnt - in der SBZ zunächst nicht gab, lag insoweit „das Schwergewicht der Verwaltungspraxis weiter in den Händen der Provinzial- und Landesverwaltungen, entsprechend

---

[140] BArch, DO 1/7.0/1, Bl. 2.
[141] Fritz Weitzmann: Die Landesregierung Sachsen, S. 48.
[142] SächsHStA, LRS, Ministerpräsident, Nr. 676, Bl. 322.
[143] Jan Foitzik: Sowjetische Militäradministration in Deutschland, S. 344.

den Beschlüssen der Berliner Konferenz der Siegermächte".[144] Generell war aber das Verhältnis der Zentralverwaltungen zu den Länder- oder Provinzialverwaltungen von Anfang nie frei von Spannungen. Die LVS sah sich deshalb schon Ende 1945 veranlasst, in einer besonderen Bekanntmachung über das „Aufgabengebiet der Landesverwaltung und der Zentralverwaltungen" ausdrücklich darauf hinzuweisen, dass eine Weisungsbefugnis der Zentralverwaltungen gegenüber der LVS grundsätzlich zu verneinen sei und dass der gesamte Schriftverkehr über „die Präsidenten der Länder und Provinzen" zu laufen habe.[145]

Später kam es in der SBZ auf der Grundlage des SMAD-Befehls Nr. 138 vom 4. Juni 1947 zur Bildung der „Deutschen Wirtschaftskommission" (DWK), die mit SMAD-Befehl Nr. 32 vom 12. Februar 1948 ausdrücklich ermächtigt wurde, für das gesamte Gebiet der SBZ verbindliche Beschlüsse zu fassen. Ziffer 4 dieses Befehls lautete dementsprechend wie folgt:

„Zur Durchführung der erwähnten Aufgaben wird der Wirtschaftskommission das Recht eingeräumt, Verfügungen und Instruktionen, die für alle deutschen Organe im Gebiet der sowjetischen Besatzungszone Deutschlands in Einklang mit der von der sowjetischen Militäradministration festgesetzten Ordnung verbindlich sind, zu beschließen und zu erlassen sowie deren Durchführung zu prüfen."[146]

Im März 1948 schließlich wurden die Präsidenten der meisten Zentralverwaltungen mehr oder weniger plötzlich zu Hauptabteilungsleitern der DWK degradiert.[147] An wichtigen deutschen Zentralbehörden bestanden in der SBZ jetzt nur noch die DWK und - worauf nachfolgend noch näher einzugehen ist - die Deutsche Verwaltung des Innern (DVdI). Damit war in der Beziehung zu den Ländern ein folgenreicher Durchbruch in Richtung Zentralisierung erzielt worden. Die mit Befehl Nr. 32 enthaltene Ermächtigung der DWK und die hiermit eingeleitete Gleichschaltung der gewählten Landesregierungen bedeutete einen wirklichen „Quantensprung bei der Sowjetisierung der SBZ".[148]

Die Gründung und die Aufgaben der DVdI

Die Entwicklung bei der DVdI verlief in der SBZ - wenn auch zeitlich versetzt - zunächst ähnlich wie bei den übrigen Zentralverwaltungen. Knapp ein Jahr nach dem SMAD-Befehl vom 25. Juli 1945 über die Bildung von elf Zentralverwal-

---

[144] Fritz Weitzmann: Die Landesregierung Sachsen, S. 47.
[145] Amtl. Nachrichten, 1945 S. 111.
[146] Zentralverordnungsblatt, S. 89.
[147] Hans-Peter Müller: „Parteiministerien", S. 381.
[148] Hans-Peter Müller: „Parteiministerien", S. 378.

tungen war es unter strenger Geheimhaltung auf der Grundlage des SMAD-Befehls Nr. 212 vom 30. Juli 1946 im abgelegenen Berlin-Wilhelmsruh nun auch zur Gründung der DVdI gekommen. Der genaue Wortlaut dieses Befehls konnte bis heute nicht ermittelt werden; es existiert lediglich eine Aktennotiz der DVdI vom 9. Januar 1948.[149] Die Gründe für die verdeckte Gründung liegen zwar im Dunkeln. Die Vermutung liegt aber nahe, dass dies in erster Linie mit der Aufgabenstellung dieser neuen Zentralverwaltung zusammenhing. Auch die DVdI war aber den Ländern und Provinzen der SBZ gegenüber zunächst nicht weisungsbefugt, was sich innerhalb von zwei Jahren dann jedoch grundlegend ändern sollte.

Das Hauptaufgabengebiet der neuen DVdI lag „zweifellos auf dem Gebiet der Polizei-Organisation und der Heranbildung eines geeigneten Nachwuchses für die ab 1946 in der SBZ verstärkten und zonal vereinheitlichten deutschen Polizeikräfte".[150] Erich W. Gniffke[151], damaliges Mitglied des Zentralsekretariats der SED, bestätigte später, dass die neue DVdI „vor allem die Aufgabe haben [sollte], eine zentralisierte, schlagkräftige Polizeitruppe zu schaffen, damit die SMAD nach und nach auch ihre Truppen verringern und sich anschließend ganz zurückziehen" konnte.[152] Eine solche Zentralisierung der Polizei stand jedoch im Widerspruch zum Potsdamer Abkommen vom 2. August 1945, wo unter Abschnitt III A Ziffer 9 festgelegt worden war, dass „die Verwaltung Deutschlands [...] in Richtung auf eine Dezentralisierung der politischen Struktur und der Entwicklung einer örtlichen Selbstverwaltung durchgeführt werden" sollte.[153]

Deshalb hatte die DVdI, deren erster Präsident der Altkommunist Erich Reschke[154] wurde, formell und nach außen hin gegenüber den Innenressorts der Länder und Provinzen zunächst auch nur eine mehr oder weniger planerische und koordinierende Funktion. Die tatsächliche Zielsetzung ging jedoch in eine andere Richtung. Dokumentiert wurde diese Zielsetzung später im Wortlaut einer „streng vertraulichen" und vom „Chef der Verwaltung des Innern" der SMAD erlassenen „Verordnung über die DVdI in der sowjetischen Besatzungs-

---

[149] BArch, DO 1/7.0/1, Bl. 16.

[150] Dieter Marc Schneider: Innere Verwaltung/Deutsche Verwaltung des Innern (DVdI), S. 211.

[151] 14.02.1895-04.09.1964. Geb. in Elbing; Kaufmann; 1913 SPD; ab 1928 Gauführer des Reichsbanners Schwarz-Rot-Gold; 1933 Schutzhaft; 1945 Mitbegründer der SPD; ab 1946 Mitglied des Parteivorstandes des SED und seines Zentralsekretariats; Oktober 1948 Flucht nach Westdeutschland. - Vgl. Helmut Müller-Enbergs u.a.: Wer war wer in der DDR?, S. 259 mit weiteren Angaben.

[152] Erich W. Gniffke: Jahre mit Ulbricht, S. 262 ff.

[153] Potsdamer Abkommen und andere Dokumente, S. 18

[154] 14.03.1902-21.11.1980. Geb. in Dortmund. Stahlbauschlosser, 1922 KPD; 1933-1945 U-Haft, Zuchthaus, KZ Buchenwald; 1945/46 Chef der Landespolizei Thüringen. - Vgl. Helmut Müller-Enbergs: Wer war wer in der DDR?, S. 696 mit weiteren Angaben.

zone Deutschlands“ vom Juli 1947[155], die nie veröffentlicht wurde. Sie bestimmte in § 1 klar und eindeutig , dass die DVdI alle Polizeiorgane in den Provinzen und Ländern der sowjetischen Besatzungszone Deutschlands „leitet“ bzw. leiten sollte.

Der SMAD-Befehl vom 30. Juli 1946 über die Bildung der DVdI galt aus kommunistischer Sicht als „eine wichtige Grundlage für die qualitative Weiterentwicklung der antifaschistisch-demokratischen Polizei [...], der einen umfassenden Prozeß der Zentralisierung der Polizei und der Erhöhung der Einflußnahme der Arbeiterklasse auf die öffentliche Ordnung und Sicherheit ermöglichte“.[156] Diese Zielsetzung musste in den Jahren 1946/47 im Hinblick auf die Festlegungen im Potsdamer Abkommen vom 2. August 1945 zunächst aber noch kaschiert werden.

Die forcierte Zentralisierung

In der zweiten Hälfte des Jahres 1947 und insbesondere im Jahre 1948 kam es in der SBZ dann zu einer weiteren Entkernung föderalistischer Strukturen und zum Aufbau einer „realen Demokratie“. Innenminister Kurt Fischer erklärte hierzu auf der Landesdelegiertenkonferenz der SED Sachsens, die vom 11. bis 13. September 1947 in Dresden stattfand:

> „Wir müssen uns darüber klar sein, dass wir erst beginnen, die reale Demokratie aufzubauen, daß wir erst mit kräftiger Arbeit das erste Fundament gelegt haben, das Fundament in der Bodenreform, in der Entmachtung der Kriegs- und Naziverbrecher in den Betrieben und in der Überführung ihrer Betriebe in die Hände des Volkes, daß wir erst den Grund gelegt haben durch das Bankengesetz, durch die Entmachtung der Bankherren [...]. Wir werden erst auf diesem Fundament diese reale Demokratie aufbauen müssen, die tatsächlich die Beteiligung der breitesten Schichten der Werktätigen in der Lenkung des Staates darstellen muss. [...]
>
> Die Änderung des Staatscharakters, die Umgestaltung des Staates aus einem Werkzeug der Beherrschung in den Händen der besitzenden Klassen in einen Staat des werktätigen Volkes, das ist es, was in den Staaten der Demokratie neuerer Prägung dem Übergang eines wesentlichen Teiles der Produktionsmittel in die Hände des Staates seine wahre Bedeutung verleiht.“[157]

Walter Ulbricht assistierte ihm auf der gleichen Konferenz, indem er betonte, dass die SED nun „wirklich auf dem besten Wege“ sei, sich zu „einer Partei

[155] BArch, DO 1/7.0/1, Bl. 55 ff. - abgedruckt am Ende dieser Untersuchung.

[156] Klaus-Peter Krause: Die Herausbildung und Entwicklung der Deutschen Volkspolizei, S. 12.

[157] BPA Dresden, Nr. A/748, Bl. 90 ff.

neuer Art, [...] zu einer wirklichen Kampfpartei"[158] zu entwickeln. Gleichzeitig lobte er die Abschaffung der Gewaltenteilung im Staat als wichtige und neue Errungenschaft.[159]

Noch bei der Innenministerkonferenz am 21./22. April 1948 in Werder erklärte das Mitglied des Zentralsekretariats der SED, Max Fechner, in Anwesenheit Walter Ulbrichts dann aber wieder einschränkend:

„Noch sind wir nicht so weit, daß die Innenminister, die Polizeigewaltigen, die Macht allein in der Hand haben. Wir sind für einen dezentralisierten Einheitsstaat, und für diesen treten wir ein."[160]

Schon wenig später gab es in der SBZ auf dem Gebiet der inneren Sicherheit jedoch einen weiteren Schub in Richtung Zentralisierung. Kurt Fischer, der bisherige sächsische Innenminister, trat am 11. Juli 1948 - wenige Tage nach der von den Sowjets verhängten Berlin-Blockade - als neuer Präsident an die Spitze der DVdI. Als „loyaler Diener Moskaus"[161] war er für dieses wichtige Amt besonders prädestiniert. Unter Kurt Fischer konzentrierte sich die DVdI in ihrer Tätigkeit nun auf die generelle „Sicherung der revolutionären Errungenschaften" und auf die energische Durchsetzung zentraler Leitungskompetenzen. Besonders wichtig waren jetzt „der weitere Ausbau und die politische Stärkung der Polizeiorgane sowie die Sicherung der Zonengrenzen, der energische Kampf gegen die subversive Tätigkeit, gegen Wirtschaftssabotage, Schieber und Schwarzhändler und nicht zuletzt die systematische Schulung aller Mitarbeiter der Deutschen Verwaltung des Innern und aller Mitarbeiter der staatlichen Verwaltung".[162]

Die nun forcierte Zentralisierung und die damit verbundene Stärkung der Kompetenzen der DVdI führte zu einer Aushöhlung der entsprechenden Zuständigkeiten auf Länderebene. Auch trat die DVdI nach dem Amtsantritt Fischers jetzt auch nach außen hin sichtbar und bestimmend auf. Schließlich veröffentlichte sie am 7. Dezember 1948 erstmals eine eigene „Verordnung über die

---

[158] SächsHStA, SED-BPA Dresden, Nr. A/748, Bl. 290. - Gemeint war die Umbildung in eine „Partei neuen Typus", d. h. in eine „revolutionäre Kampfpartei der Arbeiterklasse". Nach kommunistischer Auffassung war eine solche Partei „die Voraussetzung für die erfolgreiche Verwirklichung der historischen Mission der Arbeiterklasse." Sie sollte „eine marxisitisch-leninistische Partei" sein, die „die Vereinigung von wissenschaftlichem Kommunismus und revolutionärer Arbeiterbewegung" verkörpert. Gleichzeitig sollte sie auch „die höchste Form der gesellschaftlich-politischen Organisation" darstellen. Dabei war sie nach eigenem Selbstverständnis der „bewußte und organisierte Vortrupp der Arbeiterklasse und des werktätigen Volkes". - Vgl. Meyers Neues Lexikon, Bd. 10, S. 486.

[159] SächsHStA, SED-BPA Dresden, Nr. A/748, Bl. 302.

[160] SAPMO-BArch, DY 30/IV 2/13/109, Bl. 240.

[161] Norman Naimark: Die Russen in Deutschland, S. 448.

[162] Karl Wilhelm Fricke, Die DDR-Staatssicherheit, S. 20.

Ausgabe einheitlicher Personalausweise an die Bevölkerung der sowjetischen Besatzungszone Deutschlands" vom 18. November 1948[163] im Zentralverordnungsblatt, womit die DVdI spätestens von diesem Zeitpunkt an nun Regelungskompetenzen für das gesamte Gebiet der SBZ offen wahrnahm.

Gewisse Restaufgaben und Kontrollfunktionen der Länder im Polizeiwesen der SBZ gab es im Herbst 1948 allerdings immer noch. Anlässlich einer Konferenz der Ministerpräsidenten, der Landesvorsitzenden der SED und von Wirtschaftsfunktionären am 10. Oktober 1948 stellte Walter Ulbricht hierzu fest:

„Im Landesmaßstab soll die Polizei vom Innenministerium nicht vollständig getrennt werden. Selbstverständlich bekommt die Polizei ihre Direktiven von oben nach unten, aber der Innenminister hat sich mit den Polizeifragen sehr gründlich zu beschäftigen und dort zu kontrollieren. Außer der Parteikontrolle gibt es also noch eine Kontrolle des Innenministers."[164]

Im folgenden Jahr schließlich war dann aber offenbar auch die Frage der Kontrolle gelöst. Mit der Gründung der DDR am 7. Oktober 1949 gab es in der DDR nämlich nun keinerlei Zuständigkeiten der Länder auf dem Gebiet der inneren Sicherheit mehr.

---

163 Zentralverordnungsblatt, S. 548.

164 Zitiert nach Günther Glaser: Reorganisation der Polizei, S. 192.

3 Die innere Struktur der Polizei und der personelle Neuaufbau

3.1 Die rechtlichen Grundlagen

3.1.1 Der Neuanfang und die Fortgeltung alten Rechts

Der programmatische Neubeginn

Die LVS hatte ihre Arbeit am 4. bzw. 9. Juli 1945 ostentativ mit dem Ziele eines radikalen Neuanfangs begonnen. In der ersten programmatischen Mitteilung des Präsidenten der LVS, die am 24. Juli 1945 in den „Amtlichen Nachrichten der Landesverwaltung Sachsen" veröffentlicht wurde, war - wie bereits erwähnt - auf die neue Verwaltung, auf den neuen Geist und überhaupt auf den neuen Menschen ausdrücklich abgehoben worden.[165] Diese Zielsetzung sollte selbstverständlich auch und in besonderer Weise für die neue Polizei gelten, die „Sicherungs- und Schutzaufgaben von großer Vielfalt und einem außerordentlichen Umfang zu bewältigen"[166] hatte.

Die bereits erwähnte und unmittelbar nach ihrem Amtsantritt durch die neue LVS beschlossene „Verordnung über die Beschäftigung im öffentlichen Dienst" vom 9. Juli 1945[167] diente diesem Ziel. Diese Verordnung sollte „nach dem Zusammenbruch des nationalsozialistischen Parteistaates die Neugestaltung des gesamten öffentlichen Lebens" und den „Neuaufbau des Staates im Sinne wahrhafter Demokratie, frei von nationalsozialistischem und militaristischem Ungeist" sichern. Deshalb ordnete die LVS in § 1 dieser Verordnung „mit Gesetzeskraft" auch an, dass „jede Beschäftigung (Wiedereinstellung und Neueinstellung) als Beamter, Angestellter oder Arbeiter im öffentlichen Dienst des Landes, der Gemeinden und aller sonstigen öffentlich-rechtlichen Körperschaften" bis auf weiteres „nur vorläufig" erfolgen und „keinen Anspruch auf dauernde oder endgültige Verwendung" im öffentlichen Dienst begründen sollte.

Hierauf aufbauend wurden in einer weiteren Verordnung der LVS „über den personellen Neuaufbau der öffentlichen Verwaltungen" vom 17. August 1945[168] Grundsätze für eine Beschäftigung im öffentlichen Dienst in Sachsen definiert. In dieser Verordnung wurde u. a. auch festgestellt, dass mit der Zerschlagung des nationalsozialistischen Staates „gleichzeitig der gesamte Verwaltungsappa-

---

165 Amtl. Nachrichten, S. 1.

166 Karl-Heinz Schöneburg: Die Errichtung des Arbeiter- und Bauernstaates, S. 227 ff.

167 Amtl. Nachrichten, S. 1.

168 Amtl. Nachrichten, S. 19.

rat dieses Staates zu bestehen aufgehört" habe, weshalb „jetzt nicht der Wiederaufbau oder die Säuberung des alten, sondern die Bildung eines neuen demokratischen Verwaltungsapparates, gestützt auf alle freiheitlichen und fortschrittlichen Kräfte des Landes, durchgeführt" werde.

Ehemalige Mitglieder der NSDAP und bestimmter nationalsozialistischer Organisationen durften nach der Verordnung vom 17. August 1945 im öffentlichen Dienst grundsätzlich nicht beschäftigt werden. Auf ehemalige Mitglieder der NSDAP sollte die genannte Verordnung dann jedoch keine Anwendung finden, wenn sie „eine gegen den Nazismus oder den Krieg gerichtete antifaschistische Tätigkeit nachweisen können". Ansonsten sollten „Ausnahmen für eine vorübergehende Beschäftigung" u. a. dann zulässig sein, „wenn die Fachkenntnisse des Betreffenden und das Fehlen einer geeigneten anderen Kraft sowie die Durchführung der von der Landesverwaltung gestellten Aufgaben die Beschäftigung unbedingt erfordern". Für „alle die, die in der Zeit von 1933 bis 1945 als Polizeibeamte tätig waren, soweit sie nicht in dieser Zeit eine antifaschistische Tätigkeit nachweisen können", sollte es allerdings keinerlei Ausnahmen geben.[169]

Die strikte Anwendung und Durchsetzung dieser Vorgaben musste beim Neuaufbau des Polizei- und Sicherheitsapparates in Sachsen selbstverständlich zu großen Schwierigkeiten führen, worauf an anderer Stellen noch näher einzugehen sein wird. Gleichwohl wurde auf die Einhaltung der genannten Grundsätze in der Folgezeit wiederholt und energisch hingewiesen, u. a. in einem Rundschreiben des Chefs der sächsischen Polizei vom 18. Oktober 1945 an die „Herren Oberbürgermeister der kreisfreien Städte, Landräte und Polizeipräsidenten".[170]

Die Verordnung vom 17. August 1945 bildete nach allem eine wichtige, eine maßgebliche Grundlage für das Personalwesen im Bereich der neu aufzubauenden Polizei in Sachsen. Zu Verbeamtungen kam es dabei nicht mehr; auch die bisherigen Beamtengehälter oder Pensionen wurden drastisch reduziert.[171] Bestimmte Titulierungen der früheren Beamten (z. B. Regierungsrat, Ministerialrat oder Ministerialdirektor) blieben für die Angestellten in der staatlichen Verwaltung Sachsens aber noch bis 1949 im Gebrauch. Mit der Gründung der DDR verschwanden jedoch auch diese Titulierungen. An ihre Stelle traten durchgängig Funktionsbezeichnungen wie „Leiter", „Referent" oder „Sachbearbeiter".[172]

---

[169] Ebenda.
[170] SächsHStA, LRS, MdI, Nr. 278, Bl. 38.
[171] Dieter Marc Schneider: Innere Verwaltung/Deutsche Verwaltung des Innern (DVdI), S. 207.
[172] Fritz Weitzmann: Landesregierung, S. 10.

Später stellte auch die Deutsche Wirtschaftskommission (DWK) in § 3 der „Verordnung zur Senkung der Personalkosten" vom 24. November 1948[173] bestätigend fest, dass mit dem Zusammenbruch des Deutschen Reiches „der gesamte Verwaltungsapparat mit den sich daraus für die Beschäftigten ergebenden Konsequenzen zum Erliegen gekommen" sei, so dass „für die Anrechnung von Dienstzeiten auf die Besoldung für die Zeit vor dem 9. Mai 1945 kein Raum vorhanden" sei. Damit hatte sich die von der sächsischen Landesverwaltung von Anfang an vorgegebene Linie zonenweit durchgesetzt.[174] Mit dem 1. Februar 1949 galt in der SBZ auch ein neues Tarifrecht im öffentlichen Dienst.[175]

Die Abschaffung des Berufsbeamtentums galt in der späteren DDR-Geschichtsschreibung übrigens neben der Bodenreform und der Verstaatlichung der Wirtschaft als „ein herausragender Akt bei der Umgestaltung der gesellschaftlichen Verhältnisse".[176] Maßgeblich für die endgültige Abschaffung war letztlich auch die Tatsache, „daß sich die Prinzipien des Berufsbeamtentums und der Kaderverwaltung[177] einander diametral widersprachen".[178]

Die Fortgeltung alten Rechts

Die Notwendigkeit des Neuaufbaus einer deutschen Polizei bestand nach dem Zusammenbruch des Hitlerregimes im Mai 1945 in allen Besatzungszonen. Einen völligen Neuanfang bei Null konnte es gleichwohl nirgends geben. Zumindest die örtliche Verwaltungsstruktur wurde praktisch überall beibehalten. Alle vier Besatzungsmächte beschränkten sich damals schwerpunktmäßig darauf, für eine grundlegende personelle Erneuerung zu sorgen. Neue Rechtsgrundlagen für

---

[173] Zentralverordnungsblatt, S. 545.

[174] Dieter Marc Schneider: Innere Verwaltung/Deutsche Verwaltung des Innern (DVdI), S. 208.

[175] Curt Garner: Öffentlicher Dienst, S. 146.

[176] Dieter Marc Schneider: Innere Verwaltung/Deutsche Verwaltung des Innern (DVdI), S. 210.

[177] Unter „Kadern" verstand man besonders ausgebildete und geschulte Nachwuchs- bzw. Führungskräfte in Staat und Wirtschaft. Die leitenden Prinzipien der Kaderauslese wurden vom sowjetischen Vorbild vorgegeben: Die neue Elite sollte die alten bürgerlichen Herrschaftsschichten ersetzen und dabei vorzugsweise der Arbeiterklasse entstammen. Das Anforderungsprofil umfasste eine - nicht weiter spezifizierte und gewichtete - Kombination von Sachkenntnis und administrativ-organisatorischen Fähigkeiten, marxistisch-leninistische Bildung, politische Loyalität und „klassenmäßiges" Verhalten. Politische Zuverlässigkeit rangierte weit vor Fachwissen. - Vgl. hierzu: Chistoph Boyer: „Die Kader entscheiden alles...", S. 8ff.

[178] Hans-Peter Müller: „Parteiministerien", S. 351.

die allgemeinen polizeilichen Befugnisse wurden hingegen - jedenfalls zunächst - nicht geschaffen. Diese Vorgehensweise war möglich, weil die meisten vor 1933 erlassenen Landespolizeigesetze während der Zeit des Nationalsozialismus formell weitgehend unverändert geblieben waren und somit allgemeinen rechtsstaatlichen Grundsätzen entsprachen.[179]

In Sachsen kam allerdings erschwerend hinzu, dass es hier auch vor 1933 ein eigenes Landespolizeigesetz im Sinne eines Polizeiverwaltungsgesetzes nicht gegeben hatte. Insbesondere fehlte eine zeitgemäße gesetzliche Definition polizeilicher Aufgaben und Befugnisse. Als einzige gesetzliche Grundlage stand den Polizeibehörden hier ein „Gesetz über die Kompetenzverhältnisse zwischen Justiz- und Verwaltungsbehörden“ vom 28. Januar 1835[180] mit einer ergänzenden Verordnung vom 14. Dezember 1870[181] zur Verfügung. Dieses Gesetz enthielt in § 2 zwar Regelungen formaler Art. An einem gesetzlich fixiertem Polizeibegriff bzw. an einer polizeilichen Generalklausel fehlte jedoch.[182]

Allerdings hatte der insbesondere vom Preußischen Oberverwaltungsgericht bestätigte und auf die Gefahrenabwehr beschränkte materielle Polizeibegriff[183] des bürgerlich-liberalen Rechtsstaates, wie er u. a. im § 14 des Preußischen Polizeiverwaltungsgesetzes (PrPVG) vom 1. Juni 1931[184] gesetzlich definiert

---

[179] Hartwig Lüers: Das Polizeirecht der DDR, S. 11.

[180] Sächs. GVBl., S. 55.

[181] Sächs. GVBl., S. 373.

[182] Dirk Belling: Die Entwicklung der polizeilichen Aufgaben und Befugnisse der Gemeinden in Sachsen, S. 91 ff.

[183] Überwiegend, wenn auch nicht immer einheitlich, wird heute in Deutschland - wie oben bereits angedeutet - zwischen dem institutionellen (organisatorischen), dem formellen und dem materiellem Polizeibegriff unterschieden:
Polizei im institutionellen Sinne „sind alle Behörden und Dienststellen, die der Organisation (Institution) `Polizei´ zugerechnet werden“, also alle als „Polizei“ firmierende Behörden.
„Der formelle Polizeibegriff beinhaltet die Summe aller Tätigkeiten, die in den Zuständigdigkeitsbereich von Behörden fallen, die institutionell zur Polizei gerechnet werden.“ Polizeitätigkeit im formellen Sinne ist hiernach heute sowohl die Gefahrenabwehr als auch die Wahrnehmung übertragener Aufgaben. Zu den letztgenannten Aufgaben gehören z. B. Ermittlungstätigkeiten in Strafverfahren gemäß § 163 der Strafprozessordnung.
Der Begriff der Polizei im materiellen SinnePolizeibegriff hingegen definiert die polizeiliche Tätigkeit - ohne Rücksicht auf eine behördliche Zuordnung - von den wahrzunehmenden Aufgaben her. Polizei im materiellen Sinne ist heute „derjenige Teil der hoheitlichen Verwaltungstätigkeit, der die Abwehr von Gefahren oder die Beseitigung von Störungen zum Gegenstand hat“. Der materielle Polizeibegriff hebt also auf die Funktion der Tätigkeit ab, unabhängig davon, wem diese Aufgabe im Einzelfall zugewiesen ist.
Vgl. Erwin Wagner/ Karl-Heinz Ruder: Polizeirecht, S. 31 ff. sowie Hans Lisken/Erhard Denninger: Handbuch des Polizeirechts, S. 17. Zum aktuellen Stand der Entwicklung siehe auch Wolf-Rüdiger Schenke: Polizei- und Ordnungsrecht, S. 1 ff.

[184] Pr. GS, S. 77. § 14 des PrPVG lautet:

worden war, weit über Preußen hinaus gewohnheitsrechtlich Anerkennung gefunden. Er war auch vom Sächsischen Oberverwaltungsgericht für Sachsen als maßgeblich anerkannt worden, z. B. in zwei in den Jahren 1933 und 1934 getroffenen Entscheidungen.[185] Daher war - jedenfalls theoretisch - der auf die „Gefahrenabwehr" beschränkte materielle Polizeibegriff des bürgerlich-liberalen Rechtsstaates in Sachsen auch nach dem Zweiten Weltkrieg grundsätzlich gültig und maßgebend.[186] Auf § 14 PrPVG wurde in der Praxis der sächsischen Polizei nach dem Zweiten Weltkrieg aber nur in Ausnahmefällen ausdrücklich Bezug genommen. Festgestellt werden konnte eine solche Bezugnahme lediglich in einem Bericht der Kriminaldienststelle Görlitz an das Landeskriminalamt Sachsen vom 6. Oktober 1948[187], wobei aber zu berücksichtigen ist, dass Görlitz zu den ehemals preußischen Gebieten gehörte.

Bemühungen mit dem Ziele der Schaffung eines eigenen sächsischen Polizeigesetzes begannen nach dem Kriege bereits Ende 1946/Anfang 1947 auf der Grundlage eines von der DVdI entwickelten Entwurfs eines „Gesetzes über das Polizeiwesen in den Ländern (Provinzen) der sowjetischen Besatzungszone".[188] In teilweiser Anlehnung an diesen Entwurf kam es zur Fertigung eines Rohentwurfes für ein „Gesetz über das Polizeiwesen in dem Land Sachsen". § 1 dieses Entwurfes definierte die für die Polizei maßgeblichen Aufgaben und Zuständigkeiten im Sinne einer polizeilichen Generalklausel[189] wie folgt:

> „Die Polizei hat die Demokratie, deren Einrichtungen, deren Auf- und Ausbau zu schützen, alle nazistischen und militaristischen Bestrebungen zu unterbinden. Die Polizeibehörden haben im Rahmen der Gesetze die nach pflichtgemäßem Ermessen notwendigen Maßnahmen zu treffen, um von der Allgemeinheit oder dem einzelnen Gefahren abzuwehren, durch die die öffentliche Sicherheit oder Ordnung bedroht wird. Daneben haben die Polizeibehörden diejenigen Aufgaben zu erfüllen, die ihnen durch Gesetz besonders übertragen sind."[190]

---

(1) Die Polizeibehörden haben im Rahmen der geltenden Gesetze die nach pflichtgemäßem Ermessen notwendigen Maßnahmen zu treffen, um von der Allgemeinheit oder von dem einzelnen Gefahren abzuwenden, durch die die öffentliche Sicherheit oder Ordnung bedroht wird.

(2) Daneben haben die Polizeibehörden diejenigen Aufgaben zu erfüllen, die ihnen durch Gesetz besonders übertragen sind.

185 Sächs. OVG, Jahrbuch Nr. 36 (1933), S. 60, und Jahrbuch Nr. 38 (1934), S. 93 ff.

186 Hartwig Lüers: Das Polizeirecht der DDR, S. 11 (mit weiteren Nachweisen).

187 SächsHStA, LRS, MdI, Nr. 277 (nicht paginiert).

188 BArch, DO 1/7.0/14, Bl. 91.

189 Unter einer polizeilichen Generalklausel (Generalermächtigung) versteht man „die gesetzliche Vorschrift, nach der die Polizei alle zur Erfüllung ihrer Aufgaben (Gefahrenabwehr) notwendigen Maßnahmen treffen kann", sofern eine spezielle gesetzliche Ermächtigung fehlt. Die polizeiliche Genralklausel korrespondiert mit dem materiellen Polizeibegriff. - Vgl. hierzu auch Carl Creifels/Klaus Weber: Rechtswörterbuch, S. 992

190 SächsHStA, LRS, MdI, Nr. 138 (nicht paginiert) - abgedruckt am Ende dieser Untersuchung.

Dieser Gesetzentwurf wiederholte teilweise Festlegungen in der Verordnung über das Polizeiwesen im Bundesland Sachsen vom 2. August 1946[191], knüpfte ansonsten aber im Prinzip noch an den u. a. im PrPVG definierten und auch in Sachsen gewohnheitsrechtlich geltenden materiellen Polizeibegriff an.

Der genannte Entwurf eines sächsischen Polizeigesetzes wurde im April 1947 nochmals fortgeschrieben.[192] Er wurde dann aber nicht weiterverfolgt, obwohl noch auf der Innenministerkonferenz am 1. Juni 1947 in Berlin beschlossen worden war, das Polizeigesetz „vor den Landtagsferien zur Verabschiedung kommen" zu lassen.[193] Als problematisch erwies sich offenbar die Notwendigkeit, „in diesem Zusammenhang das Verhältnis der Zentralen Verwaltung des Innern zu den Innenministern und Polizeichefs zu regeln".[194] Wahrscheinlich war es auch für eine radikale, zentralistische Lösung dieses Problems im Sinne der DVdI im Sommer 1947 noch zu früh. Ein Jahr später, nach dem Amtsantritt Kurt Fischers als Präsident der DVdI, war dann aber bereits klar, dass die DVdI in Angelegenheiten der inneren Sicherheit gegenüber den Ländern und Provinzen ein umfassendes Weisungsrecht haben sollte bzw. faktisch bereits besaß.

Im Jahre 1949 kam es in Sachen Polizeigesetz nochmals zu einem Vorstoß aus Mecklenburg-Vorpommern. Das dortige Ministerium des Innern begründete in einem Schreiben vom 10. Juni 1949 die Notwendigkeit zur Schaffung eines einheitlichen Polizeirechts u. a. damit, dass es sei zweifelhaft sei, ob „das Geltungsgebiet des Preußischen Polizeiverwaltungsgesetzes vom 1. Juni 1931 seinerzeit bei der Schaffung eines einheitlichen Reichsinnenministeriums stillschweigend oder durch besondere Anordnung auf das gesamte Reichsgebiet ausgedehnt wurde".[195] Sachsen unterstützte diese Initiative Mecklenburg-Vorpommerns zwar mit Schreiben des Ministeriums des Innern - Hauptabteilung Polizei - vom 29. Juni 1949.[196] Im Ergebnis zeigte der Vorstoß jedoch keinerlei Wirkung.

Erst nach langen, immer wieder stockenden Vorarbeiten kam es in der DDR dann schließlich im Jahre 1968 zur Verabschiedung eines neuen „Gesetzes über die Aufgaben und Befugnisse der Deutschen Volkspolizei" (VPG) vom 11. Juni 1968[197] durch die Volkskammer. Auf Einzelheiten soll später unter Abschnitt 4 noch näher eingegangen werden. Generell kann aber schon jetzt festgehalten werden, dass für die polizeiliche Tätigkeit in der SBZ - und damit auch in Sachsen - nach dem Kriege bis zum Inkrafttreten des Gesetzes von 1968 vielfach

---

[191] SächsHStA, LRS, MdI, Nr. 270 (nicht paginiert).
[192] SächsHStA, LBVPS, Nr. 10, Bl. 41 - abgedruckt am Ende dieser Untersuchung.
[193] SAPMO-BArch, DY 30/IV 2/13/109, Bl. 18.
[194] SAPMO-BArch, DY 30/IV 2/13/109, Bl. 31.
[195] SächsHStA, LRS, MdI, Nr. 1887, Bl. 95.
[196] SächsHStA, LRS, MdI, Nr. 1887, Bl. 96.
[197] GBl. der DDR I, S. 232.

„nur noch wenige, einheitliche Grundsatznormen“[198] des allgemeinen Polizeirechts bzw. des PrPVG als maßgeblich angesehen wurden.

Auf diese Weise vollzog sich die allgemeine polizeiliche Tätigkeit häufig ohne konkrete gesetzliche Grundlage, was jedoch mit der politischen Entwicklung voll im Einklang stand. Otto Grotewohl[199] begründete diese Tatsache später ausdrücklich mit dem Wesen der sozialistischen Gesetzlichkeit. Dieses Wesen liege „nicht allein in der Beachtung vorhandener niedergeschriebener Gesetze“, sondern auch darin, dass „all das, was sozialistisches Recht ist und immer mehr in unseren Gesetzen Ausdruck finden wird, schon jetzt“ durchgeführt wird, erklärte er im Jahre 1956.[200] Bei dieser Feststellung konnte sich Grotewohl auf Lenin berufen, der eine Bindung an „bürgerliche“ Gesetze ausdrücklich verneint hatte. Lenin hatte - bezogen auf die Durchführung der Bodenreform - erklärt:

> „Für uns ist die revolutionäre Initiative wichtig, während das Gesetz ihr Resultat sein muß. Wenn man wartet, bis das Gesetz geschrieben ist, selbst aber keine revolutionäre Energie entfaltet, wird man weder Gesetz noch Land erhalten.“[201]

Von dieser sich anbahnenden Entwicklung abgesehen galt in der SBZ und damit auch in Sachsen im Polizeibereich nach dem Kriege prinzipiell noch der Grundsatz der Fortgeltung des gesamten Rechts, welches vor der Machtergreifung der Nationalsozialisten am 30. Januar 1933 bestanden hatte. Besonders wichtig waren hier neben dem bereits erwähnten Preußischen Polizeiverwaltungsgesetz bzw. den sich hieraus ergebenden allgemeinen Grundsätzen das Reichsstrafgesetzbuch sowie die Strafprozessordnung. Darüber hinaus gab es aber auch noch eine Reihe von sächsischen Regelungen aus der Zeit vor der Machtergreifung durch die Nationalsozialisten, insbesondere zu Fragen der Organisation und der Abgrenzung der Zuständigkeiten, auf die - soweit erforderlich - noch näher einzugehen sein wird. Zwar hatte es im sächsischen Ministerium des Innern noch im Jahre 1949 interne Überlegungen gegeben, die darauf hinausliefen, sämtliche „Gesetze, Verordnungen, Anordnungen aus der Zeit vor dem 8. Mai 45, ganz gleich, ob sie vor oder nach dem 30. Januar1933 erlassen worden sind“, als obsolet anzusehen.[202] Diese Auffassung konnte sich aber - nicht zuletzt auch aus praktischen Gründen - nicht durchsetzen.

---

198 Hartwig Lüers: Das Polizeirecht der DDR, S. 12.

199 11.03.1894-21.09.1964. Geb. in Braunschweig; 1908-1912 Buchdruckerlehre; 1912 SPD; 1914-1918 Soldat; 1925-1933 Reichstagsabgeordneter; 1946-1950 Mitglied des Sächsischen Landtages; 1949-1964 Ministerpräsident der DDR. - Weiteres siehe Helmut Müller-Ensberg u. a.: Wer war wer in der DDR?, S. 282.

200 Neues Deutschland vom 20. Mai 1956, S. 3.

201 Zitiert nach Friedrich Dickel u. a. (Autorenkollektiv): Geschichte der Deutschen Volkspolizei, Band I, S. 53.

202 SächsHStA, LRS, MdI, Nr. 1890, Bl. 27.

3.1.2 Die Regelungsschwerpunkte im Sicherheitsbereich

Allgemeine Regelungen

Nach dem Ende des Zweiten Weltkrieges und nach Bildung des LVS bestand für das damalige Bundesland bzw. Land Sachsen die Notwendigkeit und - über die sowjetische Besatzungsmacht - zunächst auch die Kompetenz, Regelungen u. a. auf dienstrechtlichem und auf organisatorischem Gebiet zu treffen. Dies entsprach auch den Intentionen des damaligen Präsidenten der LVS bzw. des ersten sächsischen Ministerpräsidenten, Rudolf Friedrichs, der für eine korrekte Verwaltung stand. Neben den oben bereits erwähnten dienstrechtlichen Verordnungen der LVS vom 9. Juli 1945 und vom 17. August 1945 waren für den öffentlichen Dienst unter besonderer Berücksichtigung des Polizeibereichs insbesondere noch die nachfolgend aufgeführten landesrechtlichen Regelungen bzw. Entwürfe von Bedeutung:

1. Verordnung der LVS vom 27. Juli 1945 über die vorläufige Zahlung von Dienstbezügen im öffentlichen Dienst (Amtliche Nachrichten, S. 15). – Bemerkenswert an dieser Verordnung ist, dass hier auch für Beamte noch besondere Regelungen getroffen wurden, obwohl es in Sachsen nach dem Kriege von Anfang an keine Verbeamtungen gab.
2. Verordnung der LVS vom 17. August 1945 über die Bekanntmachung und das Inkrafttreten von Verordnungen und sonstigen allgemein verbindlichen Anordnungen der Landesverwaltung (Amtliche Nachrichten, S. 19).
3. Entwurf einer Verordnung der LVS vom 11. September 1945 über das Polizeiwesen im Bundesland Sachsen nebst Entwurf einer 1. Ausführungsverordnung (nicht veröffentlicht).[203] Diese Verordnung wurde von der SMA nicht genehmigt.
4. Verordnung der LVS vom 13. Oktober 1945 über die Behandlung ehemaliger Mitglieder der NSDAP (Amtliche Nachrichten, S. 50). - Diese Verordnung ließ unter bestimmten Voraussetzungen die Beschäftigung von ehemaligen NSDAP-Mitgliedern im öffentlichen Dienst zu, wenn diese beim Eintritt in die Partei noch Jugendliche waren. Sie musste allerdings auf Weisung der SMAS wieder aufgehoben werden, was durch Verordnung der LVS vom 7. November 1946[204] geschah. Später kam es noch zu einem besonderen Landesgesetz „über die Behandlung der jugendlichen ehemaligen Mitglieder der NSDAP und ihrer Gliederungen" vom 27. März 1947 (Gesetze, Befehle, S. 135).
5. Bekanntmachung des Büros des Präsidenten der LVS (ohne Datum) über das „Aufgabengebiet der Landesverwaltung und der Zentralverwaltungen"

---

[203] SächsHStA, LRS, Ministerpräsident, Nr. 195, Bl. 28 ff. und 21 ff.
[204] Gesetze, Befehle, S. 505.

(Amtliche Nachrichten, 1945, S. 111). - In dieser Bekanntmachung wurde klargestellt, dass die Landes- und Provinzialverwaltungen keine nachgeordneten Behörden der Zentralverwaltungen waren und dass die Zentralverwaltungen „nicht unmittelbar mit den einzelnen Landes- und Provinzialbehörden“ verkehren sollten. Der Schriftverkehr sollte über die Präsidenten der Länder und Provinzen erfolgen.

6. Anordnung der LVS vom 30. Januar 1946 „über die Ausübung von Nebentätigkeiten und der Annahme von Belohnungen durch Angestellte im öffentlichen Dienst“ (Gesetze, Befehle, S. 273). - Bemerkenswert ist hier der offensichtlich sehr lange Zeitablauf zwischen Beschlussfassung und Veröffentlichung. Inhaltlich entsprach die Anordnung den im öffentlichen Dienst geltenden herkömmlichen Grundsätzen, wonach der Beschäftigte seine Arbeitskraft grundsätzlich voll einzubringen hat und wonach alles vermieden werden muss, was Zweifel an einer unparteiischen Amtsausübung erwecken könnte. Der Grundsatz der Unparteilichkeit stand allerdings im Widerspruch zur praktizierten einseitigen parteipolitischen Ausrichtung der Polizei.

7. Verordnung der LVS vom 12. Februar 1946 „über die Abgabe falscher Erklärungen aus Anlass von Bewerbungen“ (Gesetze, Befehle, S. 25). - Diese Verordnung bedrohte denjenigen, der in einer schriftlichen Erklärung gegenüber einer Behörde „zum Zwecke seiner Anstellung [...] wissentlich oder grob fahrlässig falsche Angaben macht“, mit Gefängnis und mit Geldstrafe oder mit einer dieser Strafen.

8. Richtlinien der LVS - Inneres - vom 5. März 1946 „über die Bezüge der Polizei“ (Gesetze, Befehle, S. 137).

9. Bestimmungen der LVS - Inneres - vom 4. April 1946 „über die Gewährung von Erholungsurlaub im Jahre 1946 für die im öffentlichen Dienst beschäftigten Angestellten und Arbeiter“ (Gesetze, Befehle, S. 100). - Hiernach standen den Beschäftigten bis zur Vollendung des 45. Lebensjahres jährlich zwölf und nach Vollendung des 45. Lebensjahres 18 Urlaubstage zu. Für Jugendliche unter 18 Jahren gab es 18 Werktage.

10. Anordnung der LVS - Inneres – vom 26. April 1946 „über die Weiterzahlung von Dienstbezügen im Krankheitsfalle“ (Gesetze, Befehle, S. 137). - Die Dienstbezüge wurden bei Arbeitsunfähigkeit bis zu sechs Wochen weitergewährt. Eine Modifikation erfuhr diese Regelung durch Befehl Nr. 147 des Obersten Chefs der SMAD vom 16. Mai 1946 (Gesetze, Befehle, S. 244). Ergänzend hierzu erging dann noch eine Instruktion der SMAD vom 17. /19. Juni 1946 (Gesetze, Befehle, S. 530).

11. Verordnung der LVS vom 26. April 1946 über die Errichtung von Bezirksverwaltungen im Bundesland Sachsen (Gesetze, Befehle, S. 181). - Nach dieser Verordnung sollten ab 1. Mai 1946 im Bundesland Sachsen Bezirksverwaltungen mit den Amtssitzen in Dresden, Leipzig, Chemnitz, Zwickau und Bautzen errichtet werden. In der Anlage zu dieser Verordnung war u. a. festgelegt worden, dass zu den Bezirksverwaltungen auch die Aufgabengebiete „Inspektion der Ordnungs- und Kreispolizei“ gehörten

sowie die Zusammenarbeit mit den Kriminalämtern, „die der Landesverwaltung unmittelbar unterstellt bleiben“ sollten.

12. Entwurf einer Verordnung der LVS vom 17. Mai 1946 über die Einsetzung von Polizeigerichten (nicht veröffentlicht).[205] Diese Verordnung wurde von der SMA nicht genehmigt.

13. Verordnung über das Polizeiwesen im Bundesland Sachsen vom 2. August 1946 nebst 1. Ausführungsvorschrift vom 3. August 1946 (nicht veröffentlicht).[206] - Diese Verordnung und die 1. Ausführungsvorschrift hierzu traten in Kraft, obwohl sie nicht ordnungsgemäß veröffentlicht worden sind. In der DDR wurde später die Auffassung vertreten, es könne ausnahmsweise Situationen geben, in denen „die Interessen der Arbeiter und Bauern es erforderlich machen, dass bestimmte normative Regelungen nicht öffentlich verkündet werden“.[207]

14. Demokratische Gemeindeverfassung für die sowjetische Besatzungszone Deutschlands, die in Sachsen mit ihrer Verkündung am 30. September 1946 in Kraft trat (Gesetze, Befehle, S. 422). Diese von der sowjetischen Besatzungsmacht verfügte Gemeindeverfassung bestimmte in § 4 Absatz 2, dass zu den Selbstverwaltungsangelegenheiten der Gemeinden grundsätzlich auch „die Aufrechterhaltung der öffentlichen Sicherheit und Ordnung im Gemeindegebiet (Ortspolizei)“ gehören sollte. Demgegenüber hatte die oben genannte Verordnung über das Polizeiwesen im Bundesland Sachsen vom 2. August 1946 jedoch gerade erst festgelegt, dass „die Polizei im Bundesland Sachsen [nur noch] eine Einrichtung der Landkreise und der Stadtkreise“ sein sollte.

15. Entwurf eines sächsischen Polizeigesetzes, welcher Ende 1946/Anfang 1947 erstellt wurde.[208] Dieser Entwurf wurde durch einen im April 1947 erstellten weiteren Entwurf[209] fortgeschrieben. Beide Entwürfe traten jedoch nie in Kraft.

16. Demokratische Kreisordnung für das Land Sachsen vom 16. Januar 1947 (Gesetze, Befehle, S. 22). § 4 Absatz 2 dieses Gesetzes bestimmte, dass „zu den Selbstverwaltungsangelegenheiten auch die Aufrechterhaltung der öffentlichen Sicherheit und Ordnung im Kreisgebiet (Kreispolizei) im Rahmen der Weisungen der Landesregierung“ gehören sollte. Da Selbstverwaltungsangelegenheiten nur der Rechtsaufsicht unterliegen und ansonsten grundsätzlich weisungsfrei sind, handelte sich bei dieser Regelung um einen - wahrscheinlich beabsichtigten - Widerspruch in sich selbst.

17. Demokratische Gemeindeordnung für das Land Sachsen vom 6. Februar 1947 (Gesetze, Befehle, S. 54). § 4 Abs. 2 stellte nun im Einklang mit der

---

205 SächsHStA, LRS, Ministerpräsident, Nr. 195, Bl. 56 und Nr. 679, Bl. 45.

206 SächsHStA, LRS, Ministerpräsident, Nr. 195, Bl. 101 ff. und 76 ff. sowie MdI, Nr. 270 (nicht paginiert).

207 Hartwig Lüers: Das Polizeirecht der DDR, S. 46 - mit weiteren Nachweisen.

208 Abgedruckt am Schluss dieser Untersuchung.

209 SächsHStA, LBVPS, Nr. 10, Bl. 41 - abgedruckt am Schluss dieser Untersuchung.

Demokratischen Kreisordnung vom 16. Januar 1947 fest, dass „die Aufrechterhaltung der öffentlichen Sicherheit und Ordnung [...] Selbstverwaltungsaufgabe der Land- und Stadtkreise" war.

18. Gesetz über die Tragung der Polizeikosten vom 26. Februar 1947 (Gesetze, Befehle, S. 108). - Die Kosten für die Polizei sowie für das gesamte Feuerlöschwesen wurden nach diesem Gesetz mit Wirkung vom 1. Januar 1947 vom Land Sachsen getragen, auch wenn es sich hierbei „um Einrichtungen der Kreise und Gemeinden handelt". Nach der amtlichen Gesetzesbegründung vom 23. Januar 1947 hatte das Land jetzt auch für „die Verwaltungspolizei, die Ordnungspolizei, das Feuerlöschwesen und die der Besatzungsmacht unterstellte Grenzpolizei"[210] die Kosten zu tragen.

19. Verfassung des Landes Sachsen vom 28. Februar 1947 (Gesetze, Befehle, S. 103). Der Grundsatz der Gewaltenteilung galt nicht (Art. 2). Es galt vielmehr der Grundsatz der so genannten Gewalteneinheit.

20. Verordnung über die Aufhebung der Verordnung über die Einrichtung vom Bezirksverwaltungen vom 25. März 1947 (Gesetze, Befehle, S. 203). Mit dem Inkrafttreten dieser Verordnung wurden u. a. auch die Bezirkspolizeipräsidenten wieder abgeschafft.

Schon ab Mitte 1947 kam es dann in Sachsen praktisch zu keinen eigenständigen Regelungen auf dem Gebiet der inneren Sicherheit mehr. Demgegenüber stieg der Einfluss der DVdI zunehmend. Nach der Gründung der DDR am 7. Oktober 1949 hörte die Landesgesetzgebung schließlich generell „so gut wie von selbst auf".[211]

Der Verordnungsentwurf vom 11. September 1945

Von den oben aufgeführten Regelungen sind der Verordnungsentwurf „über das Polizeiwesen im Bundesland Sachsen" vom 11. September 1945[212] und die hierzu vorgesehene 1. Ausführungsverordnung insofern bedeutsam, als hier erstmals nach dem Kriege versucht wurde, das gesamte sächsische Polizeiwesen zu reorganisieren. Der vom Ressort „Inneres und Volksbildung" entwickelte Verordnungsentwurf unterstrich in seiner Präambel die Abkehr von der Hitlerdiktatur und den Neuanfang „unter Verzicht auf die Mitarbeit der früheren Beamten". In einem Vorentwurf für diese Präambel war zusätzlich auch noch

---

[210] SächsHStA, LRS, Ministerpräsident, Nr. 784, Bl. 131.
[211] Fritz Weitzmann: Die Landesregierung Sachsen, S. 125 a.
[212] SächsHStA, LRS, Ministerpräsident, Nr. 195, Bl. 28 ff. - abgedruckt am Ende dieser Untersuchung.

der für den Aufbau der Polizei maßgebliche Grundsatz der Dezentralisierung herausgestellt worden. Dementsprechend hieß es in diesem Vorentwurf u. a.:

„Die Organe der Selbstverwaltung sollen weitgehend die Möglichkeit der Überwachung haben. Darum werden nur die Zweige der Polizei, die nach ihrer Eigenart zentraler Leitung bedürfen, der Landesverwaltung direkt unterstellt."[213]

Das erklärte Ziel des ursprünglichen Entwurfes bestand zunächst also - im Einklang mit den Vorgaben im Potsdamer Abkommen vom 2. August 1945 - darin, die Stellung der Organe der Selbstverwaltung (Städte, Gemeinden und Landkreise) auch auf dem Gebiet der inneren Sicherheit zu stärken, indem diesen „weitgehend die Möglichkeit der Überwachung" des Polizeiapparates eingeräumt werden sollte.[214] Diesen Passus enthielt die Präambel des endgültigen Verordnungsentwurfes dann allerdings schon nicht mehr. Darüberhinaus sah der von der LVS am 11. September 1945 beschlossene Entwurf einer „Verordnung über das Polizeiwesen im Bundesland Sachsen" zwar die Übertragung aller „anderen polizeilichen Aufgaben" auf die Gemeinden vor. Eine kommunale Kreispolizei sollte es faktisch aber schon damals nicht geben. Vielmehr wurde die aus der früheren Landgendarmerie[215] hervorgegangene Kreispolizei „bis zur anderweitigen gesetzlichen Regelung" zur „landeseigenen Einrichtung" erklärt. Die übrigen Polizeizweige - Kriminalpolizei, Bahnpolizei, Strompolizei und Polizeireserve - sollten ohnehin „landeseigen", d. h. staatlich sein. Wörtlich lautete § 1 des genannten Entwurfs wie folgt:

„(1) Für das Bundesland Sachsen werden die Kriminalpolizei, Bahnpolizei, Strompolizei, Polizeireserve und bis zur anderweitigen gesetzlichen Regelung die Kreispolizei als landeseigene Einrichtung geschaffen. Alle anderen polizeilichen Aufgaben werden den Gemeinden übertragen.

(2) Die Landesverwaltung führt die Dienstaufsicht über die Gemeindepolizei und erläßt die erforderlichen Bestimmungen zur einheitlichen Ausrichtung, Dienstregelung und Ausrüstung der gesamten sächsischen Polizei.

(3) Das Gleiche gilt für die Berufs-, Pflicht-, Werks- und Freiwilligen Feuerwehren in Sachsen."[216]

---

[213] SächsHStA, LRS, Ministerpräsident, Nr. 195, Bl. 19

[214] Dies musste allerdings nicht gleichzeitig die Aufgabe der in Deutschland auch schon in der Zeit der Weimarer Republik verbreiteten Rechtsauffassung bedeuten, wonach es sich - unab-hängig von der organisatorischen Zuordnung polizeilicher Aufgaben - bei der Ausübung von Polizeigewalt um ein Hoheitsrecht des Staates handelte. In diesem Sinne hatte z. B. auch § 1 des PrPVG vom 1. Juni 1931 (Pr. GS, S. 77) bestimmt bzw. bestätigt, dass die Polizei „Angelegenheit des Staates" ist. - Siehe auch Max Weiß: Die Polizeischule, S. 3. Differenzierend für Sachsen: Dirk Belling: Die Entwicklung der polizeilichen Aufgaben und Befugnisse der Gemeinden in Sachsen, S. 109 ff.

[215] Max Weiß: Die Polizeischule, S. 43 ff.

[216] SächsHStA, LRS, Ministerpräsident, Nr. 195, Bl. 28 - abgedruckt am Ende dieser Untersuchung.

Das hier in Absatz 2 niedergelegte umfassendes Aufsichtsrecht der Landesverwaltung über die Gemeindepolizei[217] war für die praktische Arbeit naturgemäß von entscheidender Bedeutung. Insgesamt konnte nach dem Verordnungsentwurf vom 11. September 1945 also schon damals von einer weitgehenden Dezentralisierung bzw. Kommunalisierung des Polizeiwesens nicht viel übrig bleiben.

Der recht umfangreiche Entwurf einer 1. Ausführungsverordnung[218] zum Verordnungsentwurf vom 11. September 1945 enthielt eine Reihe detaillierter Regelungen insbesondere organisatorischer und dienstrechtlicher Art. Er bestimmte in § 1 u. a. die räumlichen Zuständigkeitsbereiche der Kriminalpolizeibehörden (Landeskriminalamt, Kriminalämter und Kriminaldienststellen), der Kreispolizeiämter „bei den Landräten" sowie der Bahnpolizeiämter und der Strompolizeiämter. Die Kreispolizeiämter sollten „gleichzeitig mitwirkendes Organ des Chefs der sächsischen Polizei für dessen Zuständigkeit hinsichtlich der Gemeindepolizei" sein.[219]

Der Verordnungsentwurf vom 11. September 1945 ist dann - wie von der Besatzungsmacht vorgeschrieben - vom Präsidenten der LVS mit Schreiben vom 22. September 1945[220] der SMAS mit der Bitte um Bestätigung vorgelegt worden. Die SMAS reagierte aber zunächst nicht. Daher kam es am 17. Oktober 1945 seitens der LVS zu einer „Nachfrage" bei der SMAS mit dem Hinweis, durch die fehlende Bestätigung werde der „Aufbau und die Organisation des Polizei-

---

[217] Den Begriff „Gemeindepolizei" gab es bereits in der Gemeindeordnung für den Freistaat Sachsen (GemO) vom 15. Juni 1925 (Sächs. GBl. S. 136). Nach § 4 Absatz 2 Satz 2 GemO korrespondierte er mit den in § 4 Abs. 2 Satz 1 GemO genannten Aufgaben der Verwaltungs- bzw. Wohlfahrtspolizei (z. B. Armenpflege, Gesundheitspflege, Veterinärwesen, Gewerbe-, Wohnungs-, Bauwesen, Feuerschutz u. a). Diese Aufgaben gehörten zu den „eigenen Geschäften" der Gemeinden und in diesem Umfange besaßen die Gemeinden auch das Recht zur „Ausübung polizeilicher Gewalt (Gemeindepolizei)".
Hiervon zu unterscheiden war die bei den Gemeinden bestehende „Sicherheitspolizei einschließlich Verkehrspolizei" (§ 97 Abs. 1 GemO), die - wahrscheinlich in Anlehnung an die Entwicklung in Preußen - gemäß „Verordnung über den Übergang der Ordnungs- und Kriminalpolizei auf den Staat" vom 14. September 1922 - Sächs. GBl. S. 547 - ab 1. Oktober 1922 in den Städten Dresden, Leipzig, Chemnitz und Plauen) als „Ordnungspolizei" auf staatliche Polizeiämter überging. - Siehe hierzu auch Dirk Belling: Die Entwicklung der polizeilichen Aufgaben und Befugnisse der Gemeinden in Sachsen, S. 109 ff.
Der Begriff „Gemeindepolizei" nach § 1 Abs. 2 des Verordnungsentwurfes vom 11. September 1945 sollte neben der in den Gemeinden bestehenden Verwaltungspolizei auch den gesamten dort bestehenden Polizeivollzugsdienst (Ordnungspolizei) erfassen. Dies ergibt sich auch aus der späteren Entwicklung.

[218] SächsHStA, LRS, Ministerpräsident, Nr. 195, Bl. 21 ff.

[219] Ebenda.

[220] SächsHStA, LRS, Ministerpräsident, Nr. 195, Bl. 32.

wesens im Bundesland Sachsen sehr stark" gehemmt.[221] Die SMAS teilte daraufhin lediglich kurz mit, der genannte Verordnungsentwurf sei „zwecks Überprüfung und Bestätigung nach Berlin gesandt worden".[222]

Trotz fehlender Bestätigung wollte die sächsische Polizeiführung aber offensichtlich nicht länger warten. Der Entwurf wurde daher jetzt mit einem als „vertraulich" bezeichneten Rundschreiben des Chefs der sächsischen Polizei vom 23. Oktober 1945 „allen Polizeibehörden" zur Kenntnis gebracht.[223] Er sollte - trotz fehlender Genehmigung - stillschweigend praktiziert werden, was von nun an weitgehend auch geschah.[224] Dies monierte allerdings der Polizeipräsident von Dresden, Max Opitz[225], vorab schon in einer internen Sitzung der Polizeileiter seiner Behörde am 22. Oktober 1945. Er wollte das ihm bisher unterstellte Kriminalamt Dresden nicht abgeben und verwies daher - zu Recht, aber ohne Erfolg - auf die Tatsache, dass die am 11. September 1945 vom Präsidium der LVS beschlossene Verordnung über das Polizeiwesen im Bundesland Sachsen von der SMA „noch nicht endgültig" angenommen worden sei.[226]

Die Verordnung vom 2. August 1946

Die Bestätigung des Verordnungsentwurfs vom 11. September 1945 durch die SMAS ließ weiter auf sich warten. Dies ergibt sich aus einem Bericht der Polizeiabteilung des sächsischen Innenressorts vom 10. Juni 1946. Da „im Zuge der Überprüfung der Organisation und der Überprüfung der Verwaltung auch die Organisation und die Gliederung der Polizei [nochmals] überprüft und geändert werden" mussten, sollte der noch nicht bestätigte Verordnungsentwurf jetzt

---

221 SächsHStA, LRS, Ministerpräsident, Nr. 195, Bl. 33.
222 SächsHStA, LRS, Ministerpräsident, Nr. 195, Bl. 34.
223 SächsHStA, LRS, MdI, Nr. 278, Bl. 42.
224 In einem Bericht des Kreispolizeiamtes Plauen vom 10. Juli 1948 wurde sogar eine in den Archivunterlagen nicht feststellbare Verfügung der Polizeiabteilung des sächsischen Innenressorts vom 4. Oktober 1945 zitiert, wonach die Kreispolizei schon damals „als landeseigene Einrichtung erklärt wurde". - Vgl. SächsHStA, LBVPS, Nr. 108, Bl. 243 (Rückseite).
225 11.09.1890-07.01.1982. Geb. in Bernsdorf (Erzgebirge); 1905-1908 Tischlerlehre; 1914-1918 Soldat; 1919 KPD; 1925-1930 Abgeordneter des Sächsischen Landtages; 1931-1933 Abgeordneter des Preußischen Landtages; November 1933 Verhaftung, Haft, Zuchthaus, ab Oktober 1941 KZ Sachsenhausen - Vgl. Helmut Müller-Enbergs u.a.: Wer war wer in der DDR?, S. 636.
226 SächsHStA, LBVPS, Nr. 355, Bl. 8.

jedoch „entsprechend dieser Organisation der Polizei neu gefaßt und [der SMAS erneut] zur Bestätigung vorgelegt werden".[227]

Auch aus einem Schreiben des „Chefs der Polizei im Bundesland Sachsen" vom 11. Juli 1946 an das Präsidialbüro der LVS lässt sich entnehmen, dass die „Organisation der Polizei im Bundesland Sachsen" auf Anordnung der Sowjetischen Militäradministration nochmals „umgebaut werden"[228] musste und dass der neue Entwurf dieser Anordnung nun entsprach. Der überarbeitete und vom Präsidium der LVS am 2. August 1946 beschlossene neue Entwurf einer „Verordnung über das Polizeiwesen im Bundesland Sachsen"[229] ging - wie der ursprüngliche Entwurf vom 11. September 1945 - offiziell ebenfalls noch von einem „in sehr starkem Umfange" kommunalisierten Polizeiwesen in Sachsen aus. § 1 des neuen Entwurfs bestimmte hierzu daher:

> „Die Polizei im Bundesland Sachsen ist eine Einrichtung der Landkreise und der Stadtkreise Chemnitz, Dresden, Görlitz, Leipzig, Plauen und Zwickau. Die Kriminalpolizei, die Strompolizei und die zum Schutz der Landesverwaltung verwendete Polizei sind landeseigene Einrichtungen."

Die Frage der Aufsicht wurde in einem besonderen § 2 geregelt, der in Anlehnung an die Regelung im Verordnungsentwurf vom 11. September 1945 nun folgenden Wortlaut hatte:

> „Die Landesverwaltung führt die Aufsicht über die gesamte Polizei im Bundesland Sachsen. Sie erläßt die Bestimmungen über den Aufbau, die Gliederung, die Zuständigkeit, die Aufgaben, die Dienstregelung, die Vergütung, die Bekleidung und die Ausrüstung der Polizei."

Im Gegensatz zu den entsprechenden Regelungen im ersten Entwurf vom 11. September 1945 und entgegen der offiziellen Version von einer weitgehend kommunalisierten Polizei war eine Polizei auf der Ebene der Gemeinden nun also nicht mehr vorgesehen. Sie sollte abgeschafft werden. Andererseits sollte die Polizei im Sinne von § 1 des neuen Verordnungsentwurfes vom 2. August 1946 jetzt aber generell als Einrichtung der Stadt- und Landkreise und nicht mehr als „landeseigene Einrichtung" gelten. Sie sollte in formeller Hinsicht - auf der Ebene der Land- und Stadtkreise - somit eine Einrichtung der kommunalen Selbstverwaltung sein. Dies entsprach - unabhängig von der Praxis - auch der späteren „Demokratischen Kreisordnung für das Land Sachsen" vom 16. Januar 1947[230], wonach zu den Selbstverwaltungsaufgaben der Land- und Stadtkreise auch „die Aufrechterhaltung der öffentlichen Sicherheit und Ordnung im Kreisgebiet" gehören sollte.

---

[227] Alle Zitate und Angaben: SächsHStA, LRS, MdI, Nr. 279, Bl. 88.
[228] SächsHStA, LRS, Ministerpräsident, Nr. 195, Bl. 73.
[229] SächsHStA, LRS, MdI, Nr. 270 (nicht paginiert) - abgedruckt am Ende dieser Untersuchung.
[230] Gesetze, Befehle, S. 22.

Innerhalb eines Landkreises konnten Gebiete, die mehrere Gemeinden umfassten, in so genannten Gebietsgemeinschaften zusammengefasst werden (§ 5 der Verordnung vom 2. August 1946). Außerdem sollte es in Sachsen nach § 3 der genannten Verordnung fünf Bezirke mit Bezirkspolizeipräsidenten geben, und zwar gemäß § 2 der „1. Ausführungsvorschrift zur Verordnung über das Polizeiwesen im Bundesland Sachsen vom 3. August 1946“[231] in Dresden, Chemnitz, Bautzen, Leipzig und Zwickau. Diese Bezirkspolizeipräsidien wurden allerdings - wie bereits erwähnt - im Frühjahr 1947 durch die „Verordnung über die Aufhebung der Verordnung über die Einrichtung von Bezirksverwaltungen“ vom 25. März 1947[232] wieder abgeschafft.

Gemäß § 3 der 1. Ausführungsvorschrift vom 3. August 1946 war bei jedem Stadt- und Landkreis ein Polizeiamt zu errichten. Die Polizeiämter der Stadtkreise Chemnitz, Dresden, Leipzig und Zwickau sollten - wie bisher - die Bezeichnung „Polizeipräsidium“ und die Polizeiämter der Stadtkreise Görlitz und Plauen die Bezeichnung „Polizeidirektion“ führen. Hinzu kam noch die Strompolizei und die Landespolizei-Fachschule sowie später die Grenzpolizei-Inspektion.[233]

Vertikal war zunächst ein dreistufiger Verwaltungsaufbau vorgesehen (Polizeiämter einschließlich Polizeipräsidien bzw. Polizeidirektionen - Bezirkspolizeipräsidien - Landespolizeiabteilung). Nach der Abschaffung der Bezirkspolizeipräsidien im Mai 1947 gab es jedoch nur noch einen zweistufigen Verwaltungsaufbau (Polizeiämter einschließlich Polizeipräsidien bzw. Polizeidirektionen - Landespolizeiabteilung). Die Kreispolizeiämter waren - wie die Polizeipräsidien und Polizeidirektionen - nun „gleichgestellte Behörden, die der Polizeiabteilung des Ministeriums des Innern unmittelbar unterstellt“[234] waren.

Den Polizeiämtern einschließlich der Polizeipräsidien bzw. Polizeidirektionen wiederum konnten Sektionen, Gebietsgemeinschaften bzw. Polizeireviere oder Polizeistationen zugeordnet sein.[235] Oberste Dienstbehörde der Polizei war und blieb nach § 1 der Ausführungsvorschrift vom 3. August 1946 der „Chef der Polizei im Bundesland Sachsen“ bzw. die Landespolizeiabteilung beim sächsischen Ministerium des Innern.

Das Inkrafttreten der neuen Verordnung vom 2. August 1946 war bereits mit Rundschreiben des Chefs der Polizei im Bundesland Sachsen vom 5. Juli 1946

---

[231] SächsHStA, LRS, MdI, Nr. 270 (nicht paginiert) - abgedruckt am Ende dieser Untersuchung.
[232] Gesetze, Befehle, S. 203.
[233] SächsHStA, LRS, MdI, Nr. 269 (nicht paginiert).
[234] SächsHStA, LBVPS, Nr. 355, Bl. 229.
[235] SächsHStA, LBVPS, Nr. 355, Bl. 151.

„voraussichtlich ab 1. August 1946“ angekündigt worden, weshalb „mit sofortiger Wirkung [...] bis auf weiteres freie Stellen in der Gemeinde- und Kreispolizei nicht neu besetzt werden“[236] durften.

Auch nach der Verabschiedung des genannten Entwurfes durch das Präsidium der LVS am 2. August 1946 war zunächst aber noch eine Bestätigung durch die sowjetische Besatzungsmacht erforderlich. Der neue Entwurf wurde daher mit Schreiben des Präsidenten der LVS vom 6. August 1946[237] wieder der SMAS mit der Bitte um Bestätigung zugeleitet. Eine Reaktion der SMAS ist aus den vorhandenen Akten allerdings nicht feststellbar. Auch im amtlichen Mitteilungsorgan der LRS ist eine Verordnung über das Polizeiwesen im Bundesland Sachsen vom 2. August 1946 - wie bereits erwähnt - nie veröffentlicht worden. Dies wäre nach der Verordnung der LVS vom 17. August 1945 „über die Bekanntmachung und das Inkrafttreten von Verordnungen und sonstigen allgemein verbindlichen Anordnungen der Landesverwaltung“[238] für ein ordnungsgemäßes Inkrafttreten aber erforderlich gewesen. Offenbar lag hier aber ein Ausnahmefall vor, weil „die Interessen der Arbeiter und Bauern“[239] es erforderlich machten, hiervon abzusehen.

Tatsächlich wurde die Verordnung vom 2. August 1946 und die hierzu ergangene 1. Ausführungsvorschrift vom 3. August 1946 in Sachsen spätestens ab Herbst 1946 praktiziert. Sie bildete nun die maßgebliche organisatorische Grundlage für die Arbeit der Polizei auf Landesebene. Vergleichsweise selten wurde sie auch ausdrücklich zitiert, beispielsweise in einem Schreiben des Kreispolizeiamtes Rochlitz vom 9. November 1946[240] an den Oberbürgermeister der Stadt Mittweida[241] oder in einer Rundverfügung der Polizeiabteilung des sächsischen Ministeriums des Innern vom 7. Januar 1947.[242]

Festzuhalten bleibt somit, dass es in Sachsen in der zweiten Hälfte des Jahres 1946 auf der Grundlage der Verordnung vom 2. August 1946 zu einer wesentlichen Straffung der Polizeiorganisation auf Landesebene kam. Die auf Gemeindeebene bestehende Ordnungs- und Verwaltungspolizei sollte abgeschafft werden, während die nach dem Verordnungsentwurf vom 11. September 1945 „bis zur anderweitigen gesetzlichen Regelung“ als „landeseigene Einrichtung“ definierte Kreispolizei jetzt kommunalisiert werden sollte. In der Realität blieb die Kreispolizei in Sachsen jedoch auch weiterhin „landeseigen“ bzw. staatlich,

---

236 SächsHStA, LRS, MdI, Nr. 269, Bl.1.
237 SächsHStA, LRS, Ministerpräsident, Nr. 195, Bl. 105.
238 Amtl. Nachrichten, S. 19.
239 Hartwig Luers: Das Polizeirecht der DDR, S. 46.
240 SächsHStA, LRS, MdI, Nr. 879 (nicht paginiert).
241 Mittweida war damals noch kreisfreie Stadt und hatte als solche einen Oberbürgermeister.
242 SächsHStA, LRS, Ministerpräsident, Nr. 848, Bl. 2.

und zwar auch nach dem Inkrafttreten der Demokratischen Kreisordnung vom 16. Januar 1947[243], worauf später noch näher einzugehen sein wird.

3.1.3 Die haushaltsrechtlichen Vorgaben und der Stellenplan

Der Haushalt im Rechnungsjahr 1945

Die Frage, ob die LVS bei ihrer Haushaltsführung auf die noch vom Reichsstatthalter in Sachsen, Mutschmann, erlassene „Verordnung über die Fortführung des Staatshaushalts“ vom 27. März 1945[244] zurückgegriffen hat, muss offen bleiben. Nach dieser Verordnung konnten „im Rechnungsjahr 1945 bis zur Feststellung des Staatshaushaltsplanes die zur Fortführung der Verwaltung und zur Erfüllung der rechtlichen Verbindlichkeiten erforderlichen Ausgaben“ geleistet werden. In erster Linie maßgeblich war jetzt, nach der Kapitulation, jedenfalls die sowjetische Besatzungsmacht.

Diese ordnete mit SMAD-Befehl vom 23. Juli 1945 für Sachsen die Aufstellung eines Entwurfes für einen Teilhaushaltsplan an, der die Zeit vom 8. Mai bis zum 30. September 1945 umfassen sollte. Obwohl sich ein Genehmigungsvermerk der sowjetischen Besatzungsmacht für den vom Finanzressort kurzfristig erstellten Entwurf in den Unterlagen nicht feststellen ließ, ist jedoch als wahrscheinlich anzunehmen, dass die Festlegungen in diesem Entwurf für die weitere Arbeit der LVS nun maßgeblich waren. Bemerkenswert am genannten Entwurf waren auch die Erläuterungen bezüglich der Polizeikosten, wo es u. a. hieß:

„Mit Ausnahme der Kriminalpolizei und der neu zu schaffenden Bahnpolizei und einer Polizeireserve soll die Polizei als wertvollstes Gut der Selbstverwaltung wieder in die Hände der Gemeinden gelegt werden. Auch die Gendarmerie wird nicht mehr ein Organ der Landesverwaltung, sondern eine Einrichtung der Selbstverwaltungskörper der Landkreise sein und die Bezeichnung 'Kreispolizei' führen.“[245]

Ein weiterer Teilhaushaltsplan für die Zeit vom 1. Oktober 1945 bis zum 31. Dezember 1945, der von der sowjetischen Besatzungsmacht mit SMAD-Befehl Nr. 113 vom 25. Oktober 1945 nun nachweisbar offiziell bestätigt wurde, modifizierte diese Feststellung bezüglich der Kreispolizei aber schon wie folgt:

„Nach der der Besatzungsmacht vorgelegten Verordnung über das Polizeiwesen im Bundesland Sachsen vom 11. September 1945 ist die Kriminalpolizei, die Strompolizei, die Polizeireserve und bis zur anderweitigen gesetzlichen Regelung die Kreispolizei als landeseigene

---

[243] Gesetze, Befehle, S. 22.
[244] Sächs. GVBl., S. 23.
[245] SächsHStA, LRS, MdF, Nr. 537, Bl. 65.

Einrichtung geschaffen. Alle anderen früher verstaatlichten Polizeizweige wurden den Gemeinden übertragen. Damit sind die ordnungspolizeilichen Aufgaben als wertvollstes Gut der Selbstverwaltung wieder in die Hände der Gemeinden gelegt."[246]

Mit anderen Worten: Die Kreispolizei galt schon im Herbst 1945 - wie noch bei Aufstellung des ersten Teilhaushaltsplanes - nicht mehr als „Einrichtung der Selbstverwaltungskörper der Landkreise".

Das Gesamtvolumen des ordentlichen Staatshaushalts für das vierte Quartal 1945 lag in Sachsen damals bei den Ein- und Ausgaben bei ca. 500 Millionen Reichsmark.[247] Für die Polizei - staatlicher Bereich - wurden hiervon an Ausgaben bei Kapitel 201 des Einzelplans VIII lediglich 5 Millionen Reichsmark, also nur ein Prozent des angegebenen Gesamtvolumens veranschlagt.[248] Dieser recht niedrige Betrag berücksichtigte die Kosten für die Kreispolizei, obwohl diese nun als „landeseigene Einrichtung" galt, ebenso wenig wie die Kosten der Gemeindepolizei.

Dies musste bei den Kommunen im Hinblick auf die ohnehin angespannte Haushaltslage zu erheblichen finanziellen Belastungen führen. Bereits Ende 1945 wurden daher mehrere Gemeinden bei der Landespolizeiabteilung des Innenressorts mit dem Ersuchen vorstellig, die Zahl der Polizisten auf Kosten des Landes „wesentlich zu erhöhen". Dieser Vorstoß blieb jedoch erfolglos. Vielmehr machte der Chef der sächsischen Polizei mit Schreiben vom 27. Dezember 1945 an die „Herren Landräte und an die Oberbürgermeister der kreisfreien Städte" deutlich, dass sie „die Polizisten aus eigenen Mitteln zu bezahlen" hätten und dass auch Zuschüsse zu den Polizeikosten der Gemeinden von der Landesverwaltung nicht möglich seien.[249]

Als Besonderheit an den vom Finanzressort der LVS aufgestellten Teilhaushaltsplänen des Jahres 1945 ist noch festzuhalten, dass die Polizei hier in einem besonderen Abschnitt „der dem Lande eingegliederten Reichs- und anderen Fremdverwaltungen" aufgeführt wurde. Tatsächlich war während der Zeit des Nationalsozialismus mit dem von der Reichsregierung[250] beschlossenen „Gesetz über die Landespolizei" vom 29. März 1935[251] und mit der hierzu ergangenen „Verordnung über die Rechtsverhältnisse der Angehörigen der Landespolizei" vom 7. Januar 1936 bestimmt worden, dass der Reichsminister des Innern

---

[246] SächsHStA, LRS, MdF, Nr. 537, Bl. 1 ff.
[247] SächsHStA, LRS, MdF, Nr. 537, Bl. 21.
[248] SächsHStA, LRS, MdF, Nr. 537, Bl. 17.
[249] SächsHStA, LRS, MdI, Nr. 278, Bl. 96.
[250] Auf der Grundlage des Gesetzes „zur Behebung der Not von Volk und Reich" vom 24. März 1933 - RGBl. I, S. 141 -, dem so genannten Ermächtigungsgesetz, konnten damals Reichsgesetze ohne Beteiligung des Reichstages von der Reichsregierung beschlossen werden.
[251] RGBl. I, S. 460.

„oberste Dienstbehörde für die Angehörigen der Landespolizei" wurde. Dessen Befugnisse waren nach dieser Verordnung von da an in den Ländern „durch den Befehlshaber der Landespolizei ausgeübt worden, soweit der Reichsminister des Innern sie sich nicht selbst vorbehalten hatte".[252]

Der Haushalt für das Rechnungsjahr 1946

Die für Sachsen feststellbaren Zahlen des Staatshaushalts für das Rechnungsjahr 1946 sind lückenhaft und teilweise schwer zu interpretieren. Anlässlich einer Zusammenkunft der Polizeipräsidenten der Provinzial- und Landesverwaltungen der SBZ am 16. Februar 1946[253] in Dresden bezifferte der Vertreter Sachsens den gesamten Polizeietat für das erste Quartal dieses Jahres bei den Ausgaben jedenfalls auf 25,3 Millionen Reichsmark, wobei in diesen Betrag mit hoher Wahrscheinlichkeit auch die von den Städten, Gemeinden und Landkreisen aufgebrachten Mittel mit einbezogen waren. Die Ausgaben für die - staatliche und kommunale - Polizei in Sachsen hätten nach dieser vagen Einschätzung also hochgerechnet bei ca. 100 Millionen Reichsmark im Jahr gelegen.

Im Haushaltsplan für das Rechnungsjahr 1946[254] war für Sachsen ein Gesamtvolumen von ca. 3.3 Milliarden Reichsmark veranschlagt worden. Die Ausgaben für den Einzelplan II „Allgemeine und innere Verwaltung", zu welchem damals neben der Feuerwehr auch die staatliche Polizei gehörte, sollten nach diesem Plan bei nur 33,7 Millionen Reichsmark liegen, wovon auf die Polizei im staatlichen Bereich selbst ca. 25 Millionen Reichsmark entfielen. Hiernach wären also in diesem Rechnungsjahr - ähnlich wie im vierten Quartal des Rechnungsjahres 1945 - weniger als ein Prozent des Staatshaushalts auf den - staatlichen - Polizeibereich entfallen. Generell muss bei der Beurteilung dieser Zahlen zusätzlich aber berücksichtigt werden, dass die Ausgaben für Besatzungskosten, Reparationen u. a. erheblich waren. Sachsen hatte hier nach Haushaltsplan 688 Millionen Reichsmark aufzubringen. Hinzu kamen noch Überweisungen an die Deutsche Zentralfinanzverwaltung in Höhe von 1,17 Milliarden Reichsmark.

Die tatsächlichen Zahlen im Rechnungsjahr 1946 waren nach einer vom Sächsischen Ministerium der Finanzen erstellten Übersicht vom 20. März 1947[255] dann aber noch ungünstiger. Nach dieser Übersicht schloss der ordentliche Staatshaushalt des Landes Sachsen im Rechnungsjahr 1946 mit Ein- und Ausgaben in

---

[252] RGBl. I, S. 8.
[253] SächsHStA, LBVPS, Nr. 27, Bl. 127.
[254] SächsHStA, LRS, Ministerpräsident, Nr. 60, Bl. 168.
[255] SächsHStA, LRS, MdF, Nr. 618, Bl. 12 ff.

Höhe von 3,183 Milliarden Reichsmark ab, wobei die Ausgaben für die sowjetische Besatzungsmacht, für Reparationen sowie für Überweisungen an die Deutsche Zentralfinanzverwaltung jetzt bei insgesamt 2,278 Milliarden Reichsmark lagen. Für „ die eigentlichen Ausgaben des Landes“[256] standen damit nur noch ca. 905 Millionen Reichsmark, also weniger als ein Drittel, zur Verfügung. Bezogen auf den Gesamthaushalt Sachsens in Höhe von 3,183 Milliarden Reichsmark lagen hiernach die Ausgaben in Höhe von ca. 25 Millionen Reichsmark für die staatliche Polizei - ohne Berücksichtigung der Kosten für die „landeseigene“ Kreispolizei und ohne Berücksichtigung der von den Städten und Gemeinden aufzubringenden Kosten - somit - wie bereits erwähnt - bei unter einem Prozent.

Der Haushaltsplan für das Rechnungsjahr 1947/48

Für das Jahr 1947 ergaben sich in Sachsen bei der Aufstellung des Haushaltsplanes vom Ablauf her erhebliche Veränderungen. Am 20. Oktober 1946 war erstmals nach dem Kriege ein sächsischer Landtag gewählt worden und an die Stelle des Präsidiums der LVS trat ab 11. Dezember 1946 die sächsische Landesregierung. Hinzu kam außerdem noch das Inkrafttreten des Gesetzes über die Tragung der Polizeikosten vom 27. Februar 1947[257] rückwirkend zum 1. Januar 1947. Nach diesem Gesetz wurden sämtliche Kosten für die Polizei nun grundsätzlich vom Land getragen, auch wenn es sich hierbei „um Einrichtungen der Kreise und Gemeinden“ handelte. Außerdem hatte die Deutsche Zentralfinanzverwaltung auf Anordnung der SMAD mit Rundschreiben vom 29. Oktober 1946 verfügt, „daß die Haushaltspläne künftig für die deutschen Zentralverwaltungen, die Länder und Provinzen sowie die Stadt- und Landkreise einheitlich zu gliedern“[258] seien.

Ein uneingeschränktes Haushaltsrecht bestand auf deutscher Seite zwar auch jetzt nicht. Maßgeblich war weiterhin die sowjetische Besatzungsmacht, der die Haushaltspläne wie bisher zur Bestätigung vorzulegen waren. Gleichwohl war nun bei der Aufstellung der Haushaltspläne und bei deren Verabschiedung durch den Landtag doch ein höheres Maß an Transparenz zu erwarten. Diese neue Situation erregte bei den Innenministern der Länder und Provinzen der SBZ jedoch erhebliches Unbehagen. Bei einer informellen Innenministerkonferenz am 20. Dezember 1946[259], an welcher auch Walter Ulbricht und der damalige

---

[256] SächsHStA, LRS, MdF, Nr. 618, Bl. 13.
[257] Gesetze, Befehle, S. 108.
[258] SächsHStA, LRS, Ministerpräsident, Nr. 784, Bl. 131.
[259] SAPMO-BArch, NY 4182/1192, Bl. 188-196.

Präsident der DVdI, Reschke, teilnahmen, erörterten die Teilnehmer daher auch diese Problematik. Nach ihren Vorstellungen sollte erreicht werden, dass „die den Ländern zustehende allgemeine Polizeiaufsicht außer Kraft" gesetzt wird, „indem man die Polizei-Etats der öffentlichen Parlamentsberatung entzieht und die Personalkompetenz für leitende Polizeiangestellte auf die DVdI" verlagert.[260] Sofort ließ sich dies damals zwar nicht erreichen, aber das Ziel war klar.

Nachdem in Sachsen für das erste Quartal 1947 durch Befehl Nr. 21 der SMAD vom 14. Januar 1947[261] - ohne Beteiligung des Landtages - noch ein Teilhaushaltsplan mit Einnahmen und Ausgaben in Höhe von 732,1 Millionen Reichsmark genehmigt worden war, folgte nun ein vom sächsischen Landtag verabschiedetes „Haushaltsgesetz auf das Rechnungsjahr 1947/48" vom 27. März 1947.[262] Das neue Rechnungsjahr lief jetzt vom 1. April 1947 bis zum 31. März 1948.

Dieses vom sächsischen Landtag verabschiedete neue Haushaltsgesetz sah im ordentlichen Haushaltsplan bei Gesamtausgaben in Höhe von nur noch 2,51 Milliarden Reichsmark für die Polizei - einschließlich Feuerwehrwesen (9,4 Millionen Reichsmark) und Grenzpolizei (4,2 Millionen Reichsmark)[263] - Ausgaben in Höhe von 79,6 Millionen Reichsmark vor. Ohne die Feuerwehr sollten im Staatshaushalt Sachsens für sämtliche Personal- und Sachkosten im Polizeibereich hiernach - ohne kleinere Beträge im außerordentlichen Haushalt - also ca. 70 Millionen Reichsmark zur Verfügung stehen. Bei einem Gesamthaushalt des Landes von 2,51 Milliarden Reichsmark wären dies knapp 2,8 Prozent gewesen.

Tatsächlich lagen die Gesamtausgaben für die Polizei in Sachsen jedoch höher. Maßgeblich waren nämlich die im Einzelplan III enthaltenen Klammerzahlen, die „die Polizeikosten des Landes einschließlich der zu erstattenden Polizeikosten aus den Haushalten der Landkreise"[264] umfassten. Nach den Klammerzahlen waren im Einzelplan III für die Polizei (ohne Feuerwehr, jedoch mit Grenzpolizei) Ausgaben in Höhe von 92,3 Millionen Reichsmark veranschlagt, und zwar wie folgt:[265]

---

[260] Hans-Peter Müller: „Parteiministerien", S. 356.
[261] SächsHStA, LBVPS, Nr. 84, Bl. 15.
[262] Gesetze, Befehle, S. 134.
[263] SächsHStA, LRS, MdF, Nr. 622, S. 61.
[264] SächsHStA, LRS, MdF, Nr. 622, S. 27.
[265] SächsHStA, LRS, MdF, Nr. 622.

Kapitel 30	Landesregierung - Abteilung Polizei	2 179 600 RM	(2 864 600 RM)
Kapitel 31	Verwaltungspolizei	12 343 000 RM	(16 218 000 RM)
Kapitel 32	Vollzugspolizei	44 557 700 RM	(58 541 700 RM)
Kapitel 33	Kriminalpolizei	5 708 000 RM	(7 500 000 RM)
Kapitel 34	Polizeischulen und Polizeiausbildung	1 244 100 RM	(1 635 100 RM)
Kapitel 36	Grenzpolizei	4 220 300 RM	(5 545 300 RM)

Außerdem wurden im Staatshaushaltsplan 1947/48 die in diesen Kapiteln für den Polizeibereich veranschlagten 16.721 Planstellen wie folgt ausgebracht:

Kapitel 30	Landesregierung - Abteilung Polizei	271
Kapitel 31	Verwaltungspolizei	3 113
Kapitel 32 A	Schutzpolizei	11 212
Kapitel 32 B	Wasserschutzpolizei	56
Kapitel 33	Kriminalpolizei	1 200
Kapitel 34	Polizeischulen und Polizeiausbildung	98
Kapitel 32 C	Grenzpolizei	771

Insgesamt lagen in Sachsen nach einer undatierten Aufstellung der Polizeiabteilung vom März 1948[266] die Ausgaben im Geschäftsbereich der Polizei im Haushaltsjahr 1947/48 dann bei ca. 98 Millionen Reichsmark. Dies entsprach unter Einbeziehung der Beträge im außerordentlichen Haushalt in etwa den oben aufgeführten Klammerzahlen.

Der Haushaltsplan für das Rechnungsjahr 1948/49

Das sächsische Haushaltsgesetz für das Rechnungsjahr 1948/49[267] vom 23. März 1948[268], welches vom 1. April 1948 bis zum 31. März 1949 lief, stand im Zeichen einer weiteren - beträchtlichen - Erhöhung des Polizeietats. Die Ausgaben für den Polizeibereich wurden im ordentlichen Staatshaushalt nun auf knapp 140,5 Millionen Reichsmark festgesetzt, und zwar einschließlich

---

[266] SächsHStA, LRS, MdI, Nr. 268 (nicht paginiert).
[267] Dieses Rechnungsjahr lief vom 1. April 1948 bis zum 31. März 1949.
[268] GVBl. Sachsen, S. 190.

Grenzpolizei, jedoch ohne das Feuerwesen.[269] Bei Einnahmen und Ausgaben in Höhe von 2,667 Milliarden Reichsmark im Gesamtetat standen der Polizei hiernach somit ca. 5,2 Prozent der Gesamtausgaben zur Verfügung.[270] Dieser Staatshalt wurde von der SMAD mit Befehl Nr. 71 vom 19. April 1948[271] auch so bestätigt.

Die im Einzelplan III für die Polizei vorgesehenen Ausgaben in Höhe von knapp 140,5 Millionen Reichsmark wurden im Einzelnen wie folgt veranschlagt:[272]

Kapitel 30	Landesregierung - Abteilung Polizei	8 087 000 RM
Kapitel 31	Verwaltungspolizei	26 902 000 RM
Kapitel 32 A	Schutzpolizei	79 491 000 RM
Kapitel 32 B	Wasserschutzpolizei	511 000 RM
Kapitel 32 C	Grenzpolizei	8 551 000 RM
Kapitel 33	Kriminalpolizei	14 776 000 RM
Kapitel 34	Polizeischulen und Polizeiausbildung	2 157 000 RM

Außerdem wurden die im Staatshaushaltsplan 1948/49 veranschlagten 23.679 Planstellen wie folgt ausgebracht:

Kapitel 30	Landesregierung - Abteilung Polizei	475
Kapitel 31	Verwaltungspolizei	3 878
Kapitel 32 A	Schutzpolizei	15 620
Kapitel 32 B	Wasserschutzpolizei	84
Kapitel 32 C	Grenzpolizei	1 053
Kapitel 33	Kriminalpolizei	2 400
Kapitel 34	Polizeischulen und Polizeiausbildung	169

269 SächsHStA, LRS, MdF, Nr. 649, Bl. 89.

270 Im Gegensatz zum Haushaltsplan für das Rechnungsjahr 1947/48 gab es nun allerdings keine Klammerzahlen mehr. Die Polizeikosten wurden nur noch im Landeshaushalt ausgewiesen. „Zu erstattende Polizeikosten aus den Haushalten der Landkreise" fielen hiernach jetzt also weg.

271 SächsHStA, LBVPS, Nr. 33, Bl. 114.

272 SächsHStA, LRS, MdF, Nr.659 (Einzelplan III, S. 24).

Beim verabschiedeten Haushaltsplan 1948/49 handelte es sich allerdings „lediglich um den Rahmenplan“ für die Haushaltsführung. Die konkrete Ausführung sollte gemäß Rundverfügung Nr. 29/48 der sächsischen Landespolizeibehörde vom 10. Juni 1948[273], die nun auch die Bezeichnung „Hauptabteilung Polizei“ führte, grundsätzlich nach Vierteljahresplänen erfolgen.[274] Es ist nicht auszuschließen, dass die im Haushaltsgesetz für das Rechnungsjahr 1948/49 vorgesehenen Ansätze in der Realität noch überzogen wurden. Dies könnte jedenfalls aus den entsprechenden Auflistungen für den Vierteljahresplan des vierten Quartals 1948 abgeleitet werden.[275]

Die Haushaltspläne für die Rechnungsjahre 1949 und 1950

Mit dem Haushaltsgesetz für das Rechnungsjahr 1949 vom 8. April 1949[276] wurde der Staatshaushaltsplan in Sachsen ab dem 1. April 1949 wieder auf das Kalenderjahr umgestellt. Er lief also nur bis zum 31. Dezember 1949. Begründet wurde diese Maßnahme damit, dass der Volkswirtschaftsplan und der Finanzplan „eine Einheit“ bildeten. Die Einnahmen und Ausgaben in diesem verkürzten Rechnungsjahr 1949 beliefen sich auf 2,163 Milliarden DM.[277]

Im Gegensatz zu den vorangegangenen Haushaltsplänen wurden in Sachsen für das Polizeiwesen (ohne die Feuerwehr) jetzt die Ausgaben nur noch pauschal veranschlagt, und zwar in Höhe von 87,2 Millionen DM.[278] Bezogen auf den Gesamthaushalt von 2,163 Milliarden DM hätten die Ausgaben für die Polizei hiernach nun also nur noch bei ca. vier Prozent gelegen. Beim maßgeblichen Einzelplan III für das Rechnungsjahr 1949 muss allerdings berücksichtigt werden, dass nun u. a. die Kosten für die Grenzpolizei und die Landespolizeischule nicht mehr enthalten waren, da diese Positionen in den Haushalt der DVdI übernommen worden waren. Auch die im vorangegangenen Rechnungsjahr eingestellten Planstellen wurden nun „von 23.679 um 1.279 auf 22.400 Planstellen“ verringert.[279] Der Ist-Bestand lag dann aber offensichtlich noch erheblich niedriger, denn nach einem Quartalsbericht der Abteilung „Polit-

---

273 SächsHStA, LBVPS, Nr. 33, Bl. 113.

274 Diese Rundverfügung war noch vom stellvertretenden Abteilungsleiter, Ministerialrat Ludwig Hoch, unterschrieben worden, der dann im August 1948 einer Säuberungswelle zum Opfer fiel und verhaftet wurde.

275 SächsHStA, LRS, MdI, Nr. 283 (nicht paginiert).

276 GVBl. Sachsen, S. 345.

277 SächsHStA, LRS, MdF, Nr. 669, S. 11.

278 SächsHStA, LRS, MdF, Nr. 669, S. 3 und 21.

279 SächsHStA, LRS, MdI, Nr. 276 (nicht paginiert).

Kultur" der Landesbehörde der Volkspolizei Sachsen vom 30. September 1949[280] gab es in Sachsen damals folgenden Personalbestand:

Personalabteilung und Abteilung Schulung	305
Schutzpolizei einschließlich Kraftfahrzeuginspektion	12 872
Kriminalpolizei	2 388
Verwaltungspolizei	4 161

Der Grund für diese tatsächliche Personalreduzierung auf nur noch 19.732 Personen im Polizeidienst Sachsens lag einmal in den ständigen Säuberungen und zum anderen wohl auch in dringlicher werden Sparmaßnahmen. Ansonsten ist bei der Bewertung zu berücksichtigen, dass spätestens ab 1949 haushaltsrechtlich eigene sächsische Zuständigkeiten für das Polizeiwesen kaum noch bestanden. Bei den im Haushaltsplan angegebenen Zahlen handelte es sich nur noch um so genannte Durchlaufposten, die von der DVdI zentral verwaltet und gesteuert wurden.

Entsprechendes galt für den Haushaltsplan des Rechnungsjahres 1950. In ihm waren für Sachsen - ohne Grenzpolizei und Feuerwehr - nur noch 19.965 Planstellen veranschlagt worden; auch waren die für die Polizei maßgeblichen Ansätze im Haushaltsplan des Landes Sachsen nun nur noch von der DVdI - ohne Beteiligung des sächsischen Landtages - erstellt und festgelegt worden.[281] Damit war also das bereits auf der informellen Innenministerkonferenz vom 20. Dezember 1946[282] angestrebte Ziel der Ausschaltung der Länderparlamente bei Polizeiangelegenheiten jetzt endgültig erreicht worden.

Der Stellenplan und die Personalstärke der Polizei

Entsprechend den allgemeinen Grundsätzen einer geordneten Personalverwaltung hatte die tatsächliche Personalstärke in Polizei und Verwaltung auch in Sachsen den Vorgaben eines Stellenplanes zu folgen. Allerdings gab es diesbezüglich in der unmittelbaren Nachkriegszeit, als „die Polizei als wertvollstes Gut der Selbstverwaltung wieder in die Hände der Gemeinden gelegt"[283] worden war, teilweise Unklarheiten. Der Chef der sächsischen Polizei sah sich daher

[280] SächsHStA, LBVPS, Nr. 168, Bl. 67.
[281] SächsHStA, LBVPS, Nr. 83, Bl. 1.
[282] SAPMO-BArch, NY 4182/1192, Bl. 188-196.
[283] SächsHStA, LRS, MdF, Nr. 537, Bl. 65.

veranlasst, in einem Rundschreiben vom 27. Dezember 1945 an die „Herren Landräte und an die Oberbürgermeister der kreisfreien Städte"[284] allgemeine Hinweise auch für die Personalstärke der Polizei in den Gemeinden zu geben. Er betonte hier,

- dass sich eine feste Norm für die Stärke der Gemeindepolizei zwar schwer finden lasse,
- dass aber den Gemeinden in der Regel für 1000 Einwohner ein Polizist zugebilligt werden solle.

Diese Hinweise waren allerdings illusorisch, denn bei damals ca. 5,4 bis 5,8 Millionen Einwohnern[285] in Sachsen wäre je nach Berechnungsweise ein Mehrfaches des tatsächlichen Bestandes erforderlich gewesen.

Nach einer internen Übersicht zur „Stärke und Spartengliederung der Polizei"[286], die zum 30. Juni 1948 erstellt wurde, waren im Land Sachsen im Polizeidienst tatsächlich beschäftigt:

nach dem Stand vom 31. Dezember 1945	13 550 Personen,[287]
nach dem Stand vom 31. Dezember 1946	14 804 Personen,[288]
nach dem Stand vom 31. Dezember 1947	16 981 Personen [289]
und nach dem Stand vom 30. Juni 1948	19 734 Personen.[290]

---

[284] SächsHStA, LRS, MdI, Nr. 278, Bl. 96.

[285] Helga A. Welsh, Sachsen, S. 126. In einer internen Aufstellung der Polizeiabteilung des sächsischen Innenressorts vom 10. Juni 1946 werden ca. 5,4 Millionen Einwohner genannt. - Vgl. SächsHStA, LRS, MdI, Nr. 279, Bl. 88.

[286] SächsHStA, LBVPS, Nr. 10, Bl. 133.

[287] Eine Gliederung nach Sparten war für diesen Zeitpunkt nicht möglich. Zum Vergleich: Die Gesamtstärke der Polizei einschließlich der für die Verwaltungspolizei zuständigen Beschäftigten belief sich in Sachsen im Jahre 1923 auf ca. 11.000 Mann, wovon ca. 3.000 staatlich und ca. 8.000 kommunal waren. - Vgl. Dirk Belling: Die Entwicklung der polizeilichen Aufgaben, S. 176 (Anm. 800).

[288] Von diesen 14.804 Personen gehörten 10.449 zur Schutzpolizei, 2.453 zur Verwaltung bzw. Verwaltungspolizei, 1.091 zur Kriminalpolizei, 755 zur Grenzpolizei und 56 zur Strom- bzw. Wasserschutzpolizei.

[289] Von diesen 16.981 Personen gehörten 11.240 zur Schutzpolizei, 3.603 zur Verwaltung bzw. Verwaltungspolizei, 1.174 zur Kriminalpolizei, 909 zur Grenzpolizei und 55 zur Strom- bzw. Wasserschutzpolizei.

[290] Von diesen 19.734 Personen gehörten 12.956 zur Schutzpolizei, 3.804 zur Verwaltung bzw. Verwaltungspolizei, 1.968 zur Kriminalpolizei, 937 zur Grenzpolizei und 69 zur Strom- bzw. Wasserschutzpolizei.

Bis Ende 1946 gab es in Sachsen also eine noch als mäßig anzusehende steigende Tendenz. Stark ansteigend war die Tendenz dann aber ab 1947.

Diese Entwicklung versetzte sogar die SMAS in Erstaunen. Anfang 1948 sah diese sich daher veranlasst, den Chef der sächsischen Polizei um Aufklärung über die Personalentwicklung bei der Polizei in Sachsen zu ersuchen. In einem Schreiben vom 27. Februar 1948[291] stellte die SMAS fest, dass sich der Stellenplan für die sächsische Polizei wie folgt entwickelt habe:

	1946/47	1948
Polizeiabteilung	261	475
Verwaltungspolizei	3 128	3 879
Schutzpolizei	11 043	15 619
Kriminalpolizei	1 200	2 400

Diese von der SMAS monierte Personalverstärkung stand mit den Vorgaben des Stellenplanes, wie er im jeweiligen sächsischen Haushaltsgesetz beschlossen worden war, jedoch im Einklang, weshalb der Hintergrund der Anfrage der SMAS unklar ist. Anscheinend hatte die SMAS den Überblick verloren, denn zuständig für die Genehmigung des Haushaltsplanes und damit auch für die Genehmigung der Stellen war die SMAD in Berlin-Karlshorst.

Ein Jahr später gab es in Sachsen wieder ähnliche Probleme mit der SMAS. In einem Schreiben vom 5. Februar 1949[292] bestätigte der neue sächsische Innenminister Wilhelm Zaisser für den Stichtag 31. Januar 1949 eine Polizeistärke von 24.734 Personen.[293] Er reklamierte gegenüber der SMAS, die von niedrigeren Zahlen ausging, 4259 fehlende Zusatzverpflegungen für die Polizei in Sachsen. Im Hinblick auf die hektische Entwicklung in dieser Zeit scheint auch hier die Übersicht teilweise verloren gegangen zu sein. Dass dies durchaus vorkommen konnte, bestätigt auch ein Vermerk der Personalabteilung der DVdI vom 22. November 1948, wo „wegen unrichtig ermittelter Personalzahlen im Polizeibereich“ vorgeschlagen wurde, eine „bereits endgezeichnete, jedoch noch nicht abgesandte Mitteilung an die Landespolizeibehörden entsprechend zu berichtigen“.[294] Es ist aber auch möglich, dass der Innenminister bei seinen - vom Stellenplan her nicht gedeckten Zahlen - den im Jahre 1949 im Aufbau

[291] SächsHStA, LBVPS, Nr. 37, Bl. 54.
[292] SächsHStA, LRS, MdI, Nr. 276 (nicht paginiert).
[293] Im Haushaltsplan für das Rechnungsjahr 1948/49 waren offiziell (nur) 23.679 Planstellen für den Polizeibereich ausgebracht.
[294] BArch, DO 1/7.0/184, Bl. 58

begriffenen polizeilichen Betriebsschutz einbezogen hat. Auf diesen Betriebsschutz wird später noch gesondert einzugehen sein.

Die Personalstärke im Vergleich zu den übrigen Ländern in der SBZ

Sachsen war nach dem Kriege, was die Personalstärke im Polizeibereich betraf, im Vergleich zu den übrigen Ländern und Provinzen in der SBZ von Anfang an führend. Dies ergibt sich aus den von der DVdI erhobenen und nachfolgend dargestellten Vergleichszahlen des Ist-Bestandes zum Jahresende 1947.[295] Hiernach lag der Personalbestand

in Brandenburg bei	7 052,
in Mecklenburg bei	5 753,
in Sachsen-Anhalt bei	8 375,
in Thüringen bei	8 410
und in Sachsen bei	16 981

Personen. Insgesamt gab es zum 31. Dezember 47 in der SBZ also bereits 46.571 Kräfte im Polizeidienst. Anfang 1946 waren es nur 21.973 gewesen und im Jahre 1948 dann bereits 64.587.

Allein in den Jahren 1945 bis 1948 hatte also eine Verdreifachung stattgefunden. 1949 folgte aufgrund des Ausbaues der militärischen Formationen und infolge von personalpolitischen Säuberungsaktionen eine Verringerung „ziviler" Dienstzweige um ca. 10.000 Mann.[296] Dem standen jedoch wesentliche Verstärkungen in paramilitärischen Einrichtungen gegenüber. Insgesamt erreichten die „zivilen" und paramilitärischen Einrichtungen der Volkspolizei bis Ende 1949 schließlich eine Personalstärke von ca. 75.000 Mann[297], was bei ca. 17 Millionen Einwohnern einer Polizeidichte von ca. 4,4 Beschäftigten im Polizeidienst bezogen auf je 1000 Einwohner entsprach.

Begründet wurde die ab 1947/48 einsetzende beträchtliche personelle Verstärkung u. a. mit der Verschlechterung der weltpolitischen Lage. Im Jahresbericht

---

[295] BArch, DO 1/7.0/161, Bl. 102.

[296] Thomas Lindenberger: Die Deutsche Volkspolizei, S. 99.

[297] Dieter Marc Schneider: Innere Verwaltung/Deutsche Verwaltung des Innern (DVdI), S. 213.

1948 der Personalabteilung der Landespolizeibehörde Sachsen hieß es hierzu beispielsweise:

„Während noch zu Beginn des Jahres 1948 die Aussicht auf ein einheitliches Deutschland bestand und auch in die Moskauer Konferenz im Frühjahr berechtigte Hoffnungen gesetzt wurden, so zeigte sich jedoch bald eine völlig veränderte Lage. Die Londoner Konferenz der Westimperialisten und die in deren Verlauf im Juni in Westdeutschland vollzogene separate Währungsreform zerschlugen alle Hoffnungen auf ein einheitliches Deutschland und machten die Teilung Deutschlands zur Tatsache.

Die Spaltung Berlins (Einführung von drei Währungen, Spaltung des Magistrats und der Polizei), eine gefährliche Antisowjet- und Kriegshetze sowie das Einsetzen eines verschärften Klassenkampfes auch in der Ostzone waren weitere Momente im politischen Geschehen des Jahres 1948, die wir, wenn wir eine Rückschau über unsere Polizeiarbeit halten wollen, nicht außer acht lassen dürfen, da gerade von diesen Ereignissen die Entwicklung unserer Polizei entscheidend beeinflußt wurde.“[298]

Festzuhalten bleibt, dass Sachsen in den Nachkriegsjahren über die mit Abstand stärkste „Polizeimacht“ innerhalb der SBZ verfügte.

Bei der Haushaltsführung lassen sich in Sachsen drei Phasen unterscheiden: Zunächst lagen die Staatsausgaben für den Polizei- und Sicherheitsbereich relativ niedrig. Bis zum Ende des Jahres 1946 waren nämlich die Landkreise, Städte und Gemeinden zur vollen Tragung der nicht unerheblichen Kosten für die Gemeinde- und die Kreispolizei verpflichtet. Diese änderte sich dann mit dem Inkrafttreten des Gesetzes über die Tragung der Polizeikosten vom 27. Februar 1947[299] rückwirkend zum 1. Januar 1947. Nun übernahm das Land - wie dargelegt - sämtliche Polizeikosten, also auch diejenigen, die bisher von den Kreisen und Gemeinden aufzubringen waren.[300] Die weitere Entwicklung führte schließlich ab dem Rechnungsjahr 1949 dazu, dass die für den Polizei- und Sicherheitsapparat maßgeblichen Haushaltsansätze - vorbehaltlich der Rechte der sowjetischen Besatzungsmacht - weitgehend nicht mehr vom sächsischen Landtag, sondern vielmehr nur noch von der DVdI festgelegt und bestimmt wurden. Es kam nun also zur Ausschaltung der haushaltsrechtlichen Kompetenzen des sächsischen Landtages in Fragen der inneren Sicherheit, ein Ziel, das schon bei den Beratungen der oben erwähnte informellen Innenministerkonferenz vom 20. Dezember 1946 angestrebt worden war.[301] Auch die relativ offene Darstellung und Differenzierung der einzelnen Haushaltsansätze nebst Stellenplänen im Sicherheitsbereich hörte nun auf.

---

298 SächsHStA, LBVPS, Nr. 99, Bl. 119 ff.

299 Gesetze, Befehle, S. 108.

300 Für das Rechnungsjahr galt offenbar noch eine Übergangsregelung, denn „aus den Haushalten der Landkreise“ waren Polizeikosten an das Land zu erstatten. - Vgl. SächsHStA, LRS, MdF, Nr. 622, S. 27

301 SAPMO-BArch, NY 4182/1192, Bl. 188-196.

3.2 Die neue Organisationsstruktur

3.2.1 Umbruch und Neubeginn (bis Mitte 1946)

Die Sicherheitslage unmittelbar nach dem Kriege

In der unmittelbaren Nachkriegszeit, der Zeit des Umbruchs und des Neubeginns auf allen Gebieten, lag die Verantwortung für die öffentliche Sicherheit und Ordnung auf deutscher Seite - nach einer kurzen Phase völliger Lähmung - zunächst ausschließlich bei den Gemeinden, Städten und Landkreisen[302], also bei den kommunalen Gebietskörperschaften.[303] Die Phase der alleinigen Zuständigkeit dieser Gebietskörperschaften zog sich - mit abnehmender Tendenz - in Sachsen bis in den Herbst des Jahres 1945 hin. Zwar war die im Juli neu gebildete Landespolizeiabteilung bei der LVS von Anfang an bemüht, in Fragen der öffentlichen Sicherheit Einfluss auszuüben. Praktische Hilfe vor Ort war ihr jedoch kaum möglich, weshalb die kommunalen Gebietskörperschaften zunächst mehr schlecht als recht allein versuchen mussten, ein Minimum an Sicherheit und Ordnung für die Bevölkerung zu erreichen. Die sowjetische Besatzungsmacht, die KPD und auch Walter Ulbricht sahen einen entscheidenden Schritt zur Wiederherstellung der öffentlichen Ordnung jedenfalls darin, Polizei auf die Straße zu bekommen.[304]

Die Bürgermeister und Landräte wurden durch entsprechende Befehle der Besatzungsmacht beauftragt, mit dem Aufbau von Polizeikräften zu beginnen. Dabei wurden „die als Leiter der Polizei ausgewählten Antifaschisten“ von den sowjetischen Kommandanten bestätigt. Auch erhielten sie von diesen „erste Aufträge und Vollmachten“.[305] Ein sächsischer Polizist „der ersten Stunde“ schilderte die Situation rückschauend aus der Perspektive eines überzeugten Kommunisten - etwas verklärend, im Kern aber wohl zutreffend - im Jahre 1949 wie folgt:

> „Endlich, am 7. Mai, war die Rote Armee einmarschiert. Es bildete sich mit Unterstützung der Roten Armee ein Antifa-Ausschuß, der das Leben der Stadt wieder in Gang brachte. Am 25.5.1945 setzten wir uns zusammen, um eine Stadtpolizei ins Leben zu rufen.

---

302 Klaus-Peter Krause: Die Herausbildung und Entwicklung der Deutschen Volkspolizei, S. 35.

303 Nach dem Stand vom 20. Dezember 1945 gab es in Sachsen 30 Landkreise und 23 kreisfreie Städte. - Vgl. Amtl. Nachrichten 1946, S. 6. Die kreisfreien Städte wurden bis Herbst 1946 auch als „Stadtkreise“ bezeichnet. - Vgl. z. B. Gesetze, Befehle 1946, S. 422. Spätestens mit dem Inkrafttreten der Demokratischen Kreisordnung für das Land Sachsen vom 16. Januar 1947 (Gesetze, Befehle, S. 22) gab es neben 29 Landkreisen nur noch sechs Stadtkreise, nämlich Dresden, Leipzig, Chemnitz, Zwickau, Plauen und Görlitz.

304 Naimark: Die Russen in Deutschland, 1997, S. 446.

305 Karl Heinz Schöneburg: Arbeiter- und Bauernstaat, S. 227 ff.

Ich hatte mich für den neuen Beruf, Polizist zu werden, entschlossen in der Erkenntnis, daß der neu entstehenden Polizei in Zukunft erhöhte Beachtung zukommen wird und [daß] dort nur die besten Antifaschisten hingehören, damit nie wieder die Polizei ein Instrument zur Unterdrückung der fortschrittlichen Menschheit wird [...].

Am 28.5.1945 nahmen wir den Dienst in einem improvisierten Wachlokal auf. Arbeitsunterlagen der alten Polizei standen uns nicht zur Verfügung. Zur äußeren Kennzeichnung bekamen wir eine Armbinde mit der Aufschrift `Polizei´. Das Inventar unserer Wache bestand aus ein paar Stühlen und einer Kiste als Tisch. [...]

Ein ordnungsgemäßer Dienstbetrieb wurde jetzt organisiert. Der erste Dienstplan entstand. Jeder Kollege wußte genau, was er für eine Aufgabe hatte. Nun darf sich aber kein Kamerad vorstellen, daß unser Dienst etwa mit 12 oder 14 Stunden zu Ende war. Es gab damals so viel zu tun, daß man nur zum Essen nach Hause ging. 14 Tage haben wir in der Wache auf Stühlen `geschlafen´, dann beschafften wir uns Feldbetten. Dieses Leben nahmen wir auf uns, weil wir von unserer guten Sache überzeugt waren."[306]

Weiter hieß es in diesem Bericht:

„Die Frage der Uniformierung wurde brennend, denn unsere Zivilkleidung sah nicht gerade ansehnlich aus. Die Kommandantur war einverstanden, daß wir eine geeignete Bekleidung uns besorgten. Ein Betrieb stellte uns die Luftschutzuniform zur Verfügung. Diese ließen wir grün färben, als Kopfbedeckung trugen wir ein Käppi. Es erregte viel Aufsehen, als Deutsche wieder in Uniform auftraten. Später bekamen wir dann Uniformen, die schon Ähnlichkeit mit unserer heutigen Uniform hatten. [...]

In dieser Zeit unterstand die Polizei noch den Bürgermeistern. Mit der Bildung der Kreisverwaltung entwickelte sich auch die Polizei im Kreismaßstab, war aber immer noch ein loses Gebilde. Eine Zentralisation war dringend erforderlich. Die Schaffung der Landesverwaltung (Abteilung Inneres), an der Spitze unser jetziger Chef der Volkspolizei, Kamerad Dr. Kurt Fischer und Chefinspekteur Kamerad Hofmann, schaffte im Zuge der gesellschaftlichen Umgestaltung unsere heutige Volkspolizei."[307]

Oft genug musste also mit fachfremden, aber „antifaschistischen" Kräften improvisiert werden. Deshalb bestanden in der unmittelbaren Nachkriegszeit im Sicherheitsbereich häufig chaotische Zustände, nicht zuletzt auch wegen des Verhaltens von Angehörigen der sowjetischen Besatzungsmacht. Als selbst mehrere Monate nach dem Einmarsch der Roten Armee eine Besserung noch nicht eingetreten war, versuchte die SMAS, mit Befehl Nr. 5 vom 31. Oktober 1945 die Dinge etwas besser in den Griff zu bekommen. In diesem Befehl an alle „militärischen Kommandanten der Bezirke und Städte" Sachsens hieß es daher u. a.:

„Es wird kategorisch verboten, Gegenstände ohne Bezahlung an sich zu nehmen, die Privatpersonen gehören. Alle erworbenen Gegenstände, welche für den Bedarf der Roten Armee benötigt werden, müssen unbedingt bezahlt werden.

---

306 SächsHStA, LBVPS, Nr. 186, Bl. 104.
307 Ebenda.

Arbeitskräfte aus der örtlichen Bevölkerung, die zur Arbeit für den Bedarf der militärischen Abteilungen herangezogen werden, müssen laut Abmachung oder laut Normen, die für ähnliche Arbeiten an den Orten üblich sind, entlohnt werden."[308]

Allzu viel scheint dieser Befehl allerdings nicht bewirkt zu haben. Der Chef der sächsischen Polizei bei der LVS sah sich jedenfalls veranlasst, diesen Befehl in einem vertraulichen Rundschreiben vom 8. März 1946[309] den Landräten, Oberbürgermeistern und Polizeipräsidenten besonders zur Kenntnis zu bringen. Sicher nicht ohne Grund, denn nach einer von seiner Behörde erstellten Übersicht vom 30. Januar 1946 waren in Sachsen allein im Dezember 1945 und im Januar 1946 immer noch 36 schwere und schwerste Gewaltverbrechen zu verzeichnen gewesen, an denen nicht immer, aber verhältnismäßig oft „Personen in der Uniform der sowjetischen Besatzungsmacht"[310] beteiligt waren.

Der organisatorische Neuaufbau und die Last der Kommunen

Der zunächst auf kommunaler Ebene beginnende organisatorische Neuaufbau der Polizei in Sachsen entsprach voll den Grundsätzen über die Demokratisierung und Dezentralisierung der gesamten deutschen Verwaltung, wie sie von den drei Siegermächten im Potsdamer Abkommen vom 2. August 1945 (Abschnitt III A Ziffer 9) festgelegt worden waren. Alles begann also auf lokaler Ebene mit der Einrichtung von Polizeirevieren, wo die Aufgaben der Ordnungspolizei sowie - gegebenenfalls - der Kriminalpolizei einschließlich „der Verfolgung politischer Verbrechen" wahrgenommen wurden.[311] Hinzu kamen noch die allgemeinen Aufgaben der Verwaltungspolizei.

Für Dresden blieb ein schriftlicher Befehl Nr. 3 des sowjetischen Stadtkommandanten vom 11. Juni 1945 erhalten, in welchem der Aufbau der Ordnungspolizei, die aber auch kriminalpolizeiliche Aufgaben wahrnehmen sollte, wie folgt angeordnet bzw. bestätigt wurde:

„Zur Aufrechterhaltung der Ordnung in der Stadt, zur Verkehrsregelung, Bekämpfung von Diebstählen und Belästigungen auf der Straße, ist beim Oberbürgermeister der Stadt eine städtische Ordnungspolizei geschaffen worden.

Ich befehle:

1. Alle Angelegenheiten bezüglich Kriminalverbrechen (Diebstähle, Brandstiftungen, Morde, Verletzung der öffentlichen Ordnung), die von Bürgern deutscher Nationalität

---

308 SächsHStA, LRS, MdI, Nr. 279, Bl. 37.
309 SächsHStA, LRS, MdI, Nr. 279, Bl. 37.
310 SächsHStA, LRS, MdI, Nr. 279, Bl. 31.
311 Monika Tantzscher: Die Vorläufer des Staatssicherheitsdienstes in der Polizei der SBZ, S. 136.

gegen die deutsche Bevölkerung begangen werden, sind an die städtische Ordnungspolizei zu übergeben.

2. Die Ordnungspolizei trägt eine besondere Uniform - grauen Anzug mit gelb-schwarzer Binde am linken Arm.

3. Truppenteile und Dienststellen der Roten Armee, die in der Stadt Dresden liegen sowie nach Dresden in dienstlichen Angelegenheiten kommen, haben die Tätigkeit in der Ordnungspolizei nicht zu behindern, sondern ihr bei der Aufrechterhaltung der Ordnung zu helfen.

4. Ab 11. Juni ist die Verdunkelung abzuschaffen. Straßen und Hauseingänge sind hell zu beleuchten.

5. In Ergänzung zu Punkt 2 des Befehls Nr. 2 des Stadtkommandanten erkläre ich, daß auch alle Jagdgewehre abzuliefern sind."[312]

Ein später erstellter „entwicklungsgeschichtlicher Bericht der neuen demokratischen Polizei" vom 12. Juli 1948 skizzierte den Aufbau im Landkreis Dresden unmittelbar nach dem Kriege wie folgt:

„Auf Grund der Anweisung des Landrates im Juni 1945 wurde auch in verschiedenen Gemeinden eine Gemeindepolizei organisiert. Gleich nach dem Einmarsch der Roten Armee bildete sich aus den politisch bewußtesten Kreisen der Bevölkerung in vielen Orten ein sogenannter Selbstschutz. Dieser bildete bei der Organisierung der Polizei den Grundstock, nachdem sich die unkontrollierbaren Elemente, die in dieser Einrichtung eine Möglichkeit zur Bereicherung erblickten, abgesondert hatten und ausgeschieden wurden. In 15 Gemeinden wurde die Gemeindepolizei aufgestellt und [sie] hatte eine Gesamtstärke von 62 Mann.

Im Kreisgebiet Dresden lagen außer den damals 88 Gemeinden noch die ehemals kreisfreien Städte Freital und Radebeul. In diesen Städten wurde die Polizei - losgelöst von den übrigen Gemeinden - von den dortigen Oberbürgermeistern und Polizeidezernenten nach Weisungen der örtlichen Kommandanturen errichtet."[313]

In anderen Kommunen und Landkreisen wurde ähnlich verfahren.[314] Eine völlig einheitliche Praxis konnte es in Sachsen bei den damaligen Gegebenheiten allerdings nicht geben, so dass in den einzelnen Landkreisen, Städten und Gemeinden je nach den örtlichen Verhältnissen unterschiedlich vorgegangen wurde. Im Übrigen konnte die aus der früheren Landgendarmerie hervorgegangene Kreispolizei auch kriminalpolizeiliche Aufgaben wahrnehmen.[315]

Generell scheint die Entwicklung dann so verlaufen zu sein, dass es eine Ordnungspolizei beginnend ab Anfang 1946 in der Regel nur noch in den kreisfreien Städten gab, während die Aufgaben dieses Polizeizweiges in den übrigen Gemeinden überwiegend von der Kreispolizei wahrgenommen bzw.

---

[312] BArch, DO 1/7.0/18, Bl. 100; SächsHStA, LBVPS, Nr. 108 (nicht paginiert).
[313] SächsHStA, LBVPS, Nr. 108, Bl. 154.
[314] Andreas Thüsing: Landesverwaltung und Landesregierung in Sachsen 1945-1952, S. 283.
[315] Klaus-Peter Krause: Die Herausbildung und Entwicklung der Deutschen Volkspolizei, S. 44.

übernommen wurden. Im Einzelnen waren die Übergänge dabei aber fließend; sie sind daher heute nicht mehr exakt zu rekonstruieren.

Klar ist jedenfalls, dass die Polizei im Hinblick auf die äußeren Umstände unmittelbar nach Kriegsende vor gewaltigen Schwierigkeiten und Herausforderungen stand. In Dresden beispielsweise waren über 80 Prozent der Wohnungen des Stadtgebietes zerstört oder beschädigt. Die Versorgungslage war katastrophal. Plünderungen und Übergriffe jeglicher Art waren an der Tagesordnung. Elternlose Kinder und Jugendliche, Flüchtlinge und andere „Displaced Persons" strömten durch die Stadt, um eine neue Heimat zu suchen. Alle Wohnungen und halbwegs bewohnbaren Unterkünfte waren überbelegt. Familien mit mehreren Kindern mussten nicht selten mit nur einem Zimmer auskommen. Auch die Kriminalität stieg rapide an und das Bandenunwesen nahm ständig zu. In anderen Städten und Gemeinden Sachsens war die Situation ähnlich.[316]

Auch die Steuerung der Flüchtlingsbewegungen aus dem Osten erforderte große Anstrengungen. Im Leipziger Hauptbahnhof wurde deshalb gemäß Anordnung des dortigen Polizeipräsidenten vom 5. Oktober 1945[317] eine Transportleitstelle und ein Flüchtlingspolizeikommissariat eingerichtet. Auch das Landeskriminalamt in Dresden hatte eine „Landeszentrale für Vermißte und unbekannte Tote" errichtet und „alle Landräte, Oberbürgermeister der kreisfreien Städte, Polizeipräsidenten, Kreispolizeileiter, Leiter der Kriminalämter, Leiter der Kriminaldienststellen" mit Rundschreiben vom 10. November 1945[318] entsprechend informiert.

Anlässlich der Eröffnung der sächsischen Polizeischule am 6. Februar 1946 skizzierte Kurt Fischer die Schwierigkeiten der Polizei in der unmittelbaren Nachkriegszeit wie folgt:

> „Die Verhältnisse, unter denen die neue Polizei organisiert werden mußte, waren äußerst schwierig. Es fehlte an Spezialkräften, es fehlte an Waffen, es fehlte an Uniformen, es fehlte an Unterkünften, es fehlte an Autorität, es fehlte an allem. Und ohne Waffen, noch in Zivil, unter den schwierigsten Bedingungen haben die neuen Männer der neuen Polizei ihre aufopferungsvolle Arbeit angetreten. Es wurden dabei Ungeschicklichkeiten begangen, es wurden Opfer gebracht, die hätten vermieden werden können, aber es wurden auch Opfer gebracht, die von einem aufopferungsvollen Einsatz unserer neuen Männer, unserer neuen Polizei zeugen. Ihre Namen werden einst in goldenen Lettern auf einer Ehrentafel hier in der Polizeischule verzeichnet werden, damit sie den Schülern der sächsischen Polizeischule und damit der gesamten Polizei als Vorbild dienen mögen."[319]

Kurt Fischer war in Sachsen die beim Aufbau des sächsischen Sicherheitsapparates maßgebliche und zentrale Figur. Nach seiner Tätigkeit als zunächst auch

---

[316] SächsHStA, Findbuch LBVPS, Einleitung, S. 1.
[317] SächsHStA, LRS, MdI, Nr. 2295 (nicht paginiert).
[318] SächsHStA, LBVPS, Nr. 120 (nicht paginiert).
[319] SächsHStA, LRS, MdI, Nr. 99, Bl. 99.

für die Polizei zuständiger Dezernent und Bürgermeister der Stadt Dresden war er ab Juli 1945 dann als 1. Vizepräsident bei der LVS der auch für diesen Bereich auf Landesebene zuständige Ressortchef in Sachsen.[320] Damit war es ihm nach seiner Ankunft in Dresden als Mitglied der „Initiativgruppe" Anton Ackermanns gelungen, praktisch vom ersten Tage an auf die Polizeiverwaltung des Landes Sachsen maßgeblichen Einfluss auszuüben.[321]

Erste Reorganisationsmaßnahmen

Ein erster wichtiger Versuch zur Schaffung einer auch rechtlich fixierten neuen Organisationsstruktur für die Polizei in Sachsen bestand nach Bildung der LVS im Juli 1945 in der Verabschiedung des oben bereits erwähnten Entwurfs einer „Verordnung über das Polizeiwesen im Bundesland Sachsen" vom 11. September 1945[322] durch das Präsidium der LVS. Da die für das Inkrafttreten dieses Entwurfs erforderliche Genehmigung durch die SMAS nic erteilt wurde, bestand ab September 1945 an sich ein Schwebezustand. Offen war insbesondere, ob die bei den Landkreisen bestehende Kreispolizei nun als kommunal anzusehen war oder nicht. In § 1 des genannten Verordnungsentwurfes der LVS war die Kreispolizei „bis zur anderweitigen gesetzlichen Regelung" als „landeseigene Einrichtung" definiert worden. Nur noch auf Gemeindeebene ließ § 1 dieses Entwurfes eine kommunale Polizei zu.

Trotz dieser unklaren Rechtslage erklärte der Vertreter Sachsens bei einer Zusammenkunft der Polizeipräsidenten der Provinzial- und Landesverwaltungen der SBZ am 16. Februar 1946 in Dresden jedoch, bei der Kreispolizei in Sachsen handele es sich um eine „landeseigene" Polizei.[323] Offensichtlich

---

[320] Nach einem späteren Bericht der Landespolizeibehörde Sachsen vom 5. Januar 1949 (BArch DO 7.0/23, Bl.4) soll Kurt Fischer die Polizei des Landes Sachsen erst durch „Beschluß der Landesverwaltung Sachsen vom 11. 9.1945" unterstellt worden sein, was jedoch als unzutreffend angesehen werden muss. Leitungsfunktionen auf dem Gebiet der inneren Sicherheit wurden vom Innenressort sofort nach Bildung der LVS zentral wahrgenom-men. Bereits in einem Rundschreiben vom 14. August 1945 verfügte die Polizeiabteilung bzw. der Chef der sächsischen Polizei beispielsweise, dass der bisherige Begriff „Landgendarmerie" durch den Begriff „Kreispolizei" zu ersetzen sei (SächsHStA, LBVPS, Nr. 52, Bl. 56). Fischer unterschrieb als Ressortchef für Inneres und Volksbildung am 29. August 1945 auch ein an den Präsidenten der LVS gerichtetes Schreiben mit der Bitte, den von seinem Ressort entwickelten „Entwurf einer Verordnung über das Polizeiwesen im Bun-desland Sachsen [...] der nächsten Präsidialsitzung zur Beratung und Verabschiedung vor-zulegen" (SächsHStA, LRS, Ministerpräsident, Nr. 195, Bl. 18).

[321] Norman Naimark: Die Russen in Deutschland, S. 449.

[322] SächsHStA, LRS, Ministerpräsident, Nr. 195, Bl. 19.

[323] SächsHStA, LBVPS, Nr. 27, Bl. 123.

negierte hier also die sächsische Polizeiführung einen in Fragen der Polizeiorganisation objektiv bestehenden Schwebezustand.[324] Bereits vorher war in einem internen „Beschluß" der Polizeiabteilung des sächsischen Innenressorts vom 31. Oktober 1945 nur noch zwischen „landeseigener Polizei" und „Gemeindepolizei" unterschieden worden.[325]

Der Verordnungsentwurf vom 11. September 1945 wurde - wie oben erwähnt - „allen Polizeibehörden" mit einem als „vertraulich" bezeichneten Rundschreiben des Chefs der sächsischen Polizei vom 23. Oktober 1945 zur Kenntnis gebracht.[326] Er wurde praktiziert, obwohl dies von der formellen Rechtslage her an sich nicht gedeckt war und u. a. auch den Grundsätzen widersprach, die Vizepräsident Kurt Fischer dann am 13. April 1946 vor Lehrgangsteilnehmern der Parteischule der KPD in Ottendorf offiziell verkündete. Nach seinen Worten war nach dem Kriege „der größte Teil der Polizei kommunalisiert" worden. „Nur diejenigen Zweige der Polizei, die unbedingt zentralisiert sein müssen (z. B. Kriminalpolizei)", seien „in die Hände des Landes gegangen". Denn „richtige Politik" sei es, „den kommunalen Selbstverwaltungen ein Maximum von politischem Einfluß und Verantwortung zu geben".[327] Die offiziellen Erklärungen einerseits und die tatsächlichen Vorgehensweisen zeigten also schon damals Widersprüche.

Klaus-Peter Krause vertrat hierzu in seiner im Juni 1989 abgeschlossenen Dissertation die Auffassung, dass mit der „Verordnung über das Polizeiwesen im Bundesland Sachsen" vom 11. September 1945 und der dazugehörigen Ausführungsverordnung „ein wichtiger Schritt auf dem Weg einer einheitlichen Gestaltung der Polizeiarbeit und ihrer zentralen Leitung getan" worden sei. Mit diesem „Beschluß" sei die Polizei „dem 1. Vizepräsidenten Dr. Kurt Fischer[328] unterstellt und als landeseigene Behörden die Kreispolizeiämter, die Strompolizei, die Polizeireserve und die Kriminalpolizei benannt" worden. Krause räumte ein, dass „dieser begonnene Prozeß der Zentralisierung der Polizei im Land

---

[324] Für die von der sächsischen Polizeiführung verfolgte Linie sprach allerdings die Tatsache, dass schon die früheren sächsischen Amtshauptmannschaften, die den jetzigen Landkreisen entsprachen, „die Hauptstellen der praktischen staatlichen Verwaltungsarbeit" waren. Sie hatten einen „zwiefachen Charakter", wobei das Polizeiwesen eindeutig zum staatlichen Teil gehört hatte. Daneben leitete der Amtshauptmann aber auch den „Bezirksverband, das ist die Zusammenfassung aller Gemeinden". Der Bezirksverband nahm Aufgaben der kommunalen Selbstverwaltung wahr.- Vgl. Ernst Venus: Amtshauptmann in Sachsen, S. 23.

[325] SächsHStA, LBVPS, Nr. 9, Bl. 39.

[326] SächsHStA, LRS, MdI, Nr.278, Bl. 42.

[327] Alle Zitate: SächsHStA, LRS, MdI, Nr. 99, Bl. 59.

[328] Kurt Fischer führte den Doktortitel (Dr. Ing. e. h.) erst ab Oktober 1946. Auch trifft es - wie oben erläutert - nicht zu, dass Fischer erst ab September 1945 der für das Polizeiwesen in Sachsen zuständige Ressortchef gewesen sein soll.

Sachsen [...] nicht nur ein organisatorisches Problem, sondern auch ein ideologisches"[329] gewesen ist, und stellte hierzu weiter fest:

„Es galt, innerhalb der Arbeiterparteien, den sich entwickelnden Selbstverwaltungen und den Organen der Polizei Klarheit darüber zu schaffen, daß die Zentralisierung der antifaschistisch-demokratischen Machtorgane und besonders der Polizei, ihre einheitliche Führung, Voraussetzung dafür war, daß die eingeleiteten antifaschistisch-demokratischen Umwälzungen und Reformen erfolgreich durchgeführt werden konnten."[330]

Diese - nachträgliche - Einschätzung bestätigt, dass die sächsische Polizeiführung bereits zu einem sehr frühen Zeitpunkt - wenige Monate nach Kriegsende - offensichtlich keine Bedenken hatte, rechtliche oder tatsächliche Unklarheiten konsequent und auch entgegen den Vorgaben im Potsdamer Abkommen zur Besetzung von „Kommandohöhen" oder zum Ausbau des eigenen Machtapparates zu nutzen.

3.2.2 Die Festigung auf Landesebene (bis Mitte 1947)

Die Landespolizeiabteilung

Der Aufbau einer Polizeiorganisation auf Landesebene hatte in Sachsen im Juli 1945 mit der Bildung der LVS und der dem Ressort „Inneres und Volksbildung" zugeordneten Abteilung „Polizeiverwaltung" begonnen. Diese Abteilung wurde als zentrale Behörde für die Polizei vom „Chef der Landespolizei" geleitet. Chef der Polizei war in Sachsen nahezu von Anfang an Ministerialdirektor Artur Hofmann (KPD), welcher direkt dem Ressortchef Kurt Fischer unterstand. Nach dem für die Landesverwaltung Sachsen (LVS) maßgeblichen Geschäftsverteilungsplan vom 1. Dezember 1945[331] war die Abteilung „Polizeiverwaltung" damals in die nachfolgend aufgeführten Organisationseinheiten gegliedert:

I 2 A: Polizeirecht, Polizeiverordnungen und allgemeine Polizeisachen (Personal, Polizeischule, Haushalt)

I 2 B: Ordnungs-, Verkehrs- und Wasserpolizei, Landgendarmerie

I 2 C: Landeskriminalamt und Frauenpolizei

---

[329] Alle Zitate: Klaus-Peter Krause: Die Herausbildung und Entwicklung der Deutschen Volkspolizei, S. 45.

[330] Klaus-Peter Krause: Die Herausbildung und Entwicklung der Deutschen Volkspolizei, S. 47.

[331] Amtl. Nachrichten, S. 69.

I 2 D: Meldewesen, Personenstand, Staatsangehörigkeit, Ausländer, Passwesen, Ausweisungen

I 2 E: Feuerwehren

Diese Gliederung stimmte allerdings schon zum Zeitpunkt der Veröffentlichung in den „Amtlichen Nachrichten" in einigen Punkten nicht mehr. Die Bezeichnung „Landgendarmerie" gab es nicht mehr. Diese Gendarmerie führte bereits seit August 1945 die Bezeichnung „Kreispolizei".[332] Auch das Landeskriminalamt war als Landesoberbehörde weitgehend verselbstständigt worden. Vom „Buchmachergewerbe" lassen sich ebenfalls kaum Spuren feststellen. Entsprechendes gilt von einer speziell beim Landeskriminalamt angesiedelten „Frauenpolizei", offenbar ein Relikt aus dem sächsischen Polizeibeamtengesetz vom 15. März 1928.[333]

Nach der Bildung der ersten sächsischen Nachkriegsregierung am 11. Dezember 1946 wurde der bisherige 1. Vizepräsident Kurt Fischer sächsischer Innenminister, Ministerialdirektor Artur Hofmann blieb Chef der sächsischen Polizei und Leiter der Polizeiabteilung. Ab 1. März 1947 war nach einer Organisationsverfügung der Chefkanzlei der Polizeiabteilung vom 13. März 1947[334] die Polizeiabteilung mit Wirkung vom 1. März 1947 nach Organisationseinheiten wie folgt gegliedert:

I 2 A: Verwaltung (Ministerialrat Hoch) - Polizeirecht, Polizeiverordnungen, Pass- und Meldewesen, Verkehr, Finanzen, Wirtschaft und Feuerwehren.

I 2 B: Vollzug (Ministerialrat Paulsen) - Ordnungspolizei, Verkehrspolizei, Bewachungspolizei, Waffen und Munition, Strom- und Bahnpolizei, Betriebspolizei, Grenzpolizei und Polizeigefängnisse.

I 2 C: Personal, Schulung, Kriminalpolizei (Ministerialrat Heerklotz) - Personal, Aus- und Fortbildung, Polizeischulwesen und Kriminalpolizei.

Ein fast gleicher Geschäftsverteilungsplan nach dem Stand vom 10. Oktober 1947[335] wurde dann nochmals im amtlichen Mitteilungsblatt der LVS veröffentlicht. Nach diesem Geschäftsverteilungsplan war das Feuerwehrwesen nun als besondere Abteilung „Landesbrandschutzamt" innerhalb des Innenministeriums ausgewiesen. Das Landeskriminalamt blieb jedoch weiter eigenständige Landesoberbehörde.

---

[332] SächsHStA, LBVPS, Nr. 52, Bl. 56.
[333] Sächs. GBl., S. 66.
[334] SächsHStA, LBVPS, Nr. 108, Bl. 82.
[335] Gesetze, Befehle, S. 549.

Vorangegangen war hier eine Rundverfügung Nr. 182 des Chefs der sächsischen Polizei vom 1. Juli 1947 an die Polizeipräsidien, Polizeidirektionen und Kreispolizeiämter, mit welcher in Sachsen „auf Vorschlag der Verwaltung des Innern und auf Anordnung der SMA“[336] eine bestimmte und nun schon zentral gesteuerte behördliche Gliederung vorgeschrieben wurde. Diese Rundverfügung markierte bereits ein Einschwenken Sachsens auf die Generallinie der DVdI. Auf Einzelheiten wird an anderer Stelle noch näher einzugehen sein.

Die organisatorische Zuordnung der Ordnungs- und der Kreispolizei

Die Ordnungspolizei bestand in Sachsen nach dem Kriege in den kreisfreien Städten und außerdem - jedenfalls anfangs - auch in sonstigen Städten und Gemeinden. Sie war als Teil der „Gemeindepolizei“ dem jeweiligen Bürgermeister bzw. Oberbürgermeister unterstellt. Auch nach Bildung der Landesverwaltung Sachsen im Juli 1945 und nach Bildung einer eigenen Polizeiabteilung im Ressort „Inneres und Volksbildung“ blieb es in Sachsen insoweit bis auf weiteres zunächst bei dieser kommunalen Zuordnung.

Die Städte und Gemeinden besaßen damals , insbesondere auch in Personalangelegenheiten, eine relativ große Selbständigkeit, die auch von der LVS zunächst noch weitgehend respektiert wurde. Allerdings hatte schon die 1. Ausführungsverordnung zum Entwurf einer „Verordnung über das Polizeiwesen im Bundesland Sachsen“ vom 11. September 1945 in § 1 (Abschnitt C) bestimmt, dass die „Kreispolizeiämter bei den Landräten [...] gleichzeitig mitwirkendes Organ des Chefs der sächsischen Polizei für dessen Zuständigkeit hinsichtlich der Gemeindepolizei“[337] sein sollten, also Aufsichtsfunktionen wahrzunehmen hatten.

Auch im Frühjahr 1946 ging das damalige Innenressort der LVS - jedenfalls nach außen hin - weiterhin noch davon aus, dass die Existenz einer weitgehend kommunalisierten Polizei bei den Städten und Gemeinden grundsätzlich nicht in Frage zu stellen sei. Gewisse Sicherungen auf kommunaler Ebene sollten jedoch eingebaut werden. In einem Rundschreiben des Innenressorts an die Oberbürgermeister in Sachsen vom 9. April 1946 hieß es hierzu unter Berücksichtigung der kommunalrechtlichen Belange:

---

336 SächsHStA, LBVPS, Nr. 9, Bl. 200. Diese Rundverfügung ist am Schluss dieser Untersuchung abgedruckt. Sie wurde nicht veröffentlicht. Auch eine Beteiligung des Kabinetts erfolgte nicht.

337 SächsHStA, LRS, Ministerpräsident, Nr. 195, Bl. 21ff.

„Nachdem das Polizeiwesen in sehr starkem Umfange kommunalisiert worden ist, ist auch die Stellung des Polizeileiters (Polizeipräsidenten) im neuen Gemeinderecht so festzulegen, daß er unmittelbar dem Gemeindeleiter (Oberbürgermeister) untersteht. Die Landesverwaltung vertritt in dieser Frage die Auffassung, daß in den Großstädten Dresden, Leipzig, Chemnitz und Zwickau der Polizeipräsident Mitglied des Ratskollegiums sein muß und unmittelbar dem Oberbürgermeister etwa in dem Range des 2. Bürgermeisters unterstellt ist, ohne daß er die Bezeichnung `2. Bürgermeister´ führt."[338]

Interne Überlegungen mit dem generellen Ziel, „die Polizei aus den kommunalen Verwaltungen", also aus den Verwaltungen der Städte und Gemeinden „herauszunehmen", wurden in Sachsen gleichwohl aber schon Anfang 1946 angestellt, beispielsweise im Rahmen einer Dienstbesprechung von Polizeileitern am 10. Januar 1946.[339]

Im Gegensatz zur kommunalen Ordnungspolizei bei den Städten und Gemeinden galt die Kreispolizei gemäß § 1 des Entwurfs einer Verordnung über das Polizeiwesen im Bundesland Sachsen vom 11. September 1945 - wie bereits dargelegt - „bis zur anderweitigen gesetzlichen Regelung" als „landeseigene Einrichtung".[340] Als solche unterstand sie direkt dem Chef der sächsischen Polizei bzw. dem Innenressort. Gleichzeitig waren die Kreispolizeiämter „bei den Landräten" aber auch Teil des Landratsamtes, weshalb beispielsweise der Organisationsplan eines Landratsamtes im Frühjahr 1946 ausdrücklich noch ein Aufgabengebiet „Polizei" innerhalb der Behördenorganisation vorsah.[341]

In Angelegenheiten der Kreispolizei griffen in Sachsen das Innenressort der LVS bzw. der Chef der sächsischen Polizei von Anfang an, also bereits ab Sommer1945, unmittelbar und umfassend steuernd ein, nicht zuletzt auch in Personalangelegenheiten. In diesem Sinne stellte u. a. ein vom Innenminister Fischer persönlich unterschriebenes Rundschreiben „an alle Polizeibehörden" vom 2. März 1946 klar, dass die Kreispolizei dem Land zugeordnet sei und dass nur der Chef der Polizei Beförderungen für Angehörige der landeseigenen Polizei - Kreis-, Strom-, Kriminalpolizei einschließlich Polizeireserve, Haus- und Sonderwache - aussprechen könne. Beförderungen bei der Polizei in den Städten und Gemeinden sollten hingegen „im Rahmen des von der Landesverwaltung im Einvernehmen mit der SMA festgelegten Haushalts- und Stellenplanes"[342] grundsätzlich noch die Oberbürgermeister bzw. Bürgermeister vornehmen dürfen.

Im Sommer 1946 kam es in Fragen der organisatorischen Zuordnung der Ordnungs- und der Kreispolizei jedoch zu einer Kehrtwende, deren

---

[338] SächsHStA, LRS, Ministerpräsident, Nr.830, Bl. 74.
[339] SächsHStA, LBVPS, Nr. 10, Bl. 44.
[340] SächsHStA, LRS, Ministerpräsident, Nr. 195, Bl. 19.
[341] Agatha Kobuch: Zur Behördengeschichte, S. 3 .
[342] SächsHStA, LBVPS, Nr. 9, Bl. 42.

Hintergründe unklar sind. Plötzlich sollte die Kreispolizei in Sachsen nicht mehr als „landeseigene“ Einrichtung gelten. Vielmehr sollte sie nun zu einer Einrichtung der Landkreise und der sechs Stadtkreise Chemnitz, Dresden, Görlitz, Leipzig, Plauen und Zwickau werden.[343] Dies sah jedenfalls § 1 der späteren „Verordnung über das Polizeiwesen im Bundesland Sachsen“ vom 2. August 1946[344] ausdrücklich so vor. Die sich hieraus ergebende Problematik war dann Gegenstand der Erörterungen im Rahmen einer Landesvorstandssitzung der SED Sachsen am 4./5. Juli 1946. Die vorgesehene Kommunalisierung der Kreispolizei kommentierte der Kurt Fischer etwas ratlos wie folgt:

„In der Polizei war die Sache bisher die, daß wir die Kreispolizei noch dem Land unmittelbar unterstellt hatten. Durch die Kommunalisierung der Landkreise wird die Polizei kommunalisiert. Dadurch entsteht die Frage der Gemeindepolizei in den kleinen Orten, wo ca. 15 Polizisten vorhanden sind, die bisher sehr schwer erfasst wurden, bezüglich der Kontrolle auch in der Personalpolitik.“[345]

Da in der Verordnung vom 2. August 1946 eine eigene Gemeindepolizei nicht mehr vorgesehen war, war diese in den Städten und Gemeinden Sachsens ab August 1946 also aufzulösen. Diese Auflösung verlief allerdings in der Folgezeit nicht immer einheitlich und teilweise auch ziemlich zögerlich. Gegen die Abschaffung der kommunalen Polizei bei den Gemeinden sollen sich die Bürgermeister - zumindest teilweise - „mit allen Mitteln“ widersetzt haben.[346] Dies änderte sich jedoch spätestens mit dem Inkrafttreten der „Demokratischen Kreisordnung“ vom 16. Januar 1947.[347] § 4 der „Demokratischen Kreisordnung“ und § 4 Absatz 2 der „Demokratischen Gemeindeordnung“ vom 6. Februar 1947[348] bestimmten nämlich nun ebenfalls, dass „die Aufrechterhaltung der öffentlichen Sicherheit“ nur noch „eine Selbstverwaltungsaufgabe der Land- und Stadtkreise“ sein sollte. Hierdurch kam es in Sachsen also spätestens jetzt zur endgültigen Abschaffung der bisherigen Gemeindepolizei.[349]

Für den Landkreis Dresden wurden die einsetzenden Veränderungen organisatorischer Art in einem Beitrag vom 12. Juli 1948 zu dem bereits oben erwähnten „entwicklungsgeschichtlichen Bericht der neuen demokratischen Polizei“ nachträglich u. a. wie folgt skizziert:

„Am 16.8.1946 wurde die Gemeinde- und Kreispolizei, einschließlich dem Einwohnermeldewesen, einheitlich dem Kreispolizeiamt Dresden unterstellt. Das Gebiet des Landkreises

---

[343] Bei den früheren Amtshauptmannschaften war das Polizeiwesen - wie bereits erwähnt - staatlich gewesen. - Vgl. Ernst Venus: Amtshauptmann in Sachsen, S. 23.
[344] SächsHStA, LRS, MdI, Nr. 270 (nicht paginiert).
[345] SächsHStA, SED-BPA Dresden, Nr. A/754, Bl. 282.
[346] SächsHStA, LBVPS, Findbuch Einleitung S. 5.
[347] Gesetze, Befehle, S. 22.
[348] Gesetze, Befehle, S. 54.
[349] Agatha Kobuch: Zur Behördengeschichte, S. 5.

Dresden wurde aufgegliedert in 8 Gebietsgemeinschaften mit 31 Stationen und insgesamt 247 Polizisten. Die Angehörigen der ehemaligen Gemeindepolizei wurden bis zum 31.12.1946 noch weiterhin von den Gemeinden besoldet. [...]

Im Herbst 1946 erfolgte der Aufbau des Kreispolizeiamtes nach den Richtlinien der Landespolizei."[350]

In einem Beitrag des Kreispolizeiamtes Plauen vom 10. Juli 1948 zum genannten „entwicklungsgeschichtlichen Bericht" hieß es zur gleichen Thematik:

„Durch die Verfügung der LVS - Chef der Polizei - vom 11. September 1946[351] trat eine weitere bedeutsame Entwicklungsstufe in der Polizei ein. Mit dieser Verfügung wurde die Abteilung Kreispolizei beim Landratsamt als eine selbständige Behörde erklärt. Gleichzeitig erfolgte die Übernahme der gesamten Gemeindepolizei zur Kreispolizei. Infolge der Reorganisierung wurden folgende Verwaltungsstellen, die bisher dem Landrat unterstellt waren, übernommen:

Paß- und Personenstandswesen, KFZ-Zulassungsstelle sowie das Kassen- und Beschaffungswesen.

Durch diese Reorganisierung der Polizei wurde der Landkreis Plauen in acht Polizeigebietsgemeinschaften aufgeteilt. [...]

Die Reorganisierung der Polizei war am 1. April 1947 in ihren Grundzügen vollendet."[352]

Die hier für das Kreispolizeiamt Plauen skizzierte Entwicklung ist erstaunlich. Denn obwohl „die Polizei" gemäß § 1 der Verordnung über das Polizeiwesen im Bundesland Sachsen vom 2. August 1946 eigentlich eine „Einrichtung der Landkreise und der Stadtkreise" sein sollte, wurde sie hier zur „selbständigen Behörde" erklärt, also tatsächlich - und sicher nicht nur in Plauen - aus der Behördenorganisation eines Landratsamtes herausgelöst bzw. verselbstständigt. Manifestiert wurde diese Entwicklung dann u. a. auch in einem allgemeinen Organisationsplan, wonach es im Juni 1947 bei einem Landratsamt ein Aufgabengebiet „Polizei" nicht mehr gab.[353]

Diese Entwicklung widersprach zwar eindeutig sowohl den Vorgaben der „Verordnung über das Polizeiwesen im Bundesland Sachsen" vom 2. August 1946 als auch den Vorgaben der „Demokratischen Kreisordnung" und der „Demokratischen Gemeindeordnung" vom 16. Januar bzw. 6. Februar 1947. Gleichwohl blieben die schon im Herbst 1946 aus den Landratsämtern ausgegliedert Kreispolizeibehörden weiterhin „selbständigen Behörden". Eine Rundverfügung Nr. 4 der Polizeiabteilung des Ministeriums des Innern vom 24. Januar 1947 bestätigte diese Praxis. Hiernach verkehrten die Kreispolizeiämter

---

[350] SächsHStA, LBVPS, Nr. 108, Bl. 154 ff.

[351] Diese Verfügung ließ sich bei den Recherchen nicht auffinden. Möglicherweise handelte es sich auch nur um eine mündliche Anordnung.

[352] SächsHStA, LBVPS, Nr. 108, Bl. 242 ff.

[353] Agatha Kobuch: Zur Behördengeschichte, S. 5 ff.

„ab sofort auch in allen anderen Fragen direkt ohne Einschaltung einer Aufsichts- oder Zwischenbehörde“[354] mit der Polizeiabteilung des Innenministeriums. Auch Versetzungen von Kreispolizeiamt zu Kreispolizeiamt konnten nur noch „mit Zustimmung der Personalstelle der Polizeiabteilung des Ministeriums des Innern erfolgen“. Um auch sonst ein Ausscheren auf unterer Ebene zu verhindern, ordnete die Polizeiabteilung des sächsischen Innenministeriums in einer Rundverfügung Nr. 98 vom 9. April 1947 „an alle Polizeibehörden“ zusätzlich noch an, dass für Entlassungen aus dem Polizeidienst in Zukunft grundsätzlich die Polizeipräsidien bzw. Polizeidirektionen „für die Stadt- und Landkreise“ und die Kreispolizeiämter „für die Landkreise“ zuständig sein sollten.[355]

Zusammenfassend lässt sich somit feststellen, dass in Sachsen ab Herbst 1946 mit dem Inkrafttreten der Verordnung über das Polizeiwesen im Bundesland Sachsen vom 2. August 1946 die Abschaffung der Gemeindepolizei - hierzu gehörte auf der Ebene der Gemeinden neben der Ordnungspolizei auch die Verwaltungspolizei - zwar relativ verdeckt, aber dennoch auch sehr zielstrebig vorangetrieben wurde und spätestens im Frühjahr/Sommer 1947 abgeschlossen war. Auch eine den Stadt- und Landkreisen als Selbstverwaltungsaufgabe zugeordnete Kreispolizei gab es trotz entgegenstehender gesetzlicher Vorgaben, die negiert wurden, nicht. Damit hatte der bezüglich der organisatorischen Zuordnung der Kreispolizei bisher gefahrene und die Realität eher verschleiernde Zickzack- und Verschleierungskurs nun sein Ende. Die Kreispolizei blieb - praeter legem - weiterhin „landeseigen“ bzw. staatlich.

Ausschlag gebender Gesichtspunkt für diese Praxis bzw. Entwicklung dürfte letztlich die Überlegung gewesen sein, dass die Kreispolizei mit der ihr ab Herbst 1946 zugeordneten bisher kommunalen Ordnungspolizei als zahlenmäßig stärkster polizeilicher Dienstzweig aus kommunistischer Sicht unbedingt der unmittelbaren staatlichen Kontrolle unterliegen sollte und musste, und zwar letztendlich aus Gründen der Machtsicherung und Machterhaltung. Aber auch die Verwaltungspolizei bzw. einzelne von diesem Dienstzweig wahrgenommene Aufgebiete waren ein nicht zu unterschätzender Machtfaktor.[356]

---

[354] SächsHStA, LRS, MdI, Nr. 269 (nicht paginiert).

[355] SächsHStA, LBVPS, Nr. 9, Bl. 21.

[356] Bemerkenswert in diesem Zusammenhang ist auch die Tatsache, dass in § 4 des ursprünglichen Entwurfs einer Ausführungsverordnung zur späteren Verordnung über das Polizeiwesen vom 2. August 1946 noch unverdeckt festgelegt worden war, dass „die Polizeipräsidien, die Polizeidirektionen und die Kreispolizeiämter [...] alle ordnungs- und verwaltungspolizeilichen Aufgaben“ übernehmen (SächsHStA, LRS, Ministerpräsident, Nr. 195, Bl. 77). In der Endfassung kam es nach einem Hinweis des Büros des Präsidenten der LVS im Schreiben vom 17. Juli 1946, wonach der Begriff „Verwaltungspolizei“ möglichst vermieden werden sollte (SächsHStA, LRS, Ministerpräsident, Bl. 83), zu einer

Die organisatorische Zuordnung der Kriminalpolizei

Die Kriminalpolizei war unmittelbar nach dem Kriege notwendigerweise zunächst ebenfalls einzelnen Kommunen organisatorisch zugeordnet gewesen. Dieser Zustand endete aber spätestens im Oktober 1945. Von diesem Zeitpunkt an fand in Sachsen dann auch hinsichtlich der Kriminalpolizei der Verordnungsentwurf über das Polizeiwesen im Bundesland Sachsen vom 11. September 1945 Anwendung, der eine Verstaatlichung der Kriminalpolizei vorsah. Die maßgebliche Organisationsstruktur war in der 1. Ausführungsverordnung[357] zum Verordnungsentwurf vom 11. September 1945 vorgegeben. Neben dem als Fachaufsichtsbehörde eingerichteten Landeskriminalamt Sachsen gab es hiernach fünf nachgeordnete Kriminalämter geben (Bautzen, Chemnitz, Dresden, Leipzig und Zwickau).

In Dresden wurde die Kriminalpolizei „am 19. Oktober der Landeskriminalpolizei überwiesen", und zwar gegen den Widerstand des Polizeipräsidenten. Der Polizeipräsident von Dresden, Max Opitz, teilte dies in einer internen Sitzung der Polizeileiter seiner Behörde am 22. Oktober 1945 mit. Er verwies dabei - wie oben bereits erwähnt - auf die Tatsache, dass der am 11. September 1945 vom Präsidium der LVS beschlossene Verordnungsentwurf über das Polizeiwesen im Bundesland Sachsen von der SMA „noch nicht endgültig" angenommen worden sei. „Meine Einwände gegen die Zentralisation sind auch bekannt"[358], meinte er, ohne jedoch an der Verstaatlichung etwas ändern zu können.

In der Folgezeit bestand in Dresden eine Art Zwitterzustand. Vertreter des Kriminalamtes nahmen trotz der Ausgliederung weiter an den Sitzungen „der verantwortlichen Leiter der Polizei" beim Polizeipräsidium Dresden teil. Auch bestand der Polizeipräsident trotz der „Tatsache, dass die Kriminalpolizei Dresden der Landespolizei unterstellt ist", darauf, dass er weiterhin „die Verantwortung" für das Kriminalamt Dresden trage und dass ihm deshalb „alle entscheidenden Vorgänge" berichtet werden müssten.[359]

Ähnliche interne Vorbehalte bei anderen sächsischen Polizei- bzw. Kriminaldienststellen lassen sich nicht nachweisen. Fest steht, dass die Kriminalpolizei in Sachsen ab Herbst 1945 generell wieder verstaatlicht wurde. Dies war aber

---

allgemeineren und damit relativ unklaren Fassung. § 5 der 1. Ausführungsvorschrift vom 3. August zur oben bezeichneten Verordnung über das Polizeiwesen bestimmte nun, dass „die Polizeipräsidien, die Polizeidirektionen und die Kreispolizeiämter [ ] alle polizeilichen Aufgaben, für die nicht andere Polizeibehörden zuständig sind" übernehmen. Was damit wirklich gemeint war, wird aus der Formulierung im ursprünglich en Entwurf der Ausführungsverordnung wesentlich deutlicher.

[357] SächsHStA, LRS, Ministerpräsident, Nr. 195, Bl. 21.

[358] Alle Zitate: SächsHStA, LBVPS, Nr. 355, Bl. 8.

[359] SächsHStA, LBVPS, Nr. 355, Bl. 28.

nichts grundsätzlich Neues, denn in Sachsen war die Kriminalpolizei bereits in der Weimarer Zeit durch das sächsische Gesetz über Änderungen im Polizeiwesen vom 27. Juni 1921[360] verstaatlicht worden. Außerdem hatte das Landeskriminalamt Sachsen schon im Sommer 1945 landesweit Leitungsfunktionen wahrgenommen.[361]

Auch das Inkrafttreten der Verordnung über das Polizeiwesen im Bundesland Sachsen vom 2. August 1946 und der hierzu ergangenen 1. Ausführungsvorschrift zur Verordnung über das Polizeiwesen im Bundesland Sachsen vom 3. August 1946[362] führte bei der sächsischen Kriminalpolizei zu keinen gravierenden Veränderungen organisatorischer Art. Allerdings fungierte schon ab Mai 1946 auch im Bereich der Kriminalpolizei vorübergehend noch ein Bezirkspolizeipräsident als Zwischeninstanz, eine Institution, die im Frühjahr 1947 wieder abgeschafft wurde. Ab August 1948 schließlich wurden die Personalangelegenheiten der Kriminalämter mit Dienstanweisung Nr. 73/48 der Hauptabteilung Polizei des sächsischen Ministeriums des Innern vom 15. Juli 1948[363] den Polizeipräsidien zur Bearbeitung übertragen, womit eine verbesserte und gestraffte Personalbewirtschaftung erreicht werden sollte.

Die organisatorische Zuordnung der Verwaltungspolizei

Kennzeichnend für die Tätigkeit der Verwaltungspolizei war und ist, dass hier ebenfalls Aufgaben der Gefahrenabwehr wahrgenommen werden, dass dieser Dienstzweig im Gegensatz zur Ordnungs- oder Kriminalpolizei aber nicht zum Polizeivollzugsdienst gehört. Grob schematisierend galt für die Tätigkeit der Verwaltungspolizei, dass bei ihr die Gefahrenabwehr „vom Schreibtisch aus“ [364] erfolgt.

Nach dem Zweiten Weltkrieg wurden in Sachsen wichtige aus der „Wohlfahrtspolizei“ hervorgegangene Aufgaben verwaltungspolizeilicher Art weiterhin bzw. wieder von den Kommunen wahrgenommen. Die Zuordnung der Aufgaben ging - soweit erkennbar - über die in der Zeit der Weimarer Republik bestehenden Zuständigkeiten hinaus.[365] Hinzu kam bei den Gemeinden generell

---

360 Sächs. GBl., S. 199.
361 SächsHStA, LRS, MdI, Nr. 279, Bl. 15.
362 SächsHStA, LRS, MdI, Nr. 270 (nicht paginiert).
363 SächsHStA, LRS, LBVPS, Nr. 51 (nicht paginiert).
364 Drews/Wacke: Gefahrenabwehr, S. 49.
365 Siehe § 29 Abs. 1 der Ausführungsverordnung vom 15 September 1922 - Sächs. GBl. S. 91ff.- und § 4 Abs. 2 der Gemeindeordnung für den Freistaat Sachsen vom 5. Juni 1925 - Sächs. GBl., S. 136.

- jedenfalls überwiegend - u. a. auch das Meldewesen und bei den Landratsämtern u. a. das Passwesen.

Schon ab Herbst 1946 gab es insoweit aber - wie bereits erwähnt - im Zusammenhang mit dem Inkrafttreten der Verordnung über das Polizeiwesen vom 2. August 1946 und der hierzu ergangenen 1. Ausführungsvorschrift vom 3. August 1946[366] wieder Veränderungen. Als gesellschaftlich besonders wichtig angesehene Bereiche der Verwaltungspolizei sollten nun von den Polizeibehörden im institutionellen (organisatorischen) Sinne wahrgenommen und damit in die Nähe des Polizeivollzugsdienstes gerückt werden. Dies galt in besonderer Weise für das Aufgabengebiet des Pass- und Meldewesens. Eine besondere Situation ergab sich bei der Preisüberwachung. Auf Einzelheiten wird später einzugehen sein. Vorab kann aber schon jetzt festgehalten werden, dass den Kommunen und den Landratsämtern in Sachsen bereits ab Herbst 1946 wichtige verwaltungspolizeiliche Aufgabenbereiche wieder entzogen wurden.

Bei der Beurteilung dieser Veränderungen ist allerdings zu berücksichtigen, dass die Zuständigkeiten der Verwaltungspolizei in Sachsen schon in der Zeit der Weimarer Republik und erst recht in der Zeit des Nationalsozialismus eher restriktiv gehandhabt wurden. Nach § 9 der sächsischen Ausführungsverordnung vom 15. September 1922[367] zum Gesetz über Änderungen im Polizeiwesen vom 21. Juni 1921[368] gehörten damals wichtige und von der Sache her eigentlich verwaltungspolizeiliche Aufgaben zum Zuständigkeitsbereich der Ordnungspolizei.[369] Die spätere sächsische Ausführungsverordnung vom 9. August 1933[370] hat an diesem Zustand selbstverständlich nichts geändert.

Die örtlichen Zuständigkeiten

Generell war es unmittelbar nach dem Ende des Zweiten Weltkrieges mangels anderweitiger Möglichkeiten zunächst unumgänglich gewesen, von der vorhandenen örtlichen Verwaltungsgliederung auszugehen. Dementsprechend wurde auch in Sachsen verfahren. Damals gab es hier 23 kreisfreie Städte mit Dienststellen der Ordnungspolizei sowie 30 Landkreise[371] mit Dienststellen der Land-

---

366 SächsHStA, LRS, MdI, Nr. 270 (nicht paginiert).
367 Sächs. GBl., S. 547.
368 Sächs. GBl., S. 199.
369 U. a. die „Aufsicht über das Paß- und Meldewesen“ lag hiernach bei der damaligen Ordnungspolizei (Schutzpolizei). Als Verwaltungspolizei galt gemäß § 29 der Verordnung u. a. die Gewerbe-, die Nahrungsmittel-, die Gesundheits-, die Bau- oder Wohnungspolizei.
370 Sächs. GBl., S. 121.
371 Amtl. Nachrichten, S. 6.

gendarmerie bzw. der Kreispolizei. Spätestens ab Herbst 1945 fungierte die Kreispolizei auch als „untere Aufsichtsbehörde über die Gemeindepolizei".[372]

Im nicht veröffentlichten Entwurf einer „Verordnung über den Aufbau der Verwaltung im Bundesland Sachsen" vom 13. Mai 1946[373] waren in Sachsen dann 29 Landkreise und 6 Stadtkreise vorgesehen. Endgültig realisiert wurde der in diesem im Verordnungsentwurf vorgesehene Verwaltungsaufbau - auch für die Polizeiorganisation - spätestens mit dem Inkrafttreten der „Demokratischen Kreisordnung" vom 16. Januar 1947.[374]

Fachlich unterstanden die Polizeipräsidien (Dresden, Leipzig, Chemnitz und Zwickau) und die Polizeidirektionen (Plauen und Görlitz) ebenso wie die Kreispolizeiämter bei den Landratsämtern der Polizeiabteilung beim Innenressort. Organisatorisch waren diese Ämter bis zu ihrer Verselbstständigung im Herbst 1946 - wie oben erläutert - zunächst noch in das jeweilige Bürgermeister- bzw. Landratsamt integriert. Außerdem gab es in Sachsen - wie ebenfalls bereits erwähnt - ab Sommer 1946 bis Mai 1947 vorübergehend noch eine Bezirksverwaltung bzw. den jeweiligen Bezirkspolizeipräsidenten als Zwischeninstanz. Nach dieser nur als Episode existierenden Phase der Bezirksverwaltungen und nach Abschaffung der Gemeindepolizei bestand bei sämtlichen Polizeizweigen Sachsens im Prinzip dann aber ein zweistufiger Verwaltungsaufbau, der einen straffen Durchgriff ermöglichte.

Die Organisationsstruktur innerhalb der Ämter war bei den Polizeipräsidien, Polizeidirektionen und Kreispolizeiämtern ab etwa Herbst 1946 im Wesentlichen gleich. Bei den Stadtkreisen gab es je nach den örtlichen Notwendigkeiten Polizeireviere, Polizeiaußenposten und Polizeiwachen. In Dresden beispielsweise bestanden - nach dem späteren Stellenplan für 1948 - 27 Reviere, fünf Wachen und ein Kommando zur besonderen Verwendung mit insgesamt 3.019 Planstellen. In den personell wesentlich kleineren Kreispolizeiämtern traten an Stelle der Polizeireviere so genannte Gebietsgemeinschaften mit Stationen. Beim Kreispolizeiamt Pirna gab es beispielsweise sieben Gebietsgemeinschaften mit über 70 kleinen und kleinsten Stationen mit insgesamt 453 Planstellen. Die Bezeichnung „Gebietsgemeinschaft" wurde später durch Anordnung der Landespolizeibehörde mit Fernschreiben Nr. 388 vom 7. Oktober 1948 „mit sofortiger Wirkung"[375] wieder abgeschafft. Aus den Gebietsgemeinschaften wurden nun auch hier Polizeireviere und aus den früheren Polizeistationen wurden Polizeiposten. Dies geschah übrigens ohne Änderung der formal noch

---

[372] SächsHStA, Findbuch LBVPS, Einleitung S. 6; Andreas Thüsing: Landesverwaltung und Landesregierung in Sachsen 1945-1952, S. 256.
[373] SächsHStA, LRS, Ministerpräsident, Nr. 679, Bl. 10.
[374] Gesetze, Befehle, S. 22.
[375] SächsHStA, LBVPS, Nr. 353, Bl. 123.

weiter geltenden „Verordnung über das Polizeiwesen im Bundesland Sachsen" vom 2. August 1946, die in § 5 ausdrücklich bestimmt hatte, dass die Polizei „innerhalb eines Landkreises [...] in Gebietsgemeinschaften zusammengefaßt"[376] wird.

Das zentrale Weisungsrecht und die Tragung der Polizeikosten

Entgegen der ausdrücklichen Charakterisierung der Polizei als „Selbstverwaltungsaufgabe" war auch in § 4 Absatz 2 der „Demokratischen Kreisordnung" vom 16. Januar 1947[377] anstelle eines bloßen Aufsichtsrechts im Sinne einer Rechtsaufsicht ein umfassendes Weisungsrecht der Landesregierung, also ein Fachaufsichtsrecht, verankert worden. Von einer echten Selbstverwaltung auf diesem Gebiet konnte demnach keine Rede sein. Die Annahme eines Fachaufsichtsrechts war rechtlich allerdings durchaus vertretbar, denn bei der Ausübung von Polizeigewalt handelte es sich nach der auch schon in der Zeit der Weimarer Republik maßgeblichen Rechtsauffassung um ein originäres Hoheitsrecht des Staates.[378] Ein umfassendes Aufsichtsrecht der Landespolizeiabteilung war u. a. auch in der „Verordnung über das Polizeiwesen im Bundesland Sachsen" vom 2. August 1946 verankert worden.

Bedeutsam für die weitere Entwicklung war in besonderer Weise auch das rückwirkend zum 1. Januar 1947 in Kraft getretene sächsische „Gesetz über die Tragung der Polizeikosten" vom 26. Februar 1947[379], das den Kostenausgleich für den Polizeibereich in Sachsen auf eine neue Basis stellte. Bis einschließlich 1946 hatte der Landeshaushalt nur die Kosten für die Landespolizeiabteilung bei der LVS, für die Kriminalpolizei, für die Strompolizei und für die Polizeireserve übernommen, also nicht einmal die Kosten für die als „landeseigen" angesehene Kreispolizei. Nun jedoch wurden nach diesem Gesetz - wie bereits erwähnt - sämtliche Kosten für die Polizei vom Land getragen, „und zwar auch dann, wenn es sich hierbei um Einrichtungen der Kreise oder Gemeinden handelte".[380]

Durch diese neue Regelung wurde nicht nur die Stellung des Landes als Kostenträger gestärkt. Es wurde nun auch „die Errichtung einer eigenen inneren Verwaltung des Landes für die Polizei (Wirtschaftsverwaltungsdienst)" in den

---

[376] SächsHStA, LRS, MdI, Nr. 270 (nicht paginiert).
[377] Gesetze, Befehle, S. 22.
[378] Max Weiß: Die Polizeischule, S. 3. In diesem Sinne hatte zum Beispiel auch § 1 des PrPVG vom 1. Juni 1931 (Pr. GS, S. 77) bestimmt bzw. bestätigt, dass die Polizei „Angelegenheit des Staates" ist.
[379] Gesetze, Befehle, 1947 S. 108
[380] Ebenda.

einzelnen Stadt- und Landkreisen erforderlich. Daher wurden jetzt in jedem Polizeiamt staatliche Amtskassen (Polizeikassen) errichtet.[381] Dies wiederum führte in der Praxis zu einer landesweit verfestigten Anbindung des gesamten Polizeiwesens an die Landespolizeibehörde beim sächsischen Ministerium des Innern und somit auch auf diesem Gebiet zu einer fortschreitenden Zentralisierung auf Landesebene.

Die weitere organisatorische Entwicklung auf Landesebene

All diese organisatorischen Maßnahmen konnten in Sachsen in der Regel ohne Probleme umgesetzt werden. Einzelne Unklarheiten waren aber nicht völlig auszuschließen. Aus einem Rundschreiben des sächsischen Innenministeriums vom 10. Juni 1947 zur „Einstellung von Ortspolizisten durch die Gemeinden" ist zu entnehmen, dass die neuen Gegebenheiten von den Gemeinden teilweise noch nicht voll zur Kenntnis genommen worden waren. In diesem Rundschreiben wurde ausdrücklich festgestellt, dass die Gemeinden zur Einstellung von Polizisten nun nicht mehr berechtigt waren, „da für Polizeiangelegenheiten nur die Kreise zuständig" seien. Die Landkreise wurden ebenfalls gebeten, „in geeigneter Weise darauf aufmerksam zu machen, dass die Gemeinden von sich aus Polizeipersonal nicht anstellen dürfen".[382]

In einem späteren Tätigkeitsbericht des sächsischen Innenministeriums vom 18. Februar 1948 wurde die ab Herbst 1946 betriebene Entwicklung des Polizeiwesens in Sachsen unter dem Stichwort „Einheitliche Polizei geschaffen" wie folgt begründet und bestätigt:

> „Um die im Jahre 1947 vor der sächsischen Polizei stehenden Aufgaben lösen zu können, bedurfte es einer absoluten Verstärkung und einer einheitlichen Polizei im Land Sachsen. Aus diesem Grund wurde die noch vorhandene kommunale Polizei (Gemeindepolizei) aufgelöst und gemäß der sächsischen Verfassung 29 Kreispolizeiämter und 6 Stadtpolizeiämter geschaffen. Genau wie in den Städten sind auch die Kreise in Polizeireviere, in den Kreisen jedoch Gebietsgemeinschaften genannt, eingeteilt."[383]

Weiter hieß es in diesem Tätigkeitsbericht:

> „Finanziell schwache Gemeinden sind nunmehr in der Lage, jederzeit den erforderlichen Schutz von der Kreispolizei anfordern zu können. Ein weiterer Vorteil liegt in der Möglichkeit der besseren fachlichen und demokratischen Schulung aller Polizeiangestellten, ganz gleich wo sie eingesetzt sind, ob in der Großstadt oder als Polizeiposten auf dem Lande. Durch die einheitliche Polizei Sachsens und die einheitlich aus Landeshaushaltsmitteln

---

[381] SächsHStA, LBVPS, Nr. 10, Bl. 97.
[382] Alle Zitate und Angaben: SächsHStA, LRS, Ministerpräsident, Nr. 831, Bl. 124.
[383] SächsHStA, LRS, MdI, Nr.305, Bl. 205 ff.

bezahlte Polizei kann zur Zeit die sächsische Polizei als die einsatzfähigste und am erfolgreichsten tätige in der Sowjetzone angesehen werden, was dadurch bewiesen wird, daß Sachsen einen Großteil seiner Kräfte an andere Länder der Sowjetzone abgeben konnte und diese dort leitende Funktionen in der Polizei ausüben."

Auf die ab Herbst 1946 betriebene Verselbstständigung bzw. Ausgliederung der Kreispolizei wurde oben bereits eingegangen. In Anpassung an diese Entwicklung richteten sich die jeweiligen Rundschreiben der Polizeiabteilung des sächsischen Ministeriums des Innern ab Frühjahr 1947 in Polizeiangelegenheiten konsequenterweise nun nicht mehr an die Landräte oder Oberbürgermeister, sondern nur noch an die Polizeipräsidien, Polizeidirektionen und Kreispolizeiämter.

Diese Entwicklung hin zu einer Zentralisierung bzw. zu einer faktischen Verstaatlichung des gesamten Polizeiwesens auf Landesebene entsprach nicht zuletzt auch voll den Intentionen der sowjetischen Besatzungsmacht, die ihren eigenen Erfahrungen folgend eine echte Dezentralisierung nicht wünschte. Sie trat im Grunde wohl von Anfang an für eine Zentralisierung der Polizei auf Länderebene ein, weil die Kontrolle eines in den Ländern zentralisierten Polizeiapparates leichter war als die Kontrolle einer Vielzahl kommunaler Polizeibehörden.[384] Dies mag mit ein Grund dafür gewesen sein, die ungeliebte kommunale Polizei, soweit dies politisch machbar war, systematisch zurückzudrängen, so dass sie - bis auf die Phase der unmittelbaren Nachkriegszeit - eigentlich nie eine eigenständige Wirksamkeit entfalten konnte.[385]

Nachdem die Entwicklung hin zu einem zentral gesteuerten Sicherheitsapparat auf Landesebene in Sachsen spätestens Mitte 1947 abgeschlossen war, konnte nun der sich in der Folgezeit rasant beschleunigende Aufbau eines zentralisierten Sicherheitsapparates für die gesamte SBZ in Angriff genommen werden.

3.2.3 Die fortschreitende Gleichschaltung (ab Mitte 1947)

Der Ausbau der Kompetenzen der DVdI

Die DVdI hatte nach ihrer Gründung im Sommer 1946 gegenüber den Innenressorts der Länder und Provinzen - wie oben bereits erwähnt - offiziell zunächst nur eine mehr oder weniger planerische und koordinierende Funktion. Bestrebungen mit dem Ziele einer Stärkung der Stellung und der Einflussmöglichkei-

---

[384] Jochen Laufer: Die Ursprünge des Überwachungsstaates in Ostdeutschland, S. 150.
[385] Hartwig Lüers: Das Polizeirecht der DDR, S. 13.

ten der DVdI ließen jedoch nicht lange auf sich warten. Bereits am 12. September 1946 war im Rahmen einer Besprechung zwischen Vertretern der SMAD (Lapenkow und Smirnow) und der DVdI (Reschke, Wagner, Mielke) von deutscher Seite darauf hingewiesen worden, dass „mit dem weiteren Aufbau der Verwaltung des Innern [...] die Frage der Zuständigkeit gegenüber den Provinzen und Ländern immer brennender" werde. Auch zeige der organisatorische Aufbau in den Provinzen und Ländern „große Abweichungen". Beispielsweise seien in Thüringen „Zulassungen für Kraftfahrzeuge, Führerscheine, Fahrtberechtigungen und dgl. m. aus dem Aufgabengebiet der Polizei herausgenommen worden". Dasselbe gelte beim Verhältnis „der Preisüberwachung zur Polizei, der Feuerwehr zur Polizei und verschiedenen anderen Fragen". Hier müsse Klarheit geschaffen werden, hieß es.[386]

In der Besprechung vom 12. September 1946 wurde daher zur Frage der Zuständigkeit und zum Unterstellungsverhältnis des Chefs der Polizei in den Ländern und Provinzen durch Oberst Lapenkow ein SMAD-Befehl in Aussicht gestellt, „der die Teilung der Arbeiten in Administration und operative Aufgaben klar" umfassen sollte. Am administrativen Aufbau der Polizei in den Ländern und Provinzen sollte sich zwar nichts ändern. Alle operativen Aufgaben der Polizei sollten jedoch nun seitens der DVdI festgelegt werden, und die Länder und Provinzen sollten verpflichtet werden, „diesen Anweisungen Folge zu leisten". Der hier in Aussicht gestellte SMAD-Befehl konnte in den Archivunterlagen nicht festgestellt werden. Den Umständen nach ist somit davon auszugehen, dass die angestrebte generelle Leitungsfunktion der DVdI in operativen Angelegenheiten im Herbst 1946 noch nicht erreicht wurde.

Auch die Chefs der Polizeiabteilungen der Länder und Provinzen begrüßten in einer Besprechung mit dem Präsidenten der DVdI am 30. Oktober 1946 in Berlin aber eine weitere Zentralisierung der Polizei „als ein lange gespürtes Bedürfnis".[387] Als Argument für eine möglichst rasche Stärkung der Zuständigkeiten der DVdI sprach aus kommunistischer Sicht u. a. die Tatsache, dass in der SBZ nun Landtagswahlen stattgefunden hatten. Es gab daher die Befürchtung, dass die absolute Dominanz von aus der KPD stammenden SED-Kadern in der Polizei schwer aufrecht zu erhalten sei. Dies meinte jedenfalls der Chef der Landespolizei Thüringen, Rausch, der auf der Konferenz vom 30. Oktober 1946 erklärte:

„Wir müssen damit rechnen, daß bei den Regierungsbildungen das Muster der westlichen Zone maßgebend sein wird. Wir werden dann keinen Vizepräsidenten mehr haben, sondern

---

[386] BArch, DO 1/7.0, Nr. 5, Bl. 5-8

[387] Jochen Laufer: Die Ursprünge des Überwachungsstaates, S. 156.

einen Ministerpräsidenten bekommen. Ihm beigegeben werden einige Minister. [...] Wir müssen uns darüber klar werden, wie weit die Kompetenzen in dieser Beziehung gehen."[388]

Ohne Widerspruch konnte Vizepräsident Kurt Wagner[389], auf dieser Konferenz dann schon ankündigen, dass vorgesehen sei, die Kriminalpolizei über die Länder und Provinzen hinaus zu zentralisieren, und dass die Abteilung K in der DVdI „die oberste Polizeibehörde der gesamten Kriminalpolizei" in der SBZ sein werde. Dem Ziele der Zentralisierung der Polizei und der Stärkung der Stellung der DVdI diente außerdem noch die oben bereits erwähnte informelle Konferenz der Innenminister der Länder und Provinzen mit Walter Ulbricht und der DVdI am 20. Dezember 1946.[390]

Die weiteren Schritte

Mitte 1947 kam es in der SBZ schließlich zu grundsätzlichen Weichenstellungen, welche geeignet waren, die Stellung der DVdI entscheidend zu stärken. Zu nennen ist in diesem Zusammenhang einmal die „Vereinbarung über die Zuständigkeit der Deutschen Verwaltung des Innern" vom 26. Juni 1947[391] und zum anderen eine vom Chef der Verwaltung des Innern der SMAD erlassene „Verordnung über die DVdI in der sowjetischen Besatzungszone Deutschlands" vom Juli 1947[392], welcher wahrscheinlich noch eine „Vorläufige Verordnung der Deutschen Verwaltung des Innern in der sowjetisch besetzten Zone Deutschlands"[393] vorgeschaltet war. Der Wortlaut dieser Regelungen war „streng vertraulich"; er wurde nie bekannt gegeben. Durchaus möglich ist auch, dass die genannten Regelungen formell nie in Kraft gesetzt wurden. In der Praxis waren sie aber zumindest für die Führungskräfte Richtschnur. Dass bei generellen Regelungen für den Polizei- und Sicherheitsbereich in der SBZ von einer Veröffentlichung abgesehen werden konnte, war ansonsten - wie oben bereits erläutert - nicht ungewöhnlich. Ähnlich war in Sachsen z. B. schon bei der Verordnung über das Polizeiwesen vom 2. August 1946 verfahren worden.

---

[388] Zitiert nach Jochen Laufer: Die Ursprünge des Überwachungsstaates, S. 156 ff.

[389] 31.07.1904-08.07.1989. Elektroinstallateur; 1932 KPD; März 1935 Verhaftung, bis April 1945 Zuchthaus Waldheim. - Vgl. Helmut Müller-Enbergs u.a.: Wer war wer in der DDR?, S. 884 mit weiteren Angaben.

[390] SAPMO-BArch, NY 4182/1192, Bl. 188 -196.

[391] Siehe Günther Glaser: Reorganisation der Polizei, 1995, S. 86 ff. (Abgedruckt am Schluss dieser Untersuchung.)

[392] BArch, DO 1/7.0/1, Bl. 55 ff.

[393] Jochen Laufer: Die Ursprünge des Überwachungsstaates, S. 157 (Anmerkung 35).

Der Kern der „Vereinbarung“ vom 26. Juni 1947 bestand in einer umfassenden Verlagerung sämtlicher Kompetenzen der bisherigen Länder und Provinzen der SBZ auf dem Gebiet der inneren Sicherheit in Richtung DVdI. Nicht nur in operativen, sondern auch in administrativen Angelegenheiten und als Aufsichtsbehörde wurde die „führende“ Rolle der DVdI hier generell festgeschrieben. Die wichtigsten Kompetenzen der DVdI wurden wie folgt fixiert:

1. Die Schutz-, Kriminal- und Verwaltungspolizei der Länder und Provinzen sollte nun von der DVdI „unmittelbar über die Polizeiabteilung des Ministeriums des Innern als Landespolizeibehörde angeleitet und kontrolliert“ werden (Ziffer 1a).
2. Die DVdI sollte „im Rahmen der ihr übertragenen Rechte“ u. a. für die „Aufrechterhaltung der Ordnung und Sicherheit, Maßnahmen gegen die Kriminalität und sonstige Rechtsbrecher“ sowie u. a. für die „Sicherung der demokratischen Entwicklung Deutschlands, Verhinderung von Sabotagen, Brandstiftungen und anderen Vergehen, die die demokratische Entwicklung stören“ zuständig sein, wobei dem Einschub „im Rahmen der ihr übertragenen Rechte“ im Hinblick auf die pauschal umschriebenen Zuständigkeiten nur dekorative Bedeutung zukommen konnte (Ziffer 2a und b).
3. Außerdem sollte die DVdI in Polizeiangelegenheiten jetzt federführend zuständig sein für die Ausarbeitung von „grundsätzlichen Bestimmungen, Verordnungen und Gesetzentwürfen“, u. a. über den Aufbau und die Gliederung der Polizei der Länder und Provinzen, über die Zuständigkeit der einzelnen Polizeisparten, zur Einstellung, Laufbahn und Beförderung der Polizei, zur Dienstregelung und zur Dienststrafordnung der Polizei, zum Aus- und Fortbildungswesen sowie zur Besoldung, Bekleidung und Ausrüstung der Polizei (Ziffer 3).
4. Die DVdI sollte „im Rahmen ihrer Zuständigkeit“ auch gegenüber den Chefs der Landespolizeibehörden ein unmittelbares Weisungsrecht (Ziffer 6) haben. Sie sollte Kontrollen an Ort und Stelle durchführen und Prüfungsergebnisse „unmittelbar“ auswerten können (Ziffer 9).
5. Schließlich sollten Ernennungen, Versetzungen und Entlassungen des Führungspersonals der Polizei im Bereich der Länder und Provinzen künftig nur „nach Einverständnis des Präsidenten der DVdI“ erfolgen können (Ziffer 8).[394]

Die Länder und Provinzen durften nach dieser Vereinbarung theoretisch zwar ebenfalls noch „grundsätzliche Bestimmungen, Verordnungen und Gesetze“ erlassen. Diese mussten aber gemäß Ziffer 5 mit den anderen Ländern und Provinzen sowie mit der DVdI vorher abgestimmt werden. Außerdem musste die Bestätigung durch die SMAD eingeholt werden, und zwar durch die

---

[394] Alle Zitate und Angaben: Günther Glaser: Reorganisation der Polizei, 1995, S. 86 ff. (abgedruckt am Schluss dieser Untersuchung.).

DVdI[395], die somit auch in diesem Verfahren die Möglichkeit hatte, den Fortgang maßgeblich zu beeinflussen. Tatsächlich sind in Sachsen in Polizeiangelegenheiten ab Mitte 1947 kaum noch eigenständige Maßnahmen organisatorischer oder rechtlicher Art feststellbar.

Noch rigoroser und eindeutiger waren die Regelungen in der ebenfalls streng vertraulichen „Verordnung über die DVdI in der sowjetischen Besatzungszone Deutschlands“ vom Juli 1947. In § 1 hieß es hier u. a. knapp und klar:

„Die DVdI leitet alle Polizeiorgane in den Provinzen und Ländern der sowjetischen Besatzungszone Deutschlands.“[396]

Und in § 2 dieser Verordnung hieß es weiter:

„Die Regierungen der Provinzen/Länder erweisen Hilfe und verwirklichen die Kontrolle über die Arbeit der Polizeiorgane an den Orten. Gleichzeitig können sie ihre Anweisungen an die Polizeiorgane in den Orten geben, in denen sie die SMA davon in Kenntnis setzen.

Gesetze und Direktiven der DVdI der sowjetischen Besatzungszone sind bindend für alle Polizeiorgane der Provinzen/Länder und unterliegen nicht der Veränderung oder Aufhebung von Seiten der Minister des Innern der Provinzen/Länder.

Die Minister des Innern der Provinzen/Länder haben das Recht, im Falle der Notwendigkeit sich mit einer Fürbitte an die DVdI zu wenden und ihre Vorschläge in Fragen des Polizeidienstes, die durch die örtlichen Verhältnisse der Provinz /des Landes bedingt sind, einzureichen. [...]

Die Chefs der Polizeiverwaltungen der Provinzen / Länder sind der DVdI in der sowjetischen Besatzungszone über ihre Arbeit Rechenschaft schuldig. Gleichzeitig legen sie vor den Ministern des Innern der Provinz / des Landes Rechenschaft ab und berichten ihnen über alle Maßnahmen, die von den Polizeiorganen in der Provinz / des Landes durchzuführen sind.“[397]

Diese Verordnung enthielt noch weitere detaillierte Festlegungen zur Aufgabengliederung und zur Gliederung der Polizeiverwaltungen der Länder bis hin zur Gliederung der örtlichen Polizeiorgane zur Personalverwaltung. Spielräume für eigenständige Regelungen durch die Länder bzw. durch die jeweiligen Polizeiabteilungen sollten praktisch nicht mehr bestehen.

Die Phase der Gleichschaltung wurde nun also forciert. Ausdruck dieser neuen Realität war in Sachsen u. a. die bereits erwähnte Rundverfügung Nr. 182 der Polizeiabteilung des sächsischen Ministeriums des Innern vom 1. Juli 1947[398] an die Polizeipräsidien, Polizeidirektionen und Kreispolizeiämter, in welcher „auf Vorschlag der Verwaltung des Innern und auf Anordnung der SMA“ - ohne Beteiligung der Landesregierung Sachsen oder gar des sächsischen Landtages - eine neue Gliederung der Polizeiorganisation auf Landesebene bekannt gegeben

---

395 Ebenda.
396 BArch, DO 1/7.0/1, Bl. 55 ff..
397 Ebenda.
398 SächsHStA, LBVPS, Nr. 9, Bl. 200 - Abgedruckt am Ende dieser Untersuchung.

wurde. Zur jetzt vorgegebenen Organisationsstruktur hieß es in dieser Rundverfügung im Sinne einer Weisung:

„Die Polizeipräsidien und Polizeidirektionen haben diese Gliederung sofort durchzuführen und die Durchführung bis zum 15. Juli 1947 der Polizeiabteilung des Ministeriums des Innern mitzuteilen. Ab 15. Juli 1947 werden im gesamten Schriftverkehr nur noch die für die einzelnen Abteilungen in dieser Verfügung genannten Abteilungsbezeichnungen geführt.

Die Kreispolizeiämter erhalten dieselbe Gliederung."[399]

Zusammenfassend lässt sich feststellen, dass in Sachsen auf Landesebene organisatorisch bereits ab 15. Juli 1947, also noch vor dem erst im September 1947 stattfindenden II. SED-Parteitag, eine weitgehend zentral strukturierte und gesteuerte Polizeiorganisation eingerichtet war, die durch die Polizeiabteilung des sächsischen Ministeriums des Innern straff geführt wurde. Deutlich an Einfluss gewonnen hatte darüber hinaus ersichtlich auch schon die DVdI. Walter Ulbricht schließlich bestätigte dann in einem Referat auf der Innenminister-Konferenz am 31.1./1.2.1948 in Altenstein (Thüringen) diese Entwicklung ausdrücklich. Der Gegner kämpfe „mit allen Mitteln"; es müsse zentralisiert werden, „weil die Verhältnisse uns nichts anderes erlauben"[400], betonte er.

Die Rolle der SED und der Innenministerkonferenzen

Von besonderer Bedeutung für die Stellung der Polizeiorgane in der SBZ und für den Ausbau der Kompetenzen der DVdI - auch im Sinne einer Bestätigung der bereits eingeleiteten Entwicklung - waren die Beschlüsse des II. Parteitag es der SED vom 20. bis 24. September 1947, wo die „konsequente Weiterführung" der „antifaschistisch-demokratischen Umwälzung" sowie die „Festigung und der Ausbau" der „antifaschistischen Machtorgane" gefordert und beschlossen worden war.[401] In einer entsprechenden Entschließung war hier ausdrücklich gefordert worden, für das Gebiet der SBZ

„die führende Rolle der marxistisch-leninistischen Partei in den staatlichen Organen, besonders in der Polizei, zu festigen und zu verstärken, die Autorität der Betriebsgruppen der SED in der Polizei und den anderen staatlichen Organen zu erhöhen und die Beschlüsse der Partei in der täglichen Arbeit durchzusetzen sowie in den Sicherheitsorganen die politisch-ideologische Erziehungsarbeit wesentlich zu verstärken und die Einheit von politischer und fachlicher Ausbildung strikt zu wahren".[402]

---

[399] Ebenda.
[400] Zitiert nach Günther Glaser: Reorganisation der Polizei, S. 103 ff. (108).
[401] Dokumente zur Geschichte der SED 1945-1971, Bd. 2, S. 72 ff.
[402] Klaus-Peter Krause: Die Herausbildung und Entwicklung der Deutschen Volkspolizei, S. 15.

In diesem Sinne betonte die DVdI in einer an die Chefs der Landespolizeibehörden gerichteten Rundverfügung Nr. 8 vom 20. September 1947, dass es nun Aufgabe der DVdI sei, „die polizeilichen Verhältnisse aufeinander abzustimmen und in den einzelnen Ländern nach einheitlichen Gesichtspunkten zu regeln“.[403] Außerdem enthielt diese Rundverfügung eine Reihe von Hinweisen und Vorgaben zur weiteren Umstrukturierung der Polizeiorganisation auf Landesebene, deren Vollzug bis zum 1. November 1947 zu melden war.

Nach alledem kann also die in der Literatur teilweise vertretene Auffassung[404], wonach im Polizeiwesen ein „intensiverer“ Zentralisierungsprozess in der SBZ erst 1948 eingesetzt haben soll, nicht zutreffen. Dieser Prozess setzte vielmehr verstärkt bereits Mitte 1947 ein, allerdings nach außen hin in noch relativ gemäßigter Form. Den Ländern wurde bis etwa Mitte 1948 durch die DVdI formal noch immer eine gewisse Eigenständigkeit zugebilligt. Schreiben der DVdI wurden daher im Allgemeinen noch zurückhaltend formuliert; direkte Weisungen wurden tunlichst vermieden. Auch intern scheinen bei der DVdI noch gewisse Unklarheiten geherrscht haben. In einem internen Vermerk des Leiters der Abteilung V (Verwaltungspolizei) der DVdI vom 28. Oktober 1947 wurde zum Beispiel noch die Auffassung vertreten, dass die von der SMAD eingerichtete DVdI zwar die Aufgabe habe, gegenüber den Ländern und Provinzen „bestimmend, beratend und koordinierend einzugreifen“. Befehle könnten jedoch nicht gegeben werden. Vielmehr müsse die Ausführung durch die SMAD und die Chefs der Landespolizeibehörden „durch überzeugende und bestimmende Erlasse“[405] erwirkt werden. Dies war aber eine eher formale Betrachtungsweise. Tatsächlich gab es förmliche „Befehle“ zu diesem Zeitpunkt zwar noch nicht. Die oben erwähnten Regelungen und die Vorgaben des II. SED-Parteitages vom 20. bis 24. September 1947 wiesen aber deutlich in eine dirigistische Richtung.

Ansonsten dienten in den Jahren 1947 und 1948 insbesondere auch die in regelmäßigen Abständen stattfindenden Innenministerkonferenzen der Vereinheitlichung und Zentralisierung des Sicherheitsapparates. Das erste, offiziell als Innenministerkonferenz bezeichnete Treffen fand am 1. Juni 1947 in Berlin statt. Ihm folgten bis April 1949 weitere neun Treffen.[406] Diese Konferenzen wurden vom Parteivorstand der SED anberaumt. Sie sollten der Beschlussfassung darüber dienen, „wie mit Hilfe der Innenministerien der Länder die Parteibeschlüsse in den staatlichen Verwaltungen zügig und konsequent durchgeführt

---

[403] BArch, DO 1/7.0/254, Bl. 10.

[404] Z. B. Dieter Marc Schneider: Innere Verwaltung/Deutsche Verwaltung des Innern (DVdI), S. 212.

[405] Alle Zitate und Angaben: BArch, DO 1/7.0/550, Bl. 41.

[406] Hans-Peter Müller: „Parteiministerien“, S. 338.

werden können".[407] Auf der Innenministerkonferenz am 12. Oktober 1947 in Rehfelde (Sachsen) machte Walter Ulbricht die Rolle und den Stellenwert der Innenministerkonferenzen im Hinblick auf den Ablauf des II. SED-Parteitag vom 20. bis 24. September 1947 schon sehr deutlich, indem er erklärte:

„Nach diesem Parteitag müssen die Beschlüsse so durchgeführt werden, wie es sich für eine demokratische Partei gehört. [...] Das gilt es nun zu beweisen. Die Partei ist noch nicht gewohnt, Beschlüsse, die gefaßt werden, von oben bis unten durchzuführen. [...] In diesem Sinne bitten wir euch, Zusammenkünfte zu machen zwischen den leitenden Genossen der SED und der Regierung und diese Aufgaben zu stellen. Das ist der Standpunkt des Zentralsekretariats."[408]

Dementsprechend wurden die Innenministerkonferenzen nun durch das Zentralsekretariat der SED und durch die DVdI instrumentalisiert, wobei den Innenministern der Länder dann die Aufgabe zukam, auf Landesebene für die Umsetzung der letztlich von der SED bzw. der sowjetischen Besatzungsmacht gesteuerten Beschlüsse zu sorgen. Besonders deutlich wurde der Auftrag der nun forciert zu betreibenden Zentralisierung auch in den Ausführungen Walter Ulbrichts auf der Innenministerkonferenz in Werder (Havel) am 21./22. April 1948, wo er erklärte:

„Wenn wir die Polizei zentralisieren, dann haben wir uns doch etwas dabei gedacht. Das heißt, daß die Entwicklung ein Stadium erreicht hat, wo man nicht mehr mit Kreis- und Gemeindepolizei arbeiten kann, damit uns der Gegner den Kopf zerschlägt. Deshalb sind wir der Meinung, daß man die Polizei so organisiert, damit sie ihre Aufgabe als Volkspolizei zu erfüllen vermag. Das kann man aber nicht mit einer dezentralisierten Polizei."[409]

Da der Gegner „nicht wenig" arbeite, bestehe ansonsten das Neue nun darin, „daß die Parteiorganisation staatlich leitet". Es müsse erreicht werden, „daß innerhalb des Verwaltungsapparates von oben bis unten die Parteiorganisation exakt arbeitet"[410], meinte Ulbricht weiter. Die angebliche Wühlarbeit des „Gegners" diente der SED also als Argument für die Notwendigkeit der Stärkung der Parteiarbeit sowie für die notwendige Straffung und Zentralisierung des Sicherheitsapparates.

---

[407] Dieter Marc Schneider: Innere Verwaltung/Deutsche Verwaltung des Innern (DVdI), S. 211.
[408] SAPMO-BArch, DY 30/IV 2/13/109, Bl. 116 ff.
[409] Zitiert nach Günther Glaser: Reorganisation der Polizei, S. 111 ff. (112).
[410] Ebenda.

Der neue Präsident der DVdI Dr. Kurt Fischer und die „Wendung"

Auf dieser Linie lag - kurz nach Beginn der Berlin-Blockade durch die Sowjets - auch die Berufung des bisherigen sächsischen Innenministers Kurt Fischer zum neuen Präsidenten der DVdI. Fischer trat sein neues Amt am 11. Juli 1948 an. Er löste Erich Reschke ab, der nach Bautzen als Leiter der dortigen Strafanstalt abgeschoben wurde.[411] Kurt Fischer begann seine Tätigkeit bei der DVdI mit hektischem Aktionismus und mit der Verbreitung von Furcht und Schrecken. In einer von ihm unmittelbar nach seinem Amtsantritt geleiteten Sitzung des Präsidiums der DVdI vom 14. Juli 1948 wies er beispielsweise seinen Vizepräsidenten Kurt Wagner an, einen Angestellten der DWK zu verhaften, weil dieser angeblich einen Befehl der SMAD „über die Rationserhöhung der Grenzpolizei [...] fünf Tage in seinem Schreibtischkasten liegengelassen [hatte], so daß der Befehl mit bedeutender Verspätung in die Länder kam".[412]

Kurt Fischer konzentrierte sich in seiner neuen Funktion auf die „Sicherung der revolutionären Errungenschaften". Dazu gehörten „der weitere Ausbau und die politische Stärkung der Polizeiorgane sowie die Sicherung der Zonengrenzen, der energische Kampf gegen die subversive Tätigkeit, gegen Wirtschaftssabotage, Schieber und Schwarzhändler und nicht zuletzt die systematische Schulung aller Mitarbeiter der Deutschen Verwaltung des Innern und aller Mitarbeiter der staatlichen Verwaltung".[413]

Neben dem Präsidenten gab es bei der DVdI drei Vizepräsidenten für bestimmte Zuständigkeitsbereiche, nämlich Kurt Wagner den früheren Polizeipräsidenten von Leipzig, für die Sektion „Schutz-, Bahn- und Kriminalpolizei", den ebenfalls aus Sachsen kommenden Willi Seifert[414] für die Sektion „Verwaltungs- und Verkehrspolizei" und Erich Mielke[415] für die Sektion „Politische Polizei".

Kurt Fischer war es dann auch, der unmittelbar nach seinem Amtsantritt in Anlehnung an die Politverwaltungen der sowjetischen Polizei und Armee die

[411] Durch einen von Kurt Fischer unterzeichneten Befehl Nr. 673/50 vom 9. Juni 1950 wurde Reschke schließlich auch dort - mehr oder weniger unehrenhaft - abgelöst und entlassen. - SächsHStA, LBVPS, Nr. 207, Bl. 175.

[412] BArch, DO 1/7.0/6, Bl. 3.

[413] Alle Zitate: Karl Wilhelm Fricke: Die DDR-Staatssicherheit, S. 20.

[414] 01.10.1915-30.01.1986. Geb. in Plauen (Vogtland); Maurerlehre,; 1930 KPD; 1934 U-Haft, 1935-1938 Zuchthaus Waldheim, anschließend bis April 1945 KZ Buchenwald. - Vgl. Helmut Müller-Enbergs u.a.: Wer war wer in der DDR?, S. 789 mit weiteren Angaben.

[415] 28.12.1907-21.05.2000. Geb. in Berlin. Speditionskaufmann; 1927 KPD; 1931 Flucht in die UdSSR (nach der Ermordung von zwei Polizeibeamten); Spanienkämpfer; 1940-1943 Mitarbeit in der illegalen KPD Frankreichs, Verhaftung; Juni 1945 Rückkehr nach Berlin. - Vgl. Helmut Müller-Enbergs u.a.: Wer war wer in der DDR?, S. 579 mit weiteren Angaben.

Bildung einer Hauptabteilung für „Polit-Kultur" anordnete. Diese Abteilung sollte bei der Schulung der Polizei die „planmäßige und systematische politisch-ideologische Arbeit" gewährleisten sowie für die „Durchführung der Beschlüsse der Partei" sorgen.[416] Mit dieser Anordnung entsprach Kurt Fischer einem Beschluss des Zentralsekretariats der SED vom 19. Juli 1948, wonach „bei allen Einheiten der bewaffneten demokratischen Kräfte in der Ostzone und in Groß-Berlin, die mehr als 10 Mann stark sind", Abteilungen für Politik und Kultur einzurichten waren. Der für die Arbeit dieser Abteilungen maßgebliche Drei-Punkte-Katalog stellte fest:

1. „Jeder Polizeiangehörige fühlt sich in engster Verbindung mit der fortschrittlichsten demokratischen Partei, den Massenorganisationen und den Betriebsschaffenden und in Übereinstimmung mit ihnen in seinem dienstlichen und persönlichen Verhalten, in seiner inneren und äußeren Haltung und in seinem täglichen praktischen und dienstlichen Handeln als Träger und Verwirklicher des Willens der fortschrittlichen und demokratischen Kräfte und besonders der werktätigen Bevölkerung."
2. „Jeder Polizeiangehörige ist Träger und Verfechter der Überzeugung, daß nur in engster Zusammenarbeit und gestützt auf die Sowjetunion, die Volksrepubliken und alle fortschrittlichen demokratischen Kräfte der Welt der Sieg der Demokratie und des Fortschritts in Deutschland möglich ist. In der Praxis bringt er dem Sowjetmenschen die herzlichste Kameradschaft entgegen."
3. „Jeder Polizeiangehörige ist ein bewußter Gegner des Imperialismus und der Reaktion, schützt die demokratischen Errungenschaften in jeder Weise gegen offene und versteckte Angriffe der Reaktion und sichert damit die weitere demokratische Entwicklung."[417]

Von besonderer Bedeutung für die mit dem Amtsantritt Kurt Fischers als Präsident der DVdI rasant fortschreitende Gleichschaltung auf dem Gebiet der inneren Sicherheit war auch der Verlauf der 1. Staatspolitischen Konferenz am 23./24. Juli 1948 in Werder (Havel), auf welcher Walter Ulbricht in einem zweistündigen Einleitungsreferat die Stärkung und Festigung der Staatsgewalt in der SBZ forderte. Wörtlich erklärte er hier den anwesenden Ministerpräsidenten, Innenministern, Polizeichefs und sonstigen Spitzenfunktionären u. a.:

„Wir müssen unseren Genossen und der Arbeiterklasse erklären, daß wir nicht, wie manche es sich gedacht haben, mit der Entwicklung der demokratischen Ordnung die Festigkeit der Staatsgewalt irgendwie schwächen können. Im Gegenteil, wir müssen sie, gerade weil sich die Demokratie entwickelt und deshalb der Gegner schärfer gegen sie kämpft, festigen. Die Frage des Abbaus des Staates stellen wir, wenn wir die Periode des Sozialismus hinter uns haben werden; dann können wir über diese Frage diskutieren. Aber bis dahin ist es noch ein ziemlich weiter Weg. Deshalb soll man mit beiden Füßen auf dem Boden stehen und sich der

[416] Dieter Marc Schneider: Innere Verwaltung/Deutsche Verwaltung des Innern (DVdI), S. 212.

[417] Alle Zitate nach Günther Glaser: Reorganisation der Polizei, S. 143 ff.).

Lehren von Lenin bewußt sein, daß man gerade unter den Bedingungen des Kampfes um die Demokratie die Staatsgewalt stärken, festigen und sichern muss."[418]

Mit der Schaffung der Abteilung „Polit-Kultur“ als „Organ der marxistisch-leninistischen Partei“ zur Sicherung der politisch-ideologischen Arbeit im Sicherheitsapparat galt es nun also, die „antifaschistisch-demokratische Ordnung“ weiter zu festigen und die „Staatsgewalt“ zu stärken. Zur Erreichung dieses Zieles galt es, „die Einheit von politischer und fachlicher Bildung und Erziehung auf qualitativ höherer Stufe“[419] zu verwirklichen. Im Sinne dieser Zielsetzung wurde auf der Konferenz vom 23./24. Juli 1948 auch ein „Normal-Strukturplan für die Länderregierungen“[420] vorgestellt, nach welchem nun bei den Ministerien des Innern eine einheitliche Struktur vorgesehen war. Hier sollte es jetzt u. a. eine „Hauptabteilung Landespolizeibehörde“ geben, die in vier Abteilungen untergliedert war (Personal, Schulung und Polit-Kultur; Schutzpolizei; Landeskriminalamt; Verwaltung).

Geradezu euphorisch kam Kurt Fischer im Rahmen einer Sitzung des Landesvorstandes der SED Sachsen am 4. August 1948[421] in Dresden schließlich auf die genannte Konferenz vom 23./24. Juli 1948 zu sprechen. Er lobte die Einführung eines Halbjahresplanes sowie des Zweijahresplanes ab 1949 und erklärte dann u. a:

„Jetzt aber ist die Wendung eingetreten in unserer gesamten Aufgabenstellung [...], so daß sofort die Verwaltungen an die Aufgaben angepaßt werden müssen [...]. [Wir] wissen [...], daß im Zuge der Durchführung des Zweijahresplanes sich auch der Klassenkampf ungeheuer verschärfen wird. [...] Also wird der Staatsapparat so aufgebaut sein müssen, daß er dieser Verschärfung des Klassenkampfes nicht nur standhält, sondern daß er im Zuge der Verschärfung des Klassenkampfes weiter und noch mehr zum wirksamsten Instrument unserer Partei wird. [...]

Der Zweijahresplan ist ein einheitlicher Plan für die gesamte Zone; deshalb muß der gesamte Staatsapparat in der gesamten Zone eine einheitliche Verwaltung aufweisen. Wir können nicht verschiedene Staatsapparate haben."[422]

Die angebliche Verschärfung des Klassenkampfes und deren Folgen war für die SED und für Fischer also jetzt die „Wendung“, das Signal: Der Staatsapparat in der SBZ musste endgültig „zum wirksamsten Instrument unserer Partei“ werden und bei dieser „Aufgabenstellung“ hatte die Polizei als „scharfe Waffe des Klassenkampfes“[423] maßgeblich mitzuwirken.

---

[418] Zitiert nach Günther Glaser: Reorganisation der Polizei, S. 149.
[419] Klaus-Peter Krause: Die Herausbildung der deutschen Volkspolizei, S. 16.
[420] SAPMO-BArch, DY 30/IV 2/110, Bl. 267 ff.
[421] SächsHStA, SED-BPA Dresden, Nr. A/763, Bl. 127 ff.
[422] Ebenda.

Die weitere Entwicklung

Die unter dem neuen DVdI-Präsidenten Fischer forcierte Gleichschaltung und die damit verbundene Stärkung der Kompetenzen der DVdI führte ab Mitte/Herbst 1948 notwendigerweise zu einer weiteren Aushöhlung noch vorhandener Kompetenzen der Länder auf dem Gebiet der inneren Sicherheit. Jetzt waren die Landespolizeibehörden in den Ländern verschärft „unmittelbar der Befehlsgewalt der DVdI unterstellt“.[424] Dies bestätigte auch ein im Herbst 1948 erstellter Entwurf eines „Statuts“ der DVdI in den §§ 7 und 8, wonach die Innenminister der Länder der SBZ „dem Weisungsrecht des Präsidenten“ der DVdI unterlagen und wonach dieser gegenüber den Chefs der Landespolizeibehörden „die Befehlsgewalt“ ausübte.[425]

Die Weiterentwicklung des Polizei- und Sicherheitsapparates in der SBZ „zu einem zentral geleiteten Machtorgan“ entsprach ansonsten voll „dem Prinzip des demokratischen Zentralismus“.[426] In diesem Sinne hatte auch Walter Ulbricht auf der oben erwähnten Staatspolitischen Konferenz am 23./24. Juli 1948 betont, dass jetzt die „führende Rolle der Partei verwirklicht“ werden müsse, dass es „keinen besonderen deutschen Weg zum Sozialismus“ mehr geben könne und dass sich die Innenminister „bei schwierigen Fragen, die nicht geklärt werden können, mit Berlin“, also mit der DVdI, zu verständigen hätten. Vieldeutig und entlarvend zugleich erklärt er dabei auch:

„Wir suchen also einen Weg, auf dem wir die Einheitlichkeit der staatlichen Verwaltung bei gleichzeitiger Mitbestimmung und gleichzeitiger Kontrolle von unten sichern können. Ihr wißt ganz gut, daß man nicht alles von heute auf morgen machen kann, aber unsere Erfahrungen reichen jetzt schon aus, um diese Fragen, die zum Teil Streitfragen sind, richtig zu lösen.“[427]

Bei der Konferenz der Innenminister der Länder der SBZ am 13. Oktober 1948 schließlich hatte sich das Blatt dann vollends gewendet. Innenminister Bechler aus Brandenburg musste nun schon darum bitten, dass „alle grundsätzlichen Anweisungen der DVdI nicht nur den Chefs der Polizei, sondern auch den Innenministern zugeleitet“ werden. DVdI-Präsident Fischer versprach gnädig, „ab sofort so zu verfahren [...] und den Herren Innenministern alle die Anweisungen, die den Staatsapparat betreffen, sowie dieselben grundsätzlicher Natur“ zukommen zu lassen.[428]

---

[423] SächsHStA, SED-BPA Dresden, Nr. A/749, Bl. 11.
[424] Klaus-Peter Krause: Die Herausbildung der Deutschen Volkspolizei, S. 18.
[425] BArch, DO 1/7.0/6, Bl. 122; BArch, DO 1/7.0, Nr. 1 (Anlage).
[426] Klaus-Peter Krause: Die Herausbildung der Deutschen Volkspolizei, S. 86.
[427] Alle Zitate und Angaben: SAPMO-BArch, DY 30/IV 2/110, Bl. 39.
[428] BArch, DO 1/7.0/9, Bl. 66.

Nach außen sichtbarer Schlusspunkt der Entwicklung war die am 7. Dezember 1948 erfolgte - erste - Veröffentlichung einer eigenen Verordnung der DVdI vom 18. November 1948[429] im Zentralverordnungsblatt. Die DVdI nahm nun also Regelungskompetenzen für das gesamte Gebiet der SBZ nicht nur intern und verdeckt, sondern vielmehr auch offen wahr. Irgendwelche Rücksichten auf alliierte Vorbehalte oder auf die Festlegungen im Potsdamer Abkommen vom 2. August 1945 waren nicht mehr erforderlich. Die Verschärfung der internationalen Situation, die in der von den Sowjets verhängten Blockade West-Berlins ihren besonderen Ausdruck fand, bot hierfür den willkommenen Vorwand.

Die DVdI erließ an den nachgeordneten Bereich jetzt auch „Befehle“. Damit war die DVdI nun in der SBZ also ohne jede Einschränkung „als zentrales Organ der Werktätigen für die Festigung des gesamten Staatsapparates, für die Niederhaltung der Feinde des demokratischen Aufbaues und für die einheitliche Arbeit aller Verwaltungen“[430] einschließlich des gesamten Sicherheitsapparates voll zuständig und auch voll verantwortlich.

Die weitere organisatorische Entwicklung war Routine. Ausdruck der uneingeschränkten zentralen Lenkung des Polizei- und Sicherheitsapparates durch die DVdI war eine Dienstanweisung Nr. 32/49 der Landespolizeibehörde Sachsen vom 26. Februar 1949, mit welcher entsprechend den Vorgaben der DVdI mit sofortiger Wirkung eine weitere grundlegende Reorganisation der eigenen Behörde angeordnet wurde. Kennzeichnend war neben der Stärkung der Abteilung PK (Polit-Kultur) hier u. a. die Bildung einer besonderen Intendantur-Abteilung und einer Kraftfahrzeug-Inspektion. Die bisher ohnehin nur rudimentär vorhandene Rechtsabteilung war hingegen „sofort aufzulösen und die von ihr durchgeführten Aufgaben den einzelnen Fachabteilungen zu übertragen“.[431] Auch das Landeskriminalamt war nun als Abteilung K in die Landespolizeibehörde Sachsen voll integriert. Ansonsten galt die angeordnete Reorganisation auch für den nachgeordneten Bereich entsprechend.

Schließlich erhielt die Polizei in der SBZ und damit auch in Sachsen durch „Befehl Nr. 41 des Präsidenten der Deutschen Verwaltung des Innern“ vom 12. Mai 1949 dann auch offiziell die Bezeichnung „Deutsche Volkspolizei“.[432] Außerdem wurde der 1. Juni, später der 1. Juli, zum „Tag der Volkspolizei“ bestimmt.[433] Die förmliche Umsetzung dieses Befehls erfolgte in Sachsen durch Dienstanweisung Nr. 109/49 der Landesbehörde der Volkspolizei Sachsen vom

---

[429] Zentralverordnungsblatt, S. 548.
[430] BArch, DO 1/7.0/6, Bl. 122.
[431] SächsHStA, LBVPS, Nr. 150, Bl. 43 (siehe auch Bl. 118).
[432] Hartmut Lüers: Das Polizeirecht der DDR, S. 14.
[433] Friedrich Dickel u. a. (Autorenkollektiv): Geschichte der Deutschen Volkspolizei, Band I, S. 125 ff.

27. August 1949.[434] Damit führten die Dienststellen der Polizei in Sachsen ab jetzt auch offiziell die Bezeichnung „Volkspolizei“, und die Landesbehörde der Volkspolizei Sachsen erließ nun - wie die DVdI schon seit einem Jahr - „Befehle“, z. B. den Befehl Nr. 1 vom 5. September 1949[435] zum Problem „Gefangenenentweichung“. Auch wurden aus den Kreispolizeiämtern jetzt Volkspolizei-Kreisämter und aus den Polizeidirektionen bzw. Polizeipräsidien Volkspolizei-Direktionen bzw. Volkspolizei-Präsidien. Hinzu kamen noch Volkspolizei-Inspektionen, Volkspolizei-Reviere und Volkspolizei-Revier-zweigstellen.

Bei der neuen Landesbehörde der Volkspolizei Sachsen handelte es sich um eine der DVdI und später ab Oktober 1949 der Hauptverwaltung „Volkspolizei“ beim Ministerium des Innern in Ost-Berlin voll und unmittelbar nachgeordnete Behörde[436], also gerade nicht um eine Landesbehörde. Damit hatte die Volkspolizei also nun die Gestalt erhalten, die sie dann „während der vierzig Jahre des real existierenden Sozialismus der DDR besessen hat“.[437]

3.2.4 Sachsen und der Führungsanspruch der DVdI

Der eigenständige Kurs Sachsens bis Mitte 1947

Der auf eine völlige Gleichschaltung hinauslaufende Führungsanspruch der DVdI im Bereich der inneren Sicherheit war in Sachsen keineswegs immer unumstritten gewesen. Vielmehr gab es hier bis zum Frühjahr 1947 und teilweise auch noch darüber hinaus durchaus noch kritische Stimmen oder Vorbehalte.

Allerdings waren Selbsteinschätzung und Zielsetzung der DVdI von Anfang von der Tendenz her auf Expansion ausgerichtet. In diesem Sinne hatte beispielsweise der damalige Vizepräsident der DVdI, Willi Seifert, bereits anlässlich einer Tagung der Personalchefs und Schulungsleiter der Länder und Provinzen am 3. und 4. Dezember 1946 in Berlin die Bedeutung der neu gegründeten DVdI und die sich hieraus ergebenden Konsequenzen für die künftige Arbeit erläutert. Dabei betonte er, dass die DVdI durch Befehl der SMAD „als oberste Behörde für die gesamte Polizei der Sowjetzone“ geschaffen worden sei, weshalb diese

---

[434] SächsHStA, LBVPS, Nr. 150, Bl. 146.
[435] SächsHStA, LBVPS, Nr. 257, Bl. 80.
[436] Ministerialblatt der DDR vom 10. November 1949, S. 2.
[437] Richard Bessel: Polizei zwischen Krieg und Sozialismus, S. 528.

Tagung „nicht eine im landläufigen Sinne, sondern richtungweisend und gültig für die zukünftige Organisation und Arbeit der Polizei“[438] sein müsse. Seifert unterstrich damit also bereits Ende 1946 die aus seiner Sicht richtungsweisende, führende Rolle der DVdI im Verhältnis zu den Landespolizeibehörden der Länder und Provinzen der SBZ.

In die gleiche Richtung ging ein Schreiben der DVdI vom 12. Dezember 1946 „an den Minister des Innern des Landes Sachsen“, in welchem die DVdI - schon einen Tag nach der Bildung der Landesregierung Sachsen - ausdrücklich darauf hinwies, dass „alle Reorganisationen der Polizei, die nicht durch Besprechungen oder Verfügungen mit der Deutschen Verwaltung des Innern festgelegt wurden, [...] ab sofort zu unterbleiben“[439] hätten.

Dieses Schreiben, das über die in der Besprechung zwischen Vertretern der DVdI und der SMAD am 12. September 1946[440] abgesteckte Linie weit hinausging und ausdrücklich auch organisatorische, also administrative Maßnahmen erfasste, lief nicht - wie an sich notwendig und damals in Sachsen auch üblich - über den Ministerpräsidenten Friedrichs. Es wurde ihm, soweit erkennbar, auch nicht nachträglich zur Kenntnis gebracht. Inhaltlich nahm es aber das Ergebnis der bereits mehrmals erwähnten informellen Innenministerkonferenz vom 20. Dezember 1946[441] vorweg, auf welcher Walter Ulbricht mit dem Präsidenten der DVdI und den Innenministern der Länder und Provinzen wichtige Schritte zur weiteren Zentralisierung und Kontrolle der Polizei durch die SED erörtern sollte. Auch der sächsische Innenminister Kurt Fischer nahm an dieser Konferenz teil.

Tenor der Vorschläge und Beschlüsse der Konferenz vom 20. Dezember 1946 war es, die Innenminister als Polizeiminister aus der Einbindung in die Landeskabinette zu lösen und sie statt dessen stärker an die DVdI und an die Weisungen des Zentralsekretariats der SED zu binden. Es wurde hier - wie oben bereits erläutert - „vorgeschlagen, die den Ländern zustehende allgemeine Polizeiaufsicht außer Kraft“ zu setzen, „indem man die Polizei-Etats der öffentlichen Parlamentsberatung entzieht und die Personalkompetenz für leitende Polizeiangestellte auf die DVdI“[442] verlagert. Die Bedeutung der Konferenz vom 20. Dezember 1946 lässt sich im Übrigen auch an den weiteren zur Diskussion stehenden Themen ablesen. Es wurde u. a.

- die endgültige Fassung des § 4 Absatz 2 der Demokratischen Kreisordnung festgelegt, wonach künftig „die Aufrechterhaltung der öffentlichen Sicherheit

---

[438] Alle Zitate und Angaben: BArch, DO 1/7.0/184, Bl. 1.
[439] SächsHStA, LRS, MdI, Nr. 270 (nicht paginiert).
[440] BArch, DO 1/7.0/5, Bl. 5-8.
[441] SAPMO-BArch, NY 4182/1192, Bl. 188-196.
[442] Hans-Peter Müller: „Parteiministerien“, S. 356.

und Ordnung" den Städten und Gemeinden entzogen und eine „Angelegenheit des Kreises" sein sollte,

- die Ausarbeitung des Entwurfes eines Polizeigesetzes beschlossen und
- eine verwaltungsmäßige Neugliederung der Länder und Provinzen gefordert, die „auf Vorschlag des Ministeriums des Innern von der Landesregierung zu beschließen" sei, sowie eine Verringerung der Zahl der kreisfreien Städte, „so wie es in Sachsen bereits geschehen ist".[443]

Welche Bedeutung das oben erwähnte und praktisch als Weisung formulierte Schreiben der DVdI vom 12. Dezember 1946 der DVdI in Sachsen hatte, lässt sich nicht voll übersehen. Innenminister Fischer hielt sich zunächst offensichtlich bedeckt, wohl wissend, dass Ministerpräsident Friedrichs hier anderer Meinung war. Festzuhalten ist aber, dass die DVdI bereits Ende 1946 versuchte, ihre Zuständigkeiten extensiv auszulegen.

In die Richtung des Schreibens vom 12. Dezember 1946 ging auch ein von Präsident Reschke unterzeichnetes Schreiben der DVdI vom 18. Dezember 1946, welches direkt an die „Herren Chefs der Polizei der Länder und Provinzen in der Sowjetischen Besatzungszone" gerichtet war. Es enthielt in Form einer Weisung die Aufforderung, „über außergewöhnliche Vorkommnisse [...] auf dem schnellsten Wege - ggfs. fernmündlich voraus - zu berichten".[444] Sachsen ließ sich damals bei der Beantwortung noch etwas Zeit und folgte dieser Aufforderung - nach einer Mahnung - erst am 24. Januar 1947. Sicherheitshalber und offensichtlich, um den Überblick zu behalten, ordnete die Polizeiabteilung des sächsischen Ministeriums des Innern mit Rundverfügung Nr. 88 vom 27. März 1947 daraufhin auch an, „dass ab sofort alle direkten Anfragen und Aufträge der Deutschen Verwaltung des Innern in Berlin umgehend der Polizeiabteilung des Ministeriums des Innern zuzuleiten"[445] seien.

Atmosphärisch bestanden auch sonst damals noch erhebliche Gegensätze und Spannungen zwischen der DVdI einerseits und den zuständigen Sicherheitsbehörden in Sachsen andererseits. Dies ergibt sich sehr deutlich aus einem Bericht des DVdI-Abteilungsleiters P (Personal), Mickinn, vom 13. März 1947[446] „über eine durchgeführte Dienstreise zur Landespolizeibehörde Sachsen vom 6.3. bis 12.3.1947". Diese Dienstreise erfolgte - soweit ersichtlich - unangemeldet, was ungewöhnlich ist. Jedenfalls monierte Mickinn im genannten Bericht, dass der Chef der sächsischen Polizei, Artur Hofmann, und der Leiter der Personalabteilung bei der Landespolizeibehörde in Sachsen bei seinem Eintreffen in Dresden um 14 Uhr „nicht anwesend" gewesen seien. Auch sonst fand Mickinn in

[443] Hans-Peter Müller: „Parteiministerien", S. 337 ff.
[444] Alle Zitate und Angaben: BArch, DO 1/7.0/11, Bl. 3.
[445] SächsHStA, LRS, MdI, Nr. 269 (nicht paginiert).
[446] BArch, DO 1/7.0/205, Bl. 38 ff.

Dresden ausweislich seines insgesamt elf Seiten langen Berichts eine Reihe von Mängeln oder Merkwürdigkeiten vor. U. a. stellte er fest,

- dass die in Sachsen gerade laufende „neuerliche Säuberung der gesamten Polizei [...] rigoros und ohne Ausnahmen durchgeführt“ werde, was „namentlich auch im Hinblick auf die vorhandenen Berufssoldaten“ als „überspitzt und deshalb schädlich bezeichnet werden“ müsse,
- dass ihm trotz mehrfacher Aufforderung Zahlen über die laufende Säuberungsaktion nicht übergeben worden seien,
- dass ihm auch die angeforderten Personalien über die leitenden Angestellten „gleichfalls nicht übergeben“ worden seien,
- dass seit der Konferenz der Personalchefs am 3. und 4. Dezember 1946 in der Organisation der Personalabteilung „nichts getan und nicht verändert“ worden sei, so dass „eine ordnungsgemäße Kontrolle und Verwaltung der Akten und Karteien“ keineswegs gewährleistet sei und
- dass die Landespolizeischule während der Zeit seiner Anwesenheit „wegen des Kälteeinbruchs zum größten Teil stillgelegt“ war.

Neben Hinweisen zu erörterten Fachfragen charakterisierte Mickinn im genannten Bericht vom 13. März 1947 auch einzelne Spitzenfunktionäre im Bereich der sächsischen Polizei und deren Einstellung zur DVdI teilweise recht unverblümt oder auch zwischen den Zeilen. Zum sächsischen Innenminister Kurt Fischer meinte er u. a.:

„Am Tage der Abreise besuchte [...] ich den Innenminister Dr. Ing. Fischer. Bei meiner Ankunft hatte ich auf einen Antrittsbesuch verzichtet und lediglich Herrn Hofmann gebeten, den Herrn Minister in Kenntnis zu setzen. Bei der Begrüßung ließ der Minister verlauten, daß `man´ hier schnüffeln komme, um Leute `wegzuholen´.“

„Eine Beurteilung“ des Ministers sei „auf Grund dieses kurzen Besuches“ nicht möglich. Auch habe er sich „von den Unterhaltungen“ fern gehalten und sich „auf Sehen und Hören“ beschränkt. Weiter hieß es im Bericht vom 13. März 1947 aber:

„Es blieb der Eindruck, daß der Herr Minister [...] mir demonstrativ zu verstehen geben wollte, daß er sich die Entscheidung nicht nur in den personellen Fragen, sondern in allen Fragen der sächsischen Polizei selbst vorbehalte. Daß der Leiter der Personalabteilung [...] eine Reihe von [mir] übertragenen Aufgaben nicht durchführte und ihre Nichtdurchführung mit durchsichtigen Vorwänden begründete, führe ich nicht auf eine persönliche Nachlässigkeit, sondern auf die Wirksamkeit einer bestimmten Linie hin, die die DVdI lediglich als koordinierenden Faktor gelten lassen will oder sie ganz für überflüssig hält. [...]

Die Verbundenheit des Herrn Ministers mit den leitenden Herren der Landespolizeibehörde beschränkt sich nicht auf das polizeiliche Gebiet. Aus einer Unterhaltung mit Herrn Hofmann konnte ich entnehmen, daß eine ganze Zeit lang sich der Herr Ministerpräsident Friedrichs um ihn bemüht habe, um Minister Fischer in seinem Amt Schwierigkeiten zu machen; aber Herr Hofmann wehrte gemeinsam mit Herrn Fischer die beabsichtigten Angriffe ab. Aus einer solchen Gemeinschaft erwächst eine Verbundenheit besonderer Festigkeit und man kann ohne weiteres annehmen, daß es zwischen dem Herrn Minister und den leitenden Herren der Landespolizeibehörde keinerlei Meinungsverschiedenheiten über die Rolle der DVdI gibt und wohl auch nicht geben wird. Das bedeutet, daß die DVdI fortgesetzt mit Störungen und Schwierigkeiten im Verkehr mit der Landespolizeibehörde Sachsen zu rechnen haben wird, wenn nicht ernsthaft versucht wird, die Praxis mit der Theorie in Einklang zu bringen."

Bemerkenswert im Bericht vom 13. März 1947 ist weiter auch die Charakterisierung des stellvertretenden Chefs der sächsischen Polizei, des Ministerialrats Ludwig Hoch. Über ihn hieß in diesem Bericht:

„Er ist zweifellos ein sehr fleißiger und auch tüchtiger Mensch. Er hat offenbar bei der Organisation der sächsischen Polizei großen Anteil, spricht gern viel und lange von sich selbst und was er alles während der Hitlerzeit erduldet hat. [...]

Immer wieder spricht er von den sogenannten Berliner Ansichten, womit er die DVdI meint, den früher bestehenden preußischen Ansichten und seinen Ansichten. Es ist nicht zu verkennen, dass Herr Hoch offenbar versucht, die Polizei nach dem Muster und Vorbild der Weimarer Polizei unter Berücksichtigung der damals bestehenden Besonderheiten der sächsischen Polizei aufzubauen und zu beeinflussen."

Relativ zurückhaltend und neutral sind wertende Äußerungen zum Chef der sächsischen Polizei, Hofmann. Auch Hofmann war nach diesem Bericht aber „über die Verfahrensweise der DVdI in verschiedener Hinsicht sehr verärgert und empört", weil sich diese „zwecks Vorstellung bei der DVdI" direkt an einzelne Angehörige der Kriminalpolizei gewandt hatte, „ohne den Weg über den Chef der sächsischen Polizei einzuhalten".[447]

Nach allem lässt sich somit feststellen, dass die sächsische Polizeiführung noch im Frühjahr 1947 gegenüber der DVdI offensichtlich einen durchaus eigenständigen Kurs steuerte und dass sie zu diesem Zeitpunkt eine umfassende Führungsrolle der DVdI auch in administrativen Angelegenheiten nur sehr bedingt akzeptierte.

Vereinzelte Kritik trotz zunehmender Gleichschaltung ab Mitte 1947

Mitte 1947 - mit dem Abschluß der oben näher erläuterten Vereinbarung vom 26. Juni 1947 und nach dem Erlaß der „Verordnung über die DVdI in der sowjetischen Besatzungszone" vom Juli 1947[448] - kam es dann allerdings auch in Sachsen zu einer deutlichen Veränderung der Situation. Hinzu kam auch der Verlauf des II. Parteitag es der SED vom 20. bis 24 September 1947.

---

[447] Alle vorstehenden Zitate aus dem Bericht vom 13. März 1947: BArch, DO 1/7.0/205, Bl. 38 ff.

[448] BArch, DO 1/7.0/1, Bl. 55 ff.

Die DVdI trat nun gegenüber den Landespolizeibehörden direkter und bestimmender auf. Die eindeutiger werdenden neuen Weisungs- und Unterstellungsverhältnisse - meistens nach außen hin noch moderat umschrieben - wurden von diesem Zeitpunkt an auch von der Polizeiführung in Sachsen im Wesentlichen beachtet. Ausdruck dieser neuen Situation war eine durchgreifende Reorganisation des Polizeiwesens in Sachsen ab 15. Juli 1947 gemäß Rundverfügung Nr. 182 des Chefs der sächsischen Polizei vom 1. Juli 1947[449], auf die oben schon näher eingegangen wurde. Auf der gleichen Linie lag die Rundverfügung Nr. 258 der Polizeiabteilung des sächsischen Innenministeriums vom 26. November 1947, in welcher allen Polizeibehörden mitgeteilt wurde, dass „gemäß Verfügung der Deutschen Verwaltung des Innern in der sowjetischen Besatzungszone vom 23.7.1947 [...] eine Umbezeichnung der seitherigen Ordnungspolizei in Schutzpolizei und der seitherigen Strompolizei in Wasserschutzpolizei“ stattfinde.[450]

Wesentliche Veränderungen im Verhältnis zur DVdI ergaben sich auch aufgrund der Beschlüsse der oben ebenfalls bereits erwähnten Innenministerkonferenzen, die ab Juni 1947 fortlaufend etwa alle sechs bis acht Wochen stattfanden.[451] Generell gilt somit, dass bereits im Herbst 1947 auch in Sachsen ein entscheidender Schritt hin auf dem Wege zur Bildung einer einheitlichen, zentral geführten Polizeiorganisation in der SBZ getan worden war.[452]

Gewisse Probleme bei der Zusammenarbeit mit der DVdI gab es vereinzelt aber auch jetzt noch. Jedenfalls musste am 10. Februar 1948 bei der Konferenz des Präsidiums der DVdI mit den Polizeichefs der Länder erneut betont werden, dass „alle wichtigen Verordnungen, Verfügungen, Dienstanweisungen usw. der Landespolizeibehörden [...] für die Koordinierung in der ganzen Zone im Entwurf an die Deutsche Verwaltung des Innern zur Stellungnahme gegeben werden“[453] müssen. In einer Dienstanweisung vom 6. September 1948 verschärfte DVdI-Präsident Kurt Fischer diese Festlegung, indem er „im Interesse einer Verbesserung der polizeilichen Arbeit“ nun ausdrücklich anordnete, dass ab sofort

- „alle Dienstanweisungen der Landespolizeibehörden (außer solchen für den internen Dienstbetrieb, sofern es sich nicht um grundsätzliche organisatorische Änderungen handelt) vor Herausgabe der DVdI zur Kenntnis vorzulegen sind“ und dass

---

[449] Abgedruckt am Schluss dieser Untersuchung.
[450] SächsHStA, LRS, Ministerpräsident, Nr. 833, Bl. 76.
[451] Hans-Peter Müller: „Parteiministerien“, S. 337 ff.
[452] Hartmut Lüers: Das Polizeirecht der DDR, S. 14.
[453] BArch, DO 1/7.0/14, Bl. 31.

- „alle Dienstanweisungen der DVdI deutlich als solche gekennzeichnet den einzelnen Dienststellen zuzuleiten sind".[454]

Ansonsten dürfte die Frage, ob sich in Sachsen ab Mitte 1947 - wie anscheinend in einigen anderen Ländern der SBZ - „Widerstand reaktionärer Kräfte in den bürgerlichen Parteien" gegen „die weitere Ausprägung des Klassencharakters der Polizei"[455] geregt hat, bis auf wenige Ausnahmen eher zu verneinen sein. Eine Ausnahme bezog sich in Sachsen auf die in den Jahren 1946/47 durchgeführte Entkommunalisierung der Polizei, die hier nicht völlig kommentarlos hingenommen wurde. Kurz skizziert ging es um Folgendes:

Mit der bereits mehrmals erwähnten Rundverfügung Nr. 182 des Chefs der sächsischen Polizei vom 1. Juli 1947 wurde für Sachsen nun endgültig klar, dass die von der formellen Gesetzeslage[456] her an sich den Stadt- und Landkreisen zugeordneten Kreispolizeibehörden direkt dem Chef der sächsischen Polizei als staatlicher Landespolizeibehörde umfassend unterstellt waren, und zwar ohne Zwischenschaltung der zuständigen Landräte oder Oberbürgermeister. Diese auf eine faktische Verstaatlichung der Kreispolizei hinauslaufende Entwicklung war für die CDU-Kreistagsfraktion im Landkreis Weißwasser-Görlitz dann Anlass, in der Sitzung des Kreistages vom 28. November 1947 den nachfolgenden Dringlichkeitsantrag zu stellen:

„Wir beantragen, durch den Rechts- und Verfassungsausschuß bei der Landesregierung und bei dem Landtage feststellen zu lassen, wie die Bestimmung des § 4 (2) der Demokratischen Kreisordnung - Aufrechterhaltung der öffentlichen Sicherheit und Ordnung ist Selbstverwaltungsaufgabe der Land- und Stadtkreise - zu vereinbaren ist mit der sächsischen Polizeiverwaltungspraxis, wonach die sogenannte Kreispolizei in Wirklichkeit nicht dem Kreisrate, sondern der Landesregierung untersteht, also Landespolizei ist."[457]

Dieser Antrag erschien den Verantwortlichen immerhin so brisant, dass das Zentralsekretariat der SED in Berlin eingeschaltet wurde. In einem Antwortschreiben an den „werten Genossen Fischer" vom 22. Januar 1948[458] „zur Klarstellung der Rechtsstellung der Kreispolizei" wurde ein Widerspruch zwischen Rechtslage und Praxis allerdings verneint. Begründet wurde diese Auffassung in diesem Schreiben u. a. wie folgt:

„Öffentliche Sicherheit und Ordnung erfordern, wenn sie gewährleistet werden sollen, einen zentral aufgebauten Verwaltungsapparat. Diese Zentralisierung steht nur dann im Widerspruch zur Kreisordnung (und Gemeindeordnung), wenn man, wie die CDU-Fraktion es tut,

---

[454] Alle Zitate und Angaben: BArch, DO 1/7.0/351, Bl. 289.
[455] Karl-Heinz Schöneburg: Die Errichtung des Arbeiter- und Bauernstaates, S. 227 ff.
[456] § 1 der Verordnung über das Polizeiwesen im Bundesland Sachsen vom 2. August 1946 - SächsHStA Nr. 195 Bl. 101 ff. - und § 4 Abs. 2 der Demokratischen Kreisordnung für das Land Sachsen vom 16. Januar 1947 - Gesetze, Befehle S. 22.
[457] SächsHStA, LRS, MdI, Nr. 81, Bl. 207.
[458] SächsHStA, LRS, MdI, Nr. 81, Bl. 206.

einen Gegensatz zwischen der Selbstverwaltung der Kreise und des Landes konstruiert. Einen solchen Gegensatz gibt es in unserer demokratischen Ordnung nicht, da jede demokratisch geleitete Landesverwaltung auch die Interessen des Kreises wahrnimmt und umgekehrt. Das Selbstverwaltungsrecht des Kreises wird nicht dadurch eingeengt oder gar verletzt, wenn die Polizeiorgane befehlsmäßig der Landesregierung unterstellt sind, materiell-rechtlich aber die Interessen der Kreise wahrnehmen. Es kommt also auf den Inhalt der Tätigkeit an, wobei die äußere Form der Unterstellung gerade bei der Polizeiverwaltung diese Regelung erfordert, wenn die Polizei ihren verfassungsmäßigen Aufgaben gerecht werden will."[459]

Die Initiative der CDU-Kreistagsfraktion im Landkreis Weißwasser-Görlitz wurde also abgeschmettert. Dennoch war trotz zunehmender Gleichschaltung interne Kritik aus Sachsen selbst Anfang 1949 auch sonst noch nicht völlig ausgeschlossen. Sogar im offiziellen Jahresbericht 1948 der Personalabteilung der Landespolizeibehörde Sachsen hieß es zur Zusammenarbeit mit der DVdI nämlich:

„Des weiteren waren die von der Hauptabteilung Personal der DVdI ergangenen Anweisungen zum Teil mangelhaft durchgearbeitet und nicht bis zum Ende durchdacht. Das zeigte sich besonders bei der Verpflichtungsaktion. [...]

In der Bearbeitung von dringenden Anfragen durch die Landespolizeibehörde, in denen [...] Entscheidungen durch die Personalabteilung der DVdI gefällt werden sollten, sind z. T. monatelang trotz zahlreicher Anmahnungen keine Antworten erfolgt."[460]

Diese Kritik traf aber nicht den neuen Präsidenten der DVdI, Kurt Fischer, sondern entweder seinen Vorgänger Reschke oder den bisherigen Abteilungsleiter Personal bei der DVdI, Mickinn, der schon bei seinem Inspektionsbesuch im März 1947 in Sachsen unliebsam aufgefallen war. Grundsätzlich wurde ansonsten aber der Führungsanspruch der DVdI nun auch in Sachsen nicht mehr in Frage gestellt.

3.3 Die Personalverwaltung und die Personalführung

3.3.1 Die Einstellungsgrundsätze

Die Auswahlkriterien und die Zuständigkeiten

Im Potsdamer Abkommen vom 2. August 1945 war von den Siegermächten in Abschnitt III A unter Ziffer 6 festgelegt worden, dass „alle Mitglieder der nazistischen Partei, welche mehr als nominell an ihrer Tätigkeit teilgenommen

---

[459] Ebenda.
[460] SächsHStA, LBVPS, Nr. 99, Bl. 129.

haben, und alle anderen Personen, die den alliierten Zielen feindlich gegenüberstehen, [...] aus allen öffentlichen oder halböffentlichen Ämtern und von den verantwortlichen Posten in wichtigen Privatunternehmungen zu entfernen“ sind. Diese Personen sollten „durch Personen ersetzt werden, welche nach ihren politischen und moralischen Eigenschaften fähig erscheinen, an der Entwicklung wahrhaft demokratischer Einrichtungen in Deutschland mitzuwirken“.[461]

Schon zuvor, nämlich bereits am 9. Juli 1945, war in Sachsen von der LVS in der oben erwähnten „Verordnung über die Beschäftigung im öffentlichen Dienst“ zur Sicherung des Neuaufbau des Staates „im Sinne wahrhafter Demokratie, frei von nationalsozialistischem und militaristischem Ungeist“ bestimmt worden, dass „jede Beschäftigung (Wiedereinstellung und Neueinstellung) als Beamter, Angestellter oder Arbeiter im öffentlichen Dienst des Landes, der Gemeinden und aller sonstigen öffentlich-rechtlichen Körperschaften“ bis auf weiteres zunächst nur vorläufig erfolgen und außerdem „keinen Anspruch auf dauernde oder endgültige Verwendung“ im öffentlichen Dienst begründen sollte.[462]

Hierauf aufbauend wurden in der „Verordnung über den personellen Neuaufbau der öffentlichen Verwaltungen“ der LVS vom 17. August 1945 dann weitere Grundsätze für eine Beschäftigung im öffentlichen Dienst in Sachsen definiert. „Alle, die in der Zeit von 1933 bis 1945 als Polizeibeamte tätig waren, soweit sie nicht eine antifaschistische Tätigkeit nachweisen können“, durften hiernach ebenso wenig beschäftigt werden wie „Angehörige des früheren Verwaltungsapparates“.[463]

Die Zielsetzung dieser Vorgehensweise war klar: Grundsätzlich sollten in der öffentlichen Verwaltung keine ehemaligen Mitglieder der NSDAP beschäftigt werden. Eine Unterscheidung zwischen aktiven und nominellen Mitgliedern wurde dabei aber nicht vorgenommen.[464] Insofern ging die sächsische Regelung über die Vorgaben im Potsdamer Abkommen hinaus. Anderes sollte nur gelten, wenn auf bestimmte Spezialisten nicht verzichtet werden konnte.

Unabhängig hiervon hatten in Sachsen schon unmittelbar nach Kriegsende so genannte „Antifa-Komitees“ und politische Prüfungsausschüsse Überprüfungen durchgeführt.[465] Ab Herbst 1945 gab es bezüglich der Eignungsvoraussetzungen für den Polizeidienst auch vermehrt Hinweise durch das Innenressort und durch das Landespersonalamt der LVS. Die „Herren Oberbürgermeister der kreisfreien

---

[461] Potsdamer Abkommen und andere Dokumente, S. 18.
[462] Amtl. Nachrichten, S. 1.
[463] Amtl. Nachrichten, S. 19.
[464] Julia Pfannkuch: Volksrichterausbildung, S. 4.
[465] Wolfgang Meinicke: Entnazifizierung, S. 19.

Städte, Landräte und Polizeipräsidenten" bzw. „alle Polizeibehörden" wurden in einem Rundschreiben vom 18. Oktober 1945[466] und später auch in einem Rundschreiben vom 23. November 1945[467] u. a. aufgefordert, bei eventuellen Wiedereinstellungen darauf Wert zu legen, „daß für die antifaschistische Tätigkeit gleichzeitig die Bürgen und die Beweise dieser Tätigkeit" und ein „Beschluß der antifaschistischen Parteien" vorliegen.

Insgesamt verlief die Entwicklung in Sachsen insbesondere bei den Städten und Gemeinden aber offenbar nicht immer voll zufriedenstellend. In einem Rundschreiben der LVS - Ressort Inneres und Volksbildung - vom 5. November 1945[468] an die „Herren Polizeipräsidenten, Leiter der Kriminalämter, Kreispolizeileiter und Polizeileiter der kreisfreien Städte" sah sich Vizepräsident Kurt Fischer daher „in Ausführung des Punktes 2 der Anordnung Nr. 494 des Chefs der SMA für das Bundesland Sachsen vom 27. Oktober 1945" veranlasst, kurzerhand die „Entlassung aller bisher beschäftigten Mitglieder der NSDAP zum 15.11.1945" anzuordnen. Dabei rügte er, dass „in einem erheblichen Teil der Dienststellen und Ämter nur sehr zögernd an die Durchführung der Verordnung über den personellen Neuaufbau der Verwaltung vom 17. August 1945 herangegangen" worden sei. Weiter hieß es in diesem Rundschreiben:

„Beschäftigungen auf Grund der Ausnahmebestimmungen wurden fast zur Regel, so daß in einzelnen Fällen über die Hälfte der Beschäftigten noch ehemalige Mitglieder der NSDAP waren, während andererseits zahlreiche Bewerbungen von antifaschistischen und politisch einwandfreien Kräften unberücksichtigt blieben oder öffentlich mitgeteilt wurde, daß weitere Bewerbungen zwecklos seien. Da seit Erlaß der Verordnung fast drei Monate vergangen sind, hatten alle Dienststellen- und Behördenleiter genügend Zeit, für die vorübergehend beschäftigten Fachkräfte geeignete einwandfreie Ersatzkräfte einzustellen. Aus der Verordnung geht klar und deutlich hervor, daß es sich darum handelte, ein Anlaufen der Verwaltungen zu ermöglichen, nicht aber aus einem vorübergehenden Zustand einen dauernden zu machen."[469]

Für die Polizei galten darüberhinaus verschärfte Regelungen, denn nach der „Verordnung über den personellen Neuaufbau der öffentlichen Verwaltungen" der LVS vom 17. August 1945 durften frühere Polizeibeamte weder „übernommen noch eingestellt" werden. Diese Grundsätze bzw. Vorgaben wurden u. a. auch den Teilnehmern einer Polizeileiterbesprechung am 27. November 1945[470] nochmals eingeschärft. Darüberhinaus hatte der Chef der sächsischen Polizei wenige Tage vorher in einer internen Weisung vom 24. November 1945 den

---

[466] SächsHStA, LRS, MdI, Nr. 278, Bl. 38.
[467] SächsHStA, LRS, MdI, Nr. 278, Bl. 77.
[468] SächsHStA, LRS, MdI, Nr. 278, Bl. 56.
[469] Ebenda.
[470] SächsHStA, LRS, MdI, Nr. 278, Bl. 70.

Auftrag erteilt, „die Polizei überall 100-%ig von faschistischen Elementen“ zu reinigen.[471]

Der besseren Überwachung und Steuerung von Neueinstellungen dienten ab Anfang 1946 des Weiteren auch besondere Schulungen und Lehrgänge. In einem Rundschreiben des Chefs der Polizei vom 27. Dezember 1945 an die Landräte und Oberbürgermeister der kreisfreien Städte wurde „nochmals darauf aufmerksam gemacht, dass ab 1. Januar 1946 nur noch solche Personen in den Polizeidienst eingestellt werden dürfen, die einen 4-wöchigen Ausbildungslehrgang auf der Landespolizei-Fachschule mit Erfolg besucht haben“.[472] Damit gab es in Sachsen ab 1. Januar 1946 - abgesehen vom Problem der Kapazität - nun schon eine relativ wirksame Schleuse. Bei der sächsischen Landespolizei-Fachschule handelte es sich nämlich um eine staatliche Einrichtung, die der Aufsicht der Polizeiabteilung bei der LVS direkt unterstand und die den Polizeinachwuchs auch in persönlicher Hinsicht genau unter die Lupe nehmen konnte. Auch bezüglich der noch auf ihre eigene Personalhoheit pochenden Städte und Gemeinden konnte damit sichergestellt werden, dass nur „überprüfte“ Bewerber in den Polizeidienst gelangen konnten.

Die relative Selbstständigkeit der Städte und Gemeinden bei der Personalverwaltung für die Ordnungspolizei und auch für die Verwaltungspolizei - die Kriminalpolizei und die Kreispolizei war bereits seit Herbst 1945 staatlich bzw. „landeseigen“ - musste für die Polizeiführung in Sachsen aber notwendigerweise weiterhin ein Ärgernis bleiben. Dieses Ärgernis konnte dann in Sachsen - wie oben erläutert - aber schon relativ rasch mit dem Inkrafttreten der Verordnung über das Polizeiwesen im Bundesland Sachsen vom 2. August 1946[473] bzw. spätestens Anfang 1947 mit dem Inkrafttreten der Demokratischen Kreisordnung für das Land Sachsen vom 16. Januar 1947[474] und der Demokratischen Gemeindeordnung für das Land Sachsen vom 6. Februar 1947[475] beseitigt werden. Die Personalhoheit auch für diese Kräfte lag nun landesweit bei den Polizeipräsidien, Polizeidirektionen und Kreispolizeiämtern bzw. beim Chef der Polizei.

Schlusspunkt im Sinne einer Vereinheitlichung und Konzentration der Personalverwaltung auf Landesebene war dann eine Dienstanweisung Nr. 73/48 vom 15. Juli 1948 der nunmehrigen Hauptabteilung Polizei - Landespolizeibehörde - beim sächsischen Ministerium des Innern. Nachdem „in der Personalabteilung der Polizeipräsidien, Polizeidirektionen und Kreispolizeiämter [...] bisher ledig-

---

[471] SächsHStA, LBVPS, Nr. 9, Bl. 8.
[472] SächsHStA, LBVPS, Nr. 9, Bl. 72.
[473] SächsHStA, LRS, MdI, Nr. 270 (nicht paginiert).
[474] Gesetze, Befehle, S. 22.
[475] Gesetze, Befehle, S. 54.

lich eine Personalarbeit für die Schutz- und Verwaltungspolizei durchgeführt" wurde, wurden nun, „um diesen Zustand abzuändern und dadurch eine Qualifizierung besonders auch der Personalarbeit für die Kripo zu ermöglichen", auch die Personalsachbearbeiter der Kriminalämter „ab sofort" in die Personalabteilungen der zuständigen Polizeipräsidien eingegliedert. Die Leiter der Personalabteilungen der Präsidien übernahmen damit „die Verantwortung für eine geordnete und qualifizierte Personalarbeit auch in der Kripo".[476]

Die Entnazifizierung und die parteipolitische Ausrichtung

Der herausragenden Bedeutung, die der Personalpolitik im Bereich der Landesverwaltung Sachsen von Anfang an beigemessen wurde, entsprach auch die Existenz eines besonderen Personalamts bei der LVS, welches die Personalarbeit im kommunalen und staatlichen mit zunehmender Intensität landesweit zentral steuerte und überwachte. Dieses Amt, welches von Egon Dreger (KPD/SED) geleitet wurde, stand ebenfalls unter der unmittelbaren Aufsicht des 1. Vizepräsidenten Fischer. Es gehörte aus der Sicht Kurt Fischers zu den „Kommandohöhen", die nach der Zerschlagung des alten Staatsapparates unbedingt von zuverlässigen Kadern besetzt werden mussten.[477]

Polizeibeamte aus der Zeit des Nationalsozialismus waren in Sachsen - wie bereits hervorgehoben - nach der Kapitulation für eine Verwendung im Polizeidienst in aller Regel nicht mehr tragbar. Hierfür sprachen häufig gute Gründe. Im Rahmen der notwendigen Entnazifizierung galt es aber auch, Kräfte zu installieren, die sich einer bestimmten Doktrin absolut unterordneten.[478] Gewisse Unterschiede je nach den örtlichen Verhältnissen mag es unmittelbar nach dem Kriege - insbesondere bei dem Kommunen - zwar noch gegeben haben. Für den Bereich, der von der Landespolizeiabteilung bzw. vom Personalamt der LVS direkt gesteuert werden konnte, galt jedoch von Anfang an der allgemeine Grundsatz, nur eindeutig „antifaschistische" und klassenbewusste Kräfte zu einzustellen. Diesen Grundsatz bekräftigte der Chef der sächsischen Polizei, Hofmann, bei einer Polizeileitertagung am 27. November 1945, wo er u. a. erklärte:

„Wir schaffen ein neues Deutschland, wir haben eine neue Polizei. Diese Polizei muß antifaschistisch sein, offen, ehrlich, ohne zu schwanken. Sie kann nicht nur hinter unserem Staate und Volke stehen, sondern muß die Interessen der arbeitenden Klassen vertreten. Deshalb

---

[476] Alle Zitate: SächsHStA, LRS, LBVPS, Nr. 51 (nicht paginiert).
[477] SächsHStA, LRS, MdI, Nr. 99, Bl. 55.
[478] Dieter Marc Schneider: Innere Verwaltung/Deutsche Verwaltung des Innern (DVdI), S. 212.

kann unsere Polizei nicht unpolitisch sein; sie kann nicht nur ein Instrument des Staates und des Volkes sein. Sie muß eine Polizei sein, die bis zur letzten Konsequenz die Interessen unseres arbeitenden Volkes, der Arbeiterklasse vertritt. Eine andere Polizei können wir nicht gebrauchen. Jeder, der in unsere Polizei eintritt, muß das wissen und verstehen."[479]

Gefordert wurden somit Klassenbewusstsein und Parteilichkeit. Die fachliche Qualifikation hingegen war zweitrangig. Deshalb musste in Sachsen also mit größter Sorgfalt darauf geachtet werden, für einen Polizeidienst nur völlig zuverlässige Kräfte zu gewinnen. Da diese Kräfte aber rar waren, sah sich die Polizeiabteilung bei der LVS schon im September 1945 veranlasst, in einem allgemeinen Aufruf „alle von den Nazis aus politischen Gründen entlassenen Polizei-, Verwaltungs- und Vollzugsbeamten, die der Nazipartei und ihren Gliederungen ferngeblieben sind"[480], aufzufordern, ihre Meldung zum Dienst bei der Polizei einzureichen.

Ansonsten wurden die Einstellungsbehörden von Anfang an nicht selten durch die KPD und später durch die SED auch „unterstützt" bzw. überwacht. Die Kaderabteilung der Kreisleitung der KPD von Zittau forderte beispielsweise mit Schreiben vom 13. Dezember 1945 alle Stadt- und Gemeindeverwaltungen im Kreis Zittau auf, „für eine notwendig werdende Statistik" über die Stärke „der Kreispolizei, der Gemeindepolizei, der Kriminalpolizei, der Ordnungspolizei, der Feuerwehrpolizei und [des] evtl. bestehenden Grenz- und Wasserschutzes" zu berichten. Dabei sollte über die „politische Zusammensetzung, getrennt nach den Parteien, Betriebsgruppen, Gewerkschaftsgruppen, [...]"Auskunft gegeben werden. Das Polizeiamt der Stadt Zittau meldete daraufhin mit Schreiben vom 21. Dezember 1945, dass die Gesamtstärke der Ordnungspolizei in Zittau damals bei 148 Personen lag und dass hiervon 103 Personen der KPD und 24 Personen der SPD angehörten.[481] Dies war für die KPD natürlich ein hervorragendes Ergebnis. KPD und SPD kamen in der Zittauer Polizei damit auf 86 Prozent.

Nicht ganz so gut, aber immer noch recht gut für die KPD war die Situation in Dresden. Hier gab es nach einer Personalstatistik vom 25. Dezember 1945[482] die folgende parteipolitische Ausrichtung:

---

[479] SächsHStA, LBVPS, Nr. 9, Bl. 92.
[480] Amtl. Nachrichten, 1945 S. 21.
[481] Alle Zitate und Angaben: SächsHStA, SED-BPA Dresden, Nr. I/B/107 (nicht paginiert).
[482] Stadtarchiv Dresden, Dezernat IV 106 - (nicht paginiert).

Dienststelle	Insgesamt	KPD	SPD	LDPD	CDU	PG[483]
Zentralverwaltung	6.621	679	1.380	125	125	802
Bezirksverwaltungen	993	371	335	45	16	43
Ordnungspolizei	1.635	942	374	1	1	0
Insgesamt	9.249	1.992	2.089	171	142	845

Von insgesamt 1.635 Polizeiangehörigen waren hier somit 942 Mitglieder der KPD, also ca. 56 Prozent, während der Anteil der KPD-Mitglieder bei den Zentral- und Bezirksverwaltungen Dresdens lediglich bei knapp14 Prozent lag. Der prozentuale Anteil von KPD- und SPD-Mitgliedern bei der Ordnungspolizei Dresdens lag damals aber auch schon bei 80 Prozent. Umgekehrt lag der Anteil der ehemaligen Mitglieder der NSDAP bei der allgemeinen Verwaltung Dresdens noch bei 11 Prozent, bei der Polizei hingegen bei null.

Auskunft über die Verhältnisse auf Landesebene gab der zuständige Personalreferent bei der Polizeiabteilung der LVS anlässlich der Zusammenkunft der Polizeipräsidenten der Provinzial- und Landesverwaltungen am 16. Februar 1946 in Dresden. Hiernach lag der Gesamtbestand der sächsischen Polizei - ohne Gemeindepolizei - bei 9.228 Personen. Hiervon waren 47,4 Prozent Mitglieder der KPD, 25,9 Prozent Mitglieder der SPD und 25,3 Prozent parteilos. Die CDU und die LDPD kamen zusammen auf weniger als 2 Prozent. Der Anteil der „übernommenen Beamten" lag - noch - bei 11,8 Prozent, sollte aber weiter „wesentlich reduziert" werden, um den Richtlinien der Landesverwaltung und der SMAS zu entsprechen.[484]

Auch ein Bericht der Polizeiabteilung des sächsischen Ministeriums des Innern vom 10. Januar 1947 über die Polizei im Lande Sachsen bestätigte diese grundsätzliche Linie. Dort hieß es:

„Mit der Zerschlagung des faschistischen Staatsapparates in Deutschland wurde in der sowjetischen Besatzungszone auch der alte Polizeiapparat restlos vernichtet. Die Kräfte, die sich seit dem 8. Mai 1945 am Aufbau einer neuen Polizei beteiligten, setzten sich fast restlos aus Antifaschisten zusammen, die zu einem großen Prozentsatz in der Nazizeit durch Gefängnisse, Zuchthäuser, Konzentrationslager und Emigration gewandert sind. Nur vereinzelt wurden Polizisten zur Mitarbeit herangezogen, die schon vor 1945 der Polizei angehörten."[485]

---

[483] Ehemalige Mitglieder der NSDAP.
[484] Alle Zitate und Angaben: BArch, DO 1/7.0/9, Bl. 7.
[485] SächsHStA, LRS, MdI, Nr. 2034, Bl. 38.

In denjenigen Gebieten Sachsens, die zunächst von amerikanischen Truppen besetzt waren (Leipzig, Zwickau, Plauen u.a.), soll die Entwicklung nach diesem Bericht allerdings „beachtlich anders“ verlaufen sei. Hier soll erst nach dem Besatzungswechsel im Juli 1945 mit der eigentlichen Entnazifizierung begonnen worden sein. In dem genannten Bericht wurde auch betont, dass seit dem 8. Mai 1945, d. h. seit dem Bestehen der neuen Polizei, in Sachsen insgesamt 5.007 Personen aus derselben entfernt worden seien, und zwar 2.314 ehemalige Angehörige von nationalsozialistischen Organisationen, 140 ehemalige Berufssoldaten und 2.553 ehemalige Polizisten. Am 1. Januar 1947 waren im Polizeidienst Sachsens nur noch 34 ehemalige Angehörige der NSDAP, 407 ehemalige Berufssoldaten und 811 ehemalige Berufssoldaten beschäftigt gewesen. Bei den ehemaligen NSDAP-Mitgliedern handelte es sich hiernach „ausschließlich um nominelle Parteigenossen, zum Teil um jene, die durch den Beschluß des Präsidiums der Landesverwaltung Sachsen als nach dem 1.1.1920 Geborene als rehabilitiert galten“.[486]

Zusammenfassend lässt sich also feststellen, dass die Polizei in Sachsen nach dem Zweiten Weltkrieg in der Regel konsequent entnazifiziert wurde. Gleichzeitig wurde diese Entnazifizierung aber ebenso konsequent dazu benutzt, um den Polizei- und Sicherheitsapparat möglichst nur mit Mitgliedern der KPD bzw. SED aufzubauen. Hierfür sorgten insbesondere Kurt Fischer, der Chef des sächsischen Innenressorts, sowie Artur Hofmann, der Chef der sächsischen Polizei.

Die Abwehr bürgerlicher Elemente und die weitere Entwicklung

Nach einer Aufstellung der Polizeiabteilung des Innenressorts der LVS vom 10. Juni 1946 lag der Personalbestand der Polizei im Bundesland Sachsen - einschließlich Gemeindepolizei - am 1. Dezember 1945 bei 13.433 Personen und am 1. Juni 1946 geringfügig höher, nämlich bei 13.820 Personen. Von diesem Personenkreis gehörten nun schon 88 Prozent der SED, 1,5 Prozent der CDU und 0,5 Prozent der LDP an. 10 Prozent waren politisch nicht organisiert. „Die sächsischen Polizisten werden aus der werktätigen Bevölkerung entnommen“[487], hieß es in der genannten Aufstellung weiter. Für den 1. Dezember 1946 lauteten bei 13.668 Polizeiangehörigen die Vergleichszahlen: SED 12.326, LDP 123 und CDU 28.[488]

---

[486] Alle Zitate und Angaben: SächsHStA, LRS, MdI, Nr. 2034, Bl. 38 ff.
[487] Alle Zitate und Angaben: SächsHStA, LRS, MdI, Nr. 279, Bl. 88.
[488] SächsHStA, LBVPS, Nr. 8, Bl. 35.

Versuche der CDU und der LDP, die Einstellung von Mitgliedern ihrer Parteien bei der Polizei zu erreichen, wurden sorgfältig beobachtet und abgewehrt. In einem Bericht aus Chemnitz (ohne nähere Behördenangabe) vom 12. Januar 1948 an die Landespolizeiabteilung beim sächsischen Innenministerium hieß es hierzu u. a.:

„Die CDU versucht also mit aller Macht, die Russlandheimkehrer für sich zu gewinnen. Dabei ist wichtig zu erkennen, daß die CDU versucht, in den Apparat der Polizei einzudringen. Hier ist es Aufgabe der Prüfer, in der Polizeischule besonders darauf zu achten. Denn damit steht die Frage der Personalpolitik vor noch größeren Aufgaben wie bisher."[489]

Erwähnenswert in diesem Zusammenhang sind auch nachhaltige Vorstöße des Kreisverbandes der LDP Annaberg vom 23. Dezember 1947 und vom 5. Januar 1948, in welchen gegen die parteipolitisch einseitige Einstellungspraxis bei der Polizei angegangen wurde. Diese Vorstöße wurden nach einem Bericht der Kriminaldienststelle Annaberg vom 10. Januar 1948 unter Hinweis auf angeblich fehlende Planstellen aber abgeblockt.[490] Kurt Fischer bestätigte diese Generallinie nachträglich ausdrücklich, als er anlässlich der 1. Staatspolitischen Konferenz in Werder (Havel) am 23. und 24. Juli 1948 bereits als neuer Präsident der DVdI erklärte:

„Wir sprechen sehr viel davon, daß wir die Herrschaft der Arbeiterklasse sichern wollen. In der Polizei haben wir hierzu das Instrument; dort sind 90 % unsere Genossen und damit [ist] die führende Rolle unserer Partei absolut gesichert."[491]

Einen Gesamtüberblick über den „parteimäßigen Aufbau" der Polizei in Sachsen gibt auch die folgende Statistik in einem Bericht der Landespolizeibehörde Sachsen vom 5. Januar 1949:[492]

1946 (Stand 31.12.)	SED	LDP	CDU	Parteilos
Schutzpolizei	9.886	47	23	493
Kriminalpolizei	1.034	6	3	48
Verwaltungspolizei	1.906	35	24	488
Grenzpolizei	747	3	-	5
Wasserschutzpolizei	54	-	-	2
Gesamt	13 627	91	50	1 036

[489] SächsHStA, LRS, MdI, Nr. 81, Bl. 209.
[490] SächsHStA, LRS, MdI, Nr. 81, Bl. 210.
[491] SAPMO-BArch, DY 30/IV 2/110, Bl. 158
[492] BArch, DO 1/7.0/23, Bl. 3 ff. (17).

1947 (Stand 31.12.)	SED	LDP	CDU	Parteilos
Schutzpolizei	10.652	48	21	519
Kriminalpolizei	1.146	1	3	24
Verwaltungspolizei	3.003	40	29	531
Grenzpolizei	898	-	-	11
Wasserschutzpolizei	55	-	-	-
Gesamt	15.754	89	53	1.085

1948 (Stand 30.06.)	SED	LDP	CDU	Parteilos
Schutzpolizei	11.961	39	20	936
Kriminalpolizei	1.881	1	3	83
Verwaltungspolizei	3.094	31	16	663
Grenzpolizei	926	-	-	11
Wasserschutzpolizei	69	-	-	-
Gesamt	17.931	71	39	1.693

Weitere Statistiken bestätigten neben der Dominanz der SED auch, dass in Sachsen ca. 80 Prozent der Polizeiangehörigen von der sozialen Herkunft her der Arbeiterschaft zugeordnet wurden, worauf bei der Gewinnung von Personal ebenfalls größter Wert gelegt wurde. Hierdurch sollte sichergestellt werden, dass die Polizei auch in Sachsen „als Instrument zur Absicherung der gesellschaftlichen Umwälzung“ treu ergeben zur Verfügung steht. Sie wurde damit „zu einem maßgeblichen Teil des umfassenden Repressions- und Überwachungsapparates, den die SED zur Sicherung ihrer Macht und zur Durchsetzung ihrer gesellschaftspolitischen Ziele unter Anleitung und Unterstützung der sowjetischen Besatzungsmacht errichtete“.[493]

---

493 Alle Zitate: Bernhard Marquardt: Menschenrechtsverletzungen, S. 673.

Die Verwendung von Frauen

Nach dem Zweiten Weltkrieg sollten in Sachsen bei der Polizei grundsätzlich auch Frauen eingesetzt werden, was tatsächlich auch geschah. In Betracht kam eine Verwendung prinzipiell bei allen Dienstzweigen. Anfangs scheint es einen Einsatz insbesondere beim Verkehrsdienst in den Gemeinden[494] und bei der Verwaltungspolizei gegeben zu haben. Es gab aber auch Verwendungen bei der Kriminalpolizei[495] und bei der Ordnungspolizei.[496] Nach einem „Beschluß" des Polizeipräsidenten von Dresden von Anfang März 1946 sollten „30 % aller Polizeiangestellten der Ordnungs- und Verkehrspolizei [...] von Frauen gestellt werden".[497] Unklar ist, ob diese Quote erreicht werden konnte.

In einer der DVdI vorgelegten Monatsmeldung vom 28. Februar 1947 wurde jedenfalls der Anteil von Frauen in der Polizei Sachsens im November 1946 bei der Verwaltungspolizei mit 49,2 Prozent, bei der Kriminalpolizei mit 22,2 Prozent und bei der Ordnungspolizei mit nur 6,9 Prozent angegeben.[498]

Im Jahre 1948 schließlich entwickelte die DVdI den Entwurf eines besonderen Merkblatts über die „Verwendung und Frauen und Mädchen im Polizeidienst",. in dem es u. a hieß:

„Aus Gründen staatspolitischer Notwendigkeit und damit zur Förderung des Prinzips der Gleichberechtigung der Frau auf allen Gebieten des öffentlichen Lebens ist es nunmehr dringend erforderlich, auch für den Dienst in der Polizei der sowjetischen Besatzungszone in erhöhtem Maße Frauen und Mädchen heranzuziehen."[499]

Als Voraussetzungen für eine Verwendung bei der Polizei waren nach diesem Merkblatt „einwandfreie politische Vergangenheit, hochentwickeltes soziales Bewusstsein, ehrliche Einstellung zur Sache der Demokratie, strebsamer zielbewußter energischer Charakter und Unbescholtenheit sowie körperliche Gesundheit" gefordert. Besonderer Wert sollte auf die „Verwendung von Frauen und Mädchen aus dem werktätigen Volk und namentlich der Arbeiterschaft" gelegt werden. Ihr Einsatz sollte grundsätzlich in allen Dienstzweigen der Polizei erfolgen „unter Berücksichtigung der Tatsache, dass infolge ihrer körperlichen Konstitution ihr Einsatz auf manchen Gebieten der Exekutive nur im Zusammenwirken mit einem männlichen Polizeiangestellten erfolgen kann".[500]

---

494 SächsHStA, LBVPS, Einleitung zum Findbuch, S. 5.
495 SächsHStA, LRS, MdI, Nr. 278, Bl. 1.
496 SächsHStA, LRS, MdI, Nr. 270, (Schreiben vom 30.04.47 – nicht paginiert).
497 SächsHStA, LRS, MdI, Nr. 279, Bl. 35.
498 BArch, DO 1/7.0/176, Bl. 1.
499 BArch DO, 1/7.0/140, Bl. 76
500 Ebenda.

Die Verwendung von Frauen im Polizei- bzw. Polizeivollzugsdienst Sachsens galt offiziell also als politisch erwünscht. um so den Grundsatz der Gleichberechtigung ostentativ herauszustellen. Der Frage, inwieweit dieser Grundsatz in der Praxis realisiert wurde, kann im Einzelnen hier nicht nachgegangen werden.[501]

3.3.2 Das Beschäftigungs- oder Dienstverhältnis

Die rechtliche Ausgestaltung

Die Angehörigen der Polizei wurden in Sachsen nach dem Zweiten Weltkrieg - wie die übrigen vergleichbaren Beschäftigten im öffentlichen Dienst - von Anfang an im Angestelltenverhältnis beschäftigt. Verbeamtungen gab es - wie oben bereits erläutert - nicht. Dabei zeigte die rechtliche Ausgestaltung des Angestelltenverhältnisses gegenüber den übrigen Beschäftigten im öffentlichen Dienst zunächst prinzipiell keine Unterschiede. Allerdings gab es Mitte 1946 schon besondere „Richtlinien über die Beschäftigung im Polizeidienst", die von der Polizeiabteilung des sächsischen Innenressorts herausgegeben worden waren und die u. a. folgende Hinweise enthielten:

> „Das Beschäftigungsverhältnis beginnt mit einer 3-monatigen Ausbildung auf der Landespolizei-Fachschule. Während dieser Ausbildungszeit gilt eine gegenseitige tägliche Kündigungsfrist als vereinbart. Mit der Übertragung einer Planstelle der landeseigenen Polizei oder eines Kreis- oder Stadtpolizeiamtes beginnt eine 6-wöchige Probezeit, während der ebenfalls eine gegenseitige tägliche Kündigung als vereinbart gilt. Diese Probezeit kann bis zur Höchstdauer von 3 Monaten verlängert werden."[502]

Dieses Beschäftigungsverhältnis sollte nach diesen Richtlinien ohne Einhaltung einer Kündigungsfrist beendet werden können

- bei falschen Angaben im Fragebogen und Lebenslauf, unbeschadet der strafrechtlichen Verfolgung auf Grund der Verordnung der Landesverwaltung Sachsen vom 18. März 46,
- bei Nichteinhaltung der „in dem bei der Anstellung im öffentlichen Dienst zu unterzeichnenden Verpflichtungsschein" übernommenen Pflichten und

---

[501] Im westlichen Teil Deutschlands kam eine allgemeine Verwendung von Frauen im Polizeivollzugsdienst - einige Sonderbereiche bei der Kriminalpolizei ausgenommen - frühestens ab 1979 in Betracht. - Vgl. Jochen Würz: Frauen im Vollzugsdienst der Schutzpolizei, S. 22. Völlig anders verhielt es sich bei der Erledigung verwaltungspolizeilicher Aufgaben (z. B. Pass- und Meldewesen, Kfz-Zulassung usw.).

[502] SächsHStA, LBVPS, Nr. 9, Bl. 20 und Nr. 53, Bl. 1. (Diese Richtlinien sind undatiert, geben aber den Stand „Sommer 1946" wieder.)

- bei Verstößen gegen die Arbeitsdisziplin, nachdem aus wichtigen Gründen eine zweimalige Verwarnung erfolgt war.[503]

Wichtig für eine Einstellung in den Polizeidienst in Sachsen war bereits ab Anfang 1946 das bereits erwähnte erfolgreiche Absolvieren eines Lehrganges an der unter staatlicher Aufsicht stehenden Landespolizei-Fachschule, wo auch die politische Zuverlässigkeit des Anwärters überprüft wurde. Auch das ab Sommer 1946 gemäß Rundschreiben des „Chefs der Polizei im Bundesland Sachsen" vom 5. Juli 1946 als „Verpflichtung" deklarierte Gelöbnis stellte bereits eine Besonderheit dar. Es hatte den nachfolgenden Wortlaut:

„Durchdrungen von dem Willen, meine ganze Kraft und alle meine Fähigkeiten für den Aufbau eines neuen, demokratischen Deutschland einzusetzen, gelobe ich,

- die mir übertragenen Aufgaben mit allem Eifer, pflichtgetreu, gewissenhaft und uneigennützig zu erfüllen,
- Amtsverschwiegenheit zu wahren
- und mir stets, im Dienst wie im Privatleben, der hohen Verantwortung bewußt zu sein, die auf mir Kraft meiner Anstellung im öffentlichen Dienst ruht."[504]

Auf die Bedeutung der Schweigepflicht und auf die Notwendigkeit einer Aussagegenehmigung in Gerichtsverfahren waren schon vorher „alle Polizeibehörden" in einem Rundschreiben des Innenressorts vom 4. Juni 1946[505] hingewiesen worden. Von den genannten Besonderheiten abgesehen galten in Sachsen für die Beschäftigten im Polizeidienst also - wie bereits erwähnt - zunächst noch die für den öffentlichen Dienst geltenden allgemeinen Bestimmungen, z. B. über die Gewährung von Erholungsurlaub, die Ausübung von Nebentätigkeiten oder über die Annahme von Belohnungen und Geschenken usw.

Ab etwa Mitte 1947 wurden dann zunehmend auch Hinweise der DVdI maßgeblich. Auf der Innenminister-Konferenz vom 31.1./1.2.1948 in Altenstein (Thüringen) schließlich wurde darüberhinaus ausdrücklich die Schaffung „einer besondere Betriebsordnung" für die „im öffentlichen Dienst Tätigen im Polizeibereich" gefordert.[506] Es kam zu einer entsprechenden Entschließung der Innenminister. Dementsprechend entwickelte die DVdI in der Folgezeit besondere „Einstellungsrichtlinien für die Polizei in der sowjetisch besetzten Besatzungszone Deutschlands".[507]

Zur Unterstreichung der Bedeutung des Dienstes in der Polizei kam es schließlich ab Herbst 1948 für die Angehörigen der Polizei in der gesamten SBZ zur generellen Einführung einer eidesstattlichen Verpflichtung. Diese hatte nach

---

[503] Ebenda.
[504] SächsHStA, MdI, Nr. 269, Bl. 1.
[505] SächsHStA, MdI, Nr. 279, Bl. 90.
[506] Zitiert nach Günther Glaser, Reorganisation der Polizei, S. 103.
[507] BArch, DO 1/7.0/132, Bl. 47.

einer „Instruktion“ der DVdI vom 2. Oktober 1948[508] über die Entgegennahme eidesstattlicher Verpflichtungen „in feierlicher Form im Beisein der Angehörigen der jeweiligen Dienststelle“ zu erfolgen. Der Polizeiangehörige hatte sich dabei u. a. zu verpflichten,

- „der werktätigen Bevölkerung ergeben zu sein, die ehrenvollen Pflichten eines Angehörigen der Volkspolizei feierlich zu erfüllen, entsprechend der demokratischen Gesetzlichkeit die öffentliche Ordnung, die Rechte des Bürgers, ihr persönliches und das Volkseigentum zu schützen“,
- sich „diszipliniert zu betragen, die dienstlichen Befehle und Verfügungen genau zu erfüllen“, sich „in dem vom ihm übernommenen Dienst zu vervollkommnen“ und sich „in der Tat des großen Vertrauens würdig zu erweisen, in der Volksarmee dienen und eine Waffe tragen zu dürfen“ sowie
- „vom Tage der Unterzeichnung der Verpflichtung an in der Volkspolizei nicht weniger als drei Jahre zu dienen“.[509]

Durch die Verpflichtung auf drei Jahre sollte einmal natürlich der permanenten Personalfluktuation begegnet werden. Außerdem sollte hierdurch und u. a. durch die Schaffung einer besonderen Betriebsordnung für die Polizei überhaupt eine engere Bindung an den Arbeitgeber im Sinne eines öffentlich-rechtlichen Dienstverhältnisses erreicht werden.

Die sich damit abzeichnende Sonderstellung der Polizei betonte die DVdI in einem Schreiben vom 3. Februar 1949 „an die Landesregierung Sachsen - Herrn Innenminister Zaisser“ auch ausdrücklich, indem sie feststellte, „daß alle Polizeiangestellten durch die Einführung der Polizeibesoldungsordnung, des Polizei-Disziplinarrechts und der dreijährigen Verpflichtung für den Polizeidienst der allgemeinen Tarifordnung und den daraus folgenden tarifrechtlichen Regelungen nicht [mehr] unterliegen“. Die Herren Innenminister wurden daher „gebeten, den Arbeitsgerichten die angeführte Veränderung im Arbeitsrecht der Polizeiangehörigen mitzuteilen und darauf hinzuweisen, daß künftig Klagen vor den Arbeitsgerichten von Polizeiangestellten nicht mehr entgegengenommen werden können“.[510]

Damit sollte also von nun an für die Polizeiangehörigen der Rechtsweg zu den Arbeitsgerichten verschlossen sein, was eindeutig im Widerspruch zu den Bestimmungen des Gesetzes des Alliierten Kontrollrates Nr. 21 vom 30. März

---

[508] BArch, DO 1/7.0/132, Bl. 46.

[509] Zitiert nach Klaus-Peter Krause: Die Herausbildung und Entwicklung der Deutschen Volkspolizei, Anlagenverzeichnis Nr. 28.

[510] SächsHStA Dresden, LRS, MdI, 277 (nicht paginiert). Nicht verpflichte Polizeiangehörige sollten nach einer entsprechenden Richtlinie der Landesbehörde der Volkspolizei Sachsen vom 3. Oktober 1949 allerdings noch „weiterhin beim Arbeitsgericht Klage erheben“ können. - SächsHStA Dresden, LBVPS, 217, Bl. 2.

1946[511] über die Einführung der Arbeitsgerichtsbarkeit stand. Das sächsische Ministerium des Innern folgte den Hinweisen der DVdI im Schreiben vom 3. Februar 1949 aber dennoch gerne. Es bat das sächsische Ministerium für Arbeit und Sozialfürsorge mit Schreiben vom 15. Februar 1949 unter Übersendung einer „Verfügung“ der DVdI, „die Arbeitsgerichte entsprechend anzuweisen“.[512]

Arbeitsgerichtliche Auseinandersetzungen mit Angehörigen der Polizei, die es in den vorangegangenen Jahren vereinzelt noch gegeben hatte, gehörten in Sachsen und auch in der SBZ nun generell der Vergangenheit an. Damit war jetzt für diesen Personenkreis aus einem allgemeinen Beschäftigungsverhältnis im öffentlichen Dienst ein restriktiv ausgestaltetes Sonderdienstverhältnis geworden.

Die Dienstbezeichnungen und die Dienstgradabzeichen

Bezüglich der für die Polizei in Sachsen maßgeblichen Dienstbezeichnungen bestanden unmittelbar nach dem Zweiten Weltkrieg gewisse Unsicherheiten. In Dresden beispielsweise wurden zunächst die alten, militärisch ausgerichteten Dienstbezeichnungen zumindest teilweise weiter verwendet. Kommandeur der Ordnungspolizei war damals ein Oberstleutnant. Unter ihm gab es einen Major sowie Hauptleute und Adjutanten oder Verbindungsoffiziere im Range eines Oberleutnants bzw. Leutnants usw.[513] Die Kommandantur der Ordnungspolizei Dresden gab im Sommer 1945 auch „Befehle“ heraus, z. B. den Befehl Nr. 23/45 vom 14. Juli 1945[514], in welchem an die bestehende Grußpflicht erinnert wurde. Die Praxis, „Befehle“ herauszugeben, hörte jedoch bald auf. Sie wurde erst wieder aktuell, als Kurt Fischer im Juli 1948 Präsident der DVdI wurde.

Da der Entwurf einer „Verordnung über das Polizeiwesen im Bundesland Sachsen“ vom 11. September 1945 in § 2 bei der Polizei dann die Abschaffung der „militärischen Titel und Ränge“[515] vorsah, musste relativ schnell eine neue Regelung geschaffen werden. Dies geschah in Sachsen Anfang 1946. Bemerkenswert war dabei, dass vor der formellen Einführung einer neuen Regelung eine Art Anhörung stattfand. In einem Rundschreiben des Chefs der sächsischen Polizei vom 8. Januar 1946 an „alle Polizeibehörden“ wurden zwei Entwürfe mit der Bitte um Stellungnahme vorgestellt, nämlich der Entwurf A, der u. a. die alten sächsischen Bezeichnungen „Kommissar“, „Oberkommissar“,

---

511 Amtsblatt des Kontrollrats, S. 124 ff.
512 SächsHStA Dresden, LRS, MdI, 277 (nicht paginiert).
513 SächsHStA, LBVPS, Nr. 351, Bl. 32, 55.
514 SächsHStA, LBVPS, Nr. 351, Bl. 207.
515 SächsHStA, Ministerpräsident, Nr. 195, Bl. 28.

„Inspektor“ und „Oberinspektor“ wieder vorsah, und der Entwurf B, der versuchte, „die Dienststellung zugleich als Dienstbezeichnung zu wählen“, also z. B. Abteilungsleiter oder Revierleiter usw. Diese Entwürfe sahen bei der sächsischen Polizei ansonsten insgesamt fünf Dienstzweige vor, nämlich die Polizeireserve, die Strompolizei, die Kreispolizei, die Kriminalpolizei und die Ordnungspolizei; die Verwaltungspolizei blieb hingegen - noch - unberücksichtigt.[516]

Tatsächlich ist dann mit Rundschreiben des Chefs der sächsischen Polizei vom 1. März 1946[517] der Entwurf A in Kraft gesetzt worden. Es gab hiernach in Sachsen - unter Abschaffung der militärischen Dienstbezeichnungen - nach Stufen und Dienstzweig gegliederte Dienstbezeichnungen, also den Polizeischüler bzw. Polizeianwärter, den Schutzmann, Oberschutzmann, Kommissar, Oberkommissar, Inspektor, Oberinspektor, Polizei- bzw. Kriminalrat und weiter den Kommandeur der Ordnungspolizei bzw. der Kreispolizei, den Kriminaldirektor, den Präsidenten des Landeskriminalamtes sowie den Inspekteur der sächsischen Polizei. Außerdem waren für die uniformierte Polizei bestimmte Dienstgradabzeichen festgelegt worden.[518]

Mitte 1948 kam es - nun schon im Einklang mit Vorgaben der DVdI - zu weiteren Veränderungen. In einer vom sächsischen Innenministerium herausgegebenen und gemeinsam vom Minister des Innern und dem Chef der Polizei im Land Sachsen unterschriebenen besonderen „Anordnung über die Einführung einheitlicher Dienstbezeichnungen in der Polizei“ vom 3. Juli 1948[519] wurden die maßgeblichen Dienstbezeichnungen teilweise modifiziert. Bei der Schutzpolizei gab es jetzt ähnlich wie in der später mit SMAD-Befehl Nr. 19/3129 vom 9. Oktober 1948 genehmigten neuen Besoldungsordnung[520] nach dem Polizeianwärter den Polizeiwachtmeister, den Polizeioberwachtmeister und den Polizeihauptwachmeister. Dann folgten aufsteigend der Polizeimeister, der Polizeikommissar und der Polizeioberkommissar. In der oberen Rängen gab es bei der Schutzpolizei den Polizeirat, den Oberpolizeirat, den Polizeikommandeur und den Polizeiinspekteur.[521]

Bei der Kriminalpolizei lauteten die Dienstbezeichnungen aufsteigend jetzt Kriminalassistent, Kriminaloberassistent, Kriminalsekretär, Kriminalobersekre-

---

516 Alle Zitate und Angaben: SächsHStA, LRS, MdI, Nr. 278, Bl. 111.

517 SächsHStA, LRS, MdI, Nr. 279, Bl. 32. - Diese Regelung wurde in die 1. Ausführungsvorschrift vom 3. August 1947 zur Verordnung über das Polizeiwesen im Bundesland Sachsen vom 2. August 1947 übernommen. - SächsHStA, MdI, Nr. 270 (nicht paginiert).

518 SächsHStA, LBVPS, Nr. 4, Bl. 15 (R).

519 SächsHStA, LRS, MdI, Nr. 268 (nicht paginiert). - Siehe auch Sächs. GVBl., S. 410.

520 SächsHStA, LRS, MdI, Nr. 282 (nicht paginiert).

521 SächsHStA, LRS, MdI, Nr. 268 (nicht paginiert). - Siehe auch Sächs. GVBl. 1948, S. 410.

tär, Kriminalkommissar, Kriminaloberkommissar, Kriminalrat, Oberkriminalrat und Kriminaldirektor. Bei der erstmals einbezogenen bzw. berücksichtigten „Verwaltung", also bei der Verwaltungspolizei, folgten aufsteigend nach dem Polizeiassistenten der Polizeisekretär, der Polizeiobersekretär, der Polizeiinspektor, der Polizeioberinspektor, der Polizeirat (V) und der Oberpolizeirat (V).[522]

Mit Wirkung vom 15. Dezember 1948[523] kam es in Sachsen schließlich noch zur Einführung einheitlicher Dienstgradabzeichen, wie sie nun für die gesamte SBZ galten. Abgeschlossen wurde die Entwicklung durch ein Fernschreiben Nr. 976 der Landespolizeibehörde Sachsen vom 15. Juni 1949[524], das der offiziellen Einführung die Bezeichnung „Deutsche Volkspolizei" im Mai 1949 Rechnung trug. Es gab nun also den Volkspolizeianwärter, den Volkspolizeiwachtmeister usw. Militärische Dienstgrade gab es aber - noch - nicht.

Vergütung und Beförderung

Hinsichtlich der Vergütung galt im Bereich der Polizei in Sachsen nach dem Zweiten Weltkrieg grundsätzlich noch das Reichsbesoldungsgesetz vom 16. Dezember 1927[525] mit den entsprechenden Ergänzungen. Da die Gemeinden jedoch „die Bezahlung der Polizei nach eigenen Richtlinien durchgeführt" hatten, kam es hier dann „im Interesse einer gleichmäßigen Behandlung aller Polizisten" zum Erlass ergänzender Richtlinien durch die LVS. Richtlinien vom 5. März 1946[526] sahen verschiedene Vergütungsgruppen vor. In der niedrigsten Vergütungsgruppe (A 9 = Polizeischüler) konnten je nach Dienstaltersstufe Bezüge in Höhe von 1.800 bis 2.700 Reichsmark jährlich erreicht werden. In der höchsten Vergütungsgruppe (A 2 b = Kommandeur der Ordnungspolizei in Dresden, Leipzig und Chemnitz) waren es je nach Dienstaltersstufe 7.000 bis 9.700 Reichsmark jährlich. Hinzu kam noch ein Wohngeldzuschuss, der ebenfalls nach Stufen gestaffelt war.[527]

Bereits zum 1. Januar 1947 hatte die DVdI jedoch schon für die gesamte SBZ eine einheitliche Besoldungsordnung entwickelt, wobei der an sich dem Beamtenrecht zugeordnete und folglich eigentlich antiquierte Begriff „Besoldung" aufgriffen wurde. Diese Besoldungsordnung sah „nur noch 6 Gruppen" oder

---

[522] SächsHStA, LRS, MdI, Nr. 278, Bl. 111.
[523] SächsHStA, LBVPS, Nr. 48, Bl. 80.
[524] SächsHStA, LBVPS, Nr. 353, Bl. 245.
[525] RGBl. I., S. 349.
[526] Gesetze, Befehle, S. 137.
[527] Ebenda.

Stufen vor.[528] In Sachsen wurde diese neue Besoldungsordnung allerdings zunächst nicht praktiziert. Dies ergibt sich aus einer Rundverfügung Nr. 262 der Polizeiabteilung des sächsischen Ministeriums des Innern vom 28. November 1947, wo es „zur Behebung von Zweifeln“ unter Hinweis auf die SMAD-Befehle Nr. 1 vom 23. Juli 1945 und Nr. 100 vom 1. Oktober 1945 hieß:

„Eine grundsätzliche Neugestaltung der Entlohnung der Angestellten des öffentlichen Dienstes ist daher zur Zeit nicht möglich. Die Entlohnung erfolgt vielmehr noch nach dem Reichsbesoldungsgesetz vom 16. Dezember 1927 mit den hierzu ergangenen Ergänzungen, insbesondere der Ergänzung des Reichbesoldungsgesetzes vom 12. April 1943.“[529]

Die alten Bestimmungen über „die Festsetzung des Besoldungsdienstalters“ wurden in dieser Rundverfügung allerdings für nicht anwendbar erklärt. Vielmehr wurde betont, dass bei der Einstufung innerhalb einer Besoldungsgruppe „eine Stufe anzunehmen“ sei, „die eine Entlohnung ergibt, die in erster Linie der Leistung und der Art und Bedeutung der Tätigkeit des Angestellten, seiner Eignung und dienstlichen Verantwortung entspricht“. Zur Überprüfung der Einstufung aller Angehörigen der Polizei im Land Sachsen waren nach dieser Rundverfügung „bei allen Polizeipräsidien, Polizeidirektionen, Kreispolizeiämtern, Kriminalämtern, Grenzpolizeiabteilungen und der Polizeiabteilung des Ministeriums des Innern [...] sofort Einstufungskommissionen zu bilden“.[530]

Der hier skizzierte sächsische „Sonderweg“ war aber mit dem Inkrafttreten des SMAD-Befehls Nr. 19/3129 vom 9. Oktober 1948 beendet. In diesem Befehl wurde nun mit Wirkung vom 1. Oktober 1948 für die gesamte SBZ ein neues Besoldungssystem für die Angehörigen der Polizei eingeführt. Die auf diesem Befehl beruhende neue „Besoldungsordnung für die Angehörigen der Deutschen Verwaltung des Innern und der gesamten Polizei in der sowjetischen Besatzungszone“[531] sah je nach Dienstgrad bzw. Dienststellung 16 verschiedene Besoldungsgruppen vor. Die beiden höchsten Besoldungsgruppen I und II waren dem Präsidenten bzw. den Vizepräsidenten der DVdI vorbehalten. Die Chefs der Landespolizeibehörden erhielten in Besoldungsgruppe III monatlich Bezüge in Höhe von 1.800 DM, die Polizei- bzw. Kriminalanwärter in Besoldungsgruppe XVI hingegen - je nach Ortsklasse - Beträge zwischen 280 und 300 DM[532] monatlich. Nach 3, 10 und 15 Dienstjahren gab es Erhöhungen von jeweils fünf Prozent. Die Bezüge für die Angehörigen der Grenzpolizei lagen generell geringfügig höher.

---

528 BArch, DO 1/7.0/261, Bl. 1.
529 SächsHStA, LBVPS, Nr. 46, Bl. 198.
530 Ebenda.
531 SächsHStA, LRS, MdI, Nr. 282 (nicht paginiert).
532 Durch SMAD-Befehl Nr. 111 vom 23. Juni 1948 (Zentralverordnungsblatt S. 217) war in der SBZ ebenfalls eine Währungsreform eingeleitet worden. - Vgl. auch SächsHStA, LBVPS, Nr. 33, Bl.143 sowie LRS, MdI, Nr. 162, Bl. 148.

Bedeutsam waren selbstverständlich auch Beförderungen. In einer Rundverfügung der Polizeiabteilung des sächsischen Ministeriums des Innern vom 1. April 1947 „an alle Polizeibehörden“ wurden hierfür „bis zu einer endgültigen Regelung durch die Deutsche Verwaltung des Innern“ mit sofortiger Wirkung neue Richtlinien in Kraft gesetzt. Hiernach waren Beförderungen zum Oberschutzmann „lediglich von den Polizeipräsidien und Polizeidirektionen, den Kreispolizei- bzw. Kriminalämtern auszusprechen“, und zwar ohne Ernennungsurkunde. Beförderungen vom Kommissar an aufwärts konnten hingegen „nur noch vom Chef der Polizei durch Aushändigung einer Beförderungsurkunde“ erfolgen.[533]

Ergänzend hierzu hatte die DVdI dann ab etwa Mitte 1947 allgemeine „Laufbahn- und Beförderungsrichtlinien für die Polizei in der sowjetisch besetzten Besatzungszone Deutschlands“ entwickelt. Diese Richtlinien gingen von dem in der Polizei üblichen Grundsatz der Einheitslaufbahn aus, „wonach sich die Kriminal- und die Verwaltungspolizei aus der Schutzpolizei“ ergänzen sollte. Voraussetzung für einen Aufstieg bzw. für eine Beförderung war u. a.

- „vorbehaltloser Einsatz und Verantwortungsbewusstsein für die demokratische Entwicklung“,
- „tadellose Führung im und außer Dienst“,
- „erfolgreiche Teilnahme an Lehrgängen der Polizeischulen“,
- „Ablegung der für die einzelnen Dienstgrade festgelegten Mindestdienstzeiten“ und
- „Eignung für das dem neuen Dienstgrad entsprechende Aufgabengebiet“.[534]

Auch für das Gebiet der Vergütungen und der Beförderungen im Polizeibereich galt somit, dass bereits ab Mitte 1947 eigenständige sächsische Regelungen nicht mehr geschaffen werden konnten.

Die Durchführung von Disziplinarverfahren

Obwohl es sich in Sachsen nach dem Zweiten Weltkrieg bei den Beschäftigten im öffentlichen Dienst - und damit auch bei den Beschäftigten der Polizei - nicht um Beamte handelte, gab es für diesen Personenkreis dennoch Disziplinarverfahren.[535] Nähere Hinweise zur Durchführung von Disziplinarverfahren enthielt ein Rundschreiben des Personalamtes der LVS vom 18. Juni 1946. Als

---

[533] Alle Zitate und Angaben: SächsHStA, LRS, MdI, Nr. 269 (nicht paginiert).

[534] BArch, DO 1/7.0/132, Bl. 1.

[535] Die LVS hat in ihrer Sitzung vom 29. Oktober 1945 sogar den Entwurf einer „Verordnung zur Errichtung des Sächsischen Disziplinargerichts“ beschlossen, der von der SMAS aber nicht genehmigt worden ist. - Vgl. SächsHStA, LRS, Ministerpräsident, Nr. 676, Bl. 289.

Strafen konnten eine Verwarnung oder eine öffentliche Rüge vor der Belegschaft, eine Geldstrafe bis zur Höhe eines halben Monatsgehaltes sowie eine Versetzung innerhalb der Dienststelle oder Behörde in Betracht kommen. Die Entscheidung traf der Dienststellenleiter „auf Grund des Untersuchungsergebnisses und der beigezogenen Stellungnahme der Betriebsvertretung“. Gegen diese Entscheidung konnte zwar Einspruch eingelegt werden. Eine gerichtliche Überprüfung gab es jedoch nicht.[536] Besondere „Richtlinien über die Beschäftigung im Polizeidienst“[537] sahen zusätzlich eine „Versetzung in eine Stelle mit geringerem Einkommen“ vor. Das Verfahren wurde später mit Rundverfügung Nr. 98 der Polizeiabteilung des sächsischen Ministeriums des Innern vom 9. April 1947[538] noch modifiziert, u. a. durch Schaffung eines Disziplinarausschusses. Die Möglichkeit der Entlassung gab es innerhalb und außerhalb eines Disziplinarverfahrens.

Generell stand es in Sachsen mit der Aufrechterhaltung der Disziplin im Bereich der Polizei ersichtlich nicht immer zum Besten. Wiederholte Ermahnungen und Hinweise waren erforderlich. In einem Rundschreiben des Chefs der sächsischen Polizei vom 6. Februar 1946 „an alle Polizeibehörden“ musste z. B. darauf hingewiesen werden, dass „Polizisten, die sich nicht einwandfrei verhalten, [...] aus dem Polizeidienst entlassen werden“. Ein Polizist, der beschlagnahmte Lebensmittel persönlich verbrauche, bekenne damit, „daß er kein Polizist ist“, hieß es in diesem Rundschreiben weiter. Auch werde er härter bestraft, „als jeder andere Volksgenosse [!] und auch von seinem Vorgesetzten nicht geschützt“.[539]

In einem weiteren Rundschreiben des Chefs der sächsischen Polizei vom 19. März 1946 „an alle Polizeibehörden“ wurde gerügt, dass sich in letzter Zeit „Fälle von Mißhandlungen von Angehörigen der Roten Armee durch die Polizei gehäuft“ hätten. Unter anderem sei ein Rotarmist von Polizisten „mit Stiefeln bearbeitet und verhauen“ worden. Da ein solches Verhalten „mit dem Geist unserer neuen demokratischen Polizei nicht zu vereinbaren“ sei, wurde in diesem Rundschreiben ausdrücklich betont und angeordnet, dass bei Verhaftungen und Vernehmungen von Angehörigen der Besatzungsarmee „äußerst korrekt zu verfahren“ sei und dass „jegliche Mißhandlungen und sonstige Maßnahmen, die das Ansehen der Besatzungsarmee schädigen,

---

[536] Alle Zitate und Angaben: SächsHStA, LBVPS, Nr. 9, Bl. 16.

[537] SächsHStA, LBVPS, Nr. 9, Bl. 20; diese Richtlinien sind undatiert, geben aber den Stand „Sommer 1946“ wieder.

[538] SächsHStA, LBVPS, Nr. 9, Bl. 21.

[539] Alle Zitate und Angaben: SächsHStA, LRS, MdI, Nr. 279, Bl. 3.

strengstens verboten" seien. Dasselbe korrekte Verhalten sei auch „Zivilpersonen gegenüber zu bewahren", hieß es in diesem Rundschreiben weiter.[540]

Obwohl also im Falle von Zuwiderhandlungen wiederholt Bestrafungen angedroht wurden, hörten die Klagen über das Verhalten der Polizei nicht auf. Sogar der Generalstaatsanwalt im Land Sachsen sah sich veranlasst, in einem an die Polizeiabteilung des sächsischen Ministeriums des Innern gerichteten Schreiben vom 25. April 1947 auf Folgendes hinzuweisen:

„Es sind Fälle vorgekommen, in welchen beschlagnahmte Waren, die aus Straftaten herrühren [...], schon von den Polizeibehörden verbraucht wurden, bevor eine Erkenntnis gegen die Übeltäter erfolgt ist. Es ist dafür Sorge zu tragen, daß in Zukunft Verfügungen über derartige Dinge erst nach Erlaß einer endgültigen, rechtskräftigen Entscheidung ergehen, soweit es sich nicht um leicht verderbliche Ware handelt. In diesem Falle ist der Erlös sicherzustellen."[541]

Mit einem Schreiben vom 30. Januar 1948 schließlich wurde auch der Präsident des Sächsischen Landtages, Otto Buchwitz[542], bei Innenminister Kurt Fischer vorstellig. Er schilderte den Fall des Abgeordneten Löser, der „verschiedene Male auf eiligen Fahrten nach Dresden zum Teil bis fünfmal kontrolliert" worden sei, wobei „auf seine Eigenschaft als Abgeordneter nicht die geringste Rücksicht genommen wurde". Weiter heißt es in diesem Schreiben:

„Im Gegenteil wurde die Kontrolle seines Wagens nur noch gründlicher, umständlicher und zeitraubender durchgeführt, als er seinen Landtagsausweis vorzeigte. Er wurde danach ganz besonders gründlich nach seinen Papieren gefragt, mußte aussteigen, die Motorhaube öffnen und die Motornummer, die Fahrgestellnummer usw. nachweisen, und es wurde sogar kontrolliert, ob diese wie vorgeschrieben mit einem farbigen Strich umrandet seien, während bei der gleichen Kontrolle die Wagen anderer Personen bei weitem nicht so gründlich durchgesehen wurden."[543]

In dem genannten Schreiben verwies Buchwitz ergänzend auch darauf, „daß auch von anderen Abgeordneten Beschwerden geführt werden, daß die Polizei selbst nicht nur sehr zeitraubend kontrolliert, sondern sich auch manchmal darüber hinaus unpassend verhält".[544]

---

[540] SächsHStA, LRS, MdI, Nr. 279, Bl. 50.
[541] SächsHStA, LBVPS, Nr. 120, Bl. 53.
[542] 27.04.1879-09.07.1964. Geb. in Breslau; Ausbildung zum Metalldrücker und Eisendreher; 1898 SPD; 1914-1918 Soldat; 1921-1924 Mitglied der Preußischen Landtages; 1924-1933 Reichstagsabgeordneter; 1941-1945 u. a. Konzentrationslager; ab Juli 1945 SPD-Vorsitzender in Sachsen; 1946 -1948 zusammen mit Wilhelm Koenen SED-Vorsitzender ebenfalls in Sachsen; 1946-1952 Landtagsabgeordneter und Landtagspräsident in Sachsen. - Vgl.Helmut Müller-Enbergs u.a.: Wer war wer in der DDR?, S. 120 mit weiteren Angaben.
[543] Alle Zitate und Angaben: SächsHStA, LRS, MdI, Nr. 81, Bl. 113.
[544] Ebenda.

Das abschließende Ergebnis der eingeleiteten Untersuchung ließ sich in diesem Fall aus den vorliegenden Akten nicht entnehmen. Im einem vorläufigen Antwortschreiben des Innenministeriums vom 12. Februar 1948[545] bestätigte diese Behörde jedoch das Bestehen einer Rundverfügung Nr. 245 der Polizeiabteilung des sächsischen Ministeriums des Innern vom 3. Oktober 1947[546], nach welcher u. a. Kraftfahrzeuge von Landtagsabgeordneten mit einem ordnungsgemäßen Abgeordnetenausweis nicht kontrolliert werden durften. In dieser Rundverfügung sei außerdem „besonders" darauf hingewiesen worden, „daß sich alle Polizeiangehörigen bei den Kontrollen ausgesuchter Höflichkeit zu befleißigen haben", hieß es hier weiter.

In den ersten Nachkriegsjahren kam es bei der sächsischen Polizei jedenfalls häufig zu Disziplinarverfahren; sie waren fast an der Tagesordnung. Im Jahresbericht 1948 der Personalabteilung der Landespolizeibehörde Sachsen hieß es hierzu:

„Im abgelaufenen Jahr wurden 2113 Disziplinarverfahren von Polizeiangehörigen zum Abschluß gebracht. An Strafen wurden verhängt:

813 Entlassungen und 1300 andere Strafen. Eingestellt wurden wegen Mangel an Beweisen oder wegen Geringfügigkeit der Vergehen 114 Verfahren. [...] Von 233 Einsprüchen wurden 157 abgelehnt und 76 stattgegeben. Chefbeschlüsse wurden in 7 Fällen gefaßt."[547]

Nach dem genannten Jahresbericht kam es im Jahre 1948 also bei ca. 10 Prozent der im Polizeidienst Beschäftigten zur Einleitung von Disziplinarverfahren. Die DVdI griff diese Problematik - sicher nicht ungern - auf. Sie hatte schon ab etwa 1947 begonnen, den Entwurf einer „Disziplinarordnung für die Polizei in den Ländern der sowjetischen Besatzungszone Deutschlands" zu erarbeiten.[548] Dieser Entwurf lehnte sich im Wesentlichen an früher bestehende Disziplinarordnungen für Beamte an. Es wurde u. a. unterschieden zwischen dem vereinfachten Verfahren, das mit einer Disziplinarverfügung endet, und dem so genannten förmlichen Verfahren, das von Disziplinarkammern durch „Urteil" entschieden werden sollte. Diese Disziplinarkammern sollten allerdings nicht bei Gerichten, sondern vielmehr bei den Polizeipräsidenten, bei den Chefs der Polizei und beim Präsidenten der DVdI eingerichtet werden. Beim Präsidenten der DVdI sollte außerdem eine „Große Disziplinarkammer" als Berufungsinstanz gebildet werden. Das Inkrafttreten einer neuen dieser Disziplinarordnung verzögerte sich jedoch immer wieder. Eine solche Ordnung musste daher auch

---

[545] SächsHStA, LRS, MdI, Nr. 81, Bl. 110.
[546] SächsHStA, LBVPS, Nr. 46, Bl. 183.
[547] SächsHStA, LBVPS, Nr. 99, Bl. 128.
[548] BArch, DO 1/7.0/132, Bl. 20.

Innenminister-Konferenz vom 31.1./1.2.1948 in Altenstein (Thüringen) erneut angemahnt werden.[549]

Der von der DVdI zunächst entwickelte Entwurf wurde in der Folgezeit noch wesentlich abgewandelt; er wurde dann schließlich am 12. August 1949[550] als „Vorläufige Disziplinarordnung für die deutsche Volkspolizei der SBZ" erlassen. Diese Disziplinarordnung trat in Sachsen am 1. September 1949 in Kraft.[551] Sie sah eine Unterscheidung zwischen vereinfachtem und förmlichem Disziplinarverfahren nun allerdings nicht mehr vor. Ergänzende Richtlinien der Landesbehörde der Volkspolizei Sachsen vom 3. Oktober 1949 stellten ansonsten fest, dass die Aufgabe des Disziplinarverfahrens „in erster Linie" darin bestehe, „die Schlagkraft der Polizei zu verbessern", was „aber eine Erziehungsarbeit" sei.[552]

Die Stellung von Betriebsrat, Gewerkschaft und Betriebsgruppen

In der Verwaltung Sachsens und auch bei der Polizei konnte es nach dem Kriege bis etwa Herbst 1948 nebeneinander einen Betriebsrat, Gruppierungen der Gewerkschaft (FDGB) und so genannte Betriebsgruppen der Partei (SED) geben. Dieses Nebeneinander wurde aber zunehmend als störend empfunden und schließlich - Ende 1948 - abgeschafft.

Vorbereitungen mit dem Ziele, eine Einheitsgewerkschaft zu schaffen, hatte es in der SBZ bereits ab Juni 1945 gegeben.[553] Hinsichtlich der Bildung von Betriebsräten hatte dann - nach einer anfänglich zurückhaltenden Einschätzung - auch Walter Ulbricht am 29. August 1945 anlässlich einer Konferenz von Gewerkschaftsfunktionären in Halle grünes Licht gegeben. Er hatte hier u. a. erklärt:

> „Die letzten Monate haben gezeigt, daß nur mit Hilfe der Initiative der Betriebsräte und Gewerkschaften [...] die Aufgaben des Wiederaufbaues gelöst werden können. [...] Sorgt für die Verbesserung der Arbeit der Betriebsräte bzw. Betriebsausschüsse der Arbeiter und Angestellten."[554]

In die gleiche Richtung ging ein Aufruf auf einer sächsischen Gewerkschaftskonferenz im September 1945, wo u. a. festgestellt wurde, dass „wir [...] die Wahl der Betriebsräte nicht länger hinauszögern" können. „Wenn die Arbeiterschaft am Aufbau unserer Wirtschaft interessiert sein soll, müssen wir so schnell

---

549 Günther Glaser: Reorganisation der Polizei, S. 103.
550 Günther Glaser: Reorganisation der Polizei, S. 313 ff..
551 SächsHStA, LBVPS, Nr. 217, Bl. 5.
552 SächsHStA, LBVPS, Nr. 217, Bl. 1.
553 Michael Fichter: Gewerkschaften, S. 130.
554 Zitiert nach Siegfried Suckut: Die Betriebsrätebewegung in der SBZ, S. 223 ff.

wie möglich zur freien und geheimen Wahl von Betriebsobmännern und Betriebsräten schreiten", hieß es hier weiter.[555]

Obwohl sich diese Äußerungen und Aufrufe in erster Linie auf die gewerbliche Wirtschaft und die Industrie bezogen, galten sie grundsätzlich auch für den öffentlichen Dienst und für die Polizei. Jedenfalls gab es bei der Polizeiabteilung der LVS, also beim Chef der sächsischen Polizei, dann bereits im Herbst des Jahres 1945 einen Betriebsrat, der „in geheimer Wahl von den Belegschaften gewählt" worden war.[556]

Da das vom Reichstag verabschiedete Betriebsrätegesetz vom 4. Februar 1920[557] von den Nationalsozialisten durch das „Gesetz zur Ordnung der nationalen Arbeit" vom 20. Januar 1934[558] aufgehoben worden war, gab es für die Betriebsratswahlen und für die Arbeit der Betriebsräte an sich zunächst keine förmliche Rechtsgrundlage. Das Ressort „Wirtschaft und Arbeit" der LVS hatte allerdings schon Anfang Oktober 1945 „Richtlinien über die Wahl und die Rechte und Aufgaben der Betriebsräte"[559] entwickelt, nach denen in Sachsen verfahren wurde.

Am 10 April 1946 folgte das Gesetze Nr. 22 des Alliierten Kontrollrates vom 10. April 1946 (Betriebsrätegesetz).[560] Auf der Grundlage dieses Gesetzes fand in Sachsen am 23. Juli 1946 „die erste, von den Gewerkschaften einheitlich geleitete Wahl"[561] statt, und zwar gemäß Anordnung der LVS vom 9. Juli 1946 „in allen Betrieben und Verwaltungen des Bundeslandes Sachsen".[562] Der Landesvorstand der SED in Sachsen widmete der Vorbereitung dieser Wahl auf seiner Sitzung am 4./5. Juli 1946 große Aufmerksamkeit, denn es galt, „die führende Rolle der SED"[563] sicherzustellen. Eine weitere Wahl bei den Dienststellen der Polizei folgte in Sachsen am 11. Juni 1947.[564]

Da die Amtszeit des Betriebsrats jeweils nur ein Jahr betrug, waren dann auch im Sommer/Herbst 1948 neue Wahlen fällig. Nach einer von der Polizeiabteilung des sächsischen Ministeriums des Innern gefertigten Zusammenstellung vom 4. November 1948 wurde dabei bei den vier Polizeipräsidien (Chemnitz, Dresden, Leipzig, Zwickau), bei den beiden Polizeidirektionen (Görlitz, Plauen),

---

[555] Zitiert nach Siegfried Suckut: Die Betriebsrätebewegung in der SBZ, S. 308.
[556] SächsHStA, LBVPS, Nr. 26, Bl. 6.
[557] RGBl. I, S. 147.
[558] RGBl. I, S. 45. Das Gesetz vom 20. Januar 1934 ist durch Kontrollratsgesetz vom 30. November 1946 wieder aufgehoben worden. - Vgl. Gesetze, Befehle, 1946, S. 553.
[559] SächsHStA, LRS, MdI, Nr. 173, Bl. 223 ff.
[560] Amtsblatt des Kontrollrats, S. 133 .
[561] SächsHStA, LBVPS, Nr. 26, Bl. 3; Nr. 355, Bl. 140.
[562] Gesetze, Befehle, S. 307.
[563] SächsHStA, SED-BPA Dresden, Nr. A/754, Bl. 175 ff. (331).
[564] SächsHStA, LBVPS, Nr. 26, Bl. 4.

bei 28 von 29 Kreispolizeiämtern, bei den fünf Kriminalämtern (Bautzen, Chemnitz, Dresden, Leipzig, Zwickau) und selbstverständlich auch bei der Landespolizeibehörde „alles SED gewählt". Die einzige Ausnahme bildete landesweit das Kreispolizeiamt Leipzig, wo nach dieser Aufstellung neben drei SED-Mitgliedern auch zwei Parteilose gewählt worden waren.[565]

Aus der Sicht der SED hatten die Betriebsräte, wie dies in der Sitzung des Landesvorstandes Sachsen am 9. Januar 1947 auch ausdrücklich hervorgehoben wurde, „als Kontrollorgane [...] eine große politische Aufgabe".[566] Die inhaltliche Arbeit orientierte sich am Betriebsrätegesetz vom 10. April 1946. Gemäß Artikel 1 dieses Gesetzes hatte der Betriebsrat die „beruflichen, wirtschaftlichen und sozialen Interessen der Arbeiter und Angestellten" wahrzunehmen. Dies hatte in Zusammenarbeit „mit den anerkannten Gewerkschaften" zu geschehen. Da es in der SBZ nur eine zugelassene Gewerkschaft, den FDGB, gab, konnte nur diese Gewerkschaft einbezogen werden.

Zur näheren Konkretisierung der Arbeit des Betriebsrats war beim sächsischen Ministerium des Innern bzw. bei der Polizeiabteilung zusätzlich noch eine besondere „Betriebliche Vereinbarung" vom 8. Mai 1947 zwischen dem Betriebsrat und der Leitung der Polizeiabteilung abgeschlossen worden. In der Präambel hieß es hier unter Hinweis auf Artikel 5 Absatz 1 des Betriebsrätegesetzes:

> „Als mitverantwortlich für die demokratische Erneuerung des öffentlichen Lebens und den Aufbau einer neuen antifaschistischen demokratischen Volkspolizei verpflichtet sich der Betriebsrat, den Leiter der Polizeiabteilung im Ministerium des Innern im Kampf gegen die Überreste des Faschismus, Militarismus und der Reaktion in weitestem Maße zu unterstützen, die Arbeitsfreudigkeit, Disziplin und Dienstauffassung bei allen Mitarbeitern zu heben und auf einen solchen Stand zu bringen, daß die großen Aufgaben, die der Polizei zufallen, auch restlos gelöst werden."[567]

Die Aufgaben der Agitation und der Kontrolle wurde in dieser Vereinbarung also besonders herausgestellt. Ansonsten kümmerte sich der Betriebsrat bei der Polizeiabteilung des sächsischen Ministeriums des Innern u. a. um soziale Einrichtungen, insbesondere um das Polizei-Erholungsheim Rehefeld, das mit Wirkung vom 1. August 1947 unter die „alleinige, voll verantwortliche Verwaltung des Betriebsrates der Polizeiabteilung gestellt" worden war.[568] Auch die am 15. Mai 1947 eröffnete „Werksküche" der Polizeiabteilung mit über 700

---

[565] Alle Angaben und Zitate: SächsHStA, LRS, MdI, Nr. 283 (nicht paginiert) - Andererseits soll „der FDGB die Betriebsratswahlen 1948 kurzerhand" abgesetzt haben. „Auf der Bittenfelder Konferenz im November 1948 schaffte der FDGB die Betriebsräte endgültig ab." - So Michael Fichter: Gewerkschaften, S. 131.

[566] SächsHStA, SED-BPA Dresden, Nr. A/756 Bl. 75.

[567] SächsHStA, LBVPS, Nr. 26, Bl. 5, und 157, Bl. 69.

[568] SächsHStA, LBVPS, Nr. 26, Bl. 21.

Essensteilnehmern unterstand „der Verwaltung und Betreuung des Betriebsrates“.[569] Außerdem wirkten Mitglieder des Betriebsrates im Disziplinarausschuss und in der Einstufungskommission mit. Schließlich gehörte auch die Gegenzeichnung von Arbeitsbescheinigungen und von Anträgen der Beschäftigten auf „Bewilligung der Schwerarbeiterkarte“ zu seinen Tätigkeitsfeldern.[570]

Generell stand die sächsische Polizeiführung der Arbeit der Betriebsräte eher kritisch bis ablehnend gegenüber. Landes- bzw. Hauptbetriebsräte der sächsischen Polizei sollte es jedenfalls nicht geben. Das nicht immer spannungsfreie Verhältnis zwischen Betriebsrat und Polizeiführung hatte auch Abteilungsleiter Mickinn von der DVdI in seinem Bericht vom 13. März 1947 über seine Dienstreise nach Dresden erwähnt, wo er im Hinblick auf bestehende Spannungen u. a. feststellte:

„Das findet seine Erklärung darin, daß oftmals Angestellte zu Betriebsräten gewählt werden, die den alten gewerkschaftlichen Standpunkt Arbeitgeber - Arbeitnehmer auch auf die jetzige Lage übertragen und durch die sich daraus ergebenden Überspitzungen die Arbeit der Betriebsräte diskreditieren. Die hier und da zutage tretende Verbohrtheit läßt sie nicht die Grenzen ihrer Wirksamkeit und Zuständigkeit erkennen.“[571]

Schließlich fand jedoch im Herbst 1948 die Arbeit der Betriebsräte und auch die gewerkschaftliche Arbeit im Bereich der Polizei Sachsens dann ein jähes Ende. Schon unmittelbar nach seinem Amtsantritt als Präsident der DVdI hatte Kurt Fischer in der ersten Sitzung des Präsidiums am 14. Juli 1948 zunächst die Bildung einer Kommission zur Ausarbeitung „von Richtlinien über das Ruhen der Gewerkschaftsarbeit bei Angehörigen der Grenzpolizei und Bereitschaften“[572] angeordnet. Diese Vorgehensweise entsprach einem Beschluss der Innenministerkonferenz vom 9./10. Juli 1948 in Hiddensee. Für „die übrigen Polizeiorgane“ sollte es zwar „noch lokale örtliche Gewerkschaftsgruppen, aber ohne Zusammenschluß im Kreis oder Land“[573] geben. Auf der 1. Staatspolitischen Konferenz am 23./24. Juli 1948 konnte Kurt Fischer jedoch schon zusätzlich mitteilen, das Zentralsekretariat der SED habe beschlossen, „die Betriebsräte bei der gesamten Polizei abzuschaffen“.[574] Dies hatte übrigens Walter Ulbricht bereits in einem Diskussionsbeitrag bei der Innenministerkonferenz am 21./22. April 1948 in Werder (Havel) angedeutet mit dem Hinweis, es dürfe „neben dem Polizeiapparat keinen zweiten Apparat geben, der in der Polizei von unten nach oben oder von oben nach unten organisiert ist“. Es gebe „ein einziges Poli-

---

[569] SächsHStA, LBVPS, Nr. 26, Bl. 22 ff.
[570] SächsHStA, LBVPS, Nr. 26, Bl. 45 ff.
[571] BArch, DO 1/7.0/205, Bl. 38 ff.
[572] BArch, DO 1/7.0/6, Bl. 2.
[573] Zitiert nach Günther Glaser: Reorganisation der Polizei, S. 138.
[574] SAPMO-BArch, DY 30/IV 2/110, Bl. 159.

zeiorgan, das ist die staatliche Organisation", und sonst „nichts" daneben, verkündete Walter Ulbricht schon damals.[575]

Verantwortlicher Leiter der Kommission für die Ausarbeitung der oben genannten neuen Richtlinien war Erich Mielke als der bei der DVdI für den Bereich „Polit-Kultur" zuständige Vizepräsident.[576] In der Folgezeit kam es in Absprache mit dem Vorstand der IG 15 (Gewerkschaft Öffentliche Betriebe und Verwaltungen) des FDGB zur Erarbeitung von „Richtlinien für die Gewerkschaftsarbeit bei der Polizei der SBZ", die in Sachsen laut Dienstanweisung Nr. 119a/48 der Hauptabteilung Polizei - Landespolizeibehörde - des sächsischen Ministeriums des Innern vom 19. Oktober 1948 „mit sofortiger Wirkung" in Kraft traten. Diese Richtlinien betonten, dass „zur Sicherung und Weiterentwicklung des demokratischen Aufbaues und zum Schutze aller demokratischen Kräfte [...] eine weitere Festigung und Verstärkung der Volkspolizei unerläßlich" sei, weshalb nun Betriebsräte bei der Polizei nicht mehr erforderlich seien.[577] Wörtlich hieß es in diesen Richtlinien:

„Bei allen Dienstzweigen der Volkspolizei (Verwaltungs-, Schutz-, Kriminal- und Wasserpolizei usw.) sind, um dem Dualismus zwischen Betriebsräten und Betriebsgewerkschaftsleitungen und den sich daraus entwickelnden Kompetenzstreitigkeiten zu begegnen, von den Betriebsgewerkschaftsgruppen nur Betriebsgewerkschaftsleitungen zu wählen. Betriebsräte sind demnach bei der Volkspolizei der SBZ nicht mehr notwendig."[578]

Betriebsgewerkschaftsleitungen sollte es hiernach in den genannten Dienstzweigen zunächst also noch geben. Diese sollten „damit jedoch nicht die Funktionen der bisherigen Betriebsräte" übernehmen.[579]

Bezüglich der Grenzpolizei und der Polizeibereitschaften war kurz zuvor in einer Dienstanweisung Nr. 119/48 vom 14. Oktober 1948 der Landespolizeibehörde Sachsen hingegen als allgemeiner Grundsatz schon herausgestellt worden, dass „die besondere Aufgabenstellung den Bestand von Betriebsgewerkschaftsgruppen, Betriebsgewerkschaftsleitungen und Betriebsräten" hier nicht gestatte.[580] Dieses Prinzip wurde in Sachsen in der Folgezeit dann jedoch offensichtlich pauschal auf alle polizeilichen Dienstzweige ausgedehnt. In diese Sinne bestätigte nämlich der Jahresrückblick bzw. der Jahresbericht 1948 der Personalabteilung der Landespolizeibehörde Sachsen ohne Einschränkung, dass im Bereich der gesamten Polizei Sachsens „Betriebsräte und Gewerkschaftsgruppenleitungen überflüssig" geworden seien. Wörtlich hieß es in diesem Jahresbericht hierzu u. a.:

---

[575] Zitiert nach Günther Glaser: Reorganisation der Polizei, S. 121.
[576] Norman Naimark: Die Russen in Deutschland, S. 463.
[577] Alle Zitate und Angaben: SächsHStA, LBVPS, Nr. 51 (nicht paginiert).
[578] Ebenda.
[579] Ebenda.
[580] Ebenda.

„Auf Grund der neuen Struktur der Polizei wurden die Betriebsräte und Gewerkschaftsgruppenleitungen überflüssig. An dessen Stelle ist ein Stab ausgesuchter politischer Kulturberater entwickelt und als Stellvertreter mitverantwortlich den Amts- und Abteilungsleitern zur Seite gestellt worden. Dadurch wird der heutigen politischen Entwicklung Rechnung getragen und uns die Möglichkeit gegeben, jederzeit allen Feinden und politisch unzuverlässigen Elementen wirksam entgegen zu treten und das politische Bewußtsein zu verbreitern und zu vertiefen und das kulturelle Niveau zu heben."[581]

Rückschauend begründete Vizepräsident Hofmann von der DVdI diese Veränderungen im Polizeibereich, die nicht auf Sachsen beschränkt blieben, anlässlich einer Tagung der Leiter der Abteilung Polit-Kultur am 8./9. September 1949 in Berlin wie folgt:

„Die Volkspolizei ist ein bewaffnetes Organ mit einer bestimmten, ihren Aufgaben angepaßten Struktur. Sie hat eine besondere Disziplinarordnung mit Befehlsgewalt von oben nach unten. Die Aufgaben der Gewerkschaften in der Volkspolizei werden von den PK- und anderen Organen übernommen. So z. B. geschieht die soziale Betreuung durch unsere Personalabteilung und Intendantur, so geschieht die fachliche und politische Entwicklung unserer Menschen durch den PK-Apparat und die Fachabteilungen, so geschieht die kulturelle und materielle Betreuung durch den PK-Apparat, die Wahrung der Rechte des Einzelnen durch die Besoldungsordnung, Urlaubsregelung , Krankenversicherung usw."[582]

Die Abschaffung der Betriebsräte und das Ende einer gewerkschaftlichen der Tätigkeit in der Polizei Ende 1948 und die damit parallel laufende Einrichtung von Polit-Kultur-Abteilungen, auf deren Arbeit noch näher einzugehen sein wird, konnte zusammen mit anderen Maßnahmen nur das Ziel haben, das „bewaffnete Organ", die Volkspolizei, noch stärker zu instrumentalisieren, d. h. noch intensiver in den Dienst der Staatspartei zu stellen. Dem entsprach der Fortbestand der SED-Betriebsgruppen innerhalb der Polizeiorganisation und - unter Schaffung eines selbstständigen Landesverbandes VII a - auch die völlige Herauslösung der Polizei aus der örtlichen Parteiorganisation der SED.[583]

3.3.3 Der Dienstbetrieb

Bekleidung und Ausrüstung

Beim Neubeginn nach dem Kriege stellte sich für die in Sachsen aufzubauende Polizei auch das Problem der Bekleidung und der sonstigen Ausrüstung. Die

---

[581] SächsHStA, LBVPS, Nr. 99, Bl. 123.
[582] Zitiert nach Günther Glaser: Reorganisation der Polizei, S. 323 ff.
[583] Klaus-Peter Krause: Die Herausbildung und Entwicklung der deutschen Volkspolizei, S. 101.

uniformierte Polizei war damals zunächst häufig lediglich an ihren Armbinden oder manchmal nur an ihren Mützen erkennbar. „Ohne irgend eine Ausbildung und [ohne] Kenntnisse in der polizeilichen und Verwaltungsarbeit, gestützt auf das eigene Bewußtsein und den Haß gegen den Faschismus, versah sie ihren Dienst.“ Nicht selten geriet sie an bewaffnete „Banditen“, bei denen es sich zum Teil um Deutsche, nicht selten aber um sowjetische Soldaten oder Deserteure handelte. Banden, oft auch alkoholisierte Soldaten, terrorisierten die Menschen in Stadt und Land.[584] Daher gefährdeten Polizisten nicht nur ihr Leben, wenn sie gegen sowjetische Soldaten einschritten; sie mussten diese Soldaten anschließend auch noch den russischen Kommandeuren übergeben, die so gut wie nie gegen die Täter vorgingen.[585]

Klar war, dass eine neue Uniform eingeführt werden musste und dass bestehende Notbehelfe abgebaut werden mussten. Bereits in einem Rundschreiben vom 15. August 1945 teilte der Chef der sächsischen Polizei den „Herren Landräten, Polizeipräsidenten und Oberbürgermeistern der kreisfreien Städte“ daher mit, die Besatzungsmacht schreibe „für die Polizei eine neue Uniform vor“. Die Stoffart und der Schnitt der Uniform sollten „in den nächsten Tagen festgelegt“ werden.[586] In einem Schreiben vom 28. August 1945 an die „Herren Oberbürgermeister, Landräte und Polizeipräsidenten“ präzisierte der 1. Vizepräsident der LVS, Kurt Fischer, diesen Hinweis dahin gehend, „ab sofort [...] für die gesamte sächsische Polizei eine blaue Uniform eingeführt“ werde. „Bis zur Herstellung der erforderlichen Tuche“ könnten noch „die bisherigen Uniformen - jedoch in blau umgefärbt - mit den alten Dienstgradabzeichen ohne Armbinde aufgetragen werden“.[587]

Die weitere Entwicklung verlief im Hinblick auf die allgemeine Mangelsituation allerdings stockend und sehr schleppend. Immerhin ist aus einem internen Bericht der Polizeiabteilung beim sächsischen Innenressort vom 10. Juni 1946 jedoch zu entnehmen, dass die uniformierte Polizei im Bundesland Sachsen „die von der Sowjetischen Militäradministration vorgeschriebene Uniform in blauer Farbe“ nun trug. Bis auf ca. 1.700 Polizisten „in den kleinen Gemeinden“ waren zu diesem Zeitpunkt „alle Angehörigen der Polizei mit einer Garnitur eingekleidet“, hieß es in diesem Bericht. Ein dringender Bedarf bestand hiernach jedoch noch für Winter- und Schuhbekleidung. Weiter hieß es hier:

„Die Polizisten versehen ihren Dienst fast ausschließlich noch in eigenen Schnürschuhen, die für den Polizeidienst ungeeignet sind und für den Winter eine außerordentliche Gefahr bedeuten. Wenn keine diensteigenen Stiefel geliefert werden können, d. h. das für die Beschaffung der Stiefel erforderliche Leder außer dem Rahmen der allgemeinen Zuteilung

---

[584] Alle Zitate: SächsHStA, LBVPS, Einleitung zum Findbuch, S. 2.
[585] Norman Naimark: Die Russen in Deutschland, S. 450.
[586] SächsHStA, LBVPS, Nr. 9, Bl. 45.
[587] SächsHStA, LBVPS, Nr. 44, Bl.16.

nicht freigegeben wird, muss mit einer erheblich hohen Krankenziffer im kommenden Winter gerechnet werden. Auf diese Gefahr ist wiederholt hingewiesen, aber bisher keine Abhilfe geschaffen worden."[588]

In einer Rundverfügung Nr. 244 des Chefs der sächsischen Polizei vom 17. Dezember 1946 schließlich wurde festgestellt, „daß z. Zt. die Notwendigkeit der Einführung irgendwelcher besonderer Abzeichen, seien es Ärmelabzeichen für die Verkehrspolizei oder andere Abzeichen für Dolmetscher", nicht vorliege. Es sollte aber „für die gesamte Ordnungspolizei im Land Sachsen nur eine einzige Art der Uniform" geben, wie sie „in dieser Form von der SMA genehmigt" wurde.[589]

Mit der sonstigen Ausrüstung für die Polizei stand es in Sachsen ebenfalls schlecht. Nach dem oben genannten Bericht vom 10. Juni 1946 verfügte die gesamte Polizei Anfang Juni 1946 nur über 22 Lastkraftwagen, 151 Personenkraftwagen und 221 Krafträder. Diese Fahrzeuge, die nicht selten in einem maroden Zustand gewesen sein dürften, waren „bei aktiven Nationalsozialisten beschlagnahmt und in den Dienst der Polizei gestellt worden". Weil diese Ausrüstung nicht ausreichte, sollte „dem Sächsischen Aufbauwerk der Auftrag erteilt [werden], aus den vorhandenen Restbeständen an Ersatzteilen 60 Elfsitzer-Einsatzwagen zu bauen". Der Bau dieser Einsatzwagen sei jedoch nur möglich, „wenn er durch die Besatzungsmacht besonders geschützt und für den Bau die Genehmigung erteilt wird", hieß es in diesem Bericht weiter.[590] Noch im April 1947 musste aber beispielsweise in einer Sitzung beim Polizeipräsidium Dresden festgestellt werden, dass hier nur ein Einsatzwagen zur Verfügung stand, weshalb „die Einsatzbereitschaft unserer Polizei nicht immer gewährleistet" sei.[591]

Die Fernmeldeverbindungen waren in den ersten Nachkriegsjahren ebenfalls äußerst mangelhaft. Nach einer Studie der DVdI vom 28. Januar 1947 konnte es beispielsweise vorkommen, dass eine Kriminal-Dienststelle, die dem zuständigen Kriminalamt eine wichtige Mitteilung durchgeben wollte, „5-6 Stunden auf die Herstellung des telefonischen Anschlusses warten"[592] musste. Ein polizeiliches Telex-Netz wurde von den sowjetischen Besatzungsbehörden erst 1947 zugelassen; es war dann schließlich im August 1947 funktionsfähig.[593]

Mangelhaft war weiter die Treibstoffzuteilung. „Es ist ein unerträglicher Zustand, daß die Rechtsbrecher - z. B. die sogenannten Schieber - mit

---

[588] Alle Zitate und Angaben: SächsHStA, LRS, MdI, Nr. 279, Bl. 88.
[589] SächsHStA, LRS, MdI, Nr. 269 (nicht paginiert).
[590] Alle Zitate und Angaben: SächsHStA, LRS, MdI, Nr. 279, Bl. 88.
[591] SächsHStA, LBVPS, Nr. 355, Bl. 240.
[592] BArch, DO 1/7.0/355, Bl. 20 ff.
[593] BArch, DO 1/7.0/19, Bl. 74.

unbegrenzten Mengen Treibstoff durch das Land fahren, während die Polizei auf Fahrrad oder Eisenbahn angewiesen ist", hieß es daher in der oben genannten Studie vom 28. Januar 1947.[594]

In den nachfolgenden Jahren, also ab Mitte 1947, bestand die allgemeine Mangelsituation zwar fort. Entsprechend der Bedeutung, die den Sicherheitskräften beigemessen wurde, kam es jedoch zu einer gewissen Verbesserung der Ausstattung der Polizei in Sachsen. Aus einem internen Bericht der Abteilung Schutzpolizei der DVdI vom 21. Oktober 1947 lässt sich jedenfalls entnehmen, dass in Sachsen und Thüringen „die Polizei zu annähernd 100 Prozent mit einer Uniform, bestehend aus Uniformrock und Hose, ausgerüstet" war. Mäntel fehlten allerdings immer noch „zum überwiegenden Teil".[595] Die Ausstattung mit Fahrzeugen war aber weiterhin noch völlig unzureichend. Im Rahmen einer Plenarsitzung des Sächsischen Landtages am 23. März 1948 beklagte Minister Kurt Fischer daher, dass „die Kreispolizei [...] in jedem Kreis [...] nur über ein oder zwei Fahrzeuge" verfüge, und in den Gebietsgemeinschaften gebe „es oft nicht ein einziges Fahrzeug", weshalb die Polizisten hier gezwungen seien, „ihren Dienst zu Fuß, in besonders günstigen Fällen mit dem Fahrrad zu versehen".[596]

Das Problem der Bewaffnung

Der deutschen Polizei war unmittelbar nach Kriegsende aufgrund von Vorgaben der Alliierten das Tragen von Feuerwaffen verboten. Wegen der allgemeinen Gefährdung bestand für die Polizei also das Problem der Bewaffnung. Bereits mit Rundschreiben vom 23. November 1945 teilte der Chef der sächsischen Polizei den Landräten und den Oberbürgermeistern der kreisfreien Städte zwar mit, die SMA wünsche, dass der Landeshauptkasse und den Banken des Bundeslandes Polizeischutz gewährt werde. Deshalb sei sofort das Nötige zu veranlassen. Wo es erforderlich erscheine, sei „die Bewachung der Objekte durch bewaffnete Polizisten vorzunehmen".[597] Ob und wie diese Anordnung dann umgesetzt werden konnte, ließ sich anhand der vorliegenden Unterlagen allerdings nicht feststellen. Auf alle Fälle war das Thema „Bewaffnung der Polizei" jedoch schon Gegenstand einer Polizeileiterbesprechung am 27. November 1945 in Dresden.[598]

---

[594] Ebenda.
[595] BArch, DO 1/7.0/270, Bl. 40.
[596] Akten und Verhandlungen, Bd. I.2. S. 907.
[597] SächsHStA, LRS, MdI, Nr. 278, Bl. 75.
[598] SächsHStA, LRS, MdI, Nr. 278, Bl. 70.

Ab Januar 1946 hob der Alliierte Kontrollrat das Waffenverbot dann auf[599], nachdem der Alliierte Kontrollrat schon am 30. Oktober 1945 darüber beraten hatte, ob und unter welchen Bedingungen eine Bewaffnung der deutschen Polizei zugelassen werden könnte. In einer Direktive Nr. 16 vom 6. November 1945 hatte er hierzu festgestellt, dass die deutsche Polizei „so bald wie möglich mit Waffen ausgestattet werden" müsse, damit diese „sich an der Aufrechterhaltung von Recht und Ordnung tatkräftig beteiligen" könne.[600]

Der Fortgang war allerdings schleppend. In der Dienstbesprechung der Polizeipräsidenten und Kommandeure der Ordnungspolizei am 6. Februar 1946 in Dresden wurde zudem ein Befehl von Marschall Shukow zitiert, wonach „die Polizei nicht mit Gewehren ausgerüstet sein soll". Es sei deshalb „eine Bestellung von 5000 Pistolen in Thüringen aufgegeben" worden.[601]

Der Zuteilung von Waffen an die deutsche Polizei gingen Instruktionen der sowjetischen Besatzungsmacht voraus.[602] Diese recht umfangreichen Instruktionen über „die Aushändigung, Registrierung und Aufbewahrung von Waffen in den Organen der Polizei der Länder und Provinzen" und über „die Verwendung von Schußwaffen durch die deutsche Polizei bei der Durchführung dienstlicher Obliegenheiten" wurden in Sachsen den „Herren Polizeipräsidenten, Kreispolizeileitern und Leitern der Kriminalämter" mit einem als „geheim" eingestuften Rundschreiben des Chefs der sächsischen Polizei vom 11. Februar 1946 zugeleitet. Die „Herren Oberbürgermeister und Landräte" wurden nur nachrichtlich informiert. In diesem Rundschreiben wurde auch bestimmt, dass „für die Durchführung der Instruktionen in der Gemeindepolizei der nicht kreisfreien Städte [...] die Herren Kreispolizeileiter verantwortlich" sein sollten.[603]

Spätestens ab Mitte 1947 gehörten Fragen der Bewaffnung dann schon zu den Aufgabengebieten, die zentral von der DVdI geregelt wurden. Dementsprechend erließ die DVdI am 6. Oktober 1947 eine als „geheim" eingestufte „Waffengebrauchsvorschrift", die „kategorisch" verbot, gegen Angehörige der Sowjetarmee und der anderen alliierten Armeen von der Waffe Gebrauch zu machen. Ansonsten sollte der Waffengebrauch zum Zwecke der Selbstverteidigung und in weiteren, eng umschriebenen Fällen zulässig sein.[604]

Die Frage der Bewaffnung der deutschen Polizei in der SBZ war nicht zuletzt auch aus ideologischen Gründen von besonderer Bedeutung. Die Polizei war „die einzige bewaffnete Macht" auf deutscher Seite. Deshalb musste sie auch

---

[599] Norman Naimark: Die Russen in Deutschland, S. 450.
[600] Amtsblatt des Kontrollrats, S. 42.
[601] SächsHStA, LRS, MdI, Nr. 279, Bl. 6.
[602] Karl-Heinz Schöneburg: Errichtung des Arbeiter- und Bauernstaates, S. 227 ff.
[603] Alle Zitate und Angaben: SächsHStA, LRS, MdI, Nr. 279, Bl. 12.
[604] BArch, DO 1/7.0/140, Bl. 33.

„von unserer Partei geführt werden“, wie dies z. B. Fritz Große[605], Sekretär für Kaderfragen im SED-Landesvorstand Sachsen, bei einer Vorstandssitzung am 4. August 1948 feststellte. Weiter erklärte er auf dieser Sitzung u. a.:

„Man muß ganz einfach und nüchtern die Frage so stellen: Welcher Genosse besitzt so viel Vertrauen, daß man ihm Waffen in die Hand geben kann. Wir haben früher gekämpft. Ich denke an 1923, wo die Arbeiterregierung geschützt werden mußte durch bewaffnete proletarische Hundertschaften. Damals wurden wir dafür eingesperrt. Aber heute ist es wichtig, daß nur die besten Genossen zur Polizei abgestellt werden.“[606]

Die Bewaffnung der Polizei in Sachsen erfolgte dann auch weiterhin recht zögerlich. Noch in einem Bericht der SMAS vom Oktober 1948[607] hieß es unter Bezugnahme auf die Direktive Nr. 16 des Kontrollrats in Deutschland vom 6. November 1945[608], die Polizei in Sachsen sei nur zu 50 Prozent bewaffnet. Bei einer Personalstärke von 15.183 Mann seien 7008 Karabiner und Pistolen vorhanden. Dies sollte sich in der nachfolgenden Zeit dann jedoch grundlegend ändern.

Erlasse, Hinweise, Befehle

Nach Bildung der LVS im Juli 1945 kam es in Sachsen zur Herausgabe einer Vielzahl von internen Erlassen, Hinweisen, Anordnungen, Rundverfügungen, Rundschreiben, Dienstanweisungen und Richtlinien durch das für die Polizei zuständige sächsische Innenressort bzw. durch den Chef der sächsischen Polizei. Dabei wurden schwerpunktmäßig aktuelle Fragen aufgegriffen und u. a. fachliche Auslegungs- und Bearbeitungshinweise gegeben. Die LVS bzw. die zuständige Polizeiabteilung nahm also ab Juli 1945 im Rahmen der bestehenden Kapazitäten die Aufgaben einer Aufsichtsbehörde wahr. Ausdruck der in Anspruch genommenen Kompetenzen war auch die in § 1 Absatz 2 des Entwurfs „über das Polizeiwesen vom 11.September 1945“ enthaltene Regelung, wonach die LVS „die Aufsicht über die Gemeindepolizei“ führen und „die Bestimmungen über den einheitlichen Aufbau, die Abgrenzung der

---

605 05.02.1904-12.12.1957. Geb. in Altenberg (Erzgebirge); 1918-1920 Holzarbeiter; 1920 Übersiedlung in die UdSSR; 1921 Rückkehr nach Deutschland, KPD; 1932-1933 Mitglied des Reichstages; 1934 Verhaftung; 1936-1945 Zuchthaus und KZ Mauthausen; 1946 Abgeordneter des Sächsischen Landtages. - Vgl. Helmut Müller-Enbergs u.a.: Wer war wer in der DDR?, S. 278 mit weiteren Angaben.

606 Alle Zitate und Angaben: SächsHStA, SED-BPA Dresden, Nr. A/763, Bl. 420.

607 Kurt Arlt: Die militärische und ökonomische Entwaffnung in Sachsen 1945-1948, S. 383.

608 Amtsblatt des Kontrollrats, S. 42.

Aufgaben, die Dienstregelung sowie über die Ausrüstung der gesamten sächsischen Polizei" erlassen sollte.[609]

Die von der Polizeiabteilung der LVS herausgegebenen Erlasse, Hinweise usw. ergingen zu allen einschlägigen Gebieten und Themen. Die Kompetenz hierfür bestätigte auch § 2 der „Verordnung über das Polizeiwesen im Bundesland Sachsen" vom 2. August 1946, wonach die LVS „die Aufsicht über die gesamte Polizei im Bundesland Sachsen" führte.[610]

Erlasse oder Hinweise zu Verhaftungen, Festnahmen oder Beschlagnahmen waren sozusagen Dauerbrenner. Beispielsweise ordnete der Chef der sächsischen Polizei, um den „immer noch vorkommenden wilden Verhaftungen und unberechtigten vorläufigen Festnahmen ein Ende zu bereiten", mit Rundschreiben vom 7. November 1945 „ohne Rücksicht auf die gesetzlichen Vorschriften" Folgendes an:

„Solange ein Haftbefehl der Staatsanwaltschaft nicht vorliegt, kann der Haftbefehl nur ausgestellt werden von dem Leiter der Kriminaldienststelle und in den kreisfreien Städten von dem Oberbürgermeister, in den Städten Dresden, Leipzig, Chemnitz, Zwickau, Plauen und Görlitz von dem Polizeipräsidenten, in den nicht kreisfreien Städten vom Landrat. Bei vorläufigen Festnahmen muß innerhalb von 24 Stunden ein schriftlicher Haftbefehl von der vorgenannten Stelle eingeholt und dem vorläufig Festgenommenen zugestellt werden."[611]

„Aus gegebener Veranlassung" kam es auch zu einem Rundschreiben des Chefs der sächsischen Polizei vom 6. Dezember 1945 an „alle Polizeibehörden". Dieses Rundschreiben enthielt „Richtlinien für die Regelung von Beschlagnahmungen", weil bei der Durchführung dieser Maßnahmen „nicht immer die Rechtsformen beachtet wurden, welche bei so einschneidenden Eingriffen unbedingt beachtet werden müssen".[612]

Um die Arbeit der Kriminalpolizei zu verbessern, hatte der Leiter des Landeskriminalamtes Sachsen wahrscheinlich bereits Ende 1945/Anfang 1946 den bereits erwähnten „Leitfaden für die kriminalpolizeiliche Dienstausübung"[613] erstellt, der sich u. a. mit den Themenbereichen Fahndungswesen, Verhaftung, vorläufige Festnahme, Beschlagnahme und Durchsuchung befasste. Auch zwei weitere Rundschreiben des Chefs der Polizei im Bundesland Sachsen vom 22. Mai 1946[614] und vom 20. Juni 1946[615] an alle Polizeibehörden enthielten wieder

---

609 SächsHStA, LRS, Ministerpräsident, Nr. 195, Bl. 28.
610 SächsHStA, LRS, MdI, Nr. 270 (nicht paginiert).
611 Alle Angaben und Zitate: SächsHStA, LBVPS, Nr. 44 Bl. 102.
612 SächsHStA, LRS, MdI, Nr. 278, Bl. 85.
613 SächsHStA, LRS, MdI, Nr. 278, Bl. 1 ff. - Inhaltlich entsprach dieser „Leitfaden" weitgehend der in der Weimarer Zeit maßgeblichen Praxis. - Vgl. Max Weiß: Die Polizeischule, S. 376 ff.
614 SächsHStA, LRS, MdI, Nr. 279, Bl. 83.
615 SächsHStA, LRS, MdI, Nr. 279, Bl. 113.

detaillierte Hinweise zur Durchführung von Sicherstellungen und Beschlagnahmen. Notwendig war hier z. B. der Hinweis, dass Beschlagnahmen grundsätzlich nur aufgrund einer richterlichen Anordnung zulässig seien und nur „bei Gefahr im Verzug" auch durch die Staatsanwaltschaft oder einen Polizisten (§§ 98 ff. Strafprozessordnung) vorgenommen werden können. Auf die rechtlichen Voraussetzungen bei der Durchsuchung von Räumen, welche in gleicher Weise grundsätzlich eine gerichtliche Anordnung erforderte, wurde ebenfalls ausdrücklich hingewiesen (§§ 105 Strafprozessordnung). Weiter hieß es im genannten Rundschreiben vom 20. Juni 1946:

„Alle anderen Beschlagnahmen dürfen nur erfolgen, wenn ein Gesetz oder eine Verordnung dies ausdrücklich bestimmt. Beschlagnahmen für die Besatzungsmacht dürfen nur vorgenommen werden, wenn ein schriftlicher Befehl dazu vorgelegt wird, der mit Unterschrift eines Offiziers und einem runden Dienstsiegel der Kommandantur oder der SMA des Bundeslandes Sachsen versehen ist. In solchen Fällen ist außerdem eine schriftliche Anweisung des zuständigen Gemeinderates beizuziehen, wo die Beschlagnahme erfolgen soll."[616]

Besonders erfolgreich scheinen alle diese Hinweise nicht gewesen zu sein. Denn schon in einem weiteren Rundschreiben des Chefs der Polizei im Bundesland Sachsen vom 17. Juli 1946 zur „Durchsuchung und Beschlagnahme bzw. polizeilichen Sicherstellung"[617] waren offenbar erneut Hinweise zu gleichen Thematik erforderlich.

Mit Rundschreiben des Chefs der Polizei im Land Sachsen vom 14. Oktober 1946 an „alle Polizeibehörden" schließlich ergingen zusätzliche Hinweise zu „Ablieferung von in Polizeiverwahrung befindlichen beschlagnahmten Wertgegenständen", womit insbesondere Edelmetalle, Edelsteine und Devisen gemeint waren, die bei „aktiven Faschisten" oder bei „Schiebern beschlagnahmt oder anderweitig sichergestellt wurden". Die SMA lege „großen Wert auf die sorgfältige und einwandfreie Anfertigung o. a. Aufstellungen, die sowohl in Deutsch als auch übersetzt ins Russische hier einzureichen sind", hieß es in dem Rundschreiben weiter. Entsprechendes gelte auch für Kunstgegenstände aus enteigneten Schlössern bzw. aus Maßnahmen der Bodenreform.[618]

Die hier mit einigen Beispielen dargestellte Praxis der Herausgabe von Erlassen, Hinweisen, Anordnungen, Rundverfügungen, Rundschreiben, Dienstanweisungen und Richtlinien wurde in Sachsen über die Jahre hinweg kontinuierlich beibehalten. In formaler Hinsicht gab es jedoch ab Anfang 1949 eine Veränderung. Von diesem Zeitpunkt an arbeitete die Hauptabteilung Polizei der Landespolizeibehörde nämlich auch mit „Befehlen". Es gab beispielsweise den Befehl Nr. 13/49 vom 15. Januar 1949,[619] der sich mit der Herausgabe

---

[616] Ebenda.
[617] SächsHStA, LRS, MdI, Nr. 269, Bl. 3.
[618] Alle Angaben und Zitate: SächsHStA, LRS, MdI, Nr. 269 (nicht paginiert).
[619] SächsHStA, LBVPS, Nr. 149, Bl. 6.

einheitlicher deutscher Personalausweise befasste. Neben den „Befehlen" waren aber auch weiterhin noch Erlasse, Hinweise, Dienstanweisungen usw. üblich, beispielsweise die Dienstanweisung Nr. 145/49 der Landesbehörde der Volkspolizei Sachsen vom 13. Dezember 1949 zur Bekanntgabe von „Richtlinien zur Wiedereinführungen und Verwendung des Polizeiknüppels in der Volkspolizei".[620]

Dienstbesprechungen, Schulungen

Auch polizeiliche Dienstbesprechungen auf Landesebene „mit den Polizeidezernaten der Landratsämter und den Leitern der Polizei in den Kreisen und Städten" - neben Erlassen, Hinweisen usw. ebenfalls ein übliches Führungsinstrument - gab es in Sachsen bereits ab August 1945. „Hier wurden einheitliche Standpunkte über das Polizeiwesen im Land Sachsen erörtert, Erfahrungen ausgetauscht und Organisationsfragen erörtert." Dabei trugen diese Besprechungen unmittelbar nach dem Kriege zunächst aber nur einen „informatorischen, anleitenden Charakter, da die Polizeiorgane noch den örtlichen Selbstverwaltungsorganen unterstanden".[621]

Diese Dienstbesprechungen fanden in Sachsen fortlaufend nach Bedarf statt. Ab etwa Mitte 1946 wurden sie sogar an routinemäßig festgelegten Terminen abgehalten. Ein vertrauliches Rundschreiben des Chefs der Polizei im Bundesland Sachsen vom 19. Juni 1946 an die Polizeipräsidien, Kriminalämter und Landratsämter bestimmte, dass monatlich jeweils mittwochs Dienstbesprechungen stattfinden sollen, und zwar an jedem ersten Mittwoch für „die Herren Polizeipräsidenten und Kommandeure der Ordnungspolizei", an jedem zweiten Mittwoch für „die Leiter der Kriminalämter" und an jedem vierten Mittwoch für „die Leiter der Kreispolizei im Bundesland Sachsen". Der dritte Mittwoch war für „die Leiter der noch zur Zeit kreisfreien Städte"[622] vorgesehen. Die Verpflegung der Teilnehmer konnte laut Einladungsschreiben allerdings „nicht übernommen" werden.[623]

Am 14. November 1946 fand zusätzlich beim 1. Vizepräsidenten Fischer eine „1. Polizeitagung" statt. Bei dieser Tagung ging es ausschließlich um Fragen des

---

[620] SächsHStA, LBVPS, Nr. 150. Bl. 198.

[621] Alle Zitate: Klaus-Peter Krause: Die Herausbildung und Entwicklung der Deutschen Volkspolizei, S. 45.

[622] Hierbei handelte es sich um die Städte Aue, Bautzen, Crimmitschau, Döbeln, Freiberg, Freital, Glauchau, Meerane, Meißen, Mittweida, Pirna, Radebeul, Reichenbach, Riesa, Werdau, Wurzen und Zittau.

[623] SächsHStA, LRS, MdI, Nr. 279, Bl. 99.

vorbeugenden Brandschutzes und die Möglichkeit der Feststellung der Täter bei Bränden. Bei verschiedenen Bränden wurde Sabotage oder Brandstiftung vermutet als „Folge der Bodenreform". Vizepräsident Fischer meinte, man müsse sich hier „vor allem die Leute, die aus dem Westen kommen, ansehen". Auch sollten die einzelnen Fälle der Staatsanwaltschaft erst dann übergeben werden, wenn genügend Beweise vorhanden seien. Er wollte dann „die SMA bitten, dass diese Fälle von einem Kriegstribunal der Besatzungsmacht abgeurteilt werden".[624]

Zuvor, nämlich am 31. Oktober 1946 und wenige Tage nach der ersten Landtagswahl in Sachsen nach dem Kriege, fand im Kongresssaal der Stadthalle in Dresden eine allgemeine Polizeitagung statt. Diese Tagung war vom Chef der Polizei im Land Sachsen kurzfristig mit Rundschreiben vom 23. Oktober 1946 einberufen worden. Thema und Redner sollten erst auf der Tagung selbst bekannt gegeben werden. Zu dieser Tagung sollten „die Polizeipräsidenten, Polizeidirektionen, Kreispolizeiämter und Kriminalämter 10 % ihrer jeweiligen Stärke einschl. der Herren Bezirkspolizeipräsidenten, Leiter der Kreispolizeiämter bzw. deren Stellvertreter und Leiter der Kriminalämter" entsenden. Auch Vertreter der Bahnpolizei und der Feuerwehr sollten teilnehmen.[625]

Unabhängig von den üblichen Dienstbesprechungen war in Sachsen mit dem Ziele einer gründlichen Schulung der Polizei im Februar 1946 - wie bereits erwähnt - auch eine Landespolizei-Fachschule errichtet worden, in welcher nach einem internen Bericht der Polizeiabteilung des sächsischen Innenressorts vom 10. Juni 1946 „im Laufe der Zeit alle vorhandenen Polizisten" geschult werden sollten. Neben der fachlichen Schulung erschien hier auch schon die Durchsetzung „revolutionär-demokratischer Kaderprinzipien für die weitere Entwicklung der Polizeiorgane [...] von erstrangiger Bedeutung". Deshalb sollte es bei diesen Schulungen darum gehen, neben der polizeifachlichen Grundlagenausbildung „die politisch-ideologische Erziehung zu intensivieren".[626] Generell sollte die „Entwicklung des Klassenbewusstseins sowie die Erziehung zur Freundschaft zur Sowjetunion [...] im Zentrum der ideologischen Arbeit" stehen.[627]

Das Engagement der Lehrgangsteilnehmer war jedoch anscheinend nicht immer zufriedenstellend. In einem Bericht vom 22. Februar 1947 über eine „Besprechung mit dem Schulungsleiter und der Lehrerschaft der Polizeifachschule Dresden" hieß es jedenfalls, ein großer Prozentsatz der Lehrgangsteilnehmer sehe in der Polizei nur „eine wirtschaftliche Versorgung für sich" und erkenne die politische Notwendigkeit nicht. Von der Lehrerschaft hieß es, sie erkenne

---

[624] Alle Zitate und Angaben: SächsHStA, LRS, MdI, Nr. 274 (nicht paginiert).
[625] SächsHStA, LRS, MdI, Nr. 269 (nicht paginiert).
[626] Alle Zitate und Angaben: SächsHStA, LRS, MdI, Nr. 79, Bl 88.
[627] Karl-Heinz Schöneburg: Errichtung des Arbeiter- und Bauernstaates, S. 227 ff.

zwar beim Zensieren die Fehler in den Arbeiten, nehme aber „auf Grund der langjährigen Zugehörigkeit zu den Arbeiterorganisationen“ zu viel Rücksicht.[628]

Gründliche fachliche Schulungen waren unbestreitbar außerordentlich dringlich, denn auch der Jahresbericht der DVdI für die Zeit von 1946 bis 1947 musste bestätigen, „dass über 90 % der Polizeiangestellten in der sowjetischen Besatzungszone berufsfremde Menschen sind“.[629] Dies war eine unvermeidliche Folge von Personaleinstellungen, die häufig nicht nach fachlichen Gesichtspunkten, sondern im Hinblick auf Parteizugehörigkeit und Klassenbewusstsein erfolgten.

3.3.4 Druck, Säuberungen, „Polit-Kultur“

Die kommunistische Personalpolitik bis Mitte 1947

Die Personalverwaltung und die Personalpolitik galten nach dem Zweiten Weltkrieg in Sachsen als „die zentrale Achse der gesamten Arbeit im Polizeiapparat“.[630] Dies betonte auch der Polizeipräsident von Dresden am 1. April 1946 im Rahmen einer internen Besprechung mit seinen engsten Mitarbeitern. Dementsprechend galt hier der Einstellungspraxis im Bereich der Polizei von Anfang an die größtmögliche Aufmerksamkeit. Darüber hinaus war sie - wie oben bereits näher dargelegt - parteipolitisch völlig einseitig ausgerichtet. Diese Praxis war so einseitig, dass sich der damalige sächsische Vorsitzende der SPD, Otto Buchwitz, schon im Herbst 1945 in einem Brief vom 23. September 1945 an den SPD-Vorsitzenden in der SBZ, Otto Grotewohl, hierüber beschwerte. Er verwies darauf, dass „eine ganze Menge unserer Genossen in leitenden Stellungen in größeren und mittleren Städten“ von den sowjetischen Kommandanten abgesetzt und durch Kommunisten ersetzt worden sei. Aus der Polizei würden „fortlaufend unsere Leute entfernt und durch Kommunisten ersetzt“, monierte Buchwitz weiter.[631]

Auch das spätere Mitglied des SED-Zentralsekretariats, Erich Gniffke (SPD/SED), der Anfang September 1945 Dresden besuchte, bestätigte, dass Präsident Friedrichs intern - wenn auch vergeblich - gegen die kommunistische Personalpolitik protestiert habe. Gniffke beschieb die Situation in Sachsen und die Position des Präsidenten der LVS hierzu wie folgt:

---

[628] SächsHStA, SED-BPA Dresden, Nr. A/1226 (nicht paginiert).
[629] BArch, DO 1/7.0/23, Bl. 49.
[630] SächsHStA, LBVPS, Nr. 355, Bl. 70.
[631] Alle Zitate und Angaben: SächsHStA, SED-BPA Dresden, Nr. II/A/1002/1.

„Die Zusammenarbeit mit den Sowjets bezeichnete er [Friedrichs] als erträglich, die mit den Kommunisten als nahezu unerträglich. In der Frage der Personalpolitik gebe es fast täglich einen Zusammenstoß mit seinem Vertreter, dem 1. Vizepräsidenten Kurt Fischer, einem skrupellosen Mann, der allem Anschein nach engem Kontakt zu Ulbricht habe. [...] Die Personalpolitik Fischers sei katastrophal. Sozialdemokraten würden nur selten eingestellt, und wenn, dann oft genug bald wieder entlassen."[632]

Im Allgemeinen verhielt sich Friedrichs in Personalangelegenheiten zunächst aber doch wohl eher passiv. Erst ab der Jahreswende 1946/47 - im Zuge einer Entlassungswelle von ehemals sozialdemokratischen Mitarbeitern bei staatlichen und kommunalen Einrichtungen - begann er dann als Ministerpräsident offensiv gegen Kurt Fischer und gegen den Leiter des Personalamtes der LVS, Egon Dreger (früher KPD), vorzugehen.[633] Sehr erfolgreich war er aber nicht. Im Gegenteil: Mit Wirkung vom 31. März 1947 wurde der letzte ursprünglich noch aus der SPD stammende Polizeipräsident von Zwickau, Krippner, durch Innenminister Fischer entlassen.

Diese Absetzung sorgte an der Basis für erhebliches Aufsehen und für Unruhe. Otto Buchwitz, jetzt SED-Vorsitzender in Sachsen, griff diesen Fall auf und wies den Ministerpräsidenten in einem Schreiben vom 9. April 1947 darauf hin, dass er wegen dieses Vorganges „keine Ruhe innerhalb der Partei in Zwickau und Umgebung" bekomme, „wo Krippner außerordentlich beliebt" sei.[634] Ministerpräsident Friedrichs war aber offenbar machtlos.[635] Objektiv kam hinzu, dass Krippner damals schon 65 Jahre alt war. Fischer verhielt sich in der Sache jedenfalls weiterhin hart, aber dem äußeren Anschein nach auch moderat. Er sicherte Krippner im Entlassungsschreiben vom 27. März 1947 finanzielle Vergünstigungen zu, nämlich die Weiterzahlung der „jetzigen Bezüge in voller Höhe". Außerdem sprach er ihm für seine „Verdienste am Aufbau der neuen demokratischen Volkspolizei unsere höchste Anerkennung" aus.[636]

Ansonsten wurde im Laufe der ersten Hälfte des Jahres 1947 der Druck auf Polizeiangehörige, die ursprünglich aus der SPD kamen, immer stärker. Sie galten prinzipiell als mögliche Agenten und „Schumacheristen". Exemplarisch belegt ist dieser Druck im Falle des früheren SPD-Mitgliedes Günther Weber. Weber war bis Mai 1947 im Polizeipräsidium Leipzig als Polizeirat tätig gewesen und dann in den Westen übergewechselt. In einem Schreiben vom 29. Mai 1947 an den stellvertretenden Leiter der Abteilung II des Polizeipräsidiums Leipzig rechtfertigte er sein Verhalten wie folgt:

---

632 Erich Gniffke: Jahre mit Ulbricht, S. 79.
633 Michael Richter/Mike Schmeitzner: „Einer von beide [...]", S. 57 ff.
634 SächsHStA, LRS, Ministerpräsident, Nr. 506, Bl. 131.
635 Michael Richter/Mike Schmeitzner: „Einer von beiden [...]", S. 104.
636 SächsHStA, LRS, MdI, Nr. 283 (nicht paginiert).

> „Ich bedauere, daß die innere Auseinandersetzung in der SED gegen sozialdemokratische Genossen im Staats- und Parteiapparat einen so erschreckenden Grad von Unduldsamkeit und einseitiger Verfolgung angenommen haben, daß es mir bei meinem ausschließlich deshalb erfolgten Rücktritt als Polizeirat nicht möglich war, meine Dienstgeschäfte zu übergeben. Allein schon die Tatsache, daß in den letzten Wochen das Spitzelsystem um mich verstärkt [wurde] und mir fast keinerlei wichtige politische Dinge mehr offiziell zugeleitet wurden, hat mich von dieser sonst notwendigen Verpflichtung entbunden."[637]

Und weiter teilte Weber hier mit:

> „Ich nehme meine Tätigkeit in meiner sächsischen Heimat erst wieder auf, wenn die größte Arbeiterpartei im Land nicht mehr unter Ausnahmerecht steht und die Polizei nicht mehr einseitig vom Präsidenten bis zur letzten Reinemachefrau in der Betriebsgruppe einer Partei organisiert sein muß, die die meisten nicht wählen und die noch nicht 10 Prozent des Volkes hinter sich hat. Ich stelle mich nicht gegen den einzelnen kommunistischen Genossen, der mit seiner Parteinahme die Befreiung der werktätigen Bevölkerung rasch forcieren wollte, wohl aber gegen jede neue Diktatur, jedes neue Verbrechen gegen die Menschlichkeit, jede Vergrößerung der Not des werktätigen Volkes und jede Aufgabe unserer berechtigten Interessen in der Frage des Bestandes eines Deutschen Reiches, wie es lakaienhaft von der mächtigen KP/SED-Zentrale in Berlin täglich aufs Neue getan wird."[638]

Der bisherige Polizeirat Weber zog also persönliche Konsequenzen, nachdem durch die zunehmenden Spannungen für ihn die Situation im Polizeidienst Sachsens ersichtlich so unerträglich geworden war, dass er den Dienst quittieren musste. Vielen anderen war dieser Weg aus persönlichen Gründen damals wahrscheinlich aber unmöglich.

Der Brief Webers wurde Innenminister Fischer vorgelegt, der daraufhin am 19. Juni 1947, also am Tage der Trauerfeierlichkeiten für den am 13. Juni 1947 überraschend verstorbenen Ministerpräsidenten Friedrichs, eigenhändig verfügte, dass dieser in Abschrift dem SED-Landesvorstand Sachsen (Koenen, Buchwitz, Schliebs) und der SMAS (Watnik und Pokopjuk) zuzuleiten sei. Dies geschah unter Beifügung eines Berichts des Polizeipräsidiums Leipzig vom 11. Juni 1947, in welchem ergänzend noch mitgeteilt wurde, dass auch ein enger Mitarbeiter des Polizeirates Weber am 19. Mai 1947 Urlaub eingereicht habe und seitdem nicht mehr zum Dienst erschienen sei. Dieser Mitarbeiter sei vielmehr „dem Beispiel seines Freundes Günther Weber gefolgt" und habe „sich dem Renegaten Schumacher zur Verfügung gestellt". Der genannte Mitarbeiter war Leiter der Betriebsgruppe der SPD des Polizeipräsidiums gewesen, trat aber, „nach dem Zusammenschluß der Betriebsgruppe, der ohne ihn - besser gesagt gegen seinen Willen - durchgeführt wurde, [...] nicht mehr politisch in Erscheinung".[639]

---

[637] SächsHStA, LRS, MdI, Nr. 271 (nicht paginiert).
[638] Ebenda.
[639] Alle Zitate und Angaben: SächsHStA, LRS, MdI, Nr. 271 (nicht paginiert).

Die einseitig kommunistisch ausgerichtete Personalpolitik Fischers wurde nach dem Tode von Ministerpräsident Friedrichs auch im Rahmen der Sitzung des so genannten Landesblocks am 18. Juli 1947 von Vertretern der CDU und der LDP deutlich kritisiert. Diese Parteien forderten die Einhaltung getroffener Block-Vereinbarungen. U. a. wurde kritisiert, dass es bei der Polizei keinen Posten mehr gebe, „der nicht der SED zugefallen sei".[640] Von dieser Kritik ließ sich der „Moskau-Kader"[641] Kurt Fischer jedoch auch weiterhin nicht beeindrucken, denn für ihn war klar, dass die gezielte Personalpolitik ein „zentrales Führungsinstrument kommunistischer Machtpolitik" ist.[642]

Verschärfte Säuberungen ab Herbst 1947

Innenminister Kurt Fischer ließ sich von dieser Kritik jedoch weiterhin nicht beirren. Vielmehr intensivierte er die begonnenen Säuberungen auf allen Ebenen. Auf der 2. Landesdelegiertenkonferenz der sächsischen SED am 11. September 1947 wetterte er heftig gegen die Sozialdemokraten und erklärte u. a.:

> „Die Schumacher-Organisationen wollen die SED von innen heraus zersetzen. Das, Genossen, erfordert Wachsamkeit in den Reihen unserer Partei, das erfordert Klärung der Ideologie über Probleme innerhalb der Partei. Wir dürfen solche Tatsachen nicht verkleistern [...], sondern [wir] müssen das aufreißen, damit die breiten Schichten unserer Mitglieder unterscheiden können, was vom Feind lanciert und vorgesetzt wird."[643]

Nach Friedrichs' Tod am 13. Juni 1947 und erst recht nach dem II. SED-Parteitag in Berlin, welcher vom 20. bis 24. September 1947 stattfand, schien nun die Zeit reif für ein weiteres massives Durchgreifen. In Sachsen sollte verstärkt gegen Abweichler oder Saboteure vorgegangen werden, denen es „trotz aller Vorsicht und Prüfung bei der Einstellung von Bewerbern zur Polizei" gelungen

---

640 SächsHStA, LRS, Ministerpräsident, Nr. 49, Bl. 176 ff.; SAPMO-BArch, NY 4074/175, Bl. 68 ff.

641 Unter „Moskauern" oder „Moskau-Kadern" verstand man diejenigen deutschen Kommunisten, die ab April/Mai 1945 aus der sowjetischen Emigration nach Deutschland zurückkehrten und in der SBZ/DDR wichtige Schaltstellen und Führungspositionen besetzten. Diesen „Moskau-Kadern" wurde in der SBZ eine Sonderrolle eingeräumt. - Vgl. Peter Erler: „Moskau- Kader", S. 231ff. und S. 242ff. - Im Polizei- und Sicherheitsapparat Sachsens gab es nur sehr wenige „Moskauer", nämlich neben Kurt Fischer insbesondere noch Artur Hofmann und - 1948/49 - Wilhelm Zaisser. - Vgl. Hans-Peter Müller: „Parteiministerien", S. 289.

642 Hans-Peter Müller, „Parteiministerien", S. 348.

643 SächsHStA, SED-BPA Dresden, Nr. A/748.

war, sich „als dunkle Elemente“[644] einzuschleichen. Als ganz besonders gefährlich galten die bereits erwähnten „Schumacheristen“.

Säuberungen gehörten generell zum Instrumentarium der kommunistischen Bewegung. Sie waren „ein immanenter Teil des Wandels von einer radikalsozialen Bewegung zu einer diktatorischen Organisation“.[645] Die Gründe für einzelne Säuberungsmaßnahmen konnten unterschiedlicher Natur sein und beispielsweise durchaus auch im persönlichen Bereich liegen. Von herausragender Bedeutung war dabei aber auch die immer wieder geforderte und betonte ideologische Überprüfung bzw. „Wachsamkeit“. Dies galt für die staatliche Verwaltung im Allgemeinen und für die Polizei im Besonderen.

Zentrale Figur bei den nun forcierten Säuberungen in Sachsen war - wie schon bisher - der sächsische Innenminister Kurt Fischer, der in seinen Aktivitäten innerhalb und außerhalb des Bereichs der Polizei kaum noch zu bremsen war. Drei charakteristische Einzelfälle mögen sein „Wirken“ erläutern:

- Auf einen persönlichen Hinweis des Landesvorstandes der SED in Sachsen vom 16. Oktober 1947 hin ließ Fischer den im sächsischen Ministerium für Land- und Forstwirtschaft tätigen Oberregierungsrat Z. „wegen Vergehens gegen das Kontrollratsgesetz Nr. 50, wegen unberechtigter Amtsanmaßung und eigenmächtiger Herausgabe einer Anweisung, offenbar mit dem Ziele, unberechtigterweise Lebensmittel zu bekommen“, kurzerhand verhaften. Z. wurde am 18. November 1947 in den Diensträumen „festgenommen und in das Polizeigefängnis eingeliefert“. An der Durchsuchung der Wohnung und an den Vernehmungen waren auch die Kommissariate 3 und 5 beteiligt, „so daß alle Seiten der Angelegenheit eingehend beleuchtet werden“ konnten.[646]

- In einem weiteren Fall war es am 29. Oktober 1947 unter Beteiligung, wenn nicht ebenfalls auf Veranlassung von Innenminister Fischer, zur Verhaftung und „Überstellung“ des ehemaligen Ministerialrates Alexander K. an die Staatsanwaltschaft gekommen. K. war vom 8. Oktober 1946 bis kurz vor seiner Verhaftung am 29. Oktober 1947 in der Abteilung Bodenordnung des Ministeriums für Land- und Forstwirtschaft tätig gewesen. Ihm wurde „Sabotage an der demokratischen Bodenreform“ und schwere passive Bestechung vorgeworfen. In Wirklichkeit dürfte es so gewesen sein, dass K. als Befürworter eines gesetzlichen Vorgehens bei der Sicherung des Inventars der enteigneten Schlösser und Herrenhäuser mit dem Tod von Ministerpräsident Friedrichs am 13. Juni 1947 den notwendigen Rückhalt gegenüber Fischer, dem Vorsitzenden der Landesbodenkommission, verloren hatte.[647]

- Das wahrscheinlich prominenteste Opfer Fischers und der sich verschärfenden Säuberungen wurde dann - jedenfalls in der Polizei Sachsens - im Jahre 1948 der stellvertretende Chef der Polizeiabteilung im sächsischen Ministerium des Innern, Ministerialrat Ludwig Hoch. Hoch, Jahrgang 1892 und seit 1912 Mitglied der SPD, war 1933 aus dem Staatsdienst entlassen worden. Im Mai 1945 wurde er Mitarbeiter von Oberbürgermeister Fried-

---

[644] SächsHStA, LBVPS, Einleitung zum Findbuch, S. 7.
[645] Hermann Weber: Zur Rolle des Terrors im Kommunismus, S. 53.
[646] SächsHStA, LRS, MdI, Nr. 274 (nicht paginiert).
[647] Michael Richter/Mike Schmeitzner: „Einer von beiden [...]“, S. 117.

richs in Dresden. Nach Bildung der LVS wechselte er in die Landespolizeiverwaltung Sachsens. Er war dort insbesondere für Fragen der allgemeinen Verwaltung und des Haushalts, aber auch für allgemeine Rechtsangelegenheiten zuständig. Im Rahmen seiner Möglichkeiten versuchte Hoch, bei den nachgeordneten Polizeibehörden z. B. durch die Herausgabe von Rundschreiben Elemente der Rechtsstaatlichkeit aufrechtzuerhalten und zu stärken. Er geriet jedoch in Konflikt mit Innenminister Fischer, der in ihm als früherem SPD-Mann einen Abweichler und Vertrauten des Ministerpräsidenten Friedrichs sah. Nach dem Tode von Ministerpräsident Friedrichs am 13. Juni 1947 wurde Hoch von Fischer systematisch ausgeschaltet. Schließlich wurde er nach einer als Dienstanweisung Nr. 81/48 deklarierten Mitteilung der Hauptabteilung Polizei - Landespolizeibehörde - vom 3. August 1948 entlassen. Die „Amtsleiter aller Polizeibehörden" wurden in dieser Dienstanweisung dahingehend informiert, dass „laut Anweisung des Herrn Präsidenten der DVdI vom 29.7.1948 [...] der bisherige Stellvertretende Chef der Polizei, Herr Ministerialrat Hoch, mit sofortiger Wirkung aus dem Polizeidienst der sowjetischen Besatzungszone" ausgeschieden sei.[648] Kurze Zeit später wurde Ludwig Hoch verhaftet und durch ein sowjetisches Militärtribunal zu 25 Jahren Gulag verurteilt.[649]

Geradezu groteske Formen nahmen in der gesamten SBZ die sich ab Januar 1949 weiter verschärfenden Säuberungen an, die Kurt Fischer in seiner Eigenschaft als Präsident der DVdI mit Befehl Nr. 2 vom 14. Januar 1949[650] angeordnet hatte. Diese Säuberungsaktionen wurden auch von der 1. Parteikonferenz der SED, die vom 25. bis 28. Januar 1949 stattfand, abgesegnet, wo gefordert wurde, den „Schutz der gesellschaftlichen Entwicklung weiter" zu verbessern und „gegen Schädlinge und Agenten [...] mit aller Strenge des Gesetzes" vorzugehen.[651] Auf der Grundlage des genannten Befehls Nr. 2 kam es bei der Polizei in der gesamten SBZ zu weiteren Entlassungen in ganz erheblichem Umfange. Für derartige Entlassungen genügten beispielsweise „West-Kontakte" oder nahe Verwandte in den westlichen Besatzungszonen. Selbst die Kriegsgefangenschaft konnte einem zum Verhängnis werden, denn es waren „alle Polizisten zu entlassen, welche in der anglo-amerikanischen oder französischen Gefangenschaft waren, nahe Verwandte (Mutter, Vater, Frau, Bruder, Schwester) in den Westzonen Deutschlands haben, oder moralisch zersetzt und politisch unzuverlässig sind".[652]

---

648 SächsHStA, LBVPS, Nr. 51 (nicht paginiert).

649 Nach einer Amnestie wurde Ludwig Hoch im Mai 1956 - wahrscheinlich schon als schwerkranker Mann - entlassen, rehabilitiert und wieder in die SED aufgenommen. Bereits im Herbst 1957 starb er. - Vgl. Michael Richter/Mike Schmeitzner: „Einer von beiden [...]", S. 28.

650 Zitiert nach Günther Glaser: Reorganisation der Polizei, S. 254 ff. Dieser Befehl war an die Grenzpolizei gerichtet, wurde aber auf den gesamten Polizeibereich ausgedehnt.

651 Klaus-Peter Krause: Die Herausbildung und Entwicklung der Deutschen Volkspolizei, S. 18.

652 SächsHStA, LBVPS, Nr. 207, Bl. 278.

Die Auswirkungen

Die immer wieder stattfindenden Säuberungswellen mussten bei der Polizei in Sachsen zu Verunsicherung und auch zu einer ganz erheblichen Fluktuation führen. Die Fluktuation und die sich hieraus ergebenden Folgen waren sogar der SMAS bereits Ende 1947 aufgefallen. In einem Befehl Nr. 271 vom 8. Dezember 1947 über die „Verbesserung der Tätigkeit der deutschen Polizeiorgane des Landes Sachsen und [der] Säuberung ihrer Reihen von unzuverlässigen Elementen" beanstandete sie daher den „Wechsel im Personalbestand der Polizei" ausdrücklich, weil „ihre Durchsetzung mit Gelegenheitselementen" hierdurch begünstigt werde. Zum Problem der Fluktuation hieß es in diesem Befehl weiter:

„So sind zum Beispiel im Verlauf von 6 Monaten von Mai bis Oktober 1947 aus der sächsischen Polizei aus verschiedenen Gründen 2.342 Mann entlassen worden, davon die Mehrzahl auf eigenen Wunsch, wobei in der selben Zeitspanne 4.189 Mann neu eingestellt worden sind."[653]

Ein so starker Personalabgang war nicht nur auf Sachsen beschränkt. Nach einer statistischen Erhebung der DVdI waren vielmehr in der gesamten SBZ in der Zeit vom Mai 1945 bis Dezember 1947 bei einer Ist-Stärke der Polizei von 47.355 Personen im Polizeidienst insgesamt 33.081, also knapp 70 Prozent, entlassen worden.[654]

Die im Befehl Nr. 271 der SMAS geäußerte Kritik nützte in Sachsen aber offensichtlich gar nichts. Die Säuberungen wurden in den folgenden Jahren vielmehr sogar noch verschärft. Im Jahresbericht 1948 der Personalabteilung der Landespolizeibehörde Sachsen hieß es unter der Überschrift „Reinigungsaktion" hierzu:

„Um unsere Polizei von unlauteren Elementen zu bereinigen, wurden im Juni [1948] 5 Kommissionen gebildet, die sich aus je einem Vertreter der SMA, der PA [Personalabteilung] der LPB [Landespolizeibehörde], der Landesregierung und des Landesvorstandes der SED zusammensetzten. Diese hatten den Auftrag, das gesamte Personal der LPB und aller Polizeiämter zu überprüfen. Als Ergebnis mußten 536 Polizeiangehörige wegen politischer Unzuverlässigkeit oder fachlicher Nichteignung aus dem Polizeidienst ausscheiden. Im Zuge dieser Bereinigung sind weitere Entlassungen durchgeführt worden, was bei den Ausscheidungen aus politischen Gründen und wegen Nichteignung [...] seinen Ausdruck findet."[655]

Nach diesem Jahresbericht kam es im Polizeidienst Sachsens im Jahr 1948 zu insgesamt 13.781 Einstellungen und zu 5.491 Entlassungen. Bei einem Soll von 23.679 Stellen nach dem Stellenplan von 1948 hätte es sich damals bei weit mehr als der Hälfte der Angehörigen im Polizeidienst Sachsens um eine Neuein-

---

653 Alle Zitate und Angaben: SächsHStA, LRS, Ministerpräsident, Nr. 159 Bl. 19 ff. sowie LBVPS, Nr. 35, Bl. 104 ff.

654 Jan Foitzik: Sowjetische Militäradministration in Deutschland, S. 415.

655 SächsHStA, LBVPS, Nr. 99, Bl.131.

stellung gehandelt.[656] Als Gründe für die Entlassungen wurden angegeben: eigener Wunsch (2.678), politisch (945), Dienstvergehen (810), Nichteignung (715), Krankheit (213) und NSDAP-Mitgliedschaft (130). Die Entlassungsquote lag also bei über 23 Prozent vom Stellensoll, wobei die angeblich auf „eigenen Wunsch" erfolgten Entlassungen dem wahren Sachverhalt häufig wohl nicht entsprachen. Nicht gesondert gekennzeichnet waren auch die vielen Fälle eines Überwechselns in die westlichen Besatzungszonen. Besonders spektakulär war hier die Flucht des Inspekteurs der Schutzpolizei bei der sächsischen Landespolizeibehörde, Hans Schneider, der sich am 30. Januar 1948 „in den Westen" abgesetzt hatte.[657]

Da die neue Polizei „klassenbewusst" zusammengesetzt sein musste, wofür naturgemäß fast ausschließlich nur berufsfremde Personen in Betracht kamen, bedeutete die permanente Fluktuation - abgesehen von den fachlichen Problemen - für die personalbearbeitenden Stellen natürlich auch einen ganz enormen Arbeitsaufwand. Häufig war es aber ganz einfach auch unmöglich, geeigneten Ersatz zu finden. Trotz nicht unbeträchtlicher Anreize - z. B. einer günstigen Einstufung beim Bezug von Lebensmittelkarten und der Bereitstellung von Berufskleidung - erschienen die Arbeitsbedingungen vielen auf die Dauer offensichtlich nicht tragbar. Die schwierige personelle Situation bei der Polizei kam daher auch auf einer Sitzung des Landesvorstandes der SED Sachsen am 4. August 1948 zur Sprache. Fritz Große, Sekretär im Landesvorstand, erklärte den anwesenden Funktionären hier:

> „Zur Abstellung von zuverlässigen Genossen zur Polizei muß jeder einzelne Kreis in Sachsen spätestens bis Ende dieses Monats zwei zuverlässige, politisch qualifizierte Funktionäre von der Qualität eines Mitgliedes des Kreisvorstandes oder Arbeitsgebietssekretärs [...] für die Polizeiarbeit freistellen. Das ist keine Redensart, Genossen. Das kann sich jeder Kreisvorsitzende notieren, denn er wird die Verantwortung tragen, daß uns diese Genossen schnellstens gemeldet werden, damit wir über ihren Einsatz verfügen können."[658]

Außerdem erhielten die anwesenden Funktionäre der kreisfreien Städte (Stadtkreise) in dieser Landesvorstandssitzung noch den Auftrag, „drei Genossen für besondere politische Arbeit" freizustellen.

Die ständigen Säuberungen, insbesondere auch die Säuberungen auf der Grundlage des Befehls Nr. 2 der DVdI vom 14. Januar 1949, bereiteten also intern erhebliche Probleme. Nach einem Quartalsbericht der Personalabteilung der Landesbehörde der Volkspolizei Sachsen vom 7. Oktober 1949 riefen sie bei der Polizei Sachsens „eine sehr deprimierende Stimmung" hervor, und sie sorgten

---

[656] Hinzu kommt, dass das Stellensoll nicht erreicht werden konnte.
[657] Alle Zitate: SächsHStA, LBVPS, Nr. 99, Bl. 140.
[658] SächsHStA, SED-BPA Dresden, Nr. A/763, Bl. 420.

dafür, dass „die Arbeitsmoral zur Zeit sehr mäßig ist". Weiter hieß es zu dieser Problematik im genannten Quartalsbericht:

„Abschließend ist also zu bemerken, daß sich der Befehl 2 in der Volkspolizei des Landes Sachsen sehr nachteilig ausgewirkt hat und daß man dazu übergehen muß, die Überprüfungen so schnell wie möglich abzuschließen, damit die Arbeitsmoral wieder steigt und den VP-Angehörigen ein gewisses Sicherheitsgefühl wiedergegeben wird."[659]

Trotz ernsthafter Schwierigkeiten wurden die entstehenden Probleme dennoch in Kauf genommen, weil „die Säuberung der neuen antifaschistisch-demokratischen Machtorgane und besonders der Polizei [...] kein einmaliger Akt, sondern ein ständiger Prozess" sein musste und weil die Polizei außerdem „von besonderer Wichtigkeit [war], da sie das einzige bewaffnete Organ der antifaschistisch-demokratischen Ordnung war und im Mittelpunkt des Kampfes um die Verwirklichung der antifaschistisch-demokratischen Umwälzung stand".[660] Das ständige „wachsame" Aufspüren von „Feinden" und die Verfolgung politischer Gegner, „Abweichler" und „Andersdenkender" war systemimmanent und erleichterte außerdem die Verwirklichung des „hierarchischen demokratischen Zentralismus".[661]

Die Abteilung „Polit-Kultur" (PK) und die ideologische Arbeit

In der zweiten Hälfte des Jahres 1948 war es in der gesamten SBZ - wie oben bereits erwähnt - bei der gesamten Polizei bis hinunter zu jedem Kreispolizeiamt zur Einrichtung von so genannten Polit-Kultur-Abteilungen gekommen, die bei der Polizeischulung eine „planmäßige und systematische politisch-ideologische Arbeit" gewährleisten und für die „Durchführung der Beschlüsse der Partei" sorgen sollten.[662] Der Aufbau dieser von der DVdI zentral vorgeschriebenen Neuerung erfolgte auch in Sachsen weisungsgemäß.

Zur Umsetzung der durch die DVdI erteilten Vorgaben wurde in Sachsen bereits in der Zeit vom 26. August bis 1. September 1948 ein erster Kurzlehrgang für 35 Funktionäre durchgeführt.[663] Hierfür kamen nur „die standhaftesten, bewährtesten Mitglieder der SED" in Frage, denn zu den Aufgaben der Polit-Kulturabteilung sollte es gehören, „die Einheit, Reinheit und politische Geschlossenheit

---

659 Alle Zitate und Angaben: SächsHStA, LBVPS, Nr. 168, Bl. 40.
660 Klaus-Peter Krause: Die Herausbildung und Entwicklung der Deutschen Volkspolizei, S. 49.
661 Hermann Weber: Zur Rolle des Terrors im Kommunismus, S. 42, 53, 57 und 62.
662 Dieter Marc Schneider: Innere Verwaltung/Deutsche Verwaltung des Innern (DVdI), S. 210.
663 SächsHStA, SED-BPA Dresden, Nr. A/1226 (nicht paginiert).

der Polizei, die bedingungslose Erfüllung der Befehle und Weisungen sowie die schöpferische Initiative zu sichern". Die Mitarbeiter in dieser Abteilung „sollten ein Beispiel von Ergebenheit gegenüber der Partei, der Arbeiterklasse und dem werktätigen Volk sein".[664]

Bei dieser Polit-Kultur-Abteilung handelte es sich um „eine politische Kontroll- und Disziplinierungsinstanz innerhalb der Polizei [...], die ab 1949 systematisch eine kaderpolitische Gleichschaltung des Personals"[665] vorantrieb. Damit war diese Abteilung - insbesondere auch nach der Zurückdrängung und Abschaffung von Betriebsrat und gewerkschaftlicher Vertretung Ende 1948 - ein wichtiger Faktor bei der Personalbetreuung und bei der Personalüberwachung.

Die Arbeit der Polit-Kultur-Abteilungen zeigte in Sachsen aber zunächst erhebliche Mängel. In einem vertraulichen Schreiben des DVdI-Präsidenten Fischer vom 1. Februar 1949 an den Chef der Landespolizeibehörde Sachsen hieß es hierzu nämlich:

> „Der Polit-Unterricht wird auf einem niedrigen ideologisch-politischen Niveau durchgeführt. Die Parteiorganisationen in den Bereitschaften kämpfen nicht genügend um die führende Rolle der Mitglieder der SED bei der Grund- und politischen Ausbildung und der Disziplin.
>
> Die parteipolitische Arbeit in den Bereitschaften wird ungenügend durchgeführt und lenkt von den Aufgaben ab, die vor der Volkspolizei stehen. Der Haß gegenüber dem Faschismus, der reaktionären Ideologie der Politik des ausländischen Imperialismus wird nicht genügend geweckt. Die Propaganda über die Errungenschaften der UdSSR und der neuen Volksdemokratie wird nur schwach durchgeführt."[666]

Die Anstrengungen hin zu einer „verbesserten" Schulung sollten deshalb nun intensiviert werden, und zwar noch im Februar 1949. Nach einem Arbeitsplan der Landespolizeibehörde Sachsen vom 3. Februar 1949 galt es jetzt, die Parteikonferenz der SED, die in der Zeit vom 25. bis 28. Januar 1949 in Berlin stattgefunden hatte, entsprechend auszuwerten. Im Einzelnen hieß es in diesem Arbeitsplan:

> „Darüberhinaus ist vom PK-Leiter mit der Betriebsgruppenleitung der SED die Auswertung der Berliner Parteikonferenz bis in jede Untergruppe in jedem Revier sicherzustellen. Es darf keinen Polizeiangestellten geben, der von den Fragen der Parteikonferenz [...] nicht angesprochen wird. Alle Polizeiangehörigen müssen im Besitz aller Zeitungen sein, in denen die Referate, welche auf der Parteikonferenz gehalten wurden, abgedruckt sind. [...]
>
> Im Monat Februar stehen uns noch 3 Wochen zur Verfügung. In jeder dieser Wochen ist eines der Hauptreferate von W. Pieck, O. Grotewohl und W. Ulbricht durchzuarbeiten. Hierzu wird der einheitliche Schulungstag benützt. Das Manifest der ersten Parteikonferenz, die Entschließung der ersten Parteikonferenz, das Schlußwort von Wilhelm Pieck, sowie die

---

[664] Alle Zitate: Klaus-Peter Krause: Die Herausbildung und Entwicklung der Deutschen Volkspolizei, S. 82.

[665] Thomas Lindenberger: Die deutsche Volkspolizei, S. 100.

[666] SächsHStA, LBVPS, Nr. 108, Bl. 3.

Grußadressen der ausländischen Delegationen (besonders der KPdSU) werden in einem zusätzlichen wöchentlichen Bildungsabend behandelt."[667]

Im Frühjahr 1949 kam es in Sachsen somit zu einer weiteren Intensivierung der Arbeit der Polit-Kultur-Abteilungen und zu regelrechten Massenschulungen bei allen Polizeipräsidien, Polizeidirektionen und Kreispolizeiämtern. Am 19. und 20. Mai 1949 fand beispielsweise eine Schulung zum Thema „Die nationale Front und die Aufgaben der Volkspolizei" statt. In einem Tätigkeitsbericht vom 1. Juli 1949 konnte hierzu festgestellt werden, dass insgesamt 12.450 Polizeiangehörige, also ca. zwei Drittel des gesamten Personalbestandes Sachsens, an diesen Schulungen teilgenommen hatten.[668]

Fortlaufend waren auch Quartalsberichte für die DVdI zu fertigen, für welche die anderen Dienstzweige und Abteilungen Zuarbeiten zu liefern hatten. Allein der Bericht der Abteilung Polit-Kultur der Landesbehörde der Volkspolizei Sachsen für das 3. Quartal 1949 vom 30. September 1949[669] hatte ohne die genannten Zuarbeiten einen Umfang von 38 Seiten. Er enthielt umfassende Ausführungen u. a. zu Fragen der Organisation, des Personalbestandes, der Parteizugehörigkeit, der Parteiarbeit, der Kulturarbeit, der Arbeit der Jugendorganisation (FDJ) und der Arbeitsplanung sowie außerdem Verbesserungsvorschläge, Stimmungsbilder usw.

Maßgeblich betrieben und forciert wurden all diese Maßnahmen vom Präsidenten der DVdI, Kurt Fischer, der als gläubiger Kommunist jetzt durch Schulung und Erziehung den „neuen" Menschen wenigstens im Bereich des Sicherheitsapparates endlich herbeizwingen wollte. Der damit verbundene enorme Kraft- und Zeitaufwand war offensichtlich unerheblich. Dabei war mit diesen Polit-Kultur-Abteilungen und mit der besonderen Stellung der sorgfältig ausgewählten, absolut linientreuen Leiter in diesen Abteilungen das sowjetische System politischer Stellvertreter nun voll übernommen worden. Den PK-Leitern als stellvertretenden Behördenleitern stand das Recht der Kontrolle von Anweisungen des Leiters zu, „um so die Koordinierung zwischen der Polizei und den fortschrittlichen Kräften immer zu gewährleisten".[670] Auch die SED-Betriebsgruppen waren den PK-Leitern unterstellt. Faktisch waren die PK-Leiter somit hauptamtliche Parteikontrolleure in der Polizei.[671]

Viele Angehörige der Polizei reagierten auf diese Machtkonzentration und die damit verbundene Indoktrination auf ihre Weise. Wegen des zunehmenden Drucks kam es zu regelrechten Fluchtbewegungen. In einem als „Vertrauliche

---

[667] SächsHStA, LBVPS, Nr. 178, Bl. 1.
[668] SächsHStA, LBVPS, Nr. 169, Bl. 27.
[669] SächsHStA, LBVPS, Nr. 168, Bl. 1 ff.
[670] SAPMO, BArch, DY 30/IV 2/13/109, Bl. 351ff..
[671] Hans-Peter Müller, „Parteiministerien", S. 391

Verschlußsache" deklarierten Befehl Nr. 100/49 vom 6. September 1949 musste der Präsident der DVdI daher Schwierigkeiten einräumen und feststellen, dass „nach unvollständigen Angaben allein im Juli und August 1949 106 Polizeiangehörige aus der Grenzpolizei" desertiert waren. Für DVdI-Präsident Fischer war klar, dass „die Flucht der Polizisten in die Westzonen und die Westsektoren Berlins [...] ein Verbrechen [ist], welches die Volkspolizei vor dem Deutschen Volke diskreditiert". Weiter rügte er in diesem Befehl u. a. auch,

- dass „die Chefs der Landesbehörden der Volkspolizei, die Leiter der Abteilung PK, die Kommandeure der Bereitschaften, ihre PK-Stellvertreter, die Leiter der Kommandanturen und ihre PK-Stellvertreter [...] der Tatsache der Flucht von Polizisten aus der Volkspolizei nicht genügend Bedeutung" beimessen und
- dass „viele Leiter der Polizeibehörden, PK-Arbeiter und Offiziere der Grenzbereitschaften ihre dienstlichen Pflichten ungenügend erfüllen".[672]

Es kam damals nicht nur zu einer Reihe von Disziplinarmaßnahmen gegen verantwortliche Polizeiführer. Präsident Fischer ordnete im oben genannten Befehl vom 6. September 1949 vielmehr auch ausdrücklich an,

- dass „alle PK-Organe und Parteiorganisationen [...] einen entschiedenen Kampf gegen die Desertion, gegen unmoralische Erscheinungen und die Verletzung von Disziplin gegen einzelne Polizisten zu führen" haben,
- dass „allen Angehörigen der Volkspolizei [...] zu erklären" ist, „daß die Desertion aus der Volkspolizei ein politischer Akt ist, der von Feigheit [und] Verrat an der demokratischen Ordnung des deutschen Volkes und [dem] Übergang in das feindliche Lager der anglo-amerikanischen Reaktion zeugt" und
- dass „die PK-Abteilungen und Parteiorganisationen [...] die gesamte Polizei zur Hebung der politischen Wachsamkeit, zum Kampf gegen Desertion, gegen unmoralische Vorkommnisse und Verletzer der Disziplin zu mobilisieren" haben.[673]

Dementsprechend kam es in der Folgezeit in Sachsen unter Federführung der Polit-Kultur-Abteilungen zu weiteren massenhaften Überprüfungen, Belehrungen, Säuberungen und Maßregelungen im gesamten Polizei- und Sicherheitsapparat der SBZ.[674]

---

[672] Alle Zitate und Angaben: SächsHStA, LBVPS, Nr. 207, Bl. 277; Günther Glaser: Reorganisation der Polizei, S. 319 ff..
[673] Ebenda.
[674] SächsHStA, LBVPS, Nr. 189 und Nr. 216.

4 Die Gewährleistung der öffentlichen Ordnung und Sicherheit

4.1 Die Polizei und der neue Staat

4.1.1 Die Gewalteneinheit und der sozialistische Polizeibegriff

Der Grundsatz der Gewalteneinheit

Sämtliche Demokratien westlicher Prägung gehen vom Grundsatz der Gewaltenteilung aus. Entsprechend diesem Grundsatz bestimmt Artikel 20 Absatz 2 des Grundgesetzes der Bundesrepublik Deutschland (GG) vom 23. Mai 1949[675], dass die vom Volk ausgehende Staatsgewalt „in Wahlen und Abstimmungen und durch besondere Organe der Gesetzgebung, der vollziehenden Gewalt und der Rechtsprechung ausgeübt“ wird. Dieses im Grundgesetz festgeschriebene Prinzip der Gewaltenteilung „durch besondere Organe“ will einerseits eine unerwünschte Konzentration staatlicher Macht verhindern, anderseits aber die Teilhabe vieler an dieser Macht im Rahmen einer Massengesellschaft ermöglichen. Die außerordentliche Bedeutung des Prinzips der Gewaltenteilung für eine freiheitliche Demokratie, das im Wesentlichen auf Kant, Locke und Montesquieu zurückgeht[676], wird im Grundgesetz auch dadurch unterstrichen, dass Artikel 79 Absatz 3 GG eine Änderung des in Artikel 20 GG niedergelegten Prinzips der Gewaltenteilung ausdrücklich verbietet, so dass in der Bundesrepublik Deutschland eine Aufhebung auch mit einer qualifizierten Mehrheit verfassungsrechtlich nicht möglich wäre. Die Gewaltenteilung im hier definierten Sinne setzt ansonsten zwingend voraus, dass jedes der im Artikel 20 Absatz 2 GG genannten besonderen Organe, auf welches die staatliche Gewalt verteilt wurde, von den beiden anderen unabhängig sein muss. Hierdurch soll dem Grundgedanken dieses Verfassungsartikels, nämlich der Garantie der Gewaltenteilung und der damit verbundenen Verhinderung von Machtmissbrauch, institutionell Rechnung getragen werden.[677]

Dem Verfassungs- und Rechtssystem der SBZ bzw. der späteren DDR war das Prinzip der Gewaltenteilung hingegen fremd. Unmittelbar nach Kriegsende praktizierte die sowjetische Besatzungsmacht zunächst das Prinzip der generellen territorialen Einzelverantwortung von Amtsinhabern. Die sowjetische Besatzungsmacht machte Amtsträger, also den Bürgermeister, den Landrat oder den Präsidenten der Landesverwaltung, persönlich für die Durchführung und

---

[675] BGBl. S. 1 ff.
[676] Ingo von Münch/Philip Kunig: Grundgesetz, Bd. 1, S. 1055.
[677] Theodor Maunz/Günter Dürig: Grundgesetz, Bd. 2, Art. 20, Anm. 6.

den Erfolg bestimmter Anordnungen oder Maßnahmen verantwortlich. Diese Amtsträger - in Sachsen nicht zuletzt auch der 1. Vizepräsident bei der LVS - hatten für eine „klare politische Linie“ zu sorgen.[678]

Später ging auch die sächsische Landesverfassung vom 28. Februar 1947[679] nicht mehr vom Prinzip der Gewaltenteilung, also der Verteilung der staatlichen Gewalt auf bestimmte voneinander unabhängige Organe, aus, sondern vielmehr vom Prinzip der Gewalteneinheit. Der maßgebliche Artikel 2 dieser sächsischen Landesverfassung lautete wie folgt:

„(1) Alle Staatsgewalt geht vom Volke aus, wird durch das Volk ausgeübt und hat dem Wohle des Volkes zu dienen.

(2) Das Volk verwirklicht seinen Willen durch die Volksvertretungen, durch Volksbegehren und Volksentscheid, durch die Mitwirkung an Verwaltung und Rechtsprechung und durch die umfassende Kontrolle der öffentlichen Verwaltungsorgane.“[680]

Artikel 26 der sächsischen Landesverfassung stellte zusätzlich fest, dass der Landtag „das höchste demokratische Organ des Landes“ sein und „die oberste Kontrolle über alle Regierungsmaßnahmen und über die gesamte Verwaltung und Rechtsprechung“ ausüben sollte. Hiervon unabhängige weitere Verfassungsorgane sollte es aber nicht geben. Allerdings sollten nach Artikel 62 der Landesverfassung die Richter „in ihrer Rechtsprechung unabhängig und nur dem Gesetz unterworfen“ sein. Damit gab es also von der damaligen sächsischen Verfassung her eine persönliche Unabhängigkeit der Richter; die Judikative als solche wurde hierdurch aber ebenso wenig zum unabhängigen Verfassungsorgan wie die Exekutive.

Prinzipiell das Gleiche galt dann auch für die Verfassung der DDR vom 7. Oktober 1949.[681] Auch sie bekannte sich zum Prinzip der Gewalteneinheit, und die Volkskammer wurde formell „zum höchsten Organ“. Dabei war aber der sozialistische Staat auch im Jahre 1949 durch die Garantie der persönlichen Unabhängigkeit der Richter einerseits sowie durch einen Rest an Eigenständigkeit bei den Ländern, Gemeinden und Gemeindeverbänden andererseits noch nicht restlos verwirklicht.[682]

Das Prinzip der Gewalteneinheit entsprach der marxistisch-leninistischen Staatstheorie, wonach jede Form der Gewaltenbeschränkung einen Widerspruch der Volkssouveränität bedeutete. Nach kommunistischer Auffassung war das werktätige Volk unter der Führung der Arbeiterklasse uneingeschränkter Träger der Staatsgewalt. Deshalb wurde also das Prinzip der Gewaltenteilung entschieden

---

[678] Jan Foitzik: Sowjetische Militäradministration in Deutschland, S. 337 ff..
[679] Gesetze, Befehle, 1947 S. 103.
[680] Ebenda.
[681] GBl. der DDR, S. 4.
[682] Siegfried Mampel: Die sozialistische Verfassung, S. 60 ff.

abgelehnt. Dieses Prinzip wurde im einschlägigen Schrifttum der SBZ damals u. a. wie folgt begründet:

„Die Entwicklung des Verfassungsrechts in der Zeit der Weimarer Verfassung hat dem deutschen Volke mit hinreichender Klarheit demonstriert, wo im Staate die `Träger der Staatsgewalt' ihren Sitz haben, nämlich im Staatsapparat: in der Verwaltung, in der Justiz. Das Gerede von der Begrenzung dieser Staatsgewalt durch Gesetzgebung und Parlament hat sich als leerer Trug erwiesen. In dem selben Maße, wie die inneren Spannungen im Staate anwuchsen, traten Parlament und Gesetz zurück und die nackte Diktatur hervor, die Gesetzlichkeit zerfiel und die Willkür wurde herrschend.

Die Entmachtung der Reaktion und der volksfeindlichen Elemente erfordert, daß nicht nur die Gesetzgebung, sondern in gleicher Weise auch die Ausführung der Gesetze in Verwaltung und Justiz in die Hand des Volkes übergeht. Man wende nicht ein, die Ausführung der Gesetze sei eine sekundäre Angelegenheit, das Gesetz binde ja den es Ausführenden. Die letzten zwei Jahrzehnte in Deutschland haben gezeigt, zu welch ungeheuerlichen Gesetzesverdrehungen eine entartete Bürokratie in Justiz und Verwaltung fähig ist. Wir wollen eine saubere, unabdingbare und gerechte Durchführung der Gesetze. Dafür aber gibt es nur eine Garantie: daß sie unter breitester Mitwirkung und ständiger Kontrolle des Volkes selbst geschieht. Wir wollen die Wiederherstellung des Rechts und der Gesetzlichkeit, die eine entmenschte Kaste zerstörte und in den Schmutz schleifte. Wir lehnen daher das Prinzip der Gewaltenteilung in seiner alten Form ab."[683]

Hiernach galt es nach der in der SBZ herrschenden Auffassung also, mit Hilfe des Prinzips der Gewalteneinheit zu verhindern, dass sich Verwaltung oder Justiz im Staate zu einem angeblich selbstherrlichen Apparat entwickeln. Eine Begrenzung der Macht der SED hingegen war dabei aber offensichtlich kein Thema. In der Praxis war dann jedoch die führende Rolle der Staatspartei, der SED, in der SBZ - und noch ausgeprägter in der DDR - systemimmanent. Das Prinzip der Gewalteneinheit führte dazu, dass die SED u. a. über die nach ihren Wünschen zusammengesetzten Volksvertretungen das gesamte Staatswesen ohne Ausnahme in den Griff bekommen und dirigieren konnte. Die Staatspartei konnte also alle wichtigen Schaltstellen nach ihren Wünschen personell besetzen, Richtlinien erteilen und Kontrollen ausüben. Das Prinzip der Gewalteneinheit in der SBZ war somit - ebenso wie der so genannte demokratische Zentralismus - ein Strukturprinzip des späteren sozialistischen Staates.[684] Tatsächlich lag in einem sozialistischen Staat nach sowjetischem Vorbild schließlich entgegen der Verfassung, nach welcher die Volksvertretung immerhin noch „oberstes Organ" sein sollte, die eigentliche Macht in den elitären Führungszirkeln der Staatspartei. Diese Führungszirkel besaßen „als Priesterkaste das Deutungsmonopol der heiligen Texte des Marxismus-Leninismus". Damit regierten sie diktatorisch „von oben nach unten".[685]

---

683 Karl Polak: Gewaltenteilung, Menschenrechte, Rechtsstaat, S. 385.
684 Siegfried Mampel: Die sozialistische Verfassung, S. 187 ff..
685 Alle Zitate: Dietrich Schwanitz: Bildung, S. 189.

Nicht verschwiegen werden soll an dieser Stelle, dass auch der erste sächsische Ministerpräsident nach dem Zweiten Weltkrieg, Rudolf Friedrichs, für den Grundsatz der Gewalteneinheit eintrat. In einer Abhandlung, die Anfang 1947 erschien, befasste er sich mit dem damals von der SED vorgelegten Entwurf einer Verfassung für eine spätere Deutsche Demokratische Republik und bemerkte hierzu:

„Es gilt heute, klare Verhältnisse zu schaffen. Alle Staatsgewalt geht vom Volke aus, wird durch das Volk ausgeübt und hat dem Volke zu dienen, so spricht es Artikel 2 des Entwurfs aus. Der Entwurf stellt damit nicht nur ein Programm oder eine Forderung auf. Er hat den Grundsatz der Volkssouveränität verwirklicht, indem er die Dreiteilung der Gewalten nicht übernommen hat, sondern das Parlament als höchstes Organ der Staatsgewalt anerkannt hat, dem alle anderen staatlichen Organe nachgeordnet sind.“[686]

Es ist zwar kaum anzunehmen, dass Friedrichs hierdurch der späteren Pervertierung des Prinzips der Gewalteneinheit durch die SED den Weg bereiten wollte. Anderseits wird jedoch das Ausmaß seiner Fehleinschätzung besonders deutlich, wenn man sich vergegenwärtigt, dass die Begriffe „Gewalteneinheit“ und „demokratischer Zentralismus“ einander bedingen bzw. einander sogar ersetzen.[687]

Die formelle Fortgeltung des bisherigen Polizeibegriffs

Auf dem eben skizzierten rechtlichen und ideologischen Hintergrund musste in der SBZ nach dem Zweiten Weltkrieg folgerichtig ein alle Rechtszweige erfassendes „sozialistisches Rechtssystem“ und damit auch ein „sozialistischer Polizeibegriff“ entwickelt werden, denn „Aufgaben und Befugnisse der Polizei sind in jedem Staatswesen geprägt von der jeweiligen Staatsauffassung über Staatszweck und Staatsaufgaben“.[688]

Die Definition der „Aufgaben und Befugnisse der Polizei“, des maßgeblichen - materiellen - Polizeibegriffs, hatte sich in Deutschland seit dem Ende des 18. Jahrhunderts erheblich gewandelt. Im absolutistisch regierten Staat umfasste der Begriff „Policey“ die gesamte innere Verwaltung. Der Landesherr konnte die „Wohlfahrt“ seiner Bürger bis in alle Einzelheiten regeln, denn die „Policeywissenschaft“ lehrte, wie „das innerliche und äußerliche Wesen eines Staates in guter Verfassung zu eines jeden und zur allgemeinen Glückseligkeit zu erhalten sey“. Auch Kurfürst Friedrich Christian von Sachsen beschrieb im Jahre 1763

---

[686] Rudolf Friedrichs: Das Parlament als höchstes Staats- und Kontrollorgan, S. 30.
[687] Suzanne Drehwald/Christoph Jestaedt: Sachsen als Verfassungsstaat, S. 61.
[688] Rudolf von Mohl: Die Polizeiwissenschaft, S. 8 ff..

„die Handhabung der Gerechtigkeit und einer guten Policey als die Grundfesten einer allgemeinen Glückseligkeit".[689]

Eine inhaltliche Eingrenzung polizeilicher Befugnisse erschien überflüssig, solange der Landesherr als Inhaber der Polizeigewalt berechtigt war oder sich für berechtigt hielt, „alle Anordnungen zu treffen und zu vollziehen, die das Wohl der Allgemeinheit und des einzelnen Bürgers nach seiner Meinung erforderten".[690] Mit dem Ende des Absolutismus und mit der Entwicklung hin zu einem bürgerlichen Rechtsstaat kam es in Deutschland dann jedoch - regional unterschiedlich - zur Eingrenzung und zur Herausbildung eines neuen, enger gefassten Polizeibegriffs, also zur Herausbildung des Polizeibegriffs im bürgerlich-liberalen Rechtsstaat. Entsprechendes galt für die aus diesem Polizeibegriff abzuleitende bzw. korrespondierende polizeiliche Generalklausel, also der für ein polizeiliches Einschreiten nach Inhalt, Umfang und Voraussetzungen maßgeblichen allgemeinen Rechtsgrundlage, soweit spezielle Rechtsgrundlagen fehlten.

Erstmals in Deutschland hatte es im „Allgemeinen Landrecht für die Preußischen Staaten" (PrALR) vom 1. Juni 1794 deutliche Ansätze für eine Begrenzung des bisherigen umfassenden Polizeibegriffs und damit hin zu einer Weiterentwicklung moderner Prägung gegeben. Die Polizei sollte nun nicht mehr nach Belieben umfassend im Sinne der „Beförderung der allgemeinen Wohlfahrt" in die Rechtssphäre des Untertanen bzw. Bürgers eingreifen dürfen, sondern nur noch dann, wenn von ihm als Störer eine Gefahr ausging. Dementsprechend bestimmte § 10 Teil II, Titel 17 des PrALR:

„Die nötigen Anstalten zur Erhaltung der öffentlichen Ruhe, Sicherheit und Ordnung und zur Abwendung der dem Publico, oder einzelnen Mitgliedern desselben bevorstehenden Gefahr zu treffen, ist das Amt der Policey."[691]

Die Polizei sollte hiernach also ihre Befugnisse nur zur Gefahrenabwehr, nicht aber zur Herstellung anderer Ziele, z. B. politischer oder sozialer Art, einsetzen dürfen. In diesem Sinne wurde die Regelung des PrALR in der Folgezeit zu einem wichtigen Ausgangspunkt für die weitere Rechtsentwicklung im Sinne einer Begrenzung der Polizeigewalt in Deutschland.[692]

Ende des 19. Jahrhundert wurde dabei auch die Rechtsprechung des Preußischen Oberverwaltungsgerichtes richtungweisend. Insbesondere in dem berühmt gewordenen „Kreuzberg-Urteil" vom 14. Juni 1882[693] setzte dieses Gericht die

---

[689] Erwin Wagner/Karl-Heinz Ruder: Polizeirecht, S. 24.

[690] Hartmut Lüers: Das Polizeirecht der DDR, S. 25.

[691] Alle Zitate und Angaben: Erwin Wagner/Karl-Heinz Ruder: Polizeirecht, S. 24.

[692] Hartmut Lüers: Das Polizeirecht der DDR, S. 26.

[693] PrOVGE 9, 353 ff. - Mit dieser Entscheidung erklärte das Gericht eine Berliner Polizeiverordnung für ungültig, die das Bebauen des Kreuzberges in Berlin, auf dem ein

Eingrenzung der Befugnisse der Polizei auf Fälle der Gefahrenabwehr - jedenfalls für Preußen - nun allgemein durch. Dieses Urteil führte daher endgültig zu einer Herauslösung der positiven Wohlfahrtspflege aus dem Aufgabenbereich der Polizei.

Der damit maßgeblich in Preußen entwickelte neue materielle Polizeibegriff fand in der Folgezeit auch in anderen Staaten Nord- und Mitteldeutschlands gewohnheitsrechtlich Anerkennung[694], u. a. auch in Sachsen.[695] Maßgeblich kraft Gewohnheitsrechtes war hier in der Zeit der Weimarer Republik also der auf die „Gefahrenabwehr" beschränkte materielle Polizeibegriff des bürgerlich-liberalen Rechtsstaates. Gesetzlich fixiert wurden dieser Polizeibegriff und die sich hieraus ergebende polizeiliche Generalklausel u. a. in § 14 des Preußischen Polizeiverwaltungsgesetz (PrPVG) vom 1. Juni 1931.[696] Die Polizeibehörden hatten hiernach „im Rahmen der geltenden Gesetze die nach pflichtgemäßem Ermessen notwendigen Maßnahmen zu treffen, um von der Allgemeinheit oder dem Einzelnen Gefahren abzuwenden, durch die die öffentliche Sicherheit oder Ordnung bedroht wird". Daneben hatten sie aber auch „diejenigen Aufgaben zu erfüllen, die ihnen durch Gesetz besonders übertragen sind". Darüberhinaus gehende Aufgaben sollte die Polizei aber nicht mehr haben.

Hervorzuheben ist in diesem Zusammenhang, dass in Preußen die Aufgaben der Gefahrenabwehr nach § 2 PrPVG bestimmten Polizeibehörden zugewiesen waren, nämlich den „ordentlichen Polizeibehörden" (Landespolizeibehörden, Kreispolizeibehörden, Ortspolizeibehörden) und den „Sonderpolizeibehörden" (z. B. Bergpolizei, Hafenpolizei, Wasserpolizei, Fischereipolizei, Forstpolizei usw.). In Sachsen lagen die Dinge anders. Hier konnten polizeiliche Aufgaben auch von anderen Behörden oder Dienststellen wahrgenommen werden, die aber häufig der „Aufsicht" durch Polizeibehörden im institutionellen (organisatorischen Sinne unterstanden. § 9 einer Sächsischen Ausführungsverordnung vom 1. September 1922[697] legte beispielsweise derartige solche Aufsichtsfunktionen der Ordnungspolizei für bestimmte Bereiche konkret fest.

Nach der Machtergreifung von 1933 erkannten die Nationalsozialisten sehr schnell, dass der materielle Polizeibegriff des bürgerlich-liberalen Rechtsstaates, wie er u. a. im PrPVG definiert worden war, nicht unverändert Bestand haben konnte. Neben dem Aufbau der Geheimen Staatspolizei und der Verfilzung von

---

Kriegerdenkmal stand, „um der schönen Aussicht willen" verboten hatte. Als einzige in Frage kommende Ermächtigungsgrundlage sah das Gericht § 10 II 17 PrALR an, der aber hier nicht durchgreife, da diese Bestimmung nur der Gefahrenabwehr diene, nicht aber der „positiven Förderung des Gemeinwohls".

[694] Vgl. Drews/Wacke: Gefahrenabwehr, S. 7.

[695] Sächs. OVG, Jahrbuch Nr. 36 (1933), S. 60, und Jahrbuch Nr. 38 (1934), S. 93, 95.

[696] Pr. GS, S. 77.

[697] Sächs. GBl. S. 547.

Partei und Polizei kam es nun „zur Pervertierung des materiellen Polizeibegriffs im Gefolge der Durchdringung der gesamten Rechtsordnung durch die nationalsozialistische Ideologie".[698] Formell wurden der geltende Polizeibegriff und die für ein Einschreiten maßgebliche polizeiliche Generalklausel zwar nicht verändert. Nachdem aber schon durch die „Verordnung zum Schutz von Volk und Staat" vom 28. Februar 1933[699] wichtige verfassungsmäßige Rechte aufgehoben worden waren, hielt sich die Polizei mit unterschiedlichen Begründungen nun jedoch für berechtigt, unter Missachtung der einschränkenden Vorschriften des PrPVG oder anderer formell weiter bestehender Vorschriften in die Rechtssphäre des Bürgers verstärkt einzugreifen. Dies galt z. B. bezüglich der willkürlichen Einschränkung der persönlichen Freiheit (Schutzhaft, Konzentrationslager), der Meinungs- und Pressefreiheit, der Unverletzlichkeit der Wohnung und des Brief-, Post- und Fernmeldegeheimnisses. An die Stelle des Schutzes der Rechtssphäre des Bürgers trat jetzt mehr und mehr „die Aufgabe des Staates, die völkische Gemeinschaftsordnung zu wahren".[700] Mit der Ernennung des Reichsführers-SS, Heinrich Himmler, zum Chef der Deutschen Polizei im Reichsministerium des Innern am 17. Juni 1936 kam es außerdem zu einer strukturellen und personellen Verschmelzung der Polizei mit der SS und zu ihrer weiteren „Verreichlichung". Himmler machte jetzt auch deutlich, dass es nach nationalsozialistischer Auffassung „keine allgemein gültige Begriffsbestimmung und Aufgabenstellung der Polizei" mehr geben könne. Maßgeblich sollte vielmehr der von einer „völkischen Staatsauffassung" abgeleitete „völkische Polizeibegriff" sein.[701] Eine „Störung der öffentlichen Sicherheit" sollte hiernach schon dann vorliegen, wenn etwas „dem nationalsozialistischen Staat gegenüber untergrabend, hemmend, verstimmend oder auch nur staatsentfremdend" wirken konnte.[702] „Auch negative nörgelnde Kritik an den bestehenden Staatseinrichtungen" galt im nationalsozialistischen Staat „als Störung der Staatssicherheit".[703]

Nach dem Zusammenbruch des Hitlerregimes knüpfte Sachsen dann zwar offiziell wieder an die vor 1933 bestehende Rechtslage an. Es folgte auch - wie oben näher erläutert - der sehr rasch entwickelte erste Entwurf einer „Verordnung über das Polizeiwesen im Bundesland Sachsen" vom 11. September 1945[704], der allerdings eine Definition des materiellen Polizeibegriffes bzw. einer eigenen sächsischen Generalklausel für ein polizeiliches Einschreiten

---

[698] Drews/Wacke: Gefahrenabwehr, S. 13.
[699] RGBl. I, S. 83.
[700] Nebinger: Reichspolizeirecht, S. 17 ff.
[701] Zitiert nach Friedrich Wilhelm: Die Polizei im NS-Staat, S. 13
[702] Hans Lisken/Erhard Denninger: Handbuch des Polizeirechts, S. 27.
[703] Zitiert nach Friedrich Wilhelm: Die Polizei im NS-Staat, S. 20.
[704] SächsHStA, LRS, Ministerpräsident, Nr. 195, Bl. 28.

ebenso wenig enthielt wie der dann in Kraft gesetzte (zweite) Entwurf einer Verordnung über das Polizeiwesen im Bundesland Sachsen" vom 2. August 1946.[705] Beide Verordnungen tangierten den in Sachsen bis zur Machtergreifung von 1933 geltenden materiellen Polizeibegriff also nicht.

Die Entwicklung des sozialistischen Polizeibegriffs

Auf erste konkrete Überlegungen mit dem Ziele der Entwicklung eines eigenen sächsischen Polizeigesetzes, die nach dem Kriege aber erst 1946/1947 einsetzten, wurde bereits oben näher eingegangen. Diese Überlegungen wurden jedoch ab Mitte 1947 zunächst nicht weiter verfolgt. Obwohl also in Sachsen nach dem Kriege der Polizeibegriff des bürgerlich-liberalen Rechtsstaates, wie er sich bis zur Machtergreifung der Nationalsozialisten im Jahre 1933 herausgebildet hatte, formell weiter galt, war dieser Begriff bei der „antifaschistisch-demokratischen Umwälzung" nur noch bedingt brauchbar. Weil er also angepasst werden musste und weil diese Anpassung in der unmittelbaren Nachkriegszeit - unausgesprochen und unterschwellig - in der Praxis zumindest teilweise bereits vorweg genommen werden musste, soll nachfolgend die insoweit maßgebliche längerfristige Entwicklung in der SBZ bzw. in der DDR im Rahmen dieser Untersuchung kurz skizziert werden:

Eine vertiefte Diskussion über einen neu zu definierenden materiellen Polizeibegriff begann in der DDR - nach dem Zwischenspiel von 1946/47 - erst wieder im Jahre 1957 im Zusammenhang mit den Vorarbeiten zur Entwicklung eines Volkspolizeigesetzes. Im Rahmen dieser Diskussion wurde u. a. beklagt, dass es der Deutschen Volkspolizei an einer neuen „sozialistischen" Arbeitsgrundlage für ihre allgemeine polizeiliche Tätigkeit fehle und dass sie daher gezwungen sei, mehr schlecht als recht mit den Bestimmungen des überholten PrPVG auszukommen.[706] Zur Behebung dieses Defizits kam es in der DDR nach wiederholten Anläufen dann schließlich zur Verabschiedung des neuen „Gesetzes über die Aufgaben und Befugnisse der Deutschen Volkspolizei" (VPG) vom 11. Juni 1968.[707]

Dieses Gesetz „hat nicht nur die allgemeine polizeiliche Tätigkeit in der DDR endlich auf eine gesetzliche Grundlage gestellt, sondern gleichzeitig die rechtstheoretischen Bemühungen um einen eigenen, sozialistischen Polizeibegriff zu einem vorläufigen Abschluss gebracht". Bei der Definition der

---

[705] SächsHStA, LRS, Ministerpräsident, Nr. 191, Bl. 101.
[706] Hartmut Lüers: Das Polizeirecht der DDR, S. 21 ff..
[707] GBl. I der DDR, S. 232.

Aufgaben und Zuständigkeiten besaßen nun zwar einerseits in Anknüpfung an das überkommene deutsche Polizeirecht die unbestimmten Rechtsbegriffe „öffentliche Sicherheit und Ordnung" nach wie vor eine zentrale Bedeutung. Andererseits rückte das VPG jedoch - neben der Gefahrenabwehr - die „Verantwortung für einen erstrebenswerten Zustand" in den Vordergrund der von der Volkspolizei wahrzunehmenden Aufgaben. Konsequenterweise wurde daher nun für die polizeiliche Arbeit die neue Formel von der „Gewährleistung der öffentlichen Ordnung und Sicherheit" definiert und festgeschrieben.[708] In diesem Sinne stellte § 1 Absatz 1 VPG fest:

„Die Deutsche Volkspolizei gewährleistet als Organ der einheitlichen sozialistischen Staatsmacht der Deutschen Demokratischen Republik die öffentliche Ordnung und Sicherheit. Ihre gesamte Tätigkeit dient dem zuverlässigen Schutz der sozialistischen Staats- und Gesellschaftsordnung, der sozialistischen Errungenschaften, des friedlichen Lebens und der schöpferischen Arbeit der Menschen. Durch die Erfüllung ihrer Aufgaben trägt sie dazu bei, die Würde und die Freiheit, das Leben und die Gesundheit der Bürger zu schützen und ihre Rechte zu gewährleisten."[709]

Weitere Konkretisierungen enthielten die §§ 7 ff. dieses Gesetzes, wonach die Deutsche Volkspolizei die öffentliche Ordnung und Sicherheit „jederzeit zuverlässig" zu gewährleisten hatte. Nach § 11 Absatz 1 Satz 1 VPG war die Deutsche Volkspolizei „in Erfüllung der ihr übertragenen Aufgaben" im Sinne einer polizeilichen Generalklausel befugt, „zur Durchsetzung gesetzlicher Bestimmungen die erforderlichen Maßnahmen durchzuführen". Richtungweisend war dabei immer auch die Präambel des Gesetzes, nach welcher die Tätigkeit der Deutschen Volkspolizei „unablässig" darauf auszurichten war, u. a.

- „die sozialistische Entwicklung in der Deutschen Demokratischen Republik aktiv zu unterstützen und deren Schutz zu gewährleisten",
- „Gefahren für die sozialistische Gesellschaft und die Bürger vorzubeugen",
- „bei der Gewährleistung der sozialistischen Gesetzlichkeit, der Rechtssicherheit und Ordnung verstärkt mitzuwirken"
- und „durch ihre Tätigkeit einen wesentlichen Beitrag zur weiteren Entwicklung und Festigung der sozialistischen Gesetzlichkeit, der Gerechtigkeit und Rechtssicherheit sowie der Gestaltung der sozialistischen Menschengemeinschaft" zu leisten.[710]

Der materielle Polizeibegriff des bürgerlich-liberalen Rechtsstaates bzw. des PrPVG, der die polizeiliche Tätigkeit - neben den ausdrücklich durch Gesetz übertragenen Aufgaben - auf die Gefahrenabwehr beschränkt hatte, war hiernach jetzt also endgültig überholt. Die Volkspolizei der DDR hatte vielmehr nun auch

---

[708] Alle Zitate und Angaben: Hartmut Lüers: Das Polizeirecht der DDR, S. 28 ff.
[709] GBl. I der DDR, S. 232.
[710] Alle Zitate: GBl. I der DDR, S. 232 ff.

Kraft Gesetzes eine umfassende Gewährleistungs- und Garantiefunktion im Sinne der Entwicklung einer „sozialistischen Ordnung“.[711]

Die Auswirkungen in der Praxis

Der gesetzlich ausformulierte sozialistische Polizeibegriff des Jahres 1968 spiegelte nur wider, was in der Realität seit vielen Jahren längst bestehende Praxis war. Diese Praxis in der polizeilichen Tätigkeit hatte - wie oben bereits angedeutet - schon unmittelbar nach dem Kriege eingesetzt. Von der marxistisch-leninistischen Rechtstheorie her gesehen war eine Überwindung des bürgerlich-liberalen Polizeibegriffs ohnehin nur konsequent, da von ihr jede Aufteilung oder Beschränkung der Staatsmacht im Sinne des Prinzips der Gewaltenteilung abgelehnt wurde. Staat und Recht wurden instrumentell gesehen als Mittel zur Herbeiführung einer klassen- und konfliktlosen Gesellschaft. Deshalb konnte die „Gewährleistung der öffentlichen Ordnung und Sicherheit“ durch die Organe der Polizei letztlich nur als Beitrag zur „antifaschistisch-demokratischen Umwälzung“ und zur weiteren - vorgeblich gesetzmäßigen - gesellschaftlichen Entwicklung verstanden werden.[712]

In der faktischen Vorwegnahme des erst im Volkspolizeigesetz von 1968 ausformulierten sozialistischen Polizeibegriffs galt es für die Polizei Sachsens somit bereits in den ersten Nachkriegsjahren, neben den Aufgaben der Gefahrenabwehr und der Verbrechensbekämpfung auch eine Gewährleistungsfunktion nach Maßgabe der gesellschaftlichen Erfordernisse und insbesondere nach Maßgabe der Beschlüsse der SED wahrzunehmen. Die Polizei in Sachsen konnte bzw. musste sich daher nach dem Kriege nicht nur mit Sicherungsaufgaben herkömmlicher Art oder mit übertragenen Aufgaben der Bekämpfung von Straftaten befassen. Sie war als bewaffnetes „antifaschistisches Organ“[713] darüber hinaus vielmehr umfassend auch für alle als gesellschaftlich relevant angesehenen Bereiche zumindest mitzuständig und mitverantwortlich. Dabei konnte es sich in der Praxis um nahezu alle Bereiche handeln, angefangen von Fragen der Sicherung der Produktion, der Aufbauhilfe oder der Erntesicherung bis hin zur Bekämpfung des Kartoffelkäfers.[714] Auch die politische Überwa-

---

[711] Hartmut Lüers: Das Polizeirecht der DDR, S. 41; Thomas Lindenberger: Die Deutsche Volkspolizei, S. 128 ff.

[712] Hartmut Lüers: Das Polizeirecht der DDR, S. 52.

[713] SächsHStA, LRS, MdI, Nr. 99, Bl. 99.

[714] Zur Bekämpfung des Kartoffelkäfers gab es in Sachsen u. a. eine von der Polizeiabteilung des Innenressorts herausgegebene Rundverfügung Nr. 178 vom 26. Juni 1947. - Vgl. SächsHStA, LBVPS, Nr. 46, Bl. 53.

chung und die Fertigung von Stimmungsberichten waren in diesem Kontext zu sehen. Bereits im Jahre 1948 umschrieb daher der Leiter der Hauptabteilung Schutzpolizei bei der DVdI die Aufgaben der Polizei in der SBZ wie folgt:

„Die Aufgabe der Polizei, die früher in der Wiederherstellung von Ruhe, Sicherheit und Ordnung lag, geht heute über diesen Rahmen hinaus. Es ist Aufgabe der Polizei, die Sicherung der Betriebe, der Transporte, der neuen Produktion zu gewährleisten und nicht zuletzt uns selbst zu schützen."[715]

Besonders verdeutlicht wurde dieser erweiterte Auftrag auch in der vom Staatsrat der DDR beschlossenen Dienstlaufbahnverordnung vom 9. Dezember 1964, in deren Präambel es hieß:

„[Die Deutsche Volkspolizei hat] die öffentliche Ordnung und Sicherheit beim umfassenden Aufbau des Sozialismus in der Deutschen Demokratischen Republik zu gewährleisten, die sozialistische Gesetzlichkeit zu festigen und durch vorausschauende und vorbeugende Tätigkeit den gesellschaftlichen Fortschritt zu fördern."[716]

Klaus-Peter Krause bestätigte in seiner im Jahre 1989 abgeschlossenen Dissertation ebenfalls ohne Umschweife, dass „das Wirken der neuen antifaschistisch-demokratischen Polizei im Kampf um gesellschaftlichen Fortschritt" auch auf die „aktive Unterstützung der ökonomischen und politischen Entwicklung des Landes Sachsen" ausgerichtet war. In diesem Sinne hätten sich die Angehörigen der sächsischen Polizei z. B. in den Jahren 1947/48 „beim Aufbau von 37000 Neubauernhöfen", bei der Trümmerbeseitigung oder bei der Sicherung der Produktion in der Industrie als „wahre Aktivisten des antifaschistisch-demokratischen Aufbaus" erwiesen.[717]

Eine Begrenzung der Aufgaben und Befugnisse der Polizei, wie sie im bürgerlich-liberalen Rechtsstaat bestanden hatte, konnte es also nach allem in der SBZ und damit auch in Sachsen bereits in der unmittelbaren Nachkriegszeit eigentlich nicht geben. Dies betonte auch schon der Jahresbericht 1946/47 der DVdI, wo es hieß:

„Andererseits würde die Übernahme der negativen Beschränkung der Polizei auf die reine Gefahrenabwehr, die für die Epoche des liberalen sogenannten bürgerlichen Rechtsstaates bis in die Vornazizeit hinein kennzeichnend war und rückblickend die Reformbedürftigkeit des Polizeibegriffes mit zwingender Eindeutigkeit vor Augen führt, den heutigen Verhältnissen in keiner Weise entsprechen. Die heutige Polizei hat im Gegenteil gegenüber dem bisherigen veralteten Polizeibegriff eine wesentlich veränderte, fortschrittliche und erweiterte Aufgabe zu erfüllen, deren geisteswissenschaftliche Untermauerung eine der wesentlichen Aufgaben der Verwaltungspolizei in den nächsten Jahren ist."[718]

---

[715] Richard Bessel: Polizei zwischen Krieg und Sozialismus, S. 527.
[716] GBl. I der DDR 1965, S. 65.
[717] Alle Zitate: Klaus-Peter Krause: Die Herausbildung und Entwicklung der Deutschen Volkspolizei, S. 79.
[718] BArch, DO 1/7.0/19, Bl. 59.

Die Polizei als maßgeblicher Machtfaktor beim Aufbau der „antifaschistisch-demokratischen Ordnung“ und als „Kommandohöhe“, die unbedingt zu besetzen war, hatte ansonsten „vor allen Dingen der Arbeiterklasse zu dienen, die Rechte der Arbeiterklasse zu stützen und zu verteidigen“, wie dies der Chef der sächsischen Polizei, Artur Hofmann, bereits bei Beginn des 1. Lehrganges für neue Polizeischüler am 3. April 1946 in Dresden unmissverständlich festgestellt hatte.[719]

4.1.2 Die Polizei als Machtinstrument

Die Rolle der neuen sächsischen Polizei

Nach dem oben bereits erwähnten internen Leitfaden des Leiters des Landeskriminalamts Sachsen aus dem Jahre 1945/46 war die Polizei bis zur Niederlage Hitler-Deutschlands ein Teil im Staate gewesen, der sich als Machtinstrument „in den Händen der Monopolisten und Großgrundbesitzer befunden hatte“ und der von den „Kommandohöhen der Wirtschaft und Politik besetzt“ gewesen war. Eine „Minderheit herrschte über die Mehrheit, die werktätigen Massen“. Nach dem Kriege hingegen formierte sich nach diesem Leitfaden in der SBZ dann mit der Unterstützung der Besatzungsmacht neues Leben. „Es entstand wieder der Staat als Machtinstrument, aber er befand sich in den Händen der werktätigen Massen. Jetzt begann die Mehrheit der Gesellschaft gegen die Minderheit zu herrschen, also gegen Monopolisten und Großgrundbesitzer.“ Deshalb hatte die Polizei nach diesem Leitfaden jetzt „fortschrittlich, demokratisch und antifaschistisch“ eingestellt zu sein.[720]

Was darunter zu verstehen war, präzisierte der 1. Vizepräsident der LVS, Kurt Fischer, anlässlich der Eröffnung der sächsischen Landespolizei-Fachschule am 6. Februar 1946 wie folgt:

> „Wir bauen die Polizei als ein antifaschistisches Organ auf. Dazu muß sie volksnahe sein, ihre Frauen und Männer, Kinder des Volkes, Blut vom Blut, Fleisch vom Fleisch der arbeitenden Massen, müssen sich als Teil des arbeitenden Volkes fühlen und nicht als eine herausgerissene, besonders privilegierte, in Uniform gesteckte Kaste. Unsere Polizei ist volksnahe, ist eine wirkliche demokratische Polizei in einem demokratischen Staate, weil ihre Angehörigen restlos aus den Schichten des Volkes stammen, den Schichten angehören, die die Mehrheit des Volkes ausmachen, der Arbeiterklasse.“[721]

---

[719] SächsHStA, LRS, MdI, Nr. 279, Bl. 65.
[720] Alle Zitate: SächsHStA, LRS, MdI, Nr. 278, Bl. 1 ff.
[721] SächsHStA, LRS, MdI, Nr. 99, Bl. 99.

In diesem Sinne unterstrich auch der Chef der sächsischen Polizei, Artur Hofmann, bei Beginn des 1. Lehrganges für neue Polizeischüler am 3. April 1946 in Dresden die besondere Rolle der neuen sächsischen Polizei. Er verwies darauf, dass es nun Aufgabe der Polizei sei, „all den Elementen, die durch Terror, Sabotage den neu gebildeten Staat gefährden wollen, schärfstens entgegenzutreten". Bei der personellen Ausstattung sei zu beachten, dass ein Jugendlicher aus einer bürgerlichen Familie „selbstverständlich niemals die Eigenschaften mitbringen [werde], die ein Kind aus Arbeiterkreisen hat, d. h. ein gewisses Klassenbewußtsein". Die stärkste Klasse „unseres Volkes" sei aber die Arbeiterklasse, meinte er. „Nur sie kann auf Grund ihrer Stärke das Recht und die Pflicht haben, den Staat zu lenken und zu leiten." Die Arbeiterklasse müsse also in Zukunft in Deutschland die Macht erringen, weshalb die Polizei „vor allen Dingen der Arbeiterklasse dienen [sowie] die Rechte der Arbeiterklasse stützen und verteidigen" müsse.[722]

Bei der gleichen Veranstaltung zitierte der stellvertretende Leiter der Landespolizei-Fachschule, Paulsen, den 1. Vizepräsidenten Kurt Fischer. Dieser habe gefordert, dass die Polizei ein „kristallklarer Körper" sein müsse, und zwar „ein kristallklarer Körper in der Anschauung [und] im Verhalten der Bevölkerung gegenüber - [geprägt von] Anständigkeit, Taktgefühl, Ehrlichkeit". Es dürfe nicht wieder vorkommen, dass die Polizei gegen die Arbeiterschaft eingesetzt werde. Auch sei nun gegen die Reaktion der Kampf angesagt. Dabei werde man mit „den gleichen Mitteln antworten, mit denen man gegen uns vorgeht oder vorgehen will", erklärte Paulsen.[723]

In einer Rede vor Lehrgangsteilnehmern der Parteischule der KPD in Ottendorf am 13. April 1946 schließlich betonte Kurt Fischer nochmals ausdrücklich, dass die Leitung der Polizei zu den „Kommandohöhen" gehöre, die „sich unter allen Umständen in unseren Händen befinden" müsse. „Die Polizei ist das Machtinstrument, auch und vor allem im neuen Staat", verkündete er.[724]

Im Gegensatz zu diesen betont klassenkämpferischen Thesen und Forderungen stellte die Polizeiabteilung des sächsischen Innenressorts in einem internen Bericht vom 10. Juni 1946 vergleichsweise nüchtern fest, dass die besondere Aufgabe der sächsischen Polizei „in der Bekämpfung der durch die Kriegsereignisse besonders stark gestiegenen Kriminalität" liege. Auch in der Bekämpfung der Geschlechtskrankheiten wurde ein Schwerpunkt erkannt sowie außerdem in der Beobachtung der Aktivitäten von Angehörigen der früheren NSDAP. Darüberhinaus konstatierte die Polizeiabteilung im genannten Bericht, dass jetzt „durch das schnelle und erfolgreiche Eingreifen der Polizei bei verschiedenen

[722] Alle Zitate und Angaben: SächsHStA, LRS, MdI, Nr. 279, Bl. 65 ff.
[723] Alle Zitate: SächsHStA, LRS, MdI, Nr. 279, Bl. 65 ff.
[724] SächsHStA, LRS, MdI, Nr. 99, Bl. 55.

Vorkommnissen und in verschiedenen Gegenden des Bundeslandes Sachsen [...] in der Bevölkerung eine stärkere Beruhigung eingetreten" sei.[725]

Bezüglich der praktischen Arbeit tauchten in den verschiedenen Tätigkeitsberichten für das Jahr 1946 ansonsten immer wieder folgende Themen- und Aufgabenbereiche auf:

Waffenfunde, Nichterfüllung des Abgabesolls in der Landwirtschaft, nicht gemeldete Tierbestände, Lebensmitteldiebstähle, Unterschlagung oder Diebstahl von Lebensmittelkarten, Sicherstellung von Lebensmitteln, Sabotage, Bandenunwesen, Raubüberfälle, Viehdiebstähle, illegale Grenzübertritte, Plünderungen, Schwarzhandel, Betrügerunwesen, Kuppelei, Hehlerei, Kompensationsgeschäfte, Hamsterunwesen, Kampf gegen Geschlechtskrankheiten, Sicherstellung nazistischer Literatur, Personenfahndungen, Sachfahndungen, Kfz-Fahndungen, Taschendiebe, gewerbsmäßige Abtreibungen, Razzien und Verkehrskontrollen u. a.[726]

Die polizeiliche Arbeit kreiste also um zwei Pole: Einmal musste versuchten werden, in einer schweren Zeit nüchtern die anfallenden Aufgaben der Gefahrenabwehr und der Kriminalitätsbekämpfung zu bewältigen. Auf der anderen Seite galt es jedoch auch, den klassenkämpferisch-proletarischen Auftrag als „antifaschistisches Organ" zu erfüllen. Politische Priorität besaß in zunehmendem Maße der letztgenannte Auftrag. In diese Richtung gingen nicht nur die oben zitierten Erklärungen, sondern auch Erklärungen des neuen sächsischen Ministerpräsidenten Max Seydewitz anlässlich einer Polizeileitertagung am 17. September 1947 in Dresden, wo dieser ausdrücklich betonte, dass die Polizei eine klassenbewusste „wahre Volkspolizei" sein müsse, „die den Massen und dem Volk verbunden ist, aus dem sie ja selbst hervorgegangen" sei.[727] Hier also betonte und bestätigte auch der neue sächsische Ministerpräsident schon sehr deutlich die über die reine Gefahrenabwehr hinausgehende Gewährleistungsfunktion der Polizei in Sachsen.

Die Machtgewinnung und die Machterhaltung

Nach kommunistischer Auffassung war „die Geschichte der nationalen wie der internationalen Arbeiterbewegung die Geschichte des Kampfes um die Macht". „Erringung der Macht" bedeutete hiernach, „die alten Staatsorgane der Ausbeuterklasse zu vernichten und an deren Stelle neue, revolutionäre zu stellen, um mit deren Hilfe die Ziele des Proletariats und der mit ihm Verbündeten zu verwirklichen". Auch die „aufopferungsvollen" Kämpfe der Arbeiterbewegung bis 1945 galt es dabei zu berücksichtigen, z. B. Ungarn und Bayern 1919,

---

[725] Alle Angaben und Zitate: SächsHStA, LRS, MdI, Nr. 279, Bl. 88.
[726] SächsHStA, LBVPS, Nr. 8.
[727] SächsHStA, LBVPS, Nr. 28, Bl.11.

Sachsen und Thüringen 1923 und Spanien 1936/39.[728] Gemäß dieser Erkenntnis hatte auch Walter Ulbricht nach dem Zweiten Weltkrieg die Schaffung einer neuen demokratischen Ordnung in Deutschland in erster Linie als „die Frage der Festigung der Einheitsfront der beiden Arbeiterparteien, der KPD und der SPD, und der Festigung des Blocks mit den anderen antifaschistisch-demokratischen Parteien“ definiert.[729]

Sehr konkret, was die Machtfrage betraf, wurde dann die Konferenz der Innenminister der SBZ am 11./12. August 1947. Hier bestand allgemein Einigkeit darüber, dass die Polizei als zentrales „Machtinstrument unseres neuen Staates“ zu betrachten sei. In diesem Sinne appellierte Vizepräsident Wagner von der DVdI an die Teilnehmer, „ein Instrument zu schaffen für die weitere Entwicklung zum Sozialismus“, und Vizepräsident Willi Seifert fasste zusammen:

> „Wir wissen, welche riesige Bedeutung unser Polizeiapparat, auch klassenmäßig gesehen, hat. Die Polizei muß das Instrument unseres Staates oder im Moment unserer Zone sein, das in der Lage ist, alle Errungenschaften und jede von uns bereits politisch und wirtschaftlich vollzogenen Tatsachen zu sichern.“[730]

Die Polizei habe die Verpflichtung, „zu jeder Zeit und auch in dem Moment, wo es zu ernsten Auseinandersetzungen mit den Feinden der Demokratie, mit den Feinden der Arbeiterklasse kommt, das Machtmittel zu sein, das in der Lage ist, für die Erhaltung des bereits Erkämpften einzutreten“, betonte Seifert vieldeutig weiter.[731]

Die besondere Rolle der Polizei als Machtinstrument des neuen Staates war auch in § 1 der von der SMAD im Juli 1947 bestätigten Verordnung über die Bildung der Deutschen Verwaltung des Innern herausgestellt worden, wonach die Hauptaufgabe aller Polizeiorgane darin bestehen sollte,

a) „einen energischen Kampf gegen das Verbrechertum und die Störenfriede der öffentlichen Ordnung und der Gesetze, die vom Alliierten Kontrollrat, der SMAD und den demokratischen Organen der Selbstverwaltungen festgelegt wurden, zu führen,

b) den Aufbau Deutschlands nach demokratischen Grundsätzen zu fördern,

c) täglich den Schutz der Rechte der deutschen Bevölkerung, die durch Gesetze der Länder und Provinzen festgelegt sind, zu gewährleisten“ und

d) „einen entschiedenen Kampf gegen die Nazisten und andere Verbrecher, die den demokratischen Aufbau Deutschlands hemmen, zu führen“.[732]

---

[728] Alle Zitate: Helfried Wehner: Proletarischer Internationalismus, S. 286 ff.
[729] Walter Ulbricht: Der Aufbau der demokratischen Selbstverwaltung, S. 50.
[730] Zitiert nach Jochen Laufer: Die Ursprünge des Überwachungsstaates, S. 157.
[731] Ebenda.
[732] BArch, DO 1/7.0/1, Bl. 55 ff.

Was darunter zu verstehen war, konkretisierte der sächsische Innenminister Kurt Fischer in einem im Dezember 1947 verfassten Beitrag für die erste Ausgabe der Zeitschrift „Die Volkspolizei", welche allerdings erst im März 1948 erschien. In diesem Beitrag wiederholte Fischer seine schon hinreichend bekannten Thesen, nämlich dass die Polizei „ein wichtiger Teil des Staatsapparates" sei, der allerdings „in allen Ländern Westeuropas [...] der kleinen Schicht der kapitalistischen Machthaber zur Niederhaltung der werktätigen Massen" diene. Auch in Deutschland habe die Polizei die Aufgabe gehabt, „den Staat der Monopolkapitalisten und Junker gegen jede freiheitliche Bewegung der Werktätigen zu schützen". Deshalb sei es richtig gewesen, „daß nach dem 8. Mai 1945 in den Ländern der Ostzone die neue Polizei von Grund auf neu aufgebaut wurde [und] daß in ihre Reihen nur überzeugte und aktive Antifaschisten-Demokraten aufgenommen wurden". Die Polizei sei nun „zum Schutz der Werktätigen da, und [...] Fleisch vom Fleisch und Blut vom Blut des arbeitenden Volkes". Auch sei die neue Polizei „die unbedingte Schützerin der Demokratie und ihrer Institutionen". Wörtlich hieß es in diesem Artikel weiter:

> „Zur vornehmsten Aufgabe der neuen Polizei gehört der Kampf gegen die Störer des Friedens, gegen die Kriegs- und Naziverbrecher, die den demokratischen Aufbau hemmen und sabotieren wollen, gegen die dunklen Elemente der Gerüchteverbreiter, gegen die Agenturen der enteigneten Junker und entmachteten Monopolkapitalisten und Finanzmagnaten. Die neue Polizei ist zugleich der unermüdliche Verfolger aller den wirtschaftlichen Neuaufbau sabotierenden Schieber und Schwarzhändler. Sie schützt das Eigentum des Volkes, insbesondere die volkseigenen Betriebe und ihre Produktion."[733]

In diesem Sinne hatte also die Polizei in der SBZ und in Sachsen als „Kommandohöhe" die Aufgabe der Machterhaltung und der Sicherung der „Errungenschaften".

Die verstärkte ideologische Festigung

Mitte August 1948, also wenige Wochen nachdem der bisherige sächsische Innenminister Kurt Fischer sein Amt als neuer Präsident der DVdI angetreten hatte, erschien in der Ost-Berliner „Täglichen Rundschau" auch ein wahrscheinlich ihm selbst initiierter Artikel des sowjetischen Publizisten A. Pankow unter dem Titel „Die Deutsche Volkspolizei". Auch hier wurden zunächst die gängigen Thesen herausgestellt, wonach die Polizei in denjenigen Ländern, in denen der Imperialismus herrsche, „ein Werkzeug zur Unterdrückung der werktätigen Massen und zur Stützung der Macht der kapitalistischen Monopole" sei. Nach einem ausführlichen Exkurs in die Zeit des Kaiserreichs, der Weimarer

---

[733] Alle Zitate und Angaben: SächsHStA, LRS, MdI, 274 (nicht paginiert).

Republik und des Dritten Reiches hieß es zu Stellung und Aufgaben der neuen Polizei in der SBZ dann:

„Die Polizei in der sowjetischen Besatzungszone muß von ganz anderer Art sein. Sie muß eine wirkliche Volkspolizei sein und sich aus den ehrlichsten und dem Volke restlos ergebenen Menschen rekrutieren, aus den Arbeitern, den Bauern und der werktätigen Intelligenz. Die Volkspolizei muß nicht nur eine feste Garantie für die Liquidierung der Überreste des Faschismus sein, sondern auch eine Stütze der neuen demokratischen Staatseinrichtungen. Neben der Bekämpfung der kriminellen Elemente und der Aufrechterhaltung der öffentlichen Ordnung muß die Volkspolizei die Keime der neuen Demokratie vor den Anschlägen der Faschisten und Reaktionäre schützen."[734]

Nach dieser nun schon stereotypen Einleitung betonte der Autor in diesem Artikel insbesondere auch im Hinblick auf den sich verschärfenden Ost-West-Konflikt weiter:

„Es ist im Auge zu behalten, daß die in Westdeutschland unter der Leitung der Amerikaner und Engländer wiedergeborene imperialistische deutsche Reaktion verzweifelte Versuche macht, um die politische und wirtschaftliche Entwicklung der sowjetischen Besatzungszone zu stören. In diesem Zusammenhang hat die Polizei der sowjetischen Besatzungszone wichtige Aufgaben bei der Wahrung der neuen demokratischen Ordnung und der Gesetzlichkeit in der sowjetischen Besatzungszone. Die Volkspolizei muß im Kampfe gegen die Klassenfeinde der Arbeiter und der werktätigen Bauern, gegen die Organisatoren von Sabotage- und Schädlingsaktionen und von volksfeindlicher unterirdischer Tätigkeit die größte Wachsamkeit und Schonungslosigkeit beweisen sowie das Volkseigentum gegen Diebstahl und Beschädigung schützen."[735]

Diese Ausführungen waren richtungweisend. Deshalb wies der Chef der Polizei im Land Sachsen in einer Dienstanweisung Nr. 94/48 vom 20. August 1948 „auf Anordnung der Deutschen Verwaltung des Innern" sämtliche nachgeordneten Polizeidienststellen in Sachsen (Polizeipräsidien, Polizeidirektionen, Kreispolizeiämter Kriminalämter und Grenzpolizeiabteilungen) an, den genannten Zeitungsartikel zur Diskussion zu stellen und in Dienstbesprechungen gründlich durchzuarbeiten.[736]

Entsprechendes galt gemäß Dienstanweisung des Chefs der Polizei im Land Sachsen Nr. 94a/48 vom 20. Oktober 1948 auch für einen vom Präsidenten der DVdI verfassten und in der Deutschlandausgabe des „Neuen Deutschland" vom 30. September 1948 veröffentlichten Artikel über „Die Aufgaben der Volkspolizei", denn in diesem Artikel seien „sowohl die in Westdeutschland im Gange befindlichen versteckten und offenen Bürgerkriegsvorbereitungen, als auch die von der Volkspolizei zum Schutze der demokratischen Entwicklung zu treffenden Maßnahmen klar und offen dargelegt". Die wiedergegebenen Tatsachen und

---

[734] Tägliche Rundschau, Berlin, vom 18. August 1948 (Nr. 192).
[735] Ebenda.
[736] SächsHStA, LRS, MdI, Nr. 282 (nicht paginiert).

die daraus zu ziehenden Schlussfolgerungen müssten „jedem Angehörigen der Volkspolizei zur Kenntnis gelangen und von der gesamten Volkspolizei zur Grundlage ihrer weiteren Tätigkeit genommen werden“[737].

Die Verschärfung des Ost-West-Konfliktes diente nun also der ideologischen Untermauerung im Sinne der weiteren Stärkung der Polizei als Machtinstrument. Üblich wurden darüber hinaus in Sachsen jetzt auch rituelle Ergebenheitsadressen. Ein Vertreter der Jugendbereitschaft „Ernst Thälmann“ der sächsischen Polizei gelobte beispielsweise bei einer Landesdelegiertenkonferenz der SED, die am 4./5. Dezember 1948 in Dresden stattfand, unverbrüchliche Treue, indem er erklärte:

„Die Mitglieder der SED in den Reihen der Volkspolizei versprechen, ihre ganze Kraft für die Ziele der Partei einzusetzen und die Volkspolizei zu einem Instrument zu machen, das die Werktätigen in ihrem demokratischen Aufbau schützt. Durch [die] Reinigung unserer Reihen von antidemokratischen und unzuverlässigen Elementen und durch eine dreijährige Verpflichtung wird die Volkspolizei weiter gefestigt. Unsere Waffen, die wir aus den Reihen von Hennecke-Aktivisten in Betrieben und Schächten erhalten haben, versprechen wir nur zum Schutze der Werktätigen zu gebrauchen. [...]

Wir versprechen, durch politische und fachliche Schulung die Volkspolizei zu einer scharfen Waffe des Klassenkampfes zu machen, um den Kampf gegen Saboteure des Zwei-Jahresplanes, Schieber, Brandstifter und Überreste des Faschismus und der Reaktion zum vollen Erfolg führen zu können. Wir versprechen, den Kampf aller fortschrittlichen demokratischen Kräfte für einen gerechten und dauerhaften Frieden mit allen unseren Kräften zu unterstützen. Wir versprechen, daß wir alle Volkspolizisten zu Freunden der sozialistischen Sowjetunion und der volksdemokratischen Länder erziehen.“[738]

Natürlich galt es dabei auch immer, die untrennbare Freundschaft mit der Sowjetunion zu unterstreichen, denn:

„Die Deutsche Volkspolizei hätte sich niemals in so kurzer Zeit zu einem zuverlässigen und schlagkräftigen Organ der Arbeiter-und-Bauern-Macht entwickeln können, wenn nicht von Anbeginn an ihrer Seite solche erfahrenen, kampferprobten und klugen Klassengenossen, wie es die sowjetischen Freunde waren, gestanden hätten. Im Geiste des proletarischen Internationalismus halfen sie der Volkspolizei bei der Aneignung und Anwendung von Kenntnissen über die Wesenszüge polizeilicher Tätigkeit unter den Bedingungen der Macht der Arbeiter und Bauern und der Verwirklichung marxistisch-leninistischer Führungsprinzipien der bewaffneten Organe.“[739]

Die Polizei als Machtinstrument des neuen Staates sollte sich also „im Kampf um die Entwicklung und Festigung der Macht der Arbeiter und Bauern in jeder Situation als ein zuverlässiges Instrument der Arbeiterklasse und aller Werktäti-

---

[737] SächsHStA, LBVPS, Nr. 51 (nicht paginiert).

[738] SächsHStA, SED-BPA Dresden, Nr. A/749, Bl. 11.

[739] Friedrich Dickel u. a. (Autorenkollektiv): Geschichte der Deutschen Volkspolizei, Band I. S. 7.

gen" erweisen und dies unter Beweis stellen.[740] Die entsprechende Indoktrinierung war „ein unentbehrlicher Schritt zur Errichtung der SED-Diktatur".[741]

Die rechtliche Sonderstellung der Polizei

Die besondere Stellung der Polizei als Machtinstrument im neuen Staat führte nach und nach auch zum Ausbau der eigenen Rechtsstellung. In diesem Sinne hatte das Präsidium der LVS bereits in seiner Sitzung vom 26. September 1946 den Entwurf einer Verordnung beschlossen, nach welcher eine Strafverfolgung nicht stattfinden sollte „wegen einer Tat, die nach der Besetzung des Landes vor dem 1. September 1946 anläßlich von Maßnahmen begangen worden ist, durch die der Täter im antifaschistischen Sinne das gemeine Wohl fördern oder öffentliche Gewalt ausüben wollte".[742] Diese Regelung hatte naturgemäß in erster Linie Bedeutung für die eigenen Ordnungs- oder Sicherheitskräfte im Nachkriegssachsen.

Da auch dieser Entwurf von der sowjetischen Besatzungsmacht jedoch nicht bestätigt worden war, beschloss das Präsidium der LVS dann am 10. Dezember 1946, also noch unmittelbar vor Bildung der Landesregierung Sachsen, „den Generalstaatsanwalt zu ermächtigen und zu beauftragen, Strafverfolgungen dieser Art nicht mehr durchzuführen".[743] Auf diese Weise wurde somit in Sachsen eine Strafverfolgung von Tätern, die „im antifaschistischen Sinne das gemeine Wohl fördern oder öffentliche Gewalt ausüben" wollten, durch eine administrative Maßnahme unterbunden. Auch Disziplinarmaßnahmen gegen Arbeiter und Angestellte des öffentlichen Dienstes für entsprechende vor dem 1. September 1946 begangene Taten hatten nach einer Rundverfügung Nr. 60 der Polizeiabteilung des sächsischen Innenministeriums vom 3. März 1947 zu unterbleiben.[744]

Täter, die in der unmittelbaren Nachkriegszeit zum Teil schwere und schwerste Straftaten begangen hatten, wurden somit unter den genannten Bedingungen straffrei gestellt. Begünstigt wurden hierdurch insbesondere diejenigen „antifaschistisch-demokratischen Kräfte", die unmittelbar nach dem Kriege und noch viele Monate später alte Rechnungen mit ehemaligen Nationalsozialisten zu begleichen hatten. Immerhin wies aber die Rundverfügung Nr. 221 der Polizei-

---

[740] Friedrich Dickel u. a. (Autorenkollektiv): Geschichte der Deutschen Volkspolizei, Band I, S. 5 ff.

[741] Richard Bessel: Polizei zwischen Krieg und Sozialismus, S. 517.

[742] SächsHStA, LRS, Ministerpräsident, Nr. 681, Bl. 202.

[743] SächsHStA, LRS, Ministerpräsident, Nr. 681, Bl. 321.

[744] SächsHStA, LRS, MdI, Nr. 269 (nicht paginiert).

abteilung des sächsischen Ministeriums des Innern vom 1. August 1947 „zur Klarstellung von aufgetretenen Fragen“ darauf hin, dass künftig „jede strafbare Handlung eines Polizeiangehörigen [...] genau so zu verfolgen [ist] wie die eines anderen Bürgers des Landes Sachsen“ und dass „keine Polizei-dienststelle, kein Betriebsrat und kein Disziplinarausschuß [...] eine Einstellung der Strafverfolgung durch die dazu berufenen Organe (Staatsanwaltschaft, Gericht) beschließen“ könne.[745] Dies galt aber nur für nach dem 1. September 1946 begangene Straftaten.

Später, Anfang 1949, reklamierte die DVdI ebenfalls einen rechtlichen Sonderstatus für die im Polizeidienst stehenden Kräfte. In einem Schreiben vom 3. Februar 1949 „an die Landesregierung Sachsen - Herrn Innenminister Zaisser“ stellte sie nämlich - wie oben bereits näher erläutert - unter Hinweis auf die Einführung der Polizeibesoldungsordnung, des Polizei-Disziplinarrechts und der dreijährigen Verpflichtung für den Polizeidienst fest, dass künftig Klagen von Polizeiangestellten vor den Arbeitsgerichten „nicht mehr entgegengenommen werden“ könnten.[746] Dies stand zwar im Widerspruch zum Kontrollratsgesetz Nr. 21 vom 30. März 1946[747] über die Einrichtung der deutschen Arbeitsgerichtsbarkeit, störte den Präsidenten Kurt Fischer aber offensichtlich nicht. Ihm war es nun gelungen, seine Volkspolizei weiter abzuschotten.

4.1.3 Der Rechtsschutz des Bürgers

Beschwerden und Eingaben

Wie die gesamte Bevölkerung in Deutschland stand selbstverständlich auch die Bevölkerung Sachsens nach dem Zweiten Weltkrieg unter dem Eindruck der Erfahrung der zwölfjährigen Hitlerdiktatur und der nachfolgenden bedingungslosen Kapitulation am 7./9. Mai 1945. Die nationalsozialistische Diktatur war jetzt zwar beseitigt. Nun aber gab es die bekannten Erscheinungsformen der sowjetischen Besatzungsmacht und generell das Gefühl einer allgemeinen Rechtlosigkeit. An einen Rechtsschutz gegen Maßnahmen der Besatzungsmacht war nicht zu denken. Sehr problematisch war aber auch die Frage eines effektiven Rechtsschutzes gegen Maßnahmen deutscher Stellen, insbesondere deutscher Sicherheitsorgane.

---

[745] SächsHStA, LBVPS, Nr. 47, Bl. 320.
[746] SächsHStA, LRS, MdI, Nr. 277 (nicht paginiert).
[747] Amtsblatt des Kontrollrats, S. 124.

Erschwerend kam bereits in den ersten Nachkriegsjahren - wenngleich zunächst noch unterschwellig - das politisch besetzte Postulat hinzu, dass die Rechte des Bürgers „stets in Übereinstimmung mit der sozialistischen Entwicklung" auszuüben bzw. zu gewährleisten seien. Sobald sich die Berufung auf ein subjektives Recht als Hemmung dieser Entwicklung darstellte, sollte hiernach der staatliche Schutz entfallen. Auch galt mit zunehmender Festigung der eingeleiteten politischen Entwicklung in der SBZ die - utopische - Forderung, dass innerhalb einer sozialistischen Staats- und Gesellschaftsordnung „notwendigerweise eine grundlegende Übereinstimmung zwischen den Interessen des Staates einerseits und denen der Bürger andererseits" zu bestehen habe. Diese Maxime konnte für den Bürger schmerzliche Konsequenzen haben. Während z. B. das sozialistische Eigentum unbedingten Schutz genoss, so dass hier durch die Polizei jedwede Beeinträchtigung abzuwehren war, verdiente das persönliche oder private Eigentum nur relativen Schutz.[748]

Für den einfachen Bürger in der SBZ und damit auch in Sachsen blieb unmittelbar nach dem Kriege bei hoheitlichen Eingriffen der Polizei in seine Rechte - wobei es sich um Eingriffe in sein Eigentumsrecht, aber auch um Eingriffe in Persönlichkeitsrechte handeln konnte - auf alle Fälle und zunächst einmal die Möglichkeit einer einfachen Beschwerde oder Eingabe, wovon nach Bildung der Landesverwaltung Sachsen im Juli 1945 auch zunehmend Gebrauch gemacht wurde.[749]

Es gab darüber hinaus auch die Möglichkeit der förmlichen Beschwerde. Da es in Sachsen ein eigenes Polizeigesetz nicht gab, kam insoweit - zumindest analog - § 45 des Preußischen Polizeiverwaltungsgesetzes (PrPVG) als Rechtsgrundlage in Betracht. Nach dieser Bestimmung stand „gegen eine polizeiliche Verfügung [...] demjenigen, in dessen Rechte sie unmittelbar eingreift, innerhalb von zwei Wochen, nachdem die Verfügung ihm zugestellt, zugegangen oder zu seiner Kenntnis gekommen ist, die Beschwerde zu. Die Beschwerde [war] schriftlich oder zu Protokoll bei derjenigen Stelle einzulegen, welche die Verfügung erlassen hat".[750]

---

[748] Alle Zitate und Angaben: Hartmut Lüers: Das Polizeirecht der DDR, S. 35 ff.

[749] Grundsätzlich kamen, wenn die Polizei bei der Verfolgung von Straftaten als Hilfsorgan der Staatsanwaltschaft tätig wurde, auch die in der Strafprozessordnung vorgesehenen Rechtsbehelfe in Betracht. Insoweit konnten bei den Recherchen aussagekräftige Unterlagen aber nicht festgestellt werden. Die Tatsache jedoch, dass sich die sächsische Polizeiführung in den ersten Nachkriegsjahren wiederholt veranlasst sah, Erlasse oder Hinweise zu den rechtlichen Voraussetzungen bei Festnahmen, Verhaftungen, Sicherhstellungen, Beschlagnahmen usw. herauszugeben, spricht dafür, dass in der Praxis auf diesem Gebiet generell erhebliche Defizite bzw. Unklarheiten zum Nachteil der Bevölkerung bestanden.

[750] Pr. GS 1931, S. 77 ff.

Daneben gab es in Sachsen zwar noch das Gesetz über die Verwaltungsrechtspflege vom 19. Juli 1900[751], dessen Anwendung allerdings schon deshalb problematisch war, weil es jetzt weder die in diesem Gesetz vorgesehenen Kreishauptmannschaften[752] noch ein sächsisches Oberverwaltungsgericht gab. Auch dieses Gesetz hatte jedoch in bestimmten Fällen eine förmliche Beschwerde „binnen zwei Wochen" zugelassen.

Unabhängig von einer genau fixierten Rechtsgrundlage wurde jedenfalls in Sachsen auch nach dem Zweiten Weltkrieg die Möglichkeit eines förmlichen Rekurs- bzw. Beschwerdeverfahren grundsätzlich nicht in Zweifel gezogen. Dies war auch der Tenor einer internen Stellungnahme des Chefs der sächsischen Polizei vom 25. Januar 1946.[753] In einer Sitzung der verantwortlichen Leiter der Polizei beim Polizeipräsidium Dresden vom 30. Juni 1947 hieß es zum Rekurs- bzw. Beschwerdeverfahren allerdings einschränkend, „daß Rekurs gegen polizeiliche Entscheidungen, die sich auf Befehle der SMA stützen", nicht möglich sein könne, während die Polizeiabteilung des Ministeriums des Innern damals eine solche Möglichkeit offenbar auch in diesen Fällen annehmen wollte.[754]

Neben der Möglichkeit einer einfachen oder förmlichen Beschwerde gab es bei polizeilichen Strafverfügungen außerdem noch die in den §§ 413 ff. StPO enthaltene Möglichkeit eines Antrags auf gerichtliche Entscheidung. Gegen bestimmte von der Polizeibehörde erlassene Strafverfügungen konnte hiernach „binnen einer Woche nach der Bekanntmachung bei der Polizeibehörde, welche diese Verfügung erlassen hat oder bei dem zuständigen Amtsgericht" Antrag auf gerichtliche Entscheidung gestellt werden.[755] Auch hierzu stellte der Chef der sächsischen Polizei in einer internen Stellungnahme vom 1. April 1946 fest:

„Wir möchten bei dem Grundsatz verbleiben, daß es sich beim Verwaltungsstrafrecht nur um ein vorläufiges Verfahren handelt, das sofort hinfällig wird, wenn der Betroffene, was ihm freisteht, Widerspruch gegen die Strafverfügung erhebt. Hierdurch kommt die Sache an das ordentliche Strafgericht. Die Regelung der §§ 419 Absatz 2, 420, 422 StPO sollte bestehen bleiben."[756]

Solche Strafverfügungen waren z. B. bei Verkehrsübertretungen möglich. Sofern kein „Antrag auf gerichtliche Entscheidung" gestellt wurde, kam es in Einzelfällen auch zur Einreichung von Gnadengesuchen, denen von der Polizei-

---

[751] Sächs. GVBl. S. 486.
[752] Nach § 2 dieses Gesetzes waren die Kreishauptmannschaften in ihrer durch § 25 des Organisationsgesetzes vom 21. April 1873 (Sächs. GVBl. S. 275) geordneten kollegialen Zusammensetzung auch erstinstanzliche Verwaltungsgerichte.
[753] SächsHStA, LRS, MdI, Nr. 879 (nicht paginiert).
[754] SächsHStA, LBVPS, Nr. 355, Bl. 258.
[755] Max Weiß: Die Polizeischule, S. 20.
[756] SächsHStA, LRS, MdI, Nr. 879 (nicht paginiert).

abteilung des Ministeriums des Innern je nach Sachlage durch „Beschluß“ und „unter Berücksichtigung der sozialen und wirtschaftlichen Lage sowie des guten Leumunds der Gesuchsteller“ stattgegeben werden konnte.

Generell bestanden nach dem Kriege in Sachsen aber bezüglich etwaiger Beschwerdemöglichkeiten oder Rechtsbehelfe gegen Maßnahmen der Polizei bei den Betroffenen erhebliche Unklarheiten und Unsicherheiten, beispielsweise auch bei Fragen der örtlichen Zuständigkeit. Zur Verbesserung der Situation erließ daher die Polizeiabteilung des sächsischen Ministeriums des Innern eine Rundverfügung Nr. 227 vom 13. Dezember 1946 über „die Rechtsmittelinstanzen in der Polizeiverwaltung“. Diese Rundverfügung bestimmte u. a., dass

- Beschwerdeinstanz für Maßnahmen der Gebietsgemeinschaften und Polizeistationen das Kreispolizeiamt und
- Beschwerdeinstanz für Maßnahmen der Kreispolizeiämter, Polizeidirektionen, Polizeipräsidien, des Landeskriminalamtes und der Landespolizei-Fachschule der Chef der sächsischen Polizei

sein sollte. „Letzte Instanz für Beschwerden über Maßnahmen aller Polizeibehörden“ war die Polizeiabteilung des Ministeriums des Innern.[757] Eine größere praktische Bedeutung konnte diese Rundverfügung allerdings kaum erlangen, da sie nicht veröffentlicht wurde.

Deshalb sah später offenbar auch der sächsische Landtag in Fragen des Rechtsschutzes Defizite. In seiner Sitzung vom 28. Mai 1948 fasste er daher den nachfolgenden Beschluss:

> „Die Regierung wird ersucht, bei allen Entscheidungen, die einem Staatsbürger zugestellt werden und bei denen Einspruchsmöglichkeit besteht, die den Entscheid treffende Behörde zu veranlassen, gleichzeitig anzugeben, auf Grund welcher gesetzlichen Bestimmung die Entscheidung gefällt wird und welche Rechtsmittel dem davon Betroffenen Staatsbürger zur Verfügung stehen, wenn er den Entscheid anfechten will.“

Die Hauptabteilung Polizei - Landespolizeibehörde - beim sächsischen Ministerium des Innern nahm diesen Hinweis dann zwar auf und erließ unter Bezugnahme auf diesen Landtagsbeschluss eine entsprechende Dienstanweisung Nr. 147/48 vom 16. Dezember 1948. Nähere Erläuterungen gab sie jedoch nicht. Eine Veröffentlichung dieser Dienstanweisung erfolgte ebenfalls nicht.[758]

---

[757] Alle Zitate und Angaben: SächsHStA, LBVPS, Nr. 91, Bl. 160. Regelungen, die sich auf die vorübergehend bestehenden Bezirkspolizeipräsidien bezogen, wurden hier weggelassen.

[758] Alle Zitate und Angaben: SächsHStA, LBVPS, Nr. 51 (nicht paginiert).

Der Erfolg einzelner Eingaben und Beschwerden

Trotz der schwierigen und insgesamt schwer überschaubaren Situation war die sächsische Bevölkerung in den ersten Jahren nach dem Kriege keineswegs immer bereit, polizeiliche Maßnahmen ohne weiteres hinzunehmen. Ausweislich der teilweise noch vorhandenen Aktenbestände gab es in den ersten Nachkriegsjahren zahlreiche Eingaben und Beschwerden. Erwähnenswert ist in diesem Zusammenhang eine Eingabe des im Ministerium für Handel und Versorgung tätigen Ministerialrats R.:

R. hatte sich bei Innenminister Fischer mit Schreiben vom 27. März 1947 über eine am 1. März 1947 vom Kriminalamt Dresden durchgeführte Hausdurchsuchung beschwert, die, „wie jetzt feststeht, auf Anweisung der SED-Betriebsgruppe LRS zunächst in der Wohnung der Eltern meiner Sekretärin [...] und anschließend in meiner eigenen Wohnung" erfolgte. Hierbei waren 10 kg Haferflocken (abgeholt am 18. März 1947), 4 ¾ kg Erbsen (abgeholt ebenfalls am 18. März 1947) und 8 Sack Kohle (abgeholt am 20. März 1947) polizeilich sichergestellt worden. „Was Form und Ton der Haussuchung bei mir anbetrifft", so habe sich diese „durch nichts von den zahlreichen Haussuchungen, mit denen ich in der Nazizeit durch die Gestapo beehrt wurde", unterschieden, hieß es weiter im oben genannten Schreiben.

Mit seiner Eingabe erzielte R. hier immerhin einen Teilerfolg. Minister Fischer ließ mit Schreiben vom 5. April 1947 nämlich „sämtliche Kriminaldienststellen ausdrücklich darauf hinweisen, daß Verfahren bei Angestellten der Verwaltung ohne meine ausdrückliche Kenntnis nicht vorgenommen werden dürfen". Außerdem wurde ein beteiligter Kriminalangestellter entlassen. R. hätte allerdings sicher keine Chance gehabt, wenn sich nicht sein Ressortchef, Minister Knabe, für ihn einsetzt hätte. Außerdem war er Verfolgter der Naziregimes und damit anerkannter „Antifaschist". Ob allerdings die beschlagnahmten Gegenstände zurückgegeben wurden, konnte aus den Unterlagen nicht entnommen werden. Wahrscheinlich waren sie, wie so oft, bereits verbraucht.[759]

Erfolge oder Teilerfolge waren aber die Ausnahme. Kein Erfolg war z. B. den nachfolgend kurz skizzierten Eingaben beschieden:

- In einer Dienstaufsichtsbeschwerde vom 16. April 1947, welche beim sächsischen Ministerpräsidenten Friedrichs eingegangen war, warf der Kaufmann Gottlieb Schw. aus Freiberg dem Ministerialrat Heerklotz von der Polizeiabteilung des Innenministeriums vor, in einem Entnazifizierungsverfahren Akten zu sammeln, obwohl er „für keine der Sachen zuständig" sei. In einer Stellungnahme des Innenministers an den Ministerpräsidenten vom 14. Mai 1947 hieß es jedoch, Heerklotz habe zehn Jahre im Zuchthaus und Konzentrationslagern verbracht. Er bürge daher für „eine konsequente Haltung gegenüber Faschisten, [...] aber auch für eine konsequente Haltung gegenüber Saboteuren oder Feinden des demokratischen Aufbaus".[760]
- Auf eine Beschwerde des Inhabers eines Schuhgeschäftes Otto B. in Zwönitz vom 22. Mai 1947, in welcher dieser sich gegen die polizeiliche Beschlagnahme von 45 Paar Schuhen wehrte, wurde ihm mit Schreiben des Ministerbüros vom 20. Juni 1947 mitge-

---

[759] Alle Zitate und Angaben: SächsHStA, LRS, MdI, Nr. 271 (nicht paginiert).
[760] Ebenda.

teilt, es habe von Seiten der Polizei eine Beschlagnahme überhaupt nicht stattgefunden, es liege aber ein Verstoß gegen Befehl Nr. 55 und damit ein „Überbestand" vor. Seiner Beschwerde könne daher nicht stattgegeben werden.[761]

- Auf eine Eingabe des K. Br., Torgau, an den Minister des Innern vom 31. Oktober 1947 „betreffend Rückgabe von beschlagnahmten Gegenständen durch die Grenzpolizei in Chemnitz" schließlich wurde auf die Sache kaum noch eingegangen. In einem fünfzeiligen Schreiben des Ministerbüros vom 22. Dezember 1947 erhielt der Beschwerdeführer lediglich die Mitteilung, „eine Freigabe der beschlagnahmten Waren" könne nicht erfolgen, „da illegale Grenzübertritte verboten sind".[762]

Während bis etwa Mitte 1947 - soweit erkennbar - in Sachsen immerhin noch versucht wurde, Beschwerden und Eingaben aus der Bevölkerung konkret durch Aufklärung des Sachverhaltes nachzugehen, zeigten sich in der nachfolgenden Zeit, also nach dem II. Parteitag der SED und verstärkt nach dem Ausscheiden Kurt Fischers als sächsischer Innenminister im Sommer 1948, immer mehr die Tendenz hin zu einer oberflächlichen und meist ablehnenden Bearbeitung.

Dies wird z. B. auch bei der Behandlung eines Schreibens des Landesverbandes der sächsischen CDU vom 11. November 1948 durch den neuen sächsischen Innenminister Wilhelm Zaisser deutlich. Mit diesem Schreiben hatte der Landesverband den Innenminister aufgefordert, die Verwaltungs- und Polizeidienststellen dahingehend zu informieren, dass auch bei ehemaligen Nationalsozialisten „nach der klaren Instruktion zum Befehl 124 Gegenstände des Hausbedarfs und der Kleidung der Sequestrierung nicht unterliegen".[763] Eine Reaktion des neuen Innenministers scheint hier aber, soweit sich dies aus den Akten entnehmen lässt, überhaupt nicht mehr erfolgt zu sein.

Der Rechtsschutz durch die Zivilgerichte

Erfolge der Bürger bei Beschwerden oder Eingaben gegen Maßnahmen der Polizei waren also selten. Allenfalls mehr oder weniger sachfremde Erwägungen, wie z. B. eine Verfolgung durch das Hitler-Regime oder eine nachgewiesene Eigenschaft als „Antifaschist" konnten bei sächsischen Polizeibehörden Erfolge bewirken. Der Grund für die geringe Erfolgsquote lag aber auch an objektiven Gegebenheiten. Die LVS hatte in § 1 der „Verordnung über die Geltendmachung von Ansprüchen aus Maßnahmen der öffentlichen Gewalt" vom 14. März 1946[764] nämlich bestimmt, dass „der Rechtsweg für die

---

[761] Ebenda.
[762] SächsHStA, LRS, MdI, Nr. 274 (nicht paginiert).
[763] SächsHStA, LRS, MdI, Nr. 305, Bl. 224.
[764] Gesetze, Befehle, S. 133.

Geltendmachung von Ansprüchen auf Rückgabe von Gegenständen oder auf Schadensersatz aus Maßnahmen, die von Behörden im Land Sachsen in Ausübung öffentlicher Gewalt getroffen worden sind, ausgeschlossen" sein sollte. Dies führte in der Praxis dazu, dass die Bürger Sachsens in der Nachkriegszeit - selbst in Fällen krasser polizeilicher Willkürmaßnahmen - praktisch rechtlos waren und eine Überprüfung eventueller Amtshaftungs- oder Schadensersatzansprüche durch die ordentlichen Gerichte nicht herbeiführen konnten. Ihnen blieb also nur die Rolle eines Petenten.

Ein früherer Stadtrechtsrat von Dresden, D., wollte dies allerdings nicht wahrhaben. Es entwickelte sich daraufhin der nachfolgende Fall, der im sächsischen Innenministerium einige Aufregung verursachte:

D. hatte am 6. Juni 1947 beim Amtsgericht Dresden „Klage gegen die Polizeiabteilung des Ministeriums des Innern auf Herausgabe von während einer Straßenkontrolle beschlagnahmten Lebensmitteln erhoben", nachdem zuvor sein „Einspruch" abgelehnt worden war. Das Amtsgericht Dresden hatte „mit einer bei der allgemein bekannten Überlastung des Gerichts erstaunlichen Schnelligkeit [...] Termin zur mündlichen Verhandlung des Rechtsstreites auf Dienstag, den 24. Juni 1947, 9.30 Uhr" festgesetzt, worauf der Chef der sächsischen Polizei, Hofmann, in einem Schreiben vom 20. Juni 1947 an den sächsischen Minister der Justiz, Kastner, erstaunt hinwies. Außerdem verwies Hofmann auf die oben genannte Verordnung vom 14. März 1946, wonach der Rechtsweg hier ausgeschlossen sei.

Der Chef der sächsischen Polizei stellte in seinem Schreiben vom 20. Juni 1947 weiter fest, er nehme „zur Zeit noch nicht an, daß das Amtsgericht Dresden irgendwelche politischen Absichten hatte, indem es trotz der o. a. Verordnung einen Verhandlungstermin anberaumte". Er glaube vielmehr, „daß diese Verfügung des Amtsgerichts auf Unkenntnis des geltenden Rechts beruht". Aus diesem Grund bitte er, „eine sofortige Nachprüfung zu veranlassen und mir mitzuteilen, ob der anberaumte Termin am 24. Juni 1947 stattfindet". Außerdem teilte Hofmann dem Justizminister mit, er habe „Herrn Minister des Innern Dr. Ing. e. h. Fischer von diesem Versuch, die Angelegenheit vor Abhaltung des anberaumten Termins zu regeln, in Kenntnis gesetzt".

Vorsorglich wurde noch der Chefredakteur der `Sächsischen Zeitung´ mit Schreiben des Ministerbüros vom 20. Juni 1947 von der „Klage des ehem. Stadtrechtsrates Dr. D. [...] auf Herausgabe von beschlagnahmten Lebensmitteln" unterrichtet mit dem offensichtlichen Ziel, die Presse zu mobilisieren.[765]

Obwohl der weitere Gang der Angelegenheit aus den vorliegenden Akten nicht ersichtlich ist, muss davon ausgegangen werden, dass der Vorstoß für den Kläger erfolglos blieb.

Auch der Neubauer Martin P. aus Groptitz musste, obwohl er immerhin durch ein rechtskräftiges Urteil des Amtsgerichts Oschatz vom 30. Oktober 1947 vom Vorwurf unerlaubter Kompensationsgeschäfte freigesprochen worden war, erkennen, dass er sein von der Polizei sichergestelltes Radiogerät nicht mehr

---

[765] Alle Zitate und Angaben: SächsHStA, LRS, MdI, Nr. 271 (nicht paginiert).

zurück bekommen konnte. In einer Stellungnahme vom 13. Februar 1948 an die Polizeiabteilung der LVS rechtfertigte das Kreispolizeiamt Oschatz die verweigerte Rückgabe vielmehr lapidar wie folgt :

„Der Freispruch ist als ein Fehlurteil anzusehen und wir sind nicht geneigt, eine solche Rechtsprechung zu unterstützen und damit dem Schieber- und Schwarzhändlertum mit allen seinen Nebenerscheinungen, zu denen auch Kompensationsgeschäfte gehören, ungehemmt freien Lauf zu lassen."[766]

Die Polizeiabteilung des sächsischen Ministeriums des Innern deckte diese Stellungnahme im Ergebnis, kaschierte sie aber durch einen „Beschluß" vom 25. Februar 1948 mit der Begründung, der Neubauer P. habe es versäumt, so genannte „freie Spitzen" entsprechend den Vorschriften anzubieten, weshalb sein Radiogerät einzuziehen sei.[767]

Hilfe durch die Zivilgerichte bei Ansprüchen auf Rückgabe von Gegenständen oder auf Schadensersatz aus polizeilichen Maßnahmen war in der Praxis also nach allem praktisch unmöglich. Außerdem wurden durch sächsische Polizeibehörden nicht selten strafgerichtliche „Fehlurteile" als solche bei der zuständigen Staatsanwaltschaft bzw. beim Generalstaatsanwalt angeprangert mit dem Ziel, diese Behörde zum Eingreifen zu veranlassen.[768]

Der Rechtsschutz durch die Verwaltungsgerichte

Im Ergebnis galt das bisher Ausgeführte in Sachsen auch für einen eventuellen verwaltungsgerichtlichen Rechtsschutz. Zwar sah Artikel 1 des Kontrollratsgesetzes Nr. 36 vom 10. Oktober 1946 vor, dass in den einzelnen Besatzungszonen „zur Entscheidung von Verwaltungssachen" Verwaltungsgerichte errichtet werden sollen.[769] Die SED hatte aber grundsätzliche Bedenken. Sie wollte in der SBZ keine Kontrolle der von ihr beherrschten Verwaltungsorgane, weil dies „bei der besonders reaktionären Ausrichtung der Justiz der Verwaltung gefährlich werden und sich nur hemmend auf die Schlagkraft und Entwicklung der Verwaltung auswirken" könnte.[770]

Da aber auch in der SBZ im Herbst 1946 ein geltendes Kontrollratsgesetz noch nicht so ohne weiteres negiert werden konnte, kamen die Teilnehmer der bereits mehrmals erwähnten informellen Innenministerkonferenz am 20. Dezember

---

[766] SächsHStA, LBVPS, Nr. 252, Bl. 101.
[767] SächsHStA, LBVPS, Nr. 252, Bl. 107.
[768] SächsHStA, MdI, Nr. 276 (nicht paginiert).
[769] Amtsblatt des Kontrollrats, S. 183.
[770] SAPMO-BArch, DY 30/IV 2/13/95.

1946 (Fechner, Ulbricht, Kurt Fischer, Warnke, Bechler, Siewert, Reschke) zu dem Entschluss, „diese Gerichte möglichst ungefährlich zu machen“[771], weshalb man auf alle Fälle nur ein sehr eingeschränktes Enumerationsprinzip hinnehmen wollte. Nach diesem Prinzip sollten also nur gesetzlich besonders aufgezählte bzw. zugelassene Bereiche einer verwaltungsgerichtlichen Überprüfung unterliegen.

Dieses Prinzip hatten auch „die Genossen aus dem Land Sachsen [...] mit großer Hartnäckigkeit“ verfochten, „vor allem der Justitiar der Landesregierung, Staatssekretär Dr. Geyer“, der „insbesondere die Nichtzulassung der Anfechtungsmöglichkeit von Anordnungen der Ordnungs- und Sicherheitspolizei“ gefordert hatte.[772] Dementsprechend wurde in Sachsen auch verfahren. Es kam hier schließlich zur Verabschiedung eines Gesetzes über die Verwaltungsgerichtsbarkeit vom 30. Oktober 1947[773] durch den sächsischen Landtag, nachdem die SMAD mit Befehl Nr. 173 vom 8. Juli 1947 die Einführung der Verwaltungsgerichtsbarkeit in der SBZ an sich schon bis zum 1. Oktober 1947 angeordnet hatte.[774]

Das somit schließlich etwas verspätet verabschiedete sächsische Gesetz vom 30. Oktober 1947 enthielt keine Generalklausel. Es ging vielmehr vom bereits erwähnten Enumerationsprinzip aus. Der maßgebliche § 7 Absatz 1 lautete in Satz 1und 2 wie folgt:

> „Die Zulässigkeit der Anrufung der Verwaltungsgerichte bestimmen die Gesetze. Die Feststellung der in Betracht kommenden früher geregelten Sachbereiche wird in einer Ausführungsverordnung getroffen, welche dem Landtag zur Bestätigung vorzulegen ist.“[775]

Damit war die Möglichkeit eines Rechtsschutzes gegen Maßnahmen von Polizeibehörden zunächst einmal ausgeschlossen. Gesetze, die die Anrufung der Verwaltungsgerichte zuließen, gab es nämlich noch nicht. Und an einer Ausführungsverordnung für „früher“ geregelte Sachbereiche fehlte es ebenfalls. Ansonsten galt das genannte Enumerationsprinzip nach einem vom Zentralsekretariat der SED allen Landesverbänden übersandten Erläuterungsschreiben vom 1. September 1947 als „wichtiger Regulator, um ein Lahmlegen der Verwaltungsbehörden durch Störenfriede und feindliche Elemente zu verhindern“. In diesem Schreiben wurde im Sinne des Prinzips der Gewalteneinheit außerdem nochmals betont, dass es „untragbar“ sei „und allen demokratischen Grundsät-

---

[771] SAPMO-BArch, NY 4182/1192, Bl. 193.
[772] SAPMO-BArch, DY 30/IV 2/13/ 95, Bl. 16.
[773] Gesetze, Befehle, S. 509.
[774] Hans-Peter Müller, „Parteiministerien“, S. 401.
[775] Gesetze, Befehle, S. 509.

zen widersprechend, daß der Landtag als höchstes Willensorgan des Volkes der Judikatur der Verwaltungsgerichtsbarkeit unterworfen“ werden könnte.[776]

Praktische Auswirkungen konnte das Gesetz vom 30. Oktober 1947 für den Polizei- und Sicherheitsbereich nach allem also nicht haben. Dennoch galt dieses Gesetz weiterhin als möglicher Störfaktor. Dies ist auch aus einer Diskussion des Landesvorstandes der SED Sachsen am 22. März 1948 zu entnehmen, wo der Landesvorsitzende Wilhelm Koenen[777] feststellte:

„Wir legen [Wert] darauf, daß die Funktion des Präsidenten des Landesverwaltungsgerichts in unseren Händen bleibt. Jedes Verwaltungsgericht ist eine Kontrollinstanz. Diese Kontrollinstanz [...] kann gefährliche Formen annehmen gegenüber der demokratischen Verwaltung. Unsere grundsätzliche Einstellung war von Anfang an, daß es eines solchen Landesverwaltungsgerichtes nicht mehr bedürfe, das aus den Zeiten der geteilten Gewalten in unsere Zeit übernommen wurde. Wir haben inzwischen das Verwaltungsgerichtsgesetz gemacht, und wir haben es so gemacht, daß es keinen Schaden für uns machen kann.“[778]

Sehr zögerlich war in Sachsen schließlich auch die weitere Vorgehensweise. Der Erlass der notwendigen Ausführungsverordnung ließ auf sich warten. Der Entwurf einer solchen Verordnung sollte nach einem Schreiben des Büros des sächsischen Ministerpräsidenten vom 9. Juni 1948 zwar dem Landtag „noch im Juni vorgelegt“ werden. Tatsächlich wurde der genannte Entwurf schließlich in der Kabinettssitzung am 18. Juni 1948 „eingehend beraten und [...] festgestellt“.[779] Bis zum Frühjahr 1949 tat sich dann jedoch nichts Wesentliches mehr.

Schließlich verabschiedete der sächsische Landtag, nachdem fast zwei Jahre vergangen waren, am 30. September 1949[780] ein weiteres „Gesetz zur Änderung und Ausführung des Gesetzes vom 30. Oktober 1947 über die Verwaltungsgerichtsbarkeit“. Der hier maßgebliche § 4 lautete wie folgt:

„Das Landesverwaltungsgericht entscheidet auf Anfechtungsklage in den sich aus der Anlage zu diesem Gesetz ergebenden Sachbereichen sowie in den nach dem 30. Oktober 1947 gesetzlich geregelten Fällen.“[781]

Die genannte Anlage wiederum enthielt für den Sicherheits- und Polizeibereich keinerlei Auflistungen. Unabhängig hiervon hatte das sächsische Landesverwaltungsgericht dann auch Anfang 1950 seine Tätigkeit immer noch nicht

---

[776] Alle Zitate und Angaben: SAPMO-BArch, NY 4182/1089, Bl. 20 ff.

[777] 07.04.1886-19.10.1963. Geb. in Hamburg; Kaufmann und Buchhändler; 1920 KPD; 1920-1932 Mitglied des Reichstages; ab 1933 Auslandsaufenthalte; 1944 Mitarbeit beim Soldatensender Calais; Dezember 1945 Rückkehr nach Deutschland; 1946-1948 Vorsitzender der SED Sachsen. - Vgl. Helmut Müller-Enbergs u.a.: Wer war wer in der DDR?, S. 449 mit weiteren Angaben.

[778] SächsHStA, SED-BPA Dresden, Nr. A/761/1, Bl. 718 ff.

[779] SächsHStA, LRS, MdI, Nr. 1888 (nicht paginiert) - Drucksache Nr. 1313.

[780] GVBl. Sachsen, S. 658.

[781] Ebenda.

aufgenommen, so dass sich die CDU-Fraktion des sächsischen Landtages schließlich zu einer Anfrage veranlasst sah.[782]

Es kam jetzt zwar noch zur Verabschiedung eines weiteren Gesetzes „zur Änderung der die Verwaltungsgerichtsbarkeit betreffenden Gesetze" vom 25. Mai 1950[783]. Sachsen blieb jedoch weiterhin das einzige Land in der SBZ bzw. DDR ohne eine funktionierende Verwaltungsgerichtsbarkeit.[784] Spätestens mit der Auflösung der Länder im Jahre 1952 wurden diese Gerichte schließlich, soweit es sie in der SBZ bzw. DDR gab, durch unveröffentlichte Verwaltungsanweisungen ohnehin wieder abgeschafft.[785]

Diese Entwicklung sprach und spricht für sich. Zusammenfassend lässt sich feststellen, dass es nach dem Zweiten Weltkrieg in Sachsen einen effektiven verwaltungs- oder zivilgerichtlichen Rechtsschutz gegen Maßnahmen der Polizei nicht gab, obwohl auch die sächsische Verfassung in Artikel 67 die Einrichtung einer Verwaltungsgerichtsbarkeit vorgesehen hatte.[786] Es gab keine unabhängige Instanz, die den Verantwortlichen die Grenzen staatlichen Handelns aufzeigte. Der Bürger war vielmehr - bis auf mögliche Beschwerden oder Eingaben - der polizeilichen Willkür weitgehend schutzlos ausgeliefert. Dieses „Gefühl der Allmacht" ermunterte viele Angehörige der Polizei bzw. späteren Volkspolizei dazu, „ihre Überlegenheit mit teilweise ungezügelter Brutalität auszuüben".[787]

Die durch das Prinzip der Gewalteneinheit ohnehin gestärkte Polizei hielt sich darüber hinaus sogar für berechtigt, insbesondere gegenüber der Strafjustiz ein Wächteramt auszuüben. Sie überprüfte Urteile darauf, ob es sich um „Fehlurteile" handelte.[788] Es kam also zu einer grotesken Umkehr der Fronten: Die Polizei bzw. deren Tätigkeit wurde nicht durch die Justiz überprüft, sondern die Polizei überprüfte vielmehr umgekehrt die Justiz.

Karlheinz Blaschke[789] stellt daher zur politischen Entwicklung Sachsens nach dem Kriege im Allgemeinen und zur Entwicklung eines verwaltungsgerichtlichen Rechtsschutzes im Besonderen zutreffend fest:

---

782 SächsHStA, LRS, MdI, Nr. 1888 (nicht paginiert).
783 GVBl. Sachsen, S. 397.
784 Vergl. Andreas Thüsing: Landesverwaltung und Landesregierung in Sachsen 1945-1952, S. 343.
785 Hartmut Lüers: Das Polizeirecht der DDR, S. 19.
786 Georg Brunner: Verwaltungsgerichtsbarkeit in Sachsen während des Dritten Reiches und des SED-Regimes, S. 33 (40 ff.).
787 Bernhard Marquardt: Menschenrechtsverletzungen, S. 656.
788 SächsHStA, LBVPS, Nr. 115, S. 5.
789 Geb. 04.101927 in Schönlinde (Böhmen); Historiker. Karlheinz Blaschke ist einer der wenigen nicht marxisitschen Historiker, die bis 1989 in der DDR arbeiteten und zu

„Im sächsischen Landtag war die politische Arbeit [...] von dem festen Willen der bewußten Demokraten zum Wiederaufbau rechtsstaatlicher Verhältnisse, ebenso aber auch von dem Ziel der vorherrschenden Kommunisten zur Errichtung der Diktatur des Proletariats, d. h. der Diktatur der SED geprägt. Die Protokolle des ersten sächsischen Landtages nach dem Untergang des Dritten Reiches vermitteln ein eindrucksvolles Bild vom zähen Ringen der Demokraten um die Wiederherstellung eines politischen Lebens auf parlamentarischer Grundlage, von ihrem beharrlichen Einsatz und ihrer nie aufgegebenen Hoffnung auf Freiheit, Recht und Menschenwürde, die in den zwölf Jahren des Hitler-Regimes so sehr zertreten worden waren. Gegen die SED und die hinter ihr stehende sowjetische Besatzungsmacht hatten sie einen schweren Stand. Ihre Arbeit war voller Enttäuschungen und Rückschläge. Nur mühsam konnten sie Teilerfolge erringen, wie etwa die den Kommunisten abgerungene Zustimmung zur Errichtung eines Landesverwaltungsgerichtes, das jedoch nach der Gründung der DDR nicht mehr wirksam wurde.“[790]

Auch dieser Teilerfolg war aber - wie eben erläutert - nur ein Scheinerfolg gewesen.

4.2 Die einzelnen Dienstzweige

4.2.1 Die Ordnungs- oder Schutzpolizei

Die einzelnen Dienstzweige und ihre Zusammenarbeit

Traditionell wurden in Sachsen bei der Polizei drei Dienstzweige unterschieden, nämlich die uniformierte Ordnungs- bzw. Schutzpolizei[791] (mit Unterteilungen) und die nicht uniformiere Kriminalpolizei als Einrichtungen des Polizeivollzugsdienstes sowie die grundsätzlich außerhalb des Polizeivollzugsdienstes stehende Wohlfahrts- bzw. Verwaltungspolizei. Der Begriff „Verwaltungspolizei“ war in Sachsen erst in der Zeit der Weimarer Republik gebräuchlicher geworden. Er wurde hier vom Verordnungsgeber - soweit ersichtlich - erstmals

---

internationaler Anerkennung gelangten. Von 1992 bis 1998 lehrte er als Professor für sächsische Landesgeschichte an der Technischen Universität Dresden. -Vgl. Helmut Müller-Enbergs: Wer war wer in der DDR?, S. 84 mit weiteren Angaben.

[790] Karlheinz Blaschke: Landstände, Landtag, Volksvertretung, S. 15.

[791] Bereits durch die „Verordnung über den Übergang der Ordnungs- und Kriminalpolizei auf den Staat“ vom 14. September 1922 (Sächs. GBl., S. 547) war in Sachsen - in den Städten Dresden, Leipzig , Chemnitz und Plauen - die bisherige Sicherheitspolizei in „Ordnungspolizei“ umbenannt worden. Mit Wirkung vom 1. Dezember 1947 erfolgte dann für Sachsen eine weitere Umbenennung der bisherigen „Ordnungspolizei“ in „Schutzpolizei“, und zwar - aufgrund eines entsprechenden Hinweises der DVdI - durch eine Rundverfügung der Polizeiabteilung des sächsischen Innenministeriums vom 26. November 1947. - SächsHStA, LRS, Ministerpräsident, Nr. 833, Bl. 76.-

in § 29 der Ausführungsverordnung vom 15. September 1922[792] zum sächsischen Gesetz über Änderungen im Polizeiwesen vom 27. Juni 1921 benutzt.

Wichtige verwaltungspolizeiliche Aufgaben gehörten damals zu den „eigenen Geschäften" der Gemeinden.[793] Gemäß § 4 Absatz 2 der Gemeindeordnung für den Freistaat Sachsen vom 15. Juni 1925[794] galt dies, soweit die Gesetze nicht etwas anderes bestimmten, insbesondere für „die Armenpflege, die Wohlfahrtspflege, die Gesundheitspflege, das Veterinärwesen, die örtliche Verwaltung der öffentlichen Wege, der Märkte, des Gewerbe-, Wohnungs- und Bauwesens, des Feuerschutzes, sowie die Fürsorge für die Sittlichkeit". Insoweit besaßen die Gemeinden - wie bereits erwähnt - damals als „Gemeindepolizei" auch Exekutivbefugnisse.[795]

Nach der oben genannten Ausführungsverordnung vom 15. September 1922[796] gab es zwischen der Ordnungspolizei, der Kriminalpolizei und der Verwaltungs- oder Wohlfahrtspolizei enge Verknüpfungen. Gemäß § 12 dieser Verordnung hatten beispielsweise die Ordnungspolizei und die Verwaltungspolizei „vor der Erteilung einer Erlaubnis die andere entweder zu hören oder nach erfolgter Erlaubniserteilung zu benachtichtigen". Die Kriminalpolizei wiederum hatte z. B. nach § 30 der genannten Verordnung „über sachdienliche Wahrnehmungen, die für eine gewerberechtliche Entschließung oder eine Bestrafung bedeutsam sein könnten", bei der Verwaltungspolizei Anzeige zu erstatten.

An diese Zuständigkeiten sowie an die herkömmlichen, für eine Zusammenarbeit der verschiedenen Polizeizweige maßgeblichen Grundsätze wurde in Sachsen nach dem Zweiten Weltkrieg zunächst weitgehend angeknüpft. Gleichwohl gab es bei der Zuordnung einzelner Aufgabengebiete teilweise Unsicherheiten und Überschneidungen. Dies galt beispielsweise für die Preisüberwachung, worauf noch näher einzugehen sein wird. Aus gesellschaftspolitischen Überlegungen kam es darüber hinaus ab Herbst 1946 u. a. - wie ebenfalls bereits erwähnt - beim Pass- und Meldewesen sowie auch beim Kfz-Zulassungswesen zu Änderungen in der Zuordnung. Ohnehin war für das Polizeiwesen in der SBZ bzw. der späteren DDR charakteristisch, dass eine klare Abgrenzung der sachlichen Zuständigkeiten nicht immer konsequent durchgehalten wurde, so dass schließlich sogar eine strikte Trennung zwischen

---

[792] Sächs. GBl., S. 547.

[793] Im Gegensatz zu den „eigenen Geschäften" gab es bei den Gemeinden in Sachsen auch „übertragene Geschäfte". Hierzu zählte nach § 97 Absatz 1 GemO u. a. die der Gemeinde übertragene Polizei (Sicherheits- bzw. Ordnungspolizei einschließlich Verkehrspolizei). Hiervon zu unterscheiden war die „Gemeindepolizei" im Sinne von § 4 Abs. 2 GemO.

[794] Sächs. GBl., S. 136.

[795] Dementsprechend erwähnte § 2 des Polizeibeamtengesetzes vom 15. März 1928 (Sächs. GBl., S. 66) ausdrücklich auch einen verwaltungspolizeilichen Vollzugsdienst.

[796] Sächs. GBl., S. 547.

dem eigentlichen Polizeivollzugsdienst (Schutzpolizei und Kriminalpolizei) und der Verwaltungspolizei nicht immer bestand.[797]

Grundsätzlich wurden sämtliche Dienstzweige der Polizei in Sachsen nach dem Zweiten Weltkrieg zunächst noch im Rahmen des herkömmlichen materiellen Polizeibegriffs tätig. Sie hatten also die nach pflichtgemäßem Ermessen notwendigen Maßnahmen zu treffen, um von der Allgemeinheit oder dem Einzelnen Gefahren abzuwehren, durch die die öffentliche Sicherheit und Ordnung bedroht wird. Außerdem wirkte insbesondere die Kriminalpolizei - gegebenenfalls als Hilfsorgan der Staatsanwaltschaft - an der Aufklärung von Straftaten und an der Ergreifung von Straftätern mit. Auf die Tatsache, dass darüber hinausgehend vermehrt auch Tätigkeiten und Aufgaben als „antifaschistisches Organ" mit einer entsprechenden „Gewährleistungsfunktion" in Betracht kamen, wurde oben bereits eingegangen.

Erschwerend für die tägliche Arbeit der Polizei war immer auch die allgemein äußerst angespannte Situation in einer Nachkriegs- und Mangelgesellschaft „mit ihrer enorm hohen Eigentumskriminalität und [den] umherziehenden Menschenmassen", die „gerade in der SBZ die anfallenden Aufgaben der zumeist berufsfremden Polizisten ins schier Unermeßliche" erweiterte und sie zugleich überforderte. Ständige Aufgabenerweiterung und Überforderung dürften kennzeichnend und prägend für den gesamten Aufbau der sächsischen Polizei- und Sicherheitsapparates nach dem Kriege gewesen sein. Außerdem gab es eine immer umfassender werdende Instrumentalisierung in dem Maße, „wie die SED mit Hilfe der SMAD sowohl in den Ländern wie in den Zentralverwaltungen der SBZ ihr diktatorisches Machtmonopol errichten konnte".[798]

Dabei war auch die an sich erforderliche Zusammenarbeit der einzelnen polizeilichen Dienstzweige untereinander nicht immer frei von Spannungen. Aus einer Dienstanweisung Nr. 56 der Polizeiabteilung des sächsischen Ministeriums des Innern vom 18. September 1947 ist beispielsweise zu entnehmen, dass die Zusammenarbeit zwischen Ordnungspolizei und Kriminalpolizei „nicht den notwendigen Erfordernissen" entsprach und dass „ein schlechtes Vertrauensverhältnis" bestand. Einzelne Dienststellen der Ordnungspolizei seien darauf bedacht, „soviel als möglich durch die Ordnungspolizei aufgeklärte Fälle zu melden", hieß es in dieser Dienstanweisung. Demgegenüber bestand für die Ordnungspolizei „im Interesse der gesamten Polizeiarbeit" aber eine Pflicht, „mit den zuständigen Kriminaldienststellen engstens zusammenzuarbeiten".[799]

---

[797] Hartwig Lüers: Das Polizeirecht der DDR, S. 15.
[798] Alle Zitate: Thomas Lindenberger: Die Deutsche Volkspolizei, S. 102.
[799] SächsHStA, LBVPS, Nr. 50, Bl. 69.

Bereits vorher war in einer Rundverfügung Nr. 22 der Polizeiabteilung des sächsischen Innenministeriums vom 7. Januar 1947 auf die Einhaltung von Zuständigkeiten ausdrücklich hingewiesen und angedroht worden, dass in Zukunft „diejenigen Polizeileiter, die diese erteilte Anordnung nicht beachten, zur Verantwortung gezogen" würden.[800] Auch in einer Dienstanweisung der Polizeiabteilung des sächsischen Ministeriums des Innern vom 11. Juni 1947 war eine verbesserte Zusammenarbeit „der einzelnen Abteilungen innerhalb der Kreispolizeiämter" angemahnt worden. In dieser Dienstanweisung hieß es:

„In der Woche müssen mindestens dreimal Dienstbesprechungen stattfinden, zu denen die drei Abteilungsleiter, der Leiter der Kriminaldienststelle und - wenn notwendig - die erforderlichen Sachbearbeiter heranzuziehen sind. In der Dienstbesprechung werden alle wichtigen Vorgänge besprochen und Richtlinien für deren weitere Bearbeitung festgelegt."[801]

Für sich spricht weiter die Feststellung im Jahresbericht 1949 der Abteilung Kriminalpolizei der Landesbehörde der Volkspolizei Sachsen, wonach es nun gelungen sei, „die Anzeigenaufnahme durch die Schutzpolizei auf 28 Prozent herabzudrücken". Durch die Schutzpolizei geschah diese Aufnahme jetzt „nur noch in den Ortschaften, wo keine Kriminaldienststelle vorhanden ist".[802]

Ansonsten galt für die Schutzpolizei, dass sie als der zahlenmäßig weitaus stärkste Dienstzweig der Polizei immer auch Reservoir für die übrigen Dienstzweige, insbesondere für die Kriminalpolizei, die Grenzpolizei und ab 1948 für die „kasernierten Bereitschaften" als Vorläufer der späteren „Nationalen Volksarmee" war.[803]

Aufgaben, Organisationsstruktur und Geschäftsverteilung

Der uniformierte Polizeivollzugsdienst, also die Ordnungs- bzw. Schutzpolizei, konnte in Sachsen nach dem Kriege, obwohl im Prinzip gleiche Aufgaben wahrgenommen wurden, unterschiedliche Bezeichnungen führen. In den Gemeinden, insbesondere in den kreisfreien Städten, galt die Bezeichnung „Ordnungspolizei". Es konnte aber auch eine „Verkehrspolizei" und eine „Gemeindepolizei" geben, wobei der letztgenannte Begriff unscharf war und auch den verwaltungspolizeilichen Dienst umfassen konnte. In den Landkreisen hingegen gab es zunächst die „Landgendarmerie" und ab August 1945 dann die „Kreispolizei", die neben ordnungs- bzw. schutzpolizeilichen Aufgaben auch kriminalpolizeiliche Aufgaben wahrnehmen konnte.

---

[800] SächsHStA, LRS, MdI, Nr. 269 (nicht paginiert).
[801] SächsHStA, LBVPS, Nr. 50 (nicht paginiert).
[802] SächsHStA, LBVPS, Nr. 115, Bl. 28.
[803] Richard Bessel: Grenzen des Polizeistaates, S. 228.

Die Ordnungs- bzw. die spätere Schutzpolizei versah als uniformierter Polizeivollzugsdienst ihren Dienst grundsätzlich „draußen auf der Straße“, wie dies vom Inspekteur der sächsischen Polizei, Hans Schneider, im Rahmen einer Polizeileitertagung am 27. November 1945[804] vereinfachend formuliert worden war. Hierzu konnten Streifendienste (z. B. Revier- oder Sektionsdienste), Kontrollen verschiedenster Art (Straßenverkehr), Fahndungen, Spurensicherungen, Razzien (insbesondere gegen Schieber und Schwarzhändler), Festnahmen, Sicherstellungen, Objektsicherungen u. a. gehören. Hinzu kamen aber auch die üblichen Anzeigenaufnahmen und Vernehmungen sowie die Anwendung unmittelbaren Zwanges.[805]

Die interne Organisationsstruktur und die Geschäftsverteilung bei der Ordnungs- bzw. Schutzpolizei war nach dem Kriege in Sachsen je nach den örtlichen und personellen Verhältnissen zunächst völlig uneinheitlich. Über mehrere Zwischenstufen entwickelte sich schließlich jedoch ein Organisationsschema, wie es nach einem internen Bericht der Abteilung Schutzpolizei der DVdI vom 21. Oktober 1947[806] einheitlich für die gesamte SBZ vorgesehen war. Bei der Abteilung Schutzpolizei der Polizeiabteilung des sächsischen Ministeriums des Innern sollte es hiernach sieben Referate geben, die folgende Bezeichnungen führten:

Referat S 1: Organisation und Einsatz der Schutzpolizei

Referat S 2: Ausrüstung, Bekleidung der Schutzpolizei

Referat S 3: Verkehrsregelung, Verkehrsüberwachung (Verkehrspolizei)

Referat S 4: Transportwesen der Schutzpolizei, Verwendung für Fahrzeuge im Polizeidienst

Referat S 5: Polizeinachrichtenwesen (Fernmeldewesen)

Referat S 6: Polizeihaftanstalten

Referat S 7: Ärztliche Angelegenheiten der Schutzpolizei (Veterinärwesen)

Dieses Schema entsprach der internen Struktur und Geschäftsverteilung, wie sie bei der DVdI schon längst galt. Die Übertragung auf die Länder und Provinzen war jedoch zunächst nicht einheitlich erfolgt. Auch Sachsen hatte gezögert. Im oben genannten internen Bericht der DVdI vom 21. Oktober 1947 hieß es hierzu:

„Nachdem mit den Landespolizeibehörden Kontakt aufgenommen und die verschiedensten Verhältnisse ermittelt worden waren, wurden unter Anpassung an die Bedürfnisse der einzel-

---

[804] SächsHStA, LBVPS, 9, Bl. 139.
[805] Drews/Wacke: Gefahrenabwehr, S. 50.
[806] BArch, DO 1/7.0/270, Bl. 37 ff.

nen Schutzpolizei-Bereiche Erlasse ausgearbeitet, die der Entwicklung der Schutzpolizei zu einem geschlossenen schlagkräftigen Kollektiv der SBZ dienen."[807]

Ende 1947/Anfang 1948 folgte jedoch auch Sachsen bezüglich Struktur und Geschäftsverteilung den Vorgaben der DVdI nun uneingeschränkt, und zwar auch im Bereich der nachgeordneten Polizeipräsidien, Polizeidirektionen und Kreispolizeiämtern.[808] Dabei konnten je nach den örtlichen Notwendigkeiten auch weitere Aufgabenfelder und Einrichtungen existieren, z. B. Schnellkommandos, motorisierte Verkehrsabteilungen, weibliche Verkehrspolizei, berittene Abteilungen, Diensthundeabteilungen, Bewachungspolizei usw.

Anfang 1949 kam es bezüglich Struktur und Geschäftsverteilung schließlich zu weiteren durchgreifenden Änderungen. Entsprechend einer Dienstanweisung Nr. 32/49 der Landespolizeibehörde Sachsen vom 26. Februar 1949[809] gab es nun nach den Vorgaben der DVdI bei der Abteilung Schutzpolizei mit sofortiger Wirkung neben einer Geschäftsstelle nur noch drei Referate, nämlich:

Referat S 1: Organisation und operativer Einsatz

Referat S 2: Polizeihaftanstalten und Gefangenentransport

Referat S 3: Betriebsschutz

Diese neue Struktur und die damit verbundene interne Geschäftsverteilung galt in den der Landespolizeibehörde Sachsen nachgeordneten Polizeibehörden ebenfalls entsprechend.

Dem stellvertretenden Chef der Landespolizeibehörde Sachsen, dem „Stellvertreter operativ", waren dabei neben der Abteilung Schutzpolizei u. a. auch noch die Abteilungen Verwaltungspolizei und Kraftfahrzeug-Inspektion unterstellt.[810] Damit war die von den Aufgaben her eigentlich eigenständige Verwaltungspolizei nun bewusst in die Nähe der Schutzpolizei und damit des Polizeivollzugsdienstes gerückt worden.

---

[807] BArch, DO 1/7.0/19, Bl. 70.

[808] SächsHStA, LBVPS, Nr. 106, S. 2 und Nr. 355, Bl. 301.

[809] SächsHStA, LBVPS, Nr. 150, Bl. 43 (siehe auch Bl. 118)

[810] SächsHStA, LBVPS, Nr. 163. Bl. 3 und Nr. 10, Bl. 124; Klaus-Peter Krause: Die Herausbildung und Entwicklung der Deutschen Volkspolizei, S. 102.

Die Auffangzuständigkeit der Ordnungs- oder Schutzpolizei

Die Ordnungs- bzw. Schutzpolizei hatte und hat generell eine Auffangzuständigkeit. Dieser Tatsache entsprach in Sachsen nach dem Kriege auch ihr breites Spektrum möglicher Einsätze und Aufgaben. Zu diesen bereits erwähnten Einsätzen und Aufgaben konnten u. a. auch Wachdienste, Schnellkommandos oder Sicherungs- und Sonderaufgaben verschiedenster Art gehören. Genannt seien in diesem Zusammenhang Aufgaben des Begleit- oder Transportschutzes oder Einsätze zum Schutz der Ernte, bei Naturkatastrophen, bei der Wild- oder Schädlingsbekämpfung und Maßnahmen zur Bekämpfung von Seuchen und ansteckenden Krankheiten usw. Wichtig waren auch Maßnahmen zur Bekämpfung des Schwarzhandels sowie Razzien, Ausweisungen, Gefangenentransporte und Einsätze bei Großveranstaltungen, z. B. bei der Leipziger Messe. Einige der für die Nachkriegszeit in Sachsen typischen Aufgaben oder Einsätze auch im Sinne einer Auffangzuständigkeit seien nachfolgend herausgegriffen und skizziert:

1. Fleckfieber, „Umsiedler" und die entlassenen Kriegsgefangenen:

Mit Rundschreiben vom 17. Januar 1946 forderte das Polizeipräsidium Leipzig die gesamte Einwohnerschaft Leipzigs dringend auf, „keine Umsiedler oder aus der Kriegsgefangenschaft entlassene ehemalige Militärangehörige aufzunehmen, soweit sie noch kein Quarantänelager durchlaufen haben". Begründet wurde diese Anordnung mit den gestiegenen Fleckfiebererkrankungen im Bundesland Sachsen und mit einem Befehl Nr. 80 der SMAS. Hiernach durften „Heimkehrer [...] ohne den Quarantäneschein und die polizeiliche Zuzugsgenehmigung, die sie bei der Entlassung aus dem Quarantänelager Taucha erhalten, keine Lebensmittelkarten erhalten". So genannte „Hausbeauftragte" wurden für die „strikte Einhaltung" verantwortlich gemacht.[811] In Wirklichkeit dürfte es sich bei diesen Quarantänelagern - zumindest auch - um Einrichtungen zur Überprüfung ehemaliger Offizier der Wehrmacht hinsichtlich ihrer Vergangenheit gehandelt haben.

2. Wachdienste:

Wachdienste für die sowjetische Besatzungsmacht, z. B. zum Schutz der Sowjetischen Aktiengesellschaften (SAG), fielen für die Polizei in beträchtlichem Umfang an. Diese Wachdienste vielfältiger Art führten in der Praxis dazu, dass die Polizei in Sachsen häufig dem „eigentlichen Polizeidienst entzogen" war, wie dies z. B. in einem Rundschreiben des Chefs der Polizei im Bundesland Sachsen vom 27. Juli 1946 deutlich beklagt wurde.[812]

3. Die Bekämpfung von Geschlechtskrankheiten:

Die Bekämpfung von Geschlechtskrankheiten entwickelte sich in der SBZ bzw. in Sachsen über Jahre hinweg zu einem Dauerthema, weil die sowjetische Besatzungsmacht dieser Problematik eine große Bedeutung zumaß. Die „Geschlechtskrankenfürsorge" gehörte in Sachsen nach der 1. Durchführungsverordnung der LVS über die Kommunalisierung der Gesundheitsämter vom 7. September 1945[813] an sich zwar zu den so genannten

---

[811] Alle Zitate und Angaben: SächsHStA, LRS, MdI, Nr. 2295 (nicht paginiert)
[812] SächsHStA, LRS, MdI, Nr. 269, Bl.16.
[813] SächsHStA, LRS, MdI, Nr. 1336 (nicht paginiert).

Selbstverwaltungsaufgaben der Kreis- und Stadtgesundheitsämter. Dennoch war hier die Ordnungs- bzw. Schutzpolizei im Rahmen von Razzien besonders gefordert. Die Aktionen entwickelten sich mehr und mehr auch zu einem Hebel zur kontinuierlichen Erweiterung der Einsatzmöglichkeiten der Polizei.[814]

Im Jahre 1948 nahm sich schließlich die DVdI dieser Aufgabe an. Es kam „im Einvernehmen mit der Deutschen Zentralverwaltung für das Gesundheitswesen" zu einer neuen Aufgabenverteilung bei der Bekämpfung der Geschlechtskrankheiten. Eine entsprechende Umsetzungsverfügung Nr. 18/48 der Polizeiabteilung des sächsischen Ministeriums des Innern vom 29. April 1948 bestimmte, dass Vergehen gegen § 327 StGB und gegen die Verordnung zur Bekämpfung der Geschlechtskrankheiten nun von der Kriminalpolizei zu bearbeiten seien, und zwar im Zusammenwirken mit den Gesundheitsbehörden. Die Schutzpolizei sollte sich nicht mehr selbstständig einschalten.[815]

Diese Beispiele, die sich fortsetzen ließen, dokumentieren die Tatsache, dass die Zuordnung der polizeilichen Aufgaben zu den verschiedenen Dienstzweigen der Polizei in der SBZ und in Sachsen fließend war. Ordnungs-, kriminal- und verwaltungspolizeiliche Zuordnungen gingen ineinander über.

Der Revier- oder Sektionsdienst

„Richtlinien" des Chefs der Polizei im Bundesland Sachsen, welche bereits am 12. Juni 1946[816] herausgegeben worden waren, sahen auch die Einrichtung eines so genannten Sektionsdienstes bei den Polizeirevieren vor. Diesen Dienst hatte es in ähnlicher Form schon in königlich sächsischer Zeit und auch in der Weimarer Zeit gegeben. Bereits damals hatte

> „der Polizeibeamte sein besonderes Augenmerk darauf zu richten, daß hier diejenigen Vorschriften beachtet werden, die zur Sicherheit des Publikums, zur Bequemlichkeit des Verkehrs und zur Ordnung, Ruhe und Reinlichkeit auf der Straße und in den Häusern dienen".

Auch hatte sich der zuständige Polizist bereits damals „eine genaue Kenntnis aller örtlichen Verhältnisse zu verschaffen".[817]

Der nach dem Zweiten Weltkrieg in Sachsen eingeführte Sektionsdienst sollte ebenfalls dazu dienen, „eine bessere Übersicht in den Polizeirevieren zur erreichen". Er hatte weiter die Aufgabe, „alle wichtigen Vorkommnisse aufzugreifen [und] kleinere Mängel durch alsbaldige Anordnung abzustellen". In den Ziffern 4 und 5 der Richtlinien vom 12. Juni 1946 hieß es hierzu:

---

[814] SächsHStA, LRS, Ministerpräsident, Nr. 60, Bl. 5 ff.
[815] SächsHStA, LBVPS, Nr. 48, Bl. 34.
[816] SächsHStA, LRS, MdI, Nr. 279, Bl. 93
[817] Alle Zitate und Angaben: Max Weiß: Die Polizeischule, S. 91 ff.

„Für den Sektionsdienst sollen innerhalb der Dienstzeit wöchentlich ca. 10 Stunden zur Verfügung gestellt werden. Es wird erwartet, daß der Sektionsdienst das größte Interesse aufbringen wird, um seinen Bezirk so in Ordnung zu halten, daß es zu Beanstandungen allgemeiner Art nicht führt, darüber hinaus er stets in der Lage ist, über alle Vorkommnisse innerhalb seines Sektionsbezirkes und über die dort wohnhaften Personen Auskunft geben zu können. Aufzugeben ist ihm, bei seiner Aufgabe die erforderliche Zurückhaltung zu bewahren.“[818]

Der Sektionsdienst sollte dem Polizisten „eine fest umrissene Aufgabe geben, die interessant genug ist, um ordentlich durchgeführt zu werden“. Auch sollte der Polizist hierdurch in die Lage versetzt werden, „geeignete Vorschläge zur Abstellung von Mängeln zu machen“.[819]

Später, als Kurt Fischer bereits Präsident dieser Behörde war, griff die DVdI diese Idee auf und unterstrich in einer „Instruktion für den Sektionsdienst bei den Schutzpolizeirevieren“, die am 4. Oktober 1949 von der SMAD genehmigt worden war, die Bedeutung dieses Dienstes ausdrücklich. Neben den herkömmlichen Aufgaben galt es jetzt allerdings auch, Gegner der demokratischen Ordnung, Saboteure, Schwarzhändler, Hamsterer usw. aufzuspüren.[820]

Der Sektionsdienst „entwickelte sich in der Folgezeit zur Grundlage der schutzpolizeilichen Tätigkeit und ermöglichte gleichzeitig, die verbrechens- und vergehensvorbeugende Tätigkeit der Schutzpolizei wesentlich zu verbessern“. Er war Vorläufer des im Jahre 1952 in der DDR eingeführten Systems der „Abschnittsbevollmächtigten“ und der so genannten freiwilligen Helfer der Volkspolizei.[821]

Die Verkehrspolizei und die Kfz-Zulassungswesen

Angelegenheiten der Verkehrspolizei standen nach dem Kriege zwar nicht unmittelbar im Brennpunkt polizeilicher Aufgaben und Tätigkeiten. Wichtig war dieses Thema in Sachsen aber gleichwohl. Bereits am 3. April 1946 beschäftigten sich die Polizeipräsidenten und Kommandeure der Ordnungspolizei des Bundeslandes Sachsen im Rahmen einer Dienstbesprechung jedenfalls auch mit Angelegenheiten der Verkehrspolizei. Unter anderem kamen Fragen der einheitlichen Bekleidung und der Verkehrserziehung zur Sprache. Die Polizei stehe teilweise in „Räuberzivil“ auf der Straße, hieß es. Deshalb müsse bei der SMAS

---

[818] Alle Zitate und Angaben: SächsHStA, LRS, MdI, Nr. 279, Bl. 93
[819] Ebenda.
[820] BArch, DO 1/7.0/49, Bl. 36.
[821] Alle Zitate und Angaben: Klaus-Peter Krause: Die Herausbildung und Entwicklung der Deutschen Volkspolizei, S. 104.

versucht werden, „Stoffe frei zu bekommen". Außerdem müsse mit der Roten Armee eine Verständigung herbeigeführt werden, „die auch die Angehörigen der Roten Armee an die Verkehrsdisziplin" binde, hieß es hier weiter.[822]

Die Aufgaben der Verkehrspolizei lagen auf den Gebieten der Verkehrsregelung, der Verkehrsüberwachung, der Verkehrs- und Fahrzeugkontrollen einschließlich Razzien sowie auf den Gebieten der Verkehrsunfallaufnahme und der Verkehrserziehung. Allgegenwärtig war die allgemeine Mangelsituation der Nachkriegszeit, der widersprüchlich begegnet wurde. In einer Rundverfügung Nr. 47 der Polizeiabteilung des sächsischen Innenministeriums vom 19. Februar 1947 beispielsweise wurde hinsichtlich der durchzuführenden Kontrollen angeordnet, die Beleuchtung von Fahrzeugen bei Dunkelheit oder bei Nebel zu überprüfen und Verstöße gegen Verkehrsvorschriften „auf keinen Fall im abgekürzten Strafverfahren, sondern nur durch eine Strafverfügung" zu ahnden.[823] Andererseits ließ die Polizeiabteilung des Innenministeriums in einer Rundverfügung Nr. 4/48 vom 26. Januar 1948 dann aber „infolge Schwierigkeiten in der Materialbeschaffung" doch Erleichterungen zu. Hiernach sollte es nun genügen, „wenn - in Fahrtrichtung gesehen - jeweils der linke Scheinwerfer bzw. das linke Rücklicht funktionierte". Auch Fahrtrichtungsanzeiger waren hiernach „bis auf weiteres nicht erforderlich".[824]

Die Verkehrspolizei konnte also auch gebührenpflichtige Verwarnungen aussprechen. Die Rechtsgrundlage hierfür lag in der sächsischen Reformverordnung vom 9. Juli 1930[825] und in weiteren hierzu ergangenen Änderungsverordnungen. Zusätzlich hatte das Präsidium der LVS in seiner Sitzung vom 18. Juli 1946 beschlossen, „daß die Polizei im abgekürzten Strafverfahren bei der gebührenpflichtigen Verwarnung eine Gebühr bis zu 5 RM erheben darf". Damit erhöhte sich der Höchstbetrag für gebührenpflichtige Verwarnungen, der in Sachsen bisher bei 2 RM gelegen hatte. Dieser Beschluss des Präsidiums des LVS wurde allen Polizeibehörden in einem Rundschreiben des Chefs der Polizei im Bundesland Sachsen vom 23. August 1946[826] mitgeteilt. Drei Jahre später kam es dann auch noch zur Verabschiedung einer Verordnung der Landesregierung Sachsen über das abgekürzte Strafverfahren (Unterwerfungsverfahren) vom 15. Juli 1949[827], die im amtlichen Mitteilungsblatt ordnungsgemäß verkündet wurde.

---

[822] Alle Zitate und Angaben: SächsHStA, LRS, MdI, Nr. 279, Bl. 65.
[823] SächsHStA, LRS, MdI, Nr. 269 (nicht paginiert).
[824] SächsHStA, LBVPS, Nr. 48 (nicht paginiert).
[825] Sächs. GBl., S. 50.
[826] Alle Zitate und Angaben: SächsHStA, LRS, MdI, Nr. 269, Bl. 24.
[827] GVBl. Sachsen, S. 437.

Verkehrskontrollen durch die Verkehrspolizei wurden selbstverständlich auch dann durchgeführt, wenn es darum ging, das Schiebertum und den Schwarzhandel zu bekämpfen. Am 5./6. Juni 1947 war es beispielsweise zu einer groß angelegten Aktion auf der Autobahn bei Pfaffengrün gekommen, an welcher Vertreter zweier Ministerien (Handel und Versorgung sowie Wirtschaft und Wirtschaftsplanung) teilgenommen hatten sowie Polizisten der Verkehrsüberwachung des Polizeipräsidiums Dresden und eines Wachkommandos und Sachbearbeiter des Kriminalamtes Dresden. Es kam zu einer Reihe von Beanstandungen, Beschlagnahmen und Anzeigen.[828]

Im Gegensatz zur Verkehrspolizei gehörte das Kfz-Zulassungswesen einschließlich Führerschein- und Fahrschulwesen von der Sache her nicht zum Polizeivollzugsdienst bzw. zur Ordnungs- oder Schutzpolizei, sondern vielmehr zur Verwaltungspolizei. Die Aufgaben der Kfz-Zulassungsstellen wurden in Sachsen nach dem Kriege daher in der Regel zunächst von den Landratsämtern wahrgenommen, in Dresden, Leipzig, Chemnitz, Plauen, Zwickau und Görlitz nach einer bereits im September 1945 ergangenen Anordnung des Chefs der sächsischen Polizei allerdings von den „Polizeiverwaltungen".[829] Die „Aufsicht" lag in jedem Falle bei der Polizeiabteilung des Innenressorts der LVS. Dies entsprach den Regelungen, wie sie schon in den bereits genannten sächsischen Ausführungsverordnungen vom 15. September 1922[830] und vom 9. August 1933[831] zum Gesetz über Änderungen im Polizeiwesen vom 27. Juni 1921 enthalten gewesen waren. In Thüringen hingegen war für diesen Bereich „eine selbständige Behörde geschaffen" worden.[832]

Spätestens ab 1. Januar 1947 kam es in Sachsen im Bereich des Kfz-Zulassungswesens jedoch - wie auch in anderen Bereichen - zu einer grundlegenden Umstrukturierung. Dieses Aufgabengebiet wurde den allgemeinen Verwaltungsbehörden, insbesondere also den Landratsämtern, nun entzogen und - ähnlich wie das Pass- und Meldewesen - den Polizeibehörden (im institutionellen Sinn) zugeordnet. Diese Umstrukturierung stand, obwohl sich bei den Recherchen schriftliche Hinweise hierfür kaum feststellen ließen, im Zusammenhang mit dem Inkrafttreten der Verordnung über das Polizeiwesen im Bundesland Sachsen vom 2. August 1946[833] und mit § 5 der hierzu ergangenen 1. Ausführungsvorschrift vom 3. August 1946. Nach dieser Bestimmung übernahmen die Polizeipräsidien, Polizeidirektionen und Kreispolizeiämter nun

---

[828] SächsHStA, LRS, MdI, Nr. 275 (nicht paginiert).
[829] Amtl. Nachrichten 1945, S. 30.
[830] Sächs. GBl., S. 547.
[831] Sächs. GBl., S. 121.
[832] BArch., DO 1/7.0/5, Bl. 5-8.
[833] SächsHStA, LRS, MdI, Nr. 270 (nicht paginiert).

übernahmen die Polizeipräsidien, Polizeidirektionen und Kreispolizeiämter nun „alle polizeilichen Aufgaben, für die nicht andere Polizeibehörden zuständig sind".[834]

Erörterungen im Sinne dieser Entwicklung gab es auch auf der Konferenz des Präsidenten der DVdI mit den Chefs der Polizeiabteilungen der Länder und Provinzen am 30. Oktober 1946 in Berlin. Ausdrücklich stellte Vizepräsident Willi Seifert von der DVdI hier fest, es dürfe keinesfalls zugelassen werden, „daß polizeiliche Aufgaben von anderen Organen und Verwaltungen" wahrgenommen werden. Dementprechend bekräftigte Vizepräsident Wagner auch, dass die „Sicherheit des Staates" sich „aus vielerlei" zusammensetze und dass dazu auch „Sicherheit auf den Straßen, Verkehr und vieles andere mehr" gehöre.[835]

Schriftlich bestätigt wird diese Umstrukturierung u. a. in einem undatierten Teilbericht[836] des Kreispolizeiamtes Freiberg, wonach die beim dortigen Landratsamt bestehende Kraftfahrzeugabteilung und Kraftfahrzeug-Zulassungsstelle zum 1. Januar 1947 „in das Kreispolizeiamt Freiberg als Abteilung Verkehr eingegliedert" wurde. In diesem Sinne stellte die Polizeiabteilung des sächsischen Ministeriums des Innern in einer Rundverfügung Nr. 35 vom 4. Februar 1947 dann auch fest, dass die bei den Kfz-Zulassungsstellen anfallenden Gebühren nun beim Polizeihaushalt zu vereinnahmen seien.[837]

Später, Anfang 1949, kam es bei der Landespolizeibehörde Sachsen bzw. bei der Landesbehörde der Volkspolizei Sachsen im Zuge weiterer Umstrukturierungen noch zur Bildung einer eigenen Abteilung „Kfz-Inspektion". Bei dieser Abteilung wurden die Aufgaben der Verkehrspolizei und des Kfz-Zulassungswesens zusammengefasst. Ähnliches galt auch auf der Ebene der Kreispolizeiämter bzw. der Volkspolizei-Kreisämter.[838]

---

[834] Was damit gemeint war, ergibt sich wesentlich klarer aus § 4 des ursprünglichen Entwurfs der genannten Ausführungsvorschrift, wonach „die Polizeipräsidien, die Polizeidirektionen und die Kreispolizeiämter [...] alle ordnungs- und verwaltungspolizeilichen Aufgaben" übernehmen sollten.- SächsHStA, LRS, Ministerpräsident, Nr. 195, Bl. 77.

[835] Zitiert nach Jochen Laufer: Die Ursprünge des Überwachungsstaates, S. 159.

[836] SächsHStA, LBVPS, Nr. 108, Bl. 164.

[837] SächsHStA, LRS, MdI, Nr. 269 (nicht paginiert).

[838] SächsHStA, LBVPS, Nr. 10, Bl. 124, Nr. 163, Bl. 3, und Nr. 311, Bl. 24 ff.

4.2.2 Die Kriminalpolizei

Aufgaben, Organisationsstruktur und Geschäftsverteilung

Die von der Kriminalpolizei in Sachsen wahrzunehmenden Aufgaben entsprachen unmittelbar nach dem Zweiten Weltkrieg zunächst ebenfalls im Wesentlichen den Regelungen und Zuständigkeiten, wie sie bereits in der Weimarer Zeit bestanden hatten. Neben den allgemeinen und insbesondere auch aus der Strafprozessordnung (§ 161 StPO) und dem Gerichtsverfassungsgesetz (§ 152 GVG) herzuleitenden Aufgaben und Zuständigkeiten galt vom Grundsatz her weiter die sächsische Ausführungsverordnung vom 15. September 1922[839] „zum Gesetz über Änderungen im Polizeiwesen vom 27. Juni 1921". Auf die genannte Verordnung bezog sich dann - jedenfalls inhaltlich, jedoch ohne ausdrückliche Erwähnung - auch der oben bereits mehrmals erwähnte und Ende 1945/Anfang 1946 erstellte interne „Leitfaden für die kriminalpolizeiliche Dienstausübung" des Leiters des Landeskriminalamtes.[840]

Hiernach hatte die Kriminalpolizei die „Erforschung aller Verbrechen und Vergehen" durchzuführen, soweit „sie nicht Sachgebiete der Verwaltungspolizei (Gewerbe-, Nahrungsmittel-, Gesundheits-, Bau-, Wohnungs-, Feuerpolizei usw.) betreffen". Übertretungen hingegen sollten grundsätzlich nur bearbeitet werden, „wenn sie mit einem von der Kriminalpolizei erörterten Verbrechen und Vergehen im Zusammenhange" standen. Darüber hinaus galt,

- dass die dem Landeskriminalamt nachgeordneten Kriminalämter „das Rückgrat des Kriminalpolizeivollzugsdienstes" bilden sollten,
- dass „die erforderliche Fühlung mit den Justizbehörden aufrecht zu erhalten" war,
- dass „auch die Beamten der Kreispolizei [...] bezüglich des Kriminaldienstes der allgemeinen Leitung und Beaufsichtigung des Leiters des Kriminalamtes" unterstanden und
- dass die „Kriminalbeamten und die Beamten der Kreispolizei" ihre Tätigkeit zwar im Rahmen ihrer örtlichen Zuständigkeit ausüben, „aber innerhalb des ganzen Landes durch keine örtlichen Zuständigkeitsgrenzen in der Vornahme von Amtshandlungen behindert" sein sollten.[841]

Wesentliche Grundsätze für die Arbeit und die organisatorische Gliederung der Kriminalpolizei enthielten sowohl der sächsische Entwurf einer „Verordnung

---

[839] Sächs. GBl., S. 547.

[840] SächsHStA, LRS, MdI, Nr. 278, Bl. 1 ff. - Inhaltlich gab dieser „Leitfaden" also weitgehend die in der Weimarer Zeit maßgeblichen Praxis wieder. - Vgl. Max Weiß: Die Polizeischule, S. 376 ff.

[841] Alle Zitate: SächsHStA, LRS, MdI, Nr. 278, Bl. 1 ff.

über das Polizeiwesen im Bundesland Sachsen" vom 11. September 1945[842] nebst dazugehöriger Ausführungsverordnung als auch die Verordnung der LVS „über das Polizeiwesen im Bundesland Sachsen" vom 2. August 1946[843] mit der hierzu ergangenen 1. Ausführungsvorschrift vom 3. August 1946. § 7 Absatz 2 dieser Ausführungsvorschrift bestätigte, dass die Angehörigen der Kriminalpolizei „Helfer der Staatsanwaltschaft" im Sinne von § 152 des Gerichtsverfassungsgesetzes waren.

Eine von der Polizeiabteilung des sächsischen Innenministeriums herausgegebene Rundverfügung Nr. 13 vom 15. Januar 1947[844] enthielt noch eine besondere Klassifizierungsliste der Aufgabengebiete der Kriminalpolizei. Hiernach waren für statistische Zwecke sechs Aufgabengebiete zu unterscheiden, nämlich

- Kapitalverbrechen (Tötungsdelikte, Raub, Brandstiftung, Bandentätigkeit usw.),
- schwerer Diebstahl,
- einfacher Diebstahl, Betrug, Unterschlagung, Wirtschaftsdelikte, Fälschungen u. a.,
- Sittlichkeitsdelikte,
- Straftaten anderer Art (Attentate, Sabotage, Verstöße gegen Befehle der SMA, Weiterführung von NS-Organisationen, Verbrechen gegen die Menschlichkeit u. a.) und
- Sonstiges (Selbstmord, Freiheitsberaubung, Körperverletzung, Sachbeschädigung, Schlägerei, Hausfriedensbruch, Verkehrsunfälle u. a.).[845]

Ansonsten gab es bei der Organisationsstruktur und bei der Geschäftsverteilung innerhalb der Kriminalpolizei in Sachsen insbesondere auch in den ersten Jahren nach dem Kriege - ähnlich wie bei der Ordnungs- bzw. Schutzpolizei - je nach den örtlichen und personellen Verhältnissen ständig Veränderungen.

Bereits mit Rundschreiben des Präsidenten des Landeskriminalamtes vom 19. März 1946 war auf Anordnung der russischen Militäradministration und mit „sofortiger Wirkung" landesweit die Errichtung von „Zentralstellen" bei den Kriminalämtern Dresden, Leipzig, Chemnitz, Zwickau und Bautzen verfügt worden.[846] Der damit verbundene neue Organisationsplan und die neue „operative Administration" war dann auch Gegenstand einer Dienstbesprechung des Landeskriminalamtes am 13. Februar 1946 mit den Leitern der nachgeordneten

---

842 SächsHStA, LRS, Ministerpräsident, Nr. 195, Bl. 28.
843 SächsHStA, LRS, MdI, Nr. 270 (nicht paginiert).
844 SächsHStA, LRS, MdI, Nr. 269 (nicht paginiert).
845 Ebenda.
846 SächsHStA, LBVPS, Nr. 120 (nicht paginiert).

Kriminalämter in Dresden gewesen. Hiernach sollten in Sachsen die wahrzunehmenden Aufgaben innerhalb der Kriminalämter insgesamt neun Zentralstellen zugeordnet werden, u. a. auch einer Zentralstelle C (Verfolgung von Attentaten, Brandstiftung, Sabotage) und einer Zentralstelle H (Bearbeitung von Aufträgen der Besatzungsbehörden und der Landesverwaltung). Die Zentralstelle H arbeitete insbesondere auch für das NKWD.[847] Außerdem gab es jetzt eine Zentralstelle G mit einer „weiblichen, operativen Kriminalpolizei".[848]

Ende 1946 wurden diese Zentralstellen dann zu acht Fachabteilungen umgebildet.[849] Auch diese Fachabteilungen bestanden jedoch nur vorübergehend. Die DVdI drängte auf eine zonenweite Anpassung und Vereinheitlichung des Kriminalwesens, ging dabei aber im Hinblick auf die noch bescheidenen eigenen Kompetenzen vorsichtig und kooperativ vor. Unter der Leitung der DVdI kam es deshalb am 6. Februar und am 10. März 1947 zu Arbeitstagungen mit den Leitern der Kriminalpolizei der Länder und Provinzen, bei welchen die von der DVdI entwickelten Vorschläge erörtert und „dann nach gründlicher Diskussion" angenommen wurden.[850] Struktur und Geschäftsverteilung bei der Kriminalpolizei sollten dem nachfolgenden Schema entsprechen mit der Konsequenz, dass es auch in Sachsen anstelle der bisherigen Zentralstellen bzw. Fachabteilungen jetzt eine Gliederung nach Dezernaten bzw. Kommissariaten wie folgt geben sollte:

K/A: Innere Organisation, Geschäftsbetrieb, Materialbeschaffung usw.

K 1: Kapitalverbrechen, Mord, Raub usw.

K 2: Einbruch, Diebstahl, Hehlerei

K 3: Wirtschaftsverbrechen, Betrug usw.

K 4: Sittlichkeitsverbrechen

K 5: Aufträge der Besatzungsmacht und deutscher Behörden

K 6: Jugendkriminalität

K 7: Erkennungsdienst und Fahndung[851]

Sachsen übernahm diese „Vorschläge" allerdings erst ab Mai/Juni 1947, also eigentlich etwas zögerlich.

---

847 SächsHStA, LBVPS, Nr. 27, Bl. 247.
848 SächsHStA, LRS, MdI, Nr. 279, Bl. 15.
849 Vgl. hierzu: Jahresbericht 1946 über die Arbeit der Kriminalpolizei. - SächsHStA, LBVPS, Nr.114.
850 BArch, DO 1/7.0/19, Bl. 20.
851 Ebenda.

Die von der DVdI intensivierten Zentralisierungstendenzen, die bei der Kriminalpolizei Mitte 1947 zunächst zu einem gewissen Abschluss gekommen waren, wurden im Herbst 1948 fortgesetzt. Bei einer Innenministerkonferenz am 13. Oktober 1948 informierte der Vizepräsident der DVdI, Wagner, die Teilnehmer über die vorgesehenen weiteren Veränderungen. Es sollte nun zu einer „Zentralisierung der Polizei vom Revier bis zur DVdI auf wesentlich vereinfachter Basis" kommen. Auch sollten „die sieben Kommissariate der Kriminalpolizei auf drei" reduziert werden mit der offiziellen Begründung, dass hierdurch die Wirtschaft und die Demokratie verstärkt gesichert werde.[852]

Anfang 1949 war es schließlich so weit. Die auf der Konferenz vom 13. Oktober 1948 angekündigte Umstrukturierung und Reorganisation wurde über die DVdI in der gesamten SBZ und damit auch in Sachsen umgesetzt, und zwar in Sachsen - wie jetzt schon üblich - ohne Beteiligung der sächsischen Landesregierung oder des sächsischen Landtages. Dementsprechend gab es bei der Kriminalpolizei jetzt einheitlich nur noch drei Organisationseinheiten, nämlich

Dezernat/Kommissariat A: Statistik und Berichtswesen,

Dezernat/Kommissariat B: Schutz und Sicherung des Volkseigentums und

Dezernat/Kommissariat C: Bekämpfung sonstiger Straftaten.[853]

Hinzu kamen auf Landesebene noch ein Dezernat E (Erkennungsdienst) und ein Dezernat F (Fahndung).[854]

Die Auswirkungen der neuen Struktur

Bereits in einer internen Studie vom 28. Januar 1947 hatte der Leiter der Abteilung Kriminalpolizei bei der DVdI darauf hingewiesen, dass die „wichtigste und entscheidendste Voraussetzung für eine erfolgreiche Tätigkeit [der Kriminalpolizei] eine einheitliche Struktur der Organisation [und] eine einheitliche zentrale Leitung"[855] sei. Dieses Ziel war in der SBZ bei der Kriminalpolizei - wie eben dargelegt - bereits Mitte 1947 weitgehend erreicht worden und Anfang 1949 dann vervollkommnet worden.

---

[852] Alle Zitate und Angaben: BArch, DO 1/7.0/9, Bl. 69.
[853] BArch, DO 7/1.0/29, Bl. 3.
[854] Ebenda.
[855] BArch, DO 1/7.0/355, Bl. 20 ff.

Im Zuge dieser Entwicklung kam es Ende 1948/Anfang 1949 auch zur Eingliederung des bisher formell selbstständigen Landeskriminalamtes Sachsen in die Hauptabteilung der Polizei beim sächsischen Ministerium des Innern. Das Landeskriminalamt wurde hier zunächst zur „Landeskriminalpolizeiabteilung" und später zur „Landespolizeiabteilung K". Im Laufe des Jahres 1949 folgte dann die vollständige Herauslösung der bisherigen Landespolizeiabteilung bzw. Hauptabteilung der Polizei beim sächsischen Ministerium des Innern aus diesem Ministerium. Ausdruck fand diese neue Struktur und Entwicklung z. B. auch bei der Gestaltung der Kopfleiste des „Polizeilichen Informationsblattes" in Sachsen. Federführend für die Herausgabe dieses Informationsblattes war bis Anfang Dezember 1948 zunächst das „Landeskriminalamt Sachsen" gewesen, dann die „Landeskriminalpolizeiabteilung beim Chef der Landespolizeibehörde", dann ab Ende April 1949 die „Abteilung K bei der Landespolizeibehörde Sachsen" und schließlich ab Ende September 1949 die „Abteilung K bei der Landesbehörde der Volkspolizei Sachsen". Ab 20. Oktober 1949 wurde das genannte Informationsblatt nochmals umbenannt, und zwar nun in „Informationsblatt der Volkspolizei für das Land Sachsen". Das bisher in der Kopfleiste stets mit aufgeführte „Ministerium des Innern" entfiel.[856] Damit war im Polizei- und Sicherheitsbereich jetzt generell und zonenweit ein dreistufiger Verwaltungsaufbau u. a. auf dem Gebiet der Kriminalpolizei auch nach außen hin umfassend verwirklicht.

Im Jahresbericht „über die Arbeit der Kriminalpolizei im Land Sachsen" für das Jahr 1949 wurde diese Entwicklung hin zu einer zentral gelenkten kriminalpolizeilichen Arbeit in der SBZ wie folgt begründet:

„Das Jahr 1949 brachte für die sich noch in der Entwicklung befindliche junge Kriminalpolizei der Deutschen Demokratischen Republik und damit gleichzeitig für das Land Sachsen einige bedeutende Umwälzungen. Man kann sagen, die Arbeit des Jahres stand im Zeichen der Reorganisation, die sich auf Grund der Veränderung der gesellschaftlichen Verhältnisse notwendig machte.

Wenn in den Nachkriegsjahren bis 1948 noch eine gewisse Anlehnung an die ehemalige Vorkriegskriminalpolizei in struktureller Hinsicht bestand, so war das deshalb notwendig, weil nach der Zerschlagung des faschistischen Staatsapparates die Arbeiterschaft, beseelt von dem Willen nach Neuordnung, aus eigener Initiative unter Mithilfe der sowjetischen Besatzungsmacht die Sicherung des Lebens und des Aufbaues in ihre Hände nahm. Diese zum großen Teil von der Werkbank kommenden fortschrittlichen Kräfte waren der von ihnen übernommenen Aufgabe ungewohnt und benötigten eine geraume Zeit zum Einarbeiten.

Die Entwicklung der Nachkriegszeit zeigte bald, daß die bisher geübten Methoden der Verbrecher- und Verbrechensbekämpfung überholt waren und daß eine den bestehenden Verhältnissen angepasste Strukturveränderung unerläßlich wurde."[857]

---

[856] Alle Zitate und Angaben: SächsHStA, LBVPS, Nr. 119.
[857] SächsHStA, LBVPS, Nr.115, Bl. 2.

Weiter hieß es in diesem Tätigkeitsbericht:

„Es galt, neben dem Schutz des Lebens und der Gesundheit des Einzelnen und des privaten Eigentums vor allem das Volkseigentum zu schützen. Den immer mehr um sich greifenden Wirtschaftsverbrechen von Elementen, die aus der wirtschaftlichen Notlage der werktätigen Bevölkerung Gewinn schlagen wollten, und andererseits dem Gegner, der mit Hilfe dieser Machenschaften versuchte, den demokratischen Aufbau der ehemaligen sowjetischen Besatzungszone zu sabotieren, mußte ein Instrument entgegengesetzt werden, das schlagkräftig genug die Bekämpfung dieser verbrecherischen Tätigkeit übernehmen konnte.

Es musste also der bestehenden Struktur der Kriminalpolizei ein Teil abgesondert werden, der nur die Sicherung des Wirtschaftsaufbaues durchführt und zum anderen die Einhaltung der in der Wirtschaftsstrafverordnung verankerten Bestimmungen überwacht. Das aus diesen Gründen entstandene Arbeitsgebiet B übernahm diese Aufgabe. Seine innere Gliederung zeigt, welche Bedeutung dem Schutz und der Sicherung der Wirtschaft und des Volkseigentums entgegengebracht wird, da nur dadurch ein wirklicher Aufbau und ein langsames aber stetiges Ansteigen unserer Lebenshaltung durchgeführt werden kann."[858]

In der Tat rückte „der Schutz und die Sicherung des Volkseigentums" jetzt immer mehr in den Mittelpunkt der kriminalpolizeilichen Arbeit. Auch eine interne Notiz zum „Entwicklungsgeschichtlichen Bericht der neuen demokratischen Polizei des Landes Sachsen (1945-1948)" vom 5. Januar 1949 bekräftigte die durch die Kriminalpolizei nun in den Vordergrund zu stellende Sicherung der Wirtschaft und des Volkseigentums. Die Kriminalpolizei war jetzt „der Schutz des heutigen Staates im Gegensatz zur uniformierten Polizei, welche die Macht des Staates verkörpert". Ihre Aufgabe sah sie nach dieser Notiz „nicht nur darin, die kriminellen Verbrechen, wie Kapital-, Sittlichkeitsverbrechen und Einbrüche usw. aufzuklären und der Kriminalität vorbeugend entgegenzutreten, sondern auch [darin], den Aufbau unserer jungen Demokratie zu fördern und gegen alle Feinde der Reaktion zu schützen".[859]

Neue Methoden, unterschiedliche Einschätzungen und „Erfolge"

Bereits unmittelbar nach Kriegsende gab es bei der Verbrechensbekämpfung in Sachsen vereinzelt Versuche, methodisch „neue" Wege zu beschreiten. Das Kriminalamt Dresden ging beispielsweise Ende 1945 dazu über, öffentliche kriminalpolizeiliche Vernehmungen durchzuführen, u. a. bei Beschuldigten, welche „Antifaschisten denunziert" haben sollen. Bei diesen Vernehmungen, die in Turnhallen oder anderen öffentlichen Gebäuden stattfanden, gab es „einen ungeheuren Andrang des Publikums, der wiederholt zur polizeilichen Schließung der Versammlungsräume führte". In einer später vom einem ausge-

[858] SächsHStA, LBVPS, Nr. 115, Bl. 2.
[859] Alle Zitate und Angaben: BArch, DO 1/7.0/23, Bl. 38.

schiedenen Mitarbeiter des Kriminalamtes Dresden verfassten schriftlichen Darstellung vom 28. September 1947 hieß es hierzu weiter:

„Diese öffentlichen Vernehmungen waren bis dahin die ersten überhaupt in der Kriminalgeschichte. Aus den später eingelaufenen Berichten von Polizei- wie von Parteidienststellen zeigte sich übereinstimmend der ungeheure Erfolg dieser Methode. Besonders zu vermerken ist dabei, daß man an Menschen herankam, die sonst nie in irgendeiner Form politisch erfaßt und beeinflußt werden können. Bei diesen Versammlungen kamen auch Vertreter der antifaschistischen Parteien zu Wort. Besonders sprachen stets Vertreter der SPD und KPD, und damit wurden auch die Fragen der Einheit des arbeitenden und schaffenden Volkes mit hervorgehoben, die die Grundlage bildet zu einer erfolgreichen Tätigkeit einer demokratischen Polizei.“[860]

Gegen diese „neuen Methoden“ regte sich damals jedoch erheblicher Widerstand. Eine Reihe von Rechtsanwälten „bombardierte uns“, stellte der Dresdener Polizeipräsident Max Opitz in einer Stellungnahme vom 3. Oktober 1947 an den Landesvorstand der SED Sachsen fest. Auch das Justizressort sowie die Polizeiabteilung der LVS schalteten sich nach seinen Angaben ein und erklärten, „wenn auch nicht schriftlich, so doch mündlich, [...] daß wir diese Methode hinsichtlich unserer Blockarbeit und auch hinsichtlich der Rückwirkung auf den Kontrollrat nicht mehr durchführen könnten“. Opitz betonte in seiner Stellungnahme aber, dass „das Prinzip noch nicht aufgegeben“ sei und „erneut wieder in Angriff“ genommen werde, „wenn einigermaßen die objektiven Voraussetzungen für diese Arbeit gegeben sind“.[861]

Ansonsten scheint die Arbeit der Kriminalpolizei Sachsens in den ersten Nachkriegsjahren, die sich häufig auf die herkömmlichen Tätigkeiten (Aufnahme von Anzeigen, Ermittlungen, Vernehmungen, Festnahmen, Spurensicherung usw.)[862] konzentrieren musste, von einem Spagat zwischen Anspruch und Wirklichkeit geprägt gewesen zu sein. „Rein fachlich gesehen“ sollte das Schwergewicht der kriminalpolizeilichen Arbeit schon damals eigentlich im ideologischen Kampf „gegen Kompensationen und Schwarzhandel“ sowie in der „Abwehr gegen Sabotage aller Art“ liegen. So sah dies jedenfalls die DVdI in einem Jahresbericht für die Jahre 1946/47.[863] Dieser Kampf sollte hiernach

- durch das Herangehen der Kriminalpolizei an die Produktionsstätten,
- durch das Einbauen von Vertrauensleuten in den Produktionsstätten,
- durch enge Zusammenarbeit mit den Betriebsräten, Betriebsgruppen, Gewerkschaften, gegenseitiger Bauernhilfe auf dem Lande und
- durch die noch schärfere Überwachung der Transporte, Wege, Straßen, Bahn und Post

---

860 Alle Zitate und Angaben: SächsHStA, SED-BPA Dresden, Nr. A/2002 (nicht paginiert).
861 Alle Zitate und Angaben: SächsHStA, SED-BPA Dresden, Nr. A/2002 (nicht paginiert).
862 Max Weiß: Die Polizeischule, S. 388 ff.
863 BArch, DO 1/7.0/19, Bl. 68 ff..

erfolgen. Tatsächlich lag der Schwerpunkt des Tagesgeschäfts jedoch in der regulären kriminalpolizeilichen Arbeit und dabei insbesondere im Bereich der Verfolgung von Vermögensdelikten. Nach einem Monatsbericht über die kriminalpolizeiliche Arbeit in Sachsen wurden im September 1947 beispielsweise 18.542 neue Straftaten registriert, davon 9.061 einfache Diebstähle, 3.346 schwere Diebstähle, 668 Fälle von Spekulation, 633 Fälle von Betrug und 540 Fälle von Unterschlagung. Allerdings gab es unter der Rubrik „Sonstige Verbrechen" schon 3.783 Fälle. Hierzu gehörten auch die von der K 5-Organistion verfolgten Straftaten im Rahmen der Durchführung des Befehls Nr. 201. Delikte wegen „Kompensation oder Schwarzhandel", die wahrscheinlich unter „Spekulation" erfasst wurden, traten demgegenüber statistisch nicht besonders stark in Erscheinung.[864]

Bezüglich der Aufklärungsquote gab es unterschiedliche Einschätzungen. Nach dem genannten Monatsbericht soll sie damals in Sachsen bei den Vermögensdelikten - unter Berücksichtigung älterer Fälle - bei ca. 67 Prozent, bei den „sonstigen Verbrechen" bei über 85 Prozent und bei den Totungsdelikten teilweise sogar noch höher gelegen haben. Im Durchschnitt aller registrierten Delikte soll die Aufklärungsquote im September 1947 bei 7o,7 Prozent gelegen haben.[865] Demgegenüber beanstandete die SMAS im Befehl Nr. 271 vom 8. Dezember 1947 den „ungenügenden Stand der Aufdeckung von Verbrechen" in Sachsen. Im Zeitraum August bis Oktober 1947 seien „von 54.592 Verbrechen [nur] 27.524 Fälle aufgedeckt worden", also nur 50,4 Prozent, hieß es hier. Außerdem beanstandete die SMAS die „unzureichende und höchst verspätete Information der Organe der SMA über die kriminellen Verbrechen".[866]

Auf alle Fälle kam es ab Mitte 1947 im Hinblick auf die Intensivierung der Arbeit der K 5-Organisation in relativ kurzer Zeit nahezu zu einer Verdoppelung des Personalbestandes bei der Kriminalpolizei in Sachsen. Dies geschah zunächst durch personelle Umschichtungen. Im Rechnungsjahr 1948 stieg der Personalbestand dann aber laut Stellenplan auch offiziell von 1.200 auf 2.400 Mitarbeiter im Kriminaldienst.[867] Dabei gab es beispielsweise beim Landeskriminalamt Sachsen nun entsprechend den neu gebildeten Arbeitsschwerpunkten bei insgesamt 178 Planstellen allein 60 Planstellen für das Dezernat K 5 (Straftaten besonderer Art).[868]

„Erfolge" konnten bei all diesen Anstrengungen nicht ausbleiben. Diese Erfolge wurden in einem Jahresbericht der Abteilung K der Landesbehörde der Volks-

---

[864] Alle Angaben und Zitate: BArch, DO 1/7.0/372, Bl. 12 u. 14.
[865] Ebenda.
[866] SächsHStA, LBVPS, Nr. 35, Bl. 104.
[867] SächsHStA, LBVPS, Nr. 106, Bl. 216.
[868] SächsHStA, LBVPS, Nr. 106, Bl. 194 und 196.

polizei Sachsen über die Arbeit der Kriminalpolizei im Land Sachsen für das Jahr 1949 statistisch dokumentiert. Hiernach waren

im Jahre 1946	204.625 Fälle,
im Jahre 1947	212.982 Fälle,
im Jahre 1948	140.925 Fälle
und im Jahre 1949 nur noch	89.019 Fälle

zu bearbeiten gewesen.[869] Der bemerkenswerte Rückgang der registrierten Delikte bis zum Jahre 1949 auf weniger als die Hälfte ist mit hoher Wahrscheinlichkeit auf veränderte Richtlinien bei der Erfassung von Kriminalfällen zurückzuführen. In einer Dienstanweisung Nr. 86/48 der Hauptabteilung Polizei des sächsischen Ministeriums des Innern vom 5. August 1948 war nämlich festgestellt worden, dass in die bisherige Kriminalstatistik Anzeigen aufgenommen worden seien, „die sich schon nach den ersten Ermittlungen nicht als kriminelle Fälle" herausstellten, wodurch „ein falsches Bild über die Kriminalität im Lande" entstanden sei. Eine statistische Erfassung durfte daher nun erst erfolgen, wenn „eine genaue Prüfung" ergeben hatte, dass „die angezeigte strafbare Handlung tatsächlich stattgefunden hat".[870] Offensichtlich sollten durch veränderte Kriterien bei der Statistik also Verbesserungen in der Sicherheitslage und damit „Erfolge" bewiesen werden.

4.2.3 Die Verwaltungspolizei

Unklarheiten bei der Begriffsdefinition

Der Begriff „Verwaltungspolizei" wurde - wie oben bereits erwähnt - in Sachsen erst nach dem Ersten Weltkrieg gebräuchlich. Er löste den früheren Begriff „Wohlfahrtspolizei" ab, der aber teilweise auch noch weitergeführt wurde.[871] Der neue Begriff wurde vom sächsischen Gesetzgeber - soweit ersichtlich und wie ebenfalls bereits erwähnt - erstmals in der Ausführungsverordnung vom 15. September 1922[872] zum sächsischen Gesetz über Änderungen im Polizeiwesen

---

[869] SächsHStA, LBVPS, Nr. 115, Bl. 28.
[870] Alle Zitate und Angaben: SächsHStA, LBVPS, Nr. 51 (nicht paginiert).
[871] Max Bartsch/Paul von Löben: Das sächsische Polizeibeamtengesetz, S. 14.
[872] Sächs. GBl., S. 547.

vom 27. Juni 1921[873] benutzt. Später kam er dann auch im sächsischen Polizeibeamtengesetz vom 15. März 1928[874] vor.

Materiell wurden zur Verwaltungspolizei - wie bereits erwähnt - u. a. die Bereiche Gewerbe-, Nahrungsmittel-, Gesundheits-, Bau-, Wohnungs- und Feuerpolizei gerechnet. Dies ergibt sich verallgemeinernd aus § 29 der oben genannten sächsischen Ausführungsverordnung vom 15. September 1922. Aber auch sonstige Aufgabengebiete wie z. B. die so genannte Fremdenpolizei, das Pass- und Meldewesen oder das KFZ-Zulassungswesen zählten nach dem Zweiten Weltkrieg in Sachsen nun wohl generell zur Verwaltungspolizei. Die Aufgabenerledigung erfolgte in Anlehnung an § 4 Absatz 2 der Gemeindeordnung für den Freistaat Sachsen vom 15. Juni 1925[875] durch die Gemeinden „soweit Gesetze nicht etwas anderes bestimmen". Je nach Zuständigkeitsregelung kamen also auch andere staatliche oder kommunale Behörden (Landratsämter, Sonderbehörden oder evtl. auch Polizeibehörden) in Betracht.[876]

Allerdings sollte nach dem Zweiten Weltkrieg in Sachsen der Begriff „Polizei" im Zusammenhang mit der Wahrnehmung von verwaltungspolizeilichen Aufgaben zunächst vermieden werden. Dies stellte der Chef der sächsischen Polizei in einem Rundschreiben vom 27. Februar 1946 an die „Herren Landräte, Oberbürgermeister der kreisfreien Städte und Polizeipräsidenten" ausdrücklich fest, als er erklärte:

„Die Bezeichnung Baupolizei, Gewerbepolizei, Straßen- und Wegepolizei, Gesundheitspolizei usw. darf ab sofort nicht mehr geführt werden. Anstelle der Bezeichnung Baupolizei kann die Bezeichnung Bauaufsicht, anstelle der Bezeichnung Gewerbepolizei die Bezeichnung Gewerbeaufsicht usw. benutzt werden. Die Bezeichnung Polizei soll in Zukunft nur noch von Einrichtungen und Abteilungen geführt werden, die dem Polizeipräsidenten unterstehen und deren Angestellte in dem personellen Stellenplan des Polizeipräsidiums enthalten sind."[877]

Anders ausgedrückt: Der Begriff „Polizei" sollte nun auf Polizeibehörden im institutionellen Sinne beschränkt werden. Auch in einer Stellungnahme des Büros des Präsidenten der LVS vom 17. Juli 1946 hieß es, dass von einer Verwendung des Begriffs Verwaltungspolizei „möglichst abzusehen" sei.[878]

Bei der bereits erwähnten Konferenz des Präsidenten der DVdI mit den Chefs der Polizeiabteilungen der Länder und Provinzen am 30. Oktober 1946 in Berlin

---

[873] Sächs. GBl., S. 199.
[874] Sächs. GBl., S. 66.
[875] Sächs. GBl., S. 136.
[876] Zu den in Deutschland bestehenden Strömungen bei der Zuordnung polizeilicher Aufgaben - kommunal oder staatlich - siehe auch Hans Lisken/Erhard Denninger: Handbuch des Polizeirechts, S. 18.
[877] SächsHStA, LRS, MdI, Nr. 279, Bl. 21.
[878] SächsHStA, LRS, MdI, Nr. 195, Bl. 82

gab es jedoch schon wieder gegenläufige Tendenzen und Bedenken. Vizepräsident Wagner betonte damals:

„Wenn man all diese Aufgaben, die Exekutivaufgaben der Polizei darstellen, abtrennt und die Polizei [nur] auf die Straße stellt, wird die Polizei zum Nachtwächter, aber nicht zum Sicherheitsorgan innerhalb eines Staates. Sicherheit ist nicht nur, daß auf den Straßen ein Posten steht, sondern Sicherheit des Staates setzt sich aus vielerlei zusammen. Dazu gehören auch Preisüberwachung, Lustbarkeit, Sicherheit auf den Straßen, Verkehr und vieles andere mehr."[879]

Sogar innerhalb Sachsens gab es hier offensichtlich eine unterschiedliche Praxis und Unklarheiten. Das Polizeipräsidium Dresden begründete beispielsweise in einer Dienstbesprechung am 13. August 1946 seinen im Vergleich zu Leipzig hohen Personalbestand bei der Verwaltungspolizei damit, „daß Dresden alle Verwaltungsarbeit von Verwaltungsbeamten [sic!] machen läßt, in Leipzig dagegen eine Summe von Verwaltungsarbeit von der Ordnungspolizei ausgeführt" werde.[880] Auch nach dem oben bereits erwähnten Bericht des Abteilungsleiters Personal der DVdI, Mickinn, vom 13. März 1947 wurde im sächsischen Ministerium des Innern - Landespolizeibehörde - sogar noch Anfang 1947 darüber diskutiert, ob die Schreibkräfte der Schutz- oder Kriminalpolizei als „Verwaltungspolizei" anzusehen seien oder aber als Hilfskräfte der jeweiligen Sparte[881], wobei nach herkömmlicher Auffassung selbstverständlich nur Letzteres richtig sein kann.[882]

Vorläufige Richtschnur für eine spätestens ab Mitte 1947 in der SBZ und damit weitgehend auch für Sachsen als zutreffend angesehene neue Definition des Begriffs „Verwaltungspolizei" war dann ein in der Sitzung des Zentralsekretariats der SED vom 18. Juni 1947 gebilligter Entwurf eines Polizeigesetzes, der allerdings zunächst nicht weiter verfolgt wurde. Nach § 7 dieses Entwurfes wurden der Verwaltungspolizei die nachfolgenden Aufgabengebiete zuordnete:[883]

- Polizeiverwaltungsrecht
- Polizeistrafrecht einschließlich Polizeistrafverfahren
- Pass- und Meldewesen (Ausländer, Auswanderung, Staatsangehörigkeit)
- Verkehrspolizei (Zulassung und Führerscheinwesen, Prüfung und Schätzung)

---

[879] Zitiert nach Jochen Laufer: Die Ursprünge des Überwachungsstaates, S. 159.
[880] SächsHStA, LBVPS, Nr. 355, Bl. 148.
[881] BArch, DO 1/7.0/205, Bl. 38 ff. (45).
[882] Aus einer Rundverfügung Nr. 68 der Polizeiabteilung des sächsischen Innenministeriums vom 4. März 1947 könnte sogar abgeleitet werden, dass diese Abteilung damals unter verwaltungspolizeilichen Aufgaben nur solche der Bewirtschaftung von sächlichen oder persönlichen Haushaltsmitteln verstand. - Vgl. SächsHStA, LBVPS, Nr. 47, Bl. 97 ff.
[883] SAPMO-BArch, DY IV 2/2.1/102, S. 1 ff. Die sächsische Fassung ist am Schluss dieser Untersuchung abgedruckt.

- Lustbarkeitsgenehmigung (Theater- und Lichtspielpolizei)
- Vereins- und Versammlungswesen
- Sprengstoff- und Waffenscheine
- Preisprüfung, Preisüberwachung
- Feld- und Forstwesen

Auch Walter Ulbricht war nun gegen eine zu weit gehende Ausgrenzung verwaltungspolizeilicher Tätigkeitsfelder. Auf einer Innenministerkonferenz am 11./12. August 1947 erklärte er hierzu:

„Ich glaube nicht, daß man den Tätigkeitsbereich [der Polizei] einengen soll. Aus Gründen der Sicherheit habe ich Bedenken. Ich verstehe, daß der oder jener Polizeichef etwas los sein will. Aber das ist unter den Bedingungen des Arbeitens der Blockparteien eine riskante Sache. Wenn ich die Zulassung der Wagen z. B. dem Verkehr [Verkehrsressort] übergebe, so kann es mir passieren, daß ein CDU-Minister darüber entscheidet, was nicht sehr zweckmäßig ist. Es kann mir passieren, daß unter einem CDU-Mann die Feuerwehr ein Verein wird.“[884]

Von der Zielsetzung her sollte die Definition des Begriffes „Verwaltungspolizei“ also den gesellschaftlichen Erfordernissen entsprechen und der SED hinreichende Überwachungs- und Zugriffsmöglichkeiten eröffnen.

Aufgaben, Organisationsstruktur und Geschäftsverteilung

Die Praxis der verwaltungspolizeilichen Tätigkeit orientierte sich in Sachsen nach dem Zweiten Weltkrieg zwar weitgehend an der herkömmlichen, aber eben nicht immer klaren Definition des Begriffs „Verwaltungspolizei“. Es gab daher vielfach - wie oben bereits erwähnt - auch Unklarheiten und laufend Veränderungen. Auch war Praxis nicht immer gleichartig. Aufgaben des Meldewesen konnten in der unmittelbaren Nachkriegszeit - wie z. B. in Dresden - von Polizeibehörden im institutionellen (organisatorischen) Sinne wahrgenommen werden.[885] Entsprechendes galt für das Kfz-Zulassungswesen. Generell lag die Zuständigkeit für diese Aufgabengebiete und für die Aufgabengebiete der früheren Wohlfahrtspolizei (u. a. Armenpflege, Gewerbe-, Nahrungsmittel-, Gesundheits-, Bau-, Wohnungspolizei usw.) aber bei den allgemeinen Verwaltungsbehörden oder bei Sonderbehörden. Dies ergibt sich - zumindest teilweise - auch aus dem oben erwähnten Rundschreiben des Chefs der sächsischen Polizei vom 27. Februar 1946.[886]

---

[884] Zitiert nach Jochen Laufer: Die Ursprünge des Überwachungsstaates, S. 160.
[885] SächsHStA, LBVPS, Nr. 4, Bl. 4, 7.
[886] SächsHStA, LRS, MdI, Nr. 279, Bl. 21.

Bei der Aufgabenerledigung selbst gab es enge Verknüpfungen zwischen den verschiedenen polizeilichen Dienstzweigen. Dies entsprach den allgemeinen Grundsätzen einer ordnungsgemäßen Zusammenarbeit und war in Sachsen von je her so üblich und dementsprechend praktiziert worden. In der Zeit der Weimarer Republik enthielt die oben erwähnte Ausführungsverordnung vom 15. September 1922[887] z. B. in den §§ 18 und 30 insoweit konkrete Hinweise. Allerdings hatte die Ordnungspolizei damals im Regelungsbereich dieser Verordnung noch Zuständigkeiten in vielen Bereichen, die nach dem Kriege zunächst eher der Verwaltungspolizei zugeordnet wurden, angefangen von der Aufsicht über das Pressewesen, das Vereins- und Versammlungswesen, das Melde- und Passwesen, das „Schankstätten- und Lustbarkeitenwesen" bis hin zur Aufsicht über „das Fund- und Verlustwesen" oder „die Fürsorge über die Verkehrssicherheit", wozu u. a. auch das Kfz-Zulassungswesen zählte.

Ab Herbst 1946, spätestens ab Anfang 1947, kam es in Sachsen dann jedoch - wie bereits erwähnt - zu durchgreifenden organisatorischen Veränderungen, deren Ursachen wohl auch auf einer Modifikation bzw. Fortschreibung des bisherigen Begriffs „Verwaltungspolizei" beruhten. Eine Zwischenstation in der weiteren Entwicklung bildete der oben erwähnte Entwurf eines Polizeigesetzes vom April 1947. In Fortentwicklung dieses Entwurfes wurde schließlich ein von der DVdI entwickelter Strukturplan vom 16. Januar 1949 maßgeblich, der die für die SBZ nun gültigen Aufgaben- und Zuständigkeitsbereiche der Verwaltungspolizei abschließend definierte. Hiernach sollten zur neuen Verwaltungspolizei im engeren Sinne nur noch

- das Pass- und Meldewesen einschließlich Aufenthaltserlaubnis für Ausländer sowie Auslands- und Interzonenreisen,
- die Preisüberwachung einschließlich Vertriebsgenehmigungen für periodische Druckschriften sowie Sprengstofferlaubnisscheine und
- das Vereinswesen

gehören.[888] Daneben sollte für die Verkehrspolizei bzw. für das Kfz-Zulassungswesen eine besondere Kfz-Inspektion eingerichtet werden. Die Besonderheit der jetzt neu definierten „Verwaltungspolizei" und der damit verbundenen Transformation in die Praxis bestand darin, dass die dieser neuen Verwaltungspolizei zugeordneten Aufgabengebiete nicht nur von den Polizeibehörden - im institutionellen Sinn - wahrgenommen werden sollten, sondern dass sie zusätzlich in der praktischen Durchführung - zumindest teilweise - auch zum Polizeivollzug gehörten. Zur „Verwaltungspolizei im Exekutivdienst" zählten nach der Dienstanweisung Nr. 30b/48 der Hauptabteilung Polizei des sächsischen Ministeriums des Innern vom 12. Oktober 1948 jedenfalls auch die

---

[887] Sächs. GBl., S. 547

[888] BArch, DO 1/7.0/256, Bl. 17; SächsHStA, LBVPS, Nr. 163, Bl. 3 und Nr. 10, Bl. 124.

„Sachbearbeiter der Preisüberwachung“ und die „Meldestellenleiter“.[889] Diese Zuordnung war Ausdruck der gesellschaftspolitischen Bedeutung, die diesen Aufgabengebieten zugemessen wurde, weshalb diese Gebiete aus damaliger Sicht also in den besonders staatsnahen Sicherheitsapparat voll integriert sein mussten.

Nach Maßgabe der neu definierten „Verwaltungspolizei“ kam es dann Anfang 1949 auch zur Bildung einer neuen Abteilung Verwaltungspolizei (VP) bei der Landespolizeibehörde Sachsen. Diese Abteilung war in drei Referate mit folgender Zuständigkeits- bzw. Geschäftsverteilung gegliedert:[890]

Referat VP 1: Pass- und Meldewesen

Referat VP 2: Preisüberwachung, Sprengstofferlaubnisse

Referat VP 3: Vereinswesen

Diese Gliederung galt entsprechend auch im nachgeordneten Bereich.[891]

Einzelne Umsetzungsprobleme in Sachsen

Trotz einschlägiger Vorgaben durch die DVdI gab es in Sachsen auch Anfang 1949 im Bereich der Verwaltungspolizei noch gewisse Umsetzungsprobleme. Im Rahmen einer Dienstbesprechung der Abteilung Verwaltungspolizei (VP) der Landespolizeibehörde Sachsen am 13. April 1949 mit den Referatsleitern VP 3 (Vereinswesen) sämtlicher Polizeipräsidien, Polizeidirektionen und Kreispolizeiämter diskutierte man nämlich noch immer darüber, ob das Referat VP 3 selbstständig oder ein Teil von Referat VP 1 (Pass- und Meldewesen) sei, und ob diese Referate „der Schutzpolizei unterstellt“ seien oder nicht. Beantwortet wurden diese Fragen mit der Feststellung, dass die Abteilung VP drei selbstständige Referate habe, „die nichts gemein haben“, und mit der weiteren Feststellung, dass der Leiter der Abteilung VP „dem Leiter der Schutzpolizei“ unterstellt sei, „weil die praktische Durchführung der Arbeiten nur der Schutzpolizei obliegen kann, sowohl bei [der] Preisüberwachung als auch beim Pass-

---

[889] SächsHStA, LBVPS, Nr. 51 (nicht paginiert).
[890] SächsHStA, LBVPS, Nr. 163, Bl. 3 und Nr. 10, Bl. 124.
[891] Wahrscheinlich gab es bei der Landespolizeibehörde Sachsen zusätzlich noch ein Referat VP 4, welches für die Verwaltung von Verschlusssachen zuständig war; dieses Referat trat aber nach außen nicht in Erscheinung. - Vgl. SächsHStA, LBVPS, Nr. 270, Bl. 113.

und Meldewesen sowie Vereinswesen". Ausdrücklich betont wurde dabei, „dass wir keine Verwaltungspolizei im alten Sinne sind, sondern exekutiv".[892]

Umsetzungsprobleme konstatierte auch ein Befehl Nr. 36/49 der DVdI vom 17. Mai 1949. Hiernach hatte eine Inspektion im Land Sachsen ergeben, „daß die Aufgaben der Verwaltungspolizei noch nicht richtig erkannt" worden sind. Beanstandet wurde u. a., „daß die Bearbeitung verwaltungspolizeilicher Aufgaben oft losgelöst vom übrigen Polizeiapparat und im ganzen uneinheitlich" erfolge und „daß die Struktur nicht nach dem Organisationsplan der DVdI durchgeführt" worden sei. Die operativen Stellvertreter der Landespolizeichefs müssten sich „mit den Aufgaben der Verwaltungspolizei gründlich vertraut machen und mit dem erforderlichen Verständnis diese mit denen der gesamten Polizei verbinden", hieß es in diesem Befehl weiter.[893]

Unabhängig hiervon scheinen die Veränderungen in den ersten Monaten des Jahres 1949 bei der Verwaltungsabteilung der Landespolizeibehörde Sachsen auch erhebliche Probleme personeller Art mit sich gebracht zu haben. Immer wieder ist in einzelnen Berichten und Meldungen zwar von „Erfolgen" die Rede, aber auch von „Schwierigkeiten". In einem Quartalsbericht der Abteilung VP der Landesbehörde der Volkspolizei Sachsen vom 3. Oktober 1949 z. B. hieß es, dass mehrere Mitarbeiter des Referats VP 1 ausgeschieden seien, da sie „für eine Weiterbeschäftigung im Polizeidienst nicht tauglich" gewesen seien. Auch die Leiterin des Referats VP 2 schied am 31. August 1949 aus.[894] Noch in einem Tätigkeitsbericht vom 29. Juni 1949 war demgegenüber bestätigt worden, dass dieses Referat „gut durchorganisiert und auf allen Plätzen mit politisch klaren und fachlich qualifizierten Mitarbeitern besetzt" sei.[895]

Bemerkenswert ist auch, dass die Kommunalabteilung des sächsischen Ministeriums des Innern - nach der bereits weitgehend erfolgten Herauslösung der Polizeiabteilung aus dem Zuständigkeitsbereich der Landesverwaltung - in einem achtseitigen Rundschreiben vom 12. August 1949 den Versuch unternahm, Klarheit in einen Kompetenzwirrwarr zu bringen, der sich in Sachsen auf verwaltungspolizeilichem Gebiet offenbar aufgestaut hatte. Dieses Rundschreiben enthielt „eine Aufstellung ehemaliger gewerbepolizeilicher Aufgaben und der für diese jetzt zuständigen Stellen".[896] Im Wesentlichen ging es dabei um Aufgaben auf der Grundlage der Reichsgewerbeordnung und des Gaststättengesetzes, für deren Bearbeitung in Sachsen nach dieser Aufstellung -

[892] SächsHStA, LBVPS, Nr. 269, Bl. 83.
[893] Alle Angaben und Zitate: BArch, DO 1/7.0/501, Bl. 125.
[894] SächsHStA, LBVPS, Nr. 270, Bl. 46.
[895] SächsHStA, LBVPS, Nr. 270, Bl. 29.
[896] SächsHStA, LRS, MdI, Nr. 1896 (nicht paginiert).

teilweise unter Beteiligung der Polizeibehörden - die Gewerbeämter der Stadt- und Landkreise weiterhin federführend zuständig sein sollten.

Im Ergebnis bleibt festzuhalten, dass in Sachsen nach dem Zweiten Weltkrieg der herkömmliche Begriff „Verwaltungspolizei" spätestens ab Mitte 1947 weitgehend aufgegeben und durch die Definition des Begriffs einer „neuen", den gesellschaftlichen Erfordernissen entsprechenden Verwaltungspolizei ersetzt wurde. Diese Entwicklung war Anfang 1949 abgeschlossen. Die zur neuen Verwaltungspolizei gehörenden Aufgabengebiete zählten in der Regel nun auch zum Polizeivollzug. Dies bekräftigte die Landesbehörde der Volkspolizei Sachsen auch in einem Schreiben vom 14. Januar 1950, wo festgestellt wurde, dass die neue Verwaltungspolizei jetzt „ein Teil der operativen Polizei" sei.[897]

Das Ausweis- und Meldewesen

Nachfolgend soll auf zwei wichtige Aufgabengebiete näher eingegangen werden, die in der SBZ zur neu definierten Verwaltungspolizei gehörten, also zur Verwaltungspolizei, die ab 1948/49 weitgehend dem Polizeivollzugsdienst zugeordnet war. Bei diesen Gebieten handelt es sich einmal um das „Ausweis- und Meldewesen" und zum anderen um das Aufgabengebiet „Preisüberwachung".

Die Fachaufsicht über die bei den Landratsämtern und den Kommunen bestehenden Pass- und Meldeämter lag in Sachsen schon ab Sommer 1945 bei der Polizeiabteilung des Innenressorts. Dies war jedoch für Sachsen - wie oben bereits erläutert - nichts prinzipiell Neues, denn schon während der Zeit der Weimarer Republik hatte die Aufsicht über das Pass- und Meldewesen nach einer sächsischen Ausführungsverordnung vom 15. September 1922[898] in den dort bezeichneten Gebieten bei der Ordnungspolizei gelegen. Auch bei einer Zusammenkunft der Polizeipräsidenten der Provinzial- und Länderverwaltungen am 16. Februar 1946 in Dresden wurde diese Praxis vom sächsischen Vertreter ausdrücklich bestätigt.[899]

Dementsprechend nahm die Polizeiabteilung beim sächsischen Innenressort als zuständige Fachaufsichtsbehörde nach dem Kriege auf diesem Gebiet von Anfang an die üblichen Aufsichtsfunktionen wahr. Beispielsweise wurde in einer Rundverfügung Nr. 1 des Chefs der sächsischen Polizei vom 27. Februar 1946 an die „Herren Oberbürgermeister der kreisfreien Städte, Landräte und

---

[897] SächsHStA, LBVPS, Nr. 270, Bl. 109 ff. (113).
[898] Sächs. GBl., S. 547.
[899] BArch, DO 1/7.0/9, Bl. 2.

Polizeipräsidenten“ unter Hinweis auf ein Rundschreiben vom 31. August 1945 „mit sofortiger Wirkung“ angeordnet, dass bei der Ausstellung von polizeilichen Führungszeugnissen „die Zugehörigkeit zu faschistischen Organisationen zu vermerken“ sei.[900] In einem weiteren Rundschreiben des Chefs der Polizei im Bundesland Sachsen vom 18. Juli 1946 wurden die Räte der Städte (Stadtkreise) Dresden, Leipzig, Chemnitz, Zwickau, Plauen und Görlitz sowie die Stadträte der übrigen kreisfreien Städte und die Landratsämter - wahrscheinlich auf Veranlassung der sowjetischen Besatzungsmacht - angewiesen, „die zurückgekehrten deutschen Kriegsgefangenen getrennt nach Mannschaften und Offizieren“ zu melden.[901]

Schon im Herbst 1946 gab es auf diesem Gebiet aber einen Einschnitt. Eine Rundverfügung des Chefs der Polizei im Lande Sachsen vom 29. Oktober 1946 richtete sich nur noch „an alle Polizeibehörden“ und nicht mehr an die „Herren Landräte und Oberbürgermeister“.[902] Dies war die Folge einer nun einsetzenden Veränderung, die auch im Rahmen der Erörterungen auf der Konferenz des Präsidenten der DVdI mit den Chefs der Polizei der Länder und Provinzen am 30. Oktober 1946 zum Ausdruck kam. Vizepräsident Seifert von der DVdI verwies hier darauf, dass der faschistische Krieg „eine ungeheure Umwälzung in der früheren Seßhaftigkeit“ mit sich gebracht habe, weshalb die Reichsmeldeordnung aus dem Jahre 1938 „auf ihre Abänderungsbedürftigkeit geprüft werden“ müsse. Weiter erklärte er:

„Es wird jetzt die Aufgabe der Deutschen Verwaltung des Innern sein, einen geeigneten, zweckentsprechenden Inlandpaß für alle Deutschen der sowjetischen Besatzungszone und einen Fremdenpaß aller Angehörigen eines fremden Staates oder [für] Staatenlose, die keinen vollgültigen Paß oder kein vollgültiges Papier eines anderen Staates besitzen, zu schaffen.“[903]

Die Frage der Einführung eines einheitlichen Passes für alle Deutschen der SBZ erschien also so wichtig, dass sich die DVdI bereits kurz nach ihrer Gründung dieser Problematik annahm, und zwar länderübergreifend.

Hinzu kam in Sachsen noch das Inkrafttreten der „Verordnung über das Polizeiwesen im Bundesland Sachsen“ vom 2. August 1946 und der hierzu ergangenen 1. Ausführungsvorschrift vom 3. August 1946.[904] Unter Hinweis auf neue Bestimmungen wies das Kreispolizeiamt Rochlitz in einem Schreiben vom 9. November 1946 den Oberbürgermeister der Stadt Mittweida darauf hin, dass jetzt „die Reorganisation des gesamten Polizeiwesens durchgeführt worden“ sei mit der Folge, dass ab 1. Januar 1947 „Vollzug und Polizeiverwaltung“ zusam-

---

[900] SächsHStA, LRS, MdI, Nr. 279, Bl. 25.
[901] SächsHStA, LRS, MdI, Nr. 269 (nicht paginiert).
[902] SächsHStA, LRS, MdI, Nr. 275 (nicht paginiert).
[903] Zitiert nach Jochen Laufer: Die Ursprünge des Überwachungsstaates, S. 160.
[904] SächsHStA, LRS, MdI, Nr. 270 (nicht paginiert).

mengehörten und „dienstaufsichtsmäßig dem Kreispolizeiamt Rochlitz“ unterstehen würden. Für den „Neuaufbau der Polizeiverwaltung“ seien daher die Bereiche Meldewesen (polizeiliche An-, Ab- und Ummeldungen), Meldeordnung, Einwohnererfassung, Registrierung, NS-Kartei, Ausländerwesen, Kennkarten und Personalausweise, Bevölkerungsbewegung (Zuzug, Aufenthaltsbewilligung, Heimkehrer, Umsiedler), Statistik, Passwesen, Interzonenpässe, Führungszeugnisse und Strafregisterauszüge sowie Staatsangehörigkeitsfragen nun der Kreispolizei bzw. der zuständigen Gebietsgemeinschaft zuzuordnen und aus der Stadtverwaltung herauszulösen. Diese Auffassung wurde auf Anfrage auch vom Innenressort bestätigt.[905] Herleiten ließ sich dieser Zuständigkeitswechsel aus § 5 der „1 Ausführungsvorschrift zur Verordnung über das Polizeiwesen im Bundesland Sachsen“ vom 3. August 1946, wonach „die Polizeipräsidien, die Polizeidirektionen und die Kreispolizeiämter [...] alle polizeilichen Aufgaben, für nicht andere Polizeibehörden zuständig sind“[906], übernehmen sollten.[907]

Die sich hieraus ergebende Umstrukturierung erfolgte in Sachsen - ähnlich wie beim Kfz-Zulassungswesen - ab Herbst 1946. Somit gehörten das Pass- und Meldewesen fachlich und organisatorisch nun voll zum Zuständigkeitsbereich der jeweiligen Polizeipräsidien, Polizeidirektionen und Kreispolizeiämter, also zu den Polizeibehörden im institutionellen Sinn und damit zumindest mittelbar auch schon zum so genannten Polizeivollzug. Einige - praktische - Gründe für diese Umstrukturierung beschrieb der Leiter des Pass- und Meldewesens bei der Polizeiabteilung des sächsischen Ministeriums des Innern in einem Referat am 24. März 1947:

> „Jede Gemeinde und Stadt hat nach dem Zusammenbruch versucht, die Registrierung der Einwohner so schnell wie möglich durchzuführen. [...] Ein einheitlicher Versuch zum Aufbau des Meldewesens war nicht vorhanden, so daß wir heute feststellen, daß bei 2.550 Gemeinden 2.000 verschiedene Karteien verwendet werden. [...] Unsere Aufgabe ist jetzt, eine einheitliche Arbeit und eine einheitliche Richtlinie in der Frage des Pass- und Meldewesens festzulegen und durchzuführen.“[908]

In den großen Städten lag die unmittelbare Zuständigkeit für das Einwohnermeldewesen spätestens ab 1. Januar 1947 damit bei den Polizeipräsidien bzw. Polizeidirektionen und in den übrigen Gebieten bei den Kreispolizeiämtern. Dem jeweiligen Hauptmeldeamt beim Kreispolizeiamt waren die Meldestellen

---

[905] Alle Angaben und Zitate: SächsHStA, LRS, MdI, Nr. 879 (nicht paginiert).

[906] SächsHStA, LRS, MdI, Nr. 270 (nicht paginiert).

[907] Noch klarer war dies in § 4 des ursprünglichen Entwurfs dieser Vorschrift zum Ausdruck gekommen, der wie folgt lautete: „Die Polizeipräsidien, die Polizeidirektionen und die Kreispolizeiämter übernehmen alle ordnungs- und verwaltungspolizeilichen Aufgaben.“ - SächsHStA, LRS, Ministerpräsident, Nr. 195, Bl. 77.

[908] SächsHStA, LBVPS, Nr. 263, Bl. 16.

in den einzelnen Städten und Gemeinden nachgeordnet. In diesem Sinne stellte das Kreispolizeiamt Freiberg in einem Bericht vom 12. Juli 1948 auch fest, dass „durch den Aufbau des Paß- und Meldeamtes [...] im Januar und Februar 1947 nochmals 40 Angestellte“ hinzu gekommen seien. Ansonsten sei es „trotz aller Schwierigkeiten und Hindernisse“ gelungen, „das Paß- und Meldewesen von Grund auf so zu organisieren, daß es dem Aufbau unseres neuen Staates in jeder Weise dient“.[909]

Bei dieser Umstrukturierung gab es in Sachsen vereinzelt aber auch Verzögerungen oder sogar Widerstand, beispielsweise in Breitenau. Der Bürgermeister dieser Gemeinde sah im Entzug der Zuständigkeiten für das Meldewesen einen Eingriff in die bisherigen Dienstgeschäfte der Selbstverwaltungsorgane. Erfolg hatte er jedoch nicht. Vielmehr konnte das Kreispolizeiamt Dippoldiswalde in einem Rundschreiben vom 20. Juni 1947 an die Gemeinden des Kreises dann abschließend feststellen, dass mit Wirkung vom 1. Juli 1947 nun auch dort „die Bearbeitung des Paß- und Meldewesens zum Aufgabenbereich der Polizeiverwaltung“ gehöre.[910]

Mit der Reorganisation des Ausweis-, Pass- und Meldewesens spielte Sachsen auf diesem Gebiet eine Vorreiterrolle. Ab etwa Frühjahr 1948 gelangte dieses Aufgabengebiet dann aber auch in der übrigen SBZ generell in die Zuständigkeit der Polizeibehörden. Begründet wurde diese von der DVdI gesteuerte Entwicklung damit, dass „diesem Dienstzweig [...] bei der weiteren Festigung der antifaschistisch-demokratischen Verhältnisse erhöhte Bedeutung“ zukomme. Auch sei es mit dieser Reorganisation nun möglich geworden, „die Bevölkerungsbewegung besser zu übersehen und daraus Schlußfolgerungen für die politischen und wirtschaftlichen Organe zu ziehen, das polizeiliche Meldewesen effektiver zu gestalten und Aufträge zur Personalfahndung schneller zu erfassen und zu bearbeiten“.[911] Der sächsische Innenminister Kurt Fischer bekräftigte auf der Innenministerkonferenz am 21./22. April 1948 ebenfalls, dass das Pass- und Meldewesen „eine Sache der Polizei“ sein müsse.[912]

An dieser Einschätzung änderte sich in der Folgezeit nichts mehr. Das Ausweis- und Meldewesen war nun in der SBZ und in der späteren DDR ein unverzichtbarer Bestandteil des Polizeivollzugs, denn es war nach einer in einem Schreiben der Landesbehörde der Volkspolizei Sachsen vom 14. Januar 1950 enthaltenen Einschätzung „das Rückgrat aller polizeilichen Tätigkeit“.[913]

---

[909] SächsHStA, LBVPS, Nr. 108, Bl. 161 ff..
[910] SächsHStA, LBVPS, Nr. 274, Bl. 10.
[911] Friedrich Dickel u. a. (Autorenkollektiv): Geschichte der Deutschen Volkspolizei, S. 111.
[912] SAPMO-BArch, DY 30/IV 2/13/109, Bl. 266.
[913] SächsHStA, LBVPS, Nr. 270, Bl. 109.

Die Preisüberwachung

Die Preisüberwachung war im Nachkriegssachsen - wie auch in anderen Teilen Deutschlands - ein Dauerthema. Das Ziel der Preisüberwachung in der SBZ bestand darin, die Einhaltung der Verbraucherpreise auf der Basis des Jahres 1944 zu gewährleisten. Die SMA forderte ein strenges Durchgreifen und eine strenge Bestrafung bei Verstößen.

Auf einer Dienstbesprechung der Polizeipräsidenten und Kommandeure der Ordnungspolizei am 6. Februar 1946 in Dresden bestand sogar Einigkeit darüber, „daß das Problem der Preisüberwachung zur Zeit das zentralste der gesamten Innenpolitik" darstelle. Bei dem allgemeinen Mangel und der ungeheuren Nachfrage nach Waren müsse die Arbeit der Preisüberwachung „besonders darauf abzielen, daß die Versorgung der Arbeitenden unter allen Umständen sichergestellt wird, und zwar zu Preisen, die das gesamte Preisgefüge nicht scheitern lassen", hieß es hier. Betriebe müssten „restlos" durchleuchtet und Kalkulationen überprüft werden. Die von früher üblichen Verdienstspannen müssten „auf das schärfste beschnitten" werden, wobei rein kriegswirtschaftlich bedingte Bestimmungen natürlich nicht mehr anwendbar seien. Hingegen sei aber „die Preisstrafrechtsverordnung in der Fassung von 1944 [...] heute noch zeitgemäß".[914]

Leipzig war nach dem Kriege in Sachsen auf dem Gebiet der Preisüberwachung führend. Polizeipräsident Kurt Wagner, der spätere Vizepräsident der DVdI, konnte daher auf der oben genannten Besprechung Erfolge melden und mitteilen, dass in Leipzig „31 Beamte" arbeiteten, „die ausschließlich den Handel und Kleinhandel zu überwachen" hatten. Hinzu kamen nach seinen Angaben noch acht Betriebsprüfer. Im Rahmen dieser Preisüberwachung seien im Januar 1946 schon über 500.000 Reichsmark eingenommen worden, verkündete er stolz, und jeder tüchtige Mann in der Preisüberwachung bedeute „bares Geld". Die Preisüberwachung habe bei der Planwirtschaft „eine ungeheure Bedeutung" und enthalte auch „die Machtbefugnis, Herstellerbetriebe auszuschalten, die Dinge herstellen, für die wirtschaftlich kein Bedarf vorhanden ist", meinte er weiter. Der Chef der sächsischen Polizei, Hofmann, unterstützte ihn und betonte, die Preisüberwachung sei „ein politischer Faktor". Ansonsten sei es so, dass die Polizei für dieses Aufgabengebiet federführend sei.[915]

Entgegen dieser Auffassung sollte die Federführung für Angelegenheiten der Preisprüfung auf Zonenebene nach einem SMAD-Befehl Nr. 63 vom 26. Februar 1946[916] aber bei der Deutschen Zentralfinanzverwaltung liegen. Damit

---

[914] Alle Zitate und Angaben: SächsHStA, LRS, MdI, Nr. 279, Bl. 6 ff.
[915] Ebenda.
[916] Gesetze, Befehle, S. 24.

war in Sachsen für Preisprüfungen auf Landesebene nicht das Innenressort, sondern vielmehr das Finanzressort mit den nachgeordneten Preisämtern bei den Stadt- und Landkreisen federführend. Allerdings war die Polizei nach Ziffer 3 des genannten Befehls verpflichtet, „die Verkaufspreise der Inhaber von Handels- und Industrieunternehmen zu beobachten". Deshalb bestimmte eine Rundverfügung des Präsidenten der LVS vom 16. April 1946, dass in Sachsen „zufolge besonderen Auftrages" die Preisprüfung auch bei den „Polizeipräsidenten der Städte Dresden, Leipzig, Chemnitz und Zwickau" liegen sollte.[917]

Wegen dieser relativ unklaren Zuständigkeitsregelung waren Kompetenzkonflikte geradezu programmiert. Die Polizeiabteilung des sächsischen Ministeriums des Innern versuchte jedenfalls, Kompetenzen auf dem Gebiet der Preisüberwachung zurückzuerhalten. Dementsprechend betonte sie in einem an die DVdI gerichteten Bericht vom 18. Januar 1947:

„Es ist der Augenblick gekommen, wo der Fehler vom Februar 1946 korrigiert werden muß. Die Preisüberwachung ist eine reine polizeiliche Aufgabe und gehört mit in den Behördenapparat der Polizei und nicht in den Apparat der Preisämter bzw. der Finanzressorts. Wir unterstützen deshalb von hier aus die Bestrebungen der Deutschen Verwaltung des Innern, die Preisüberwachung aus den Preisämtern auszugliedern und die Preisüberwachung lediglich als eine Aufgabe der Polizei zu betrachten."[918]

Dennoch konnte dieser Konflikt zunächst nicht abschließend entschieden werden. Er wurde während des ganzen Jahres 1947 auf der Ebene der DVdI und der Deutschen Finanzverwaltung weitergeführt. Schließlich kam es dann jedoch - auf der Grundlage eines Befehls Nr. 267 der SMAD vom 4. Dezember 1947[919] - zu einer Entscheidung und zur Herausgabe einer Rundverfügung Nr. 276 vom 31. Dezember 1947 durch die Polizeiabteilung des sächsischen Ministeriums des Innern „an alle Polizeibehörden", in welcher bestimmt wurde:

„1. Ab sofort übernimmt die Polizei die Preisüberwachung der Einzelhandelsgeschäfte, des Einzelhandels auf Märkten und Messen, des ambulanten Handels sowie der Gaststätten.

2. Die Polizeiämter ziehen zur Durchführung einer wirksamen Preiskontrolle die vom FDGB gebildeten oder noch zu bildenden Preiskontrollausschüsse zur Mitwirkung heran.

3. Die Polizeiämter stellen einen monatlichen Arbeitsplan auf, der im einzelnen die durchzuführenden Preiskontrollmaßnahmen enthält. Der Arbeitsplan ist streng vertraulich zu behandeln.

4. Im Rahmen der Durchführung der in Ziffer 1 genannten Aufgaben werden die Polizeiämter ermächtigt, bei Preisverstößen Ordnungsstrafen bis zur Höhe von RM 5000, - zu verhängen und außerdem die Abführung von Mehrerlösen gleichfalls bis zum Betrag von RM 5000, -

---

[917] SächsHStA, LBVPS, Nr. 49, Bl. 82.
[918] SächsHStA, LRS, MdI, Nr. 49, Bl. 171.
[919] Zentralverordnungsblatt, 1948, S. 23.

sowie Geschäftsschließungen und Tätigkeitsverbote bis zur Dauer von 4 Wochen anzuordnen."[920]

Außerdem wurde in Ziffer 7 dieser Rundverfügung ausdrücklich verfügt, dass in Sachsen „die Preiskontrolle selbst [...] Aufgabe der Schutzpolizei" sein sollte.

Die Deutsche Zentralfinanzverwaltung, die die Aufgabe der Preisüberwachung bisher federführend für sich reklamiert hatte, musste also nachgeben.[921] Auch eine Besprechung am 23. Januar 1948[922] in Dresden, an welcher Vertreter der DVdI, der Zentralfinanzverwaltung Berlin und der beteiligten sächsischen Ministerien teilnahmen, führte zu keinem anderen Ergebnis. Preisübertretungen galten jetzt als spekulative Handlungen, und Spekulation war von der Polizei zu bearbeiten. Darüber hinaus wurden die Polizeibehörden in einer ergänzenden Rundverfügung Nr. 6/48 der Polizeiabteilung des sächsischen Ministeriums des Innern vom 16. Februar 1948 zusätzlich noch ermächtigt, bei Preisverstößen gegebenenfalls auch Geschäftsschließungen und Tätigkeitsverbote auszusprechen, „wenn unter Berücksichtigung der Versorgungsinteressen der Bevölkerung kein Bedürfnis mehr für die Aufrechterhaltung des Geschäftsbetriebes" bestehe.[923]

Nachdem sich die sächsische Polizeiführung in Sachen Preisprüfung - mit Hilfe der DVdI und der Besatzungsmacht - also durchgesetzt hatte, musste sie sich lediglich in einem Punkte korrigieren. Da es sich - nach Auffassung der DVdI - beim Aufgabengebiet „Preisüberwachung" nicht um ein originäres Aufgabengebiet der Schutzpolizei handeln konnte, musste dieses Gebiet jetzt auch in Sachsen der neu definierten Verwaltungspolizei zugeordnet werden. Es gehörte dementsprechend zur Abteilung Verwaltungspolizei (VP). Da diese Abteilung aber - wie oben näher dargelegt - spätestens ab Anfang 1949 ebenso wie das Aufgabengebiet Pass- und Meldewesen als Teil der „operativen Polizei"[924], also des Polizeivollzugs galt, war dieser Punkt letztlich zweitrangig.

Durchgreifende Erfolge der ab Anfang 1948 unter der Federführung der Polizei stehenden Preisüberwachung blieben trotz aller Anstrengungen dennoch auch jetzt aus. Dies ergibt sich beispielsweise aus einem Bericht der Polizeiabteilung beim sächsischen Ministerium des Innern vom 24. September 1948, wo es hieß:

„Obwohl seit Beginn der polizeilichen Preisüberwachung aufgrund des Befehls Nr. 267 der SMAD vom 4.12.1947 bis 31.8.1948 bei 76.800 in Sachsen durchgeführten Kontrollen der Einzelhandelsgeschäfte und Gaststätten an Ordnungsstrafen und Mehrerlösen insgesamt ca. 2.665.000 DM ausgeworfen wurden, konnten in der Bekämpfung des Schwarzhandels und

---

920 SächsHStA, LRS, MdI, Nr. 81, Bl. 309.
921 BArch, DO 1/7.0/502, Bl. 8-22.
922 BArch, DO 1/7.0/5, Bl. 82.
923 SächsHStA, LBVPS, Nr. 30, Bl. 87.
924 SächsHStA, LBVPS, Nr. 270, Bl. 109 ff. (113).

des Preiswuchers nicht die durchgreifenden Erfolge erzielt werden, die notwendig wären, um dieser Nachkriegsseuche Herr zu werden."[925]

Die Bekämpfung der „spekulativen Elemente" könne niemals nur eine Aufgabe der Behörden sein, hieß es in diesem Bericht weiter. Vielmehr sei die verstärkte Mitarbeit der Blockparteien, des FDGB und anderer öffentlicher Organisationen unerlässlich. Außerdem müsse die Bevölkerung „über die Gefahr des Spekulantentums für unseren neuen demokratischen Staat" aufgeklärt werden.[926]

Auch in einem umfangreichen Gesamtbericht der Landespolizeibehörde Sachsen vom 21. Juni 1949 an die SMAS hieß es, dass in den ersten fünf Monaten des Jahres 1949 in Sachsen 43.233 polizeiliche Preiskontrollen bei Einzelhandelsgeschäften, Gastwirtschaften und sonstigen Geschäften stattgefunden hätten und dass hierbei mehrere hundert Polizei- und Volkskontrollkräfte eingesetzt gewesen seien. Dabei seien insgesamt 1,5 Millionen DM an Ordnungsstrafen, Mehrerlösen und Gebühren eingenommen worden. Außerdem kam es hiernach zu 50 Geschäftsschließungen und Gewerbeentziehungen sowie zu 21 Verhaftungen.[927]

Da aber die „Erfolge" weiterhin nicht ausreichend erschienen, wurde - wie in solchen Fällen üblich - eine entsprechende Personalverstärkung gefordert. Außerdem sah sich die Landesbehörde der Volkspolizei wegen weiterhin bestehender Unklarheiten veranlasst, in einem Fernschreiben vom 14. November 1949 an die nachgeordneten Polizeibehörden „nochmals darauf hinzuweisen, dass die Preisprüfer nicht mehr den örtlichen Revierleitern der Schutzpolizei unterstehen und somit ihre Anweisungen direkt von dem jeweiligen Leiter des Referats VP 2 erhalten".[928] Offenbar hatte sich in Sachsen im November 1949 - noch immer nicht - voll herumgesprochen, daß es sich bei der Preisprüfung eben nicht um eine Aufgabe der Schutzpolizei, sondern vielmehr um eine solche der Verwaltungspolizei handeln sollte.

„Um die gesamte Arbeit der polizeilichen Preisüberwachung noch intensiver zu gestalten", kam es nach einem Bericht der Landesbehörde der Volkspolizei Sachsen vom 10. Januar 1950 im 4. Quartal 1949 schließlich zu einer weiteren Umstrukturierung. Die Preisüberwachung wurde in Sachsen nun bei den Volkspolizeipräsidien Chemnitz, Dresden, Leipzig und Zwickau sowie beim Volkspolizeikreisamt Bautzen konzentriert. Im gleichen Bericht wurde „eine erhebliche Leistungssteigerung" gegenüber 1948 festgestellt, obwohl die tatsächlichen „Erfolgszahlen" für 1949 eigentlich niedriger lagen. Im Jahre 1949 gab es in Sachsen nach diesem Bericht 102.562 Kontrollen durch Preisprüfer

---

[925] SächsHStA, LBVPS, Nr. 36, Bl. 142.
[926] Ebenda.
[927] SächsHStA, LBVPS, Nr. 269, Bl. 59 ff.
[928] SächsHStA, LBVPS, Nr. 269, Bl. 16.

gegenüber 115.228 im Jahre 1948. An Ordnungsstrafen, Mehrerlösen und Gebühren wurden im Jahre 1949 knapp 3,4 Millionen DM erzielt gegenüber 4,2 Millionen im Jahre 1948. Der „Erfolg" gegenüber 1948 wurde aber jetzt in der intensiven Aufklärungsarbeit gesehen, „so daß die Zahl der eingegangenen Anzeigen aus der Bevölkerung gegenüber dem Jahre 1948 eine Steigerung um 27,2 Prozent" erfahren hatte![929]

4.2.4 Sonderdienstzweige

Die Wasserschutzpolizei (Strompolizei)

Neben den drei „klassischen" polizeilichen Dienstzweigen (Ordnung- oder Schutzpolizei, Kriminalpolizei und Verwaltungspolizei) gab es nach dem Zweiten Weltkrieg in Sachsen noch Sonderdienstzweige, die in der Regel - im weiteren Sinne - der Ordnungs- bzw. Schutzpolizei zuzuordnen waren bzw. aus dieser hervorgegangen waren. Es handelte sich um Einrichtungen, die - wie die Wasserschutzpolizei oder die Grenzpolizei - räumlich und sachlich besonders definierte Aufgaben wahrzunehmen hatten, also z. B. die Aufrechterhaltung von Sicherheit und Ordnung auf der Elbe als Wasserstraße oder die Mitwirkung bei der Sicherung der Außengrenzen der SBZ. Einen weiteren Sonderdienstzweig bildete in Sachsen die Polizeireserve mit Sonderaufgaben auch politischer Art.

Die Wasserschutzpolizei führte in Sachsen nach dem Zweiten Weltkrieg zunächst die Bezeichnung „Strompolizei". Als Folge einer generellen Reorganisation des Polizeiwesens kam es dann aber durch Rundverfügung Nr. 258 der Polizeiabteilung des sächsischen Innenministeriums vom 26. November 1947[930] „gemäß Verfügung der Deutschen Verwaltung des Innern in der sowjetischen Besatzungszone vom 23.7.1947" u. a. auch zur Umbenennung der Strompolizei in „Wasserschutzpolizei", und zwar ab 1. Dezember 1947.

Die Strom- bzw. Wasserschutzpolizei war in Sachsen schon wegen ihrer geringen Personalstärke von völlig untergeordneter Bedeutung. Im Februar 1946 hatte sie 37 Mann.[931] In den Haushalten 1947/48 bzw. 1948/49 wurde die Zahl der Planstellen dann auf 56 bzw. 84 erhöht.[932] Es gab Wasserschutzpolizeireviere in Schandau, Dresden und Riesa. Ansonsten galt für die Wasser-

---

[929] Alle Zitate und Angaben: SächsHStA, LBVPS, Nr. 270, Bl. 15 ff.
[930] SächsHStA, LRS, Ministerpräsident, Nr. 833, Bl.76.
[931] SächsHStA, LRS, MdI, Nr. 279, Bl. 6.
[932] SächsHStA, LRS, MdF, Nr. 622 und Nr.659 (Einzelplan III, S. 24).

schutzpolizei in Sachsen zwar die Feststellung in einem Bericht der Schutzpolizeiabteilung vom 20. Oktober 1947, „daß wir im Land Sachsen in bezug auf Polizeiarbeit allen anderen Ländern weit voraus sind". Dies war nach diesem Bericht „aber auch unser ganzer Vorsprung". „Materialmäßig" bestehe ein Rückstand, hieß es weiter. Auch seien die Wasserschutzpolizeidienststellen „zerrissen". Sie unterstünden „teilweise den Polizeipräsidien und Kreispolizeiämtern". Jede dieser Dienststellen versuche, „nach eigener Ansicht ihren Einfluß auf die Wasserschutzpolizei auszuüben".[933]

Die Wasserschutzpolizei hatte auf den Wasserstraßen die üblichen Vollzugsaufgaben zur Aufrechterhaltung der öffentlichen Ordnung und Sicherheit wahrzunehmen. Sie hatte - insbesondere bei Gefahr im Verzuge - auch kriminalpolizeiliche oder verwaltungspolizeiliche Aufgaben. Sie beobachtete u. a. die Wasserqualität und meldete Umweltschäden. Am 15. Juli 1946 beispielsweise berichtete sie von einem Fischsterben in der Elbe „durch Zuführung fischereischädlicher Abwässer in der CSR".[934]

Trotz der geringen Personalstärke stellte die DVdI in einer Rundverfügung vom 11. Juni 1948 zur „Organisation und Zuständigkeit der Wasserschutzpolizei der Länder" nochmals ausdrücklich fest, dass es sich bei der Wasserschutzpolizei um einen „Sonderdienstzweig der Schutzpolizei der Länder" handele.[935] Ausdruck dieser Sonderstellung war auch die Tatsache, dass die Wasserschutzpolizei in Sachsen nach dem maßgeblichen Organisations- und Strukturplan der Landespolizeibehörde Sachsen auch noch Anfang 1949 organisatorisch nicht direkt der Abteilung Schutzpolizei, sondern dort vielmehr einem besonderen - im Range einer Abteilung stehenden - Referat „Wasserpolizei" zugeordnet war.[936]

Die Polizeireserve

Der Polizeireserve in Sachsen galt nach dem Kriege von Anfang an das besondere Interesse der Leitung des sächsischen Innenressorts bzw. der zuständigen Polizeiabteilung. Bereits § 1 des Verordnungsentwurfes über das Polizeiwesen im Bundesland Sachsen vom 11. September 1945 sah vor, dass diese Polizeireserve als „landeseigene" Einrichtung geschaffen werden sollte.[937]

---

933 Alle Zitate und Angaben: SächsHStA, LBVPS, Nr. 95, Bl. 13 ff.
934 SächsHStA, LRS, MdI, Nr. 274 (nicht paginiert).
935 BArch, DO 1/7.0/251, Bl. 56.
936 SächsHStA, LBVPS, Nr. 163, Bl. 3.
937 SächsHStA, LRS, Ministerpräsident, Nr. 195, Bl. 28.

Obwohl eine Bestätigung des Verordnungsentwurfs vom 11. September 1945 durch die sowjetische Besatzungsmacht noch nicht vorlag und nie erfolgen sollte, wurde die Aufstellung dieser Polizeireserve von der sächsischen Polizeiführung dennoch bereits im Herbst 1945 eingeleitet und zügig vorangetrieben. Die Aufstellung sollte nach einem Rundschreiben des sächsischen Innenressorts vom 23. November 1945 bis zum 31. Dezember 1945 abgeschlossen sein.[938] Ihre Stärke wurde im Februar 1946 mit 100 Mann und 5 Arbeitern angegeben.[939]

In einer Dienstbesprechung am 27. November 1945 betonte der Inspekteur der sächsischen Ordnungspolizei, Hans Schneider, die Bedeutung dieser Polizeireserve und die Notwendigkeit der Aufstellung „zur besonderen Verwendung". Offiziell sollten die Einsätze „vor allem in der Bewachung von Objekten und Anlagen, im Einsatz zur Sicherung der Grenze und nicht zuletzt in der Bandenbekämpfung" liegen. Die Polizeireserve sollte „binnen weniger Minuten den Kampf gegen Räuber, Einbrecher, Diebe und sonstige Banditen aufnehmen" können. Es sollte sich darüber hinaus aber ersichtlich auch um eine politisch besonders sensible Einrichtung handeln. Für eine Verwendung bei der Polizeireserve mussten nämlich „gewisse Voraussetzungen" vorhanden sein, und zwar „neben der klaren Linie im Denken und Handeln auch technische Fertigkeiten, z. B. das Umgehen mit Maschinengewehren". Das „klare Denken und Handeln" stand dabei zweifellos an erster Stelle, denn der Umgang mit Maschinengewehren kam damals für deutsche Polizeikräfte ohnehin noch nicht in Frage. Personell musste es sich jedenfalls um Kräfte handeln, „die der neuen demokratischen Ordnung ohne Schwanken ergeben sind".[940]

Die Polizeireserve war in Sachsen kaserniert untergebracht, und sie unterstand direkt dem 1. Vizepräsidenten Kurt Fischer. Sie galt trotz ihrer geringen Personalstärke als eigener polizeilicher Dienstzweig, wie dies z. B. aus einem Rundschreiben des Chefs der sächsischen Polizei vom 8. Januar 1946 an „alle Polizeibehörden" hervorging.[941]

Obwohl sich diese kaserniert untergebrachte deutsche Polizeireserve - wahrscheinlich handelte es sich um die erste in Deutschland nach dem Kriege überhaupt - angeblich bewährt hatte, erfolgte ihre Auflösung relativ kurzfristig auf Anordnung der sowjetischen Besatzungsmacht zum 30. Juni 1946[942], „um den Westmächten keinen Nährboden für den Vorwurf der Remilitarisierung in der sowjetischen Besatzungszone zu geben".[943] Auch die Verordnung über das

---

[938] SächsHStA, LRS, MdI, Nr. 278, Bl. 77.
[939] SächsHStA, LRS, MdI, Nr. 279, Bl. 6.
[940] Alle Zitate und Angaben: SächsHStA, LBVPS, Nr. 9, Bl. 139.
[941] SächsHStA, LRS, MdI, Nr. 278, Bl. 111.
[942] SächsHStA, LBVPS, Nr. 10, Bl. 97.
[943] Jens Kirsten: Der Aufbau von Volkspolizei-Bereitschaften, S. 7.

Polizeiwesen im Bundesland Sachsen vom 2. August 1946 sah eine Polizeireserve dann nicht mehr vor, dafür aber in § 1 „eine zum Schutz der Landesverwaltung verwendete Polizei“.[944]

Die Existenz einer sächsischen Polizeireserve war also nach dem Kriege zunächst nur von vorübergehender Natur gewesen. Noch war die Zeit für die Schaffung einer solchen Eingreiftruppe zur Stabilisierung der Macht nicht reif. Die dieser Einrichtung zu Grunde liegende Idee sollte aber später beim Aufbau der Polizeibereitschaften bzw. der kasernierten Volkspolizei wieder aufgegriffen werden.

Die Grenzpolizei

Die Bildung einer deutschen Grenzpolizei ist Ende November 1946 von der sowjetischen Besatzungsmacht angeordnet worden. Ziel war es, hierdurch die eigenen sowjetischen Truppen allmählich zu entlasten.[945] Für Sachsen gab es diesbezüglich noch einen ergänzenden Befehl Nr. 208 der SMAS vom 4. Dezember 1946.[946]

Bei dieser deutschen Grenzpolizei handelte es sich um eine polizeiliche Spezialtruppe, die kaserniert untergebracht war und die nach und nach militärischen Charakter annahm.[947] Sie war administrativ zunächst den jeweiligen Landespolizeibehörden der Länder und Provinzen in der SBZ unterstellt, während sie ihre Einsatzbefehle von den jeweils örtlich zuständigen sowjetischen Befehlshabern erhielt. Für Fragen der Finanzierung, des Personals und der Ausstattung waren also die Länder bzw. die Chefs der Polizeiverwaltungen zuständig, während alle grundsätzlichen Entscheidungen des Einsatzes bei den sowjetischen Truppenkommandos lagen.[948]

Diese Grundsätze galten auch für Sachsen. Die amtliche Begründung vom 23. Januar 1947 zum sächsischen Gesetz über die Tragung der Polizeikosten vom 26. Februar 1947[949] bestätigte, dass das Land Sachsen jetzt auch für „die der

---

[944] SächsHStA, LRS, MdI, Nr. 270 (nicht paginiert).
[945] Dieter Marc Schneider: Innere Verwaltung/Deutsche Verwaltung des Innern (DVdI), S. 213.
[946] Klaus-Peter Krause: Die Herausbildung und Entwicklung der Deutschen Volkspolizei, S. 66.
[947] Rüdiger Wenske: Auf dem Weg zur Kaderarmee, S. 212.
[948] BArch, DO 1/7.0/251, Bl. 38 ff.
[949] Gesetze, Befehle, S. 108.

Besatzungsmacht unterstellte Grenzpolizei", die nicht als „landeseigene" Einrichtung galt, die Kosten zu tragen hatte.[950]

Für die Aufgabenerledigung galten die mit SMAD-Befehl Nr. 0155 vom 23. August 1947 bestätigten „Richtlinien für die Organe der deutschen Polizei zum Schutz der Demarkationslinie und der Grenzen". Nach § 1 dieser Richtlinien bestand „die Grundaufgabe des Dienstes der Polizei an der Grenze und den Demarkationslinien [...] in der Bewachung der Grenzen und Demarkationslinien nach den von den Kommandeuren der sowjetischen Okkupationstruppen erlassenen Bestimmungen".[951] Die Koordinierung auf deutscher Seite lag gemäß § 40 dieser Richtlinien bei der DVdI, welcher der jeweilige Chef der Polizei in den Ländern berichtspflichtig war.

Im Haushaltsplan 1947/48 des Landes Sachsen waren im Einzelplan III für die Grenzpolizei zunächst 771 Planstellen ausgebracht worden.[952] Diese Zahl wurde im Haushaltsplan 1948/49 bzw. im maßgeblichen Stellenplan dann auf insgesamt 1.053 Planstellen erhöht, welche der Grenzpolizei-Inspektion[953] und den drei Grenzpolizeiabteilungen in Bautzen, Chemnitz und Dresden zugeteilt wurden.[954] Nach einem SMAS-Befehl Nr. 9/21 vom 13. Januar 1949 sollte es in Sachsen sogar noch eine weitere Erhöhung des Personals der Grenzpolizei um 1.609 Personen auf nun 2.662 Personen geben[955], wobei unklar ist, ob dieser Befehl realisiert werden konnte. Fest steht jedenfalls, dass die Grenzpolizei mit Befehl des Präsidenten der DVdI vom 5. November 1948 dann auch administrativ weitestgehend aus den Polizeiverwaltungen der Länder herausgelöst und der direkt DVdI unterstellt wurde.[956]

Eigenständige Einflussnahmen Sachsens auf die Grenzpolizei waren bei diesen Gegebenheiten von Anfang an nur beschränkt möglich. Es gab nur sehr vereinzelt sächsische Anweisungen oder Regelungen in Randbereichen. Beispielsweise bestimmte Innenminister Kurt Fischer in einer persönlichen Anweisung vom 29. Januar 1947, dass die neu geschaffene Grenzpolizei „sämtliche Schmuggelware, Nahrungsmittel sowie sämtliche mitgeführten Gepäckstücke, die bei Grenzgängern an der deutsch-tschechischen und deutsch-polnischen Grenze aufgegriffen werden, zu beschlagnahmen" habe.[957] Ansonsten galt aber,

---

[950] SächsHStA, LRS, Ministerpräsident, Nr. 784, Bl. 131.
[951] Zitiert nach Günther Glaser: Reorganisation der Polizei, S. 88 ff.
[952] SächsHStA, LRS, MdF, Nr. 622.
[953] SächsHStA, LRS, MdI, Nr. 269 (nicht paginiert).
[954] SächsHStA, LBVPS, Nr. 106, Bl. 192.
[955] SächsHStA, LRS, MdI, Nr. 74 (nicht paginiert).
[956] Zitiert nach Günther Glaser: Reorganisation der Polizei, S. 200 ff.; vgl. auch Wolfgang Eisert: Zu den Anfängen der Sicherheits- und Militärpolitik der SED-Führung, S. 167 u. 178.
[957] SächsHStA, LRS, MdI, Nr. 270 (nicht paginiert).

dass die Grenzpolizei operativ ein Hilfsorgan der Besatzungsmacht war und dass sie ab Ende 1948 auch administrativ dem Einfluss des Landes Sachsen entzogen war.

Die kasernierten Polizeibereitschaften

Perspektivische Überlegungen zum Aufbau kasernierter Polizeibereitschaften in der SBZ gab es, nachdem die in Sachsen zunächst bestehende Polizeireserve auf Anordnung der sowjetischen Besatzungsmacht zum 30. Juni 1946[958] aufgelöst werden musste, bereits wieder im Rahmen einer kurzen Diskussion anlässlich einer Konferenz des Präsidenten der DVdI mit den Chefs der Polizeiabteilungen der Länder und Provinzen am 30. Oktober 1946 in Berlin. Nach den vorliegenden Unterlagen kam es allerdings lediglich zu Andeutungen. Der Polizeichef von Brandenburg, Richard Staimer[959], verwies auf die besondere Bedeutung kasernierter Einheiten der Schutzpolizei und meinte zu dieser Problematik:

„Durch die gesamte politische Entwicklung Deutschlands ist es absolut notwendig, eine Schutzpolizei zu schaffen. Wir wissen nicht, was morgen in Bayern und anderen reaktionären Gebieten erforderlich wird. Dann braucht man schon eine [kasernierte] Schutzpolizei."[960]

Nach einer Phase der Funkstille, die das ganze Jahr 1947 hinweg andauerte, wandte sich die DVdI dann im März/April 1948 an die SMAD mit dem Vorschlag, zusätzlich Polizeieinheiten aufzustellen. In der Begründung dieses Vorschlages hieß es:

„Zur schlagartigen Bekämpfung der Schieber, Schwarzhändler und Spekulanten, der Beraubung von Kohlen-, Lebensmittel- und Reparationszügen, zum Kampf gegen Banditen und Verbrecher einschließlich des Einsatzes bei Großfahndungen in Zusammenarbeit mit der Kriminalpolizei, zum sofortigen Einsatz bei Aktionen neofaschistischer Elemente, für den Schutz von im öffentlichen Leben stehender Personen und Gebäuden öffentlicher Behörden sowie sonst notwendig werdender polizeilicher Sofortmaßnahmen fehlt es an schutzpolizeilichen Sonderformationen, welche innerhalb von wenigen Minuten einsatzbereit sind, um den polizeilichen Erfolg zu sichern."[961]

Im Grunde wurde also die Idee der früheren sächsischen Polizeireserve wieder aufgegriffen. Neben einer Vollmotorisierung war dabei auch an eine Unterbrin-

---

958 SächsHStA, LBVPS, Nr. 10, Bl. 97.

959 25.01.1907-24.10.1982. Geb. in München. Fliesenleger; 1925 KPD; 1933Emigration in die UdSSR; 1936-1938 Spanienkämpfer; Juni 1945 Rückkehr aus der UdSSR nach Deutschland. - Vgl. Helmut Müller-Enbergs: Wer war wer in der DDR?, S. 813 mit weiteren Angaben.

960 Zitiert nach Jochen Laufer: Die Ursprünge des Überwachungsstaates, S. 158.

961 BArch, DO 1/7.0/251, Bl. 9.

gung in „besonderen Polizeiunterkünften“ gedacht. Auf Sachsen sollten jetzt 500 Mann entfallen.[962]

Auf der Innenministerkonferenz am 21./22. April 1948 in Werder konnte Walter Ulbricht in einem Diskussionsbeitrag dann schon ankündigen, dass eine „kasernierte“ Polizei geschaffen werde.[963] Dieser Ankündigung folgte ein SMAD-Befehl vom 3. Juli 1948, der für das Land Sachsen zwölf Polizeibereitschaften in Leipzig, Chemnitz, Arnsdorf, Großenhain, Pirna, Frankenberg und Zwickau vorsah.[964] Auf der Innenministerkonferenz vom 9./10. Juli 1948 in Hiddensee schließlich konnte „Einmütigkeit in der Frage der Bildung und Organisation der Polizeibereitschaften“ erzielt werden. Die erforderlichen Dokumente sollten jetzt „endgültig redigiert“ und „als Anweisung an die Länder“ gehen, verkündete Walter Ulbricht.[965]

Die Notwendigkeit der Schaffung von Polizeibereitschaften erläuterte der neue Präsident der DVdI, Kurt Fischer, bei der 1. Staatspolitischen Konferenz am 23./24. Juli 1948 schließlich wie folgt:

„Wir alle wissen, daß sich der Klassenkampf verschärft. In dieser Situation müssen wir natürlich unsere Polizei zu einem sehr schlagkräftigen Instrument machen. Wir sprechen sehr viel davon, daß wir die Herrschaft der Arbeiterklasse sichern wollen. In der Polizei haben wir dazu das Instrument [...].

Bei dieser Lage, bei der Bewaffnung der Industriepolizei für den Bürgerkrieg und der Verschärfung des Klassenkampfes haben wir keine operative Reserve für den Fall der Fälle. Wir werden deshalb einige Bereitschaften schaffen, die gewissermaßen die Verstärkung für unsere Grenzpolizei bilden werden, die ja heute schon im operativen Einsatz steht, kaserniert ist und unter strenger militärischer Disziplin steht und stehen muß. Diese Hundertschaften werden militärisch diszipliniert aufgebaut sein; anders kann man das bei Kasernierten nicht machen.“[966]

Zur notwendigen personellen Ausstattung und zur notwendigen Unterstützung durch die Länder in der SBZ meinte Kurt Fischer auf dieser Konferenz weiter:

„Wir wollen Metallarbeiter, Bergarbeiter, Schlosser, gute rote Proleten aus den Betrieben, die das Knochengerüst der Polizei bilden sollen. Dann können wir auch ein paar abgedankte Bankbeamte verdauen als Schreiber auf der Schreibstube. Wir bitten also, dass wir bei dieser aus der Lage heraus erforderten Aktion die maximalste Hilfe aus den Ländern bekommen.“[967]

Das Personal für diese neuen Polizeibereitschaften wurde dann aber weitgehend doch aus den Mannschaften der Grenzpolizei und aus der Schutzpolizei der

---

[962] Ebenda.
[963] Zitiert nach Günther Glaser: Reorganisation der Polizei, S. 111 ff. (120).
[964] Klaus-Peter Krause: Die Herausbildung und Entwicklung der Deutschen Volkspolizei, S. 86.
[965] SAPMO-BArch, DY 30/IV 2/13/109, Bd. 2, Bl. 17.
[966] BArch, DO 1/7.0/9, Bl. 31 ff.
[967] Ebenda.

Länder abgezogen. Ende 1948 betrug die Stärke dieser kasernierten Einheiten auf dem Gebiet der SBZ bereits 7.500 Mann. Der weitere organisatorische und personelle Aufbau nahm daraufhin in den Jahren 1948/49 ein beachtliches Ausmaß an. Ende 1949 hatten die kasernierten Bereitschaften in der SBZ bereits eine Stärke von 50.000 Mann erreicht. Sie waren paramilitärisch in 24 Infanterie-, sieben Artillerie-, drei Panzer-, drei Nachrichten- und zwei Pionierbereitschaften gegliedert.[968]

Die Aufstellung der kasernierten Polizeibereitschaften in der SBZ und damit auch in Sachsen wurde durch die DVdI zentral gesteuert. Nur in der Anfangsphase bestanden noch gewisse Restzuständigkeiten der Länder, insbesondere im Hinblick auf die Bereitstellung von Personal und Haushaltsmitteln. Schließlich erfolgte durch Anordnung der DVdI vom 5. November 1948 auch formell die Ausgrenzung der Bereitschaften aus dem Zuständigkeitsbereich der Länder. Die militärähnlichen kasernierten Bereitschaften wurden sodann im Jahre 1952 zur „Kasernierten Volkspolizei" und im Jahre 1956 zur „Nationalen Volksarmee".[969]

Bemerkenswert an der ganzen Entwicklung ist die Tatsache, dass Sachsen bereits im Jahre 1945 durch die Schaffung der damaligen Polizeireserve auch hier eine Vorreiterrolle gespielt hatte.

4.3 Schwerpunktaktionen und Spezialeinrichtungen

4.3.1 Schwarzhandel, Flurschutz und Polizeiwettbewerbe

Der Kampf gegen den Schwarzhandel

Der Schwarzhandel stand nach dem Kriege in Deutschland zwar überall in voller Blüte. In Sachsen und in der SBZ überhaupt hatte der Kampf gegen diesen Schwarzhandel aber zusätzlich noch eine ideologische Komponente. Denn „Schieber und Schwarzhändler nutzten die damalige Notsituation für betrügerische Geschäfte", was „die Bündnisbeziehungen zwischen Arbeitern und werktätigen Bauern"[970] belastete. Im gleichen Sinne stellte Klaus-Peter Krause in seiner im Sommer 1989 abgeschlossenen Dissertation fest:

---

[968] Dieter Marc Schneider: Innere Verwaltung/Deutsche Verwaltung des Innern (DVdI), S. 215.

[969] Bernhard Marquardt: Menschenrechtsverletzungen durch die Deutsche Volkspolizei, S. 663.

[970] Joachim Piskol/Christel Nehrig/Paul Trixa: Antifaschistisch-demokratische Umwälzung,

„In den Vordergrund der polizeilichen Tätigkeit rückte der Schutz des sich entwickelnden Volkseigentums [...] und die Bekämpfung des 'Schwarzen Marktes'. Dieser Kampf entwikkelte sich in zunehmendem Maße als Kampf gegen die Feinde der antifaschistisch-demokratischen Entwicklung."[971]

Dem Schwarzhandel sollte auf verschiedene Weise begegnet werden, u. a auch durch Kampagnen. Bereits in einem Rundschreiben an die „Herren Oberbürgermeister, Landräte und Polizeipräsidenten" vom 4. Mai 1946 verwies der Chef der Polizei im Bundesland Sachsen auf eine gemeinsame Ankaufkampagne der Volkssolidarität und der vier Blockparteien, der Vereinigung der gegenseitigen Bauernhilfe, der Gewerkschaften, der landwirtschaftlichen Genossenschaften, der Frauen- und Jugendausschüsse, der Handwerkerschaft und der Kirchen. In dieser Kampagne wurden die Bauern aufgefordert, „zur Sicherung der Volksernährung freiwillig ihre überschüssigen Produkte" abzugeben.[972] Weiter hieß es in diesem Rundschreiben:

„Im Rahmen dieser Ankaufsaktion muß daher der Frage des Kampfes gegen das Spekulantentum, gegen den Schwarzhandel und die Lebensmittelhamsterei die größte Bedeutung geschenkt werden. Um allen Verbrechern an der Volksernährung das Handwerk zu legen, sind durch die Polizeiorgane schlagartig öffentliche Kontrollen nach Hamsterwaren durchzuführen, und zwar hauptsächlich an Dorfein- und -ausgängen und an beliebten Stätten des Schwarzhandels (Gastwirtschaften usw.). Beschlagnahmte Lebensmittel von Hamsterern und Schwarzhändlern sind dem nächstzuständigen Ernährungsamt gegen eine Empfangsbescheinigung zu übergeben, aus der Art und Menge der empfangenen Ware ersichtlich sein muß."[973]

Die Bekämpfung des Schwarzhandels galt als politisch so bedeutsam, dass sich auch der damalige LVS-Präsident Friedrichs einschaltete. In einem Schreiben vom 16. August 1946 an den Vizepräsidenten Fischer lenkte er dessen Aufmerksamkeit auf die Tatsache, dass „infolge der Grenznähe zur Mark Brandenburg der Landkreis Weißwasser in besonders hohem Maße von Aufkäufern aus Berlin heimgesucht" wird, „die zu überhöhten Preisen Nahrungsmittel waggonweise aufkaufen oder mittels Autos wegschaffen". Er bat daher darum „zu erwägen, über den Chef der Polizei entsprechende Anordnungen ergehen zu lassen", worunter er verstärkte polizeiliche Kontrollen im Landkreis Weißwasser verstand.[974]

Tatsächlich wurde daraufhin durch eine als „geheim" eingestufte Verfügung des Chefs der sächsischen Polizei vom 24. August 1946 in der Zeit vom 27. August bis zum 26. September 1946 für dieses Gebiet ein „Sondereinsatz zur Bekämpfung des Schwarzhandels und Schiebertums" angeordnet, zu welchem 41

S.93.

[971] Klaus-Peter Krause: Die Herausbildung und Entwicklung der Deutschen Volkspolizei, S. 69.

[972] SächsHStA, LRS, MdI, Nr. 279, Bl. 75.

[973] Ebenda.

[974] Alle Zitate und Angaben: SächsHStA, LBVPS, Nr. 232, Bl. 41.

Polizisten abkommandiert wurden.[975] Nach einem Abschlußbericht des Sonderkommandos vom 2. Oktober 1946 wurden u. a. 5.000 kg Kartoffeln, 2.300 kg Getreide, 8.415 Zigaretten und 86 Zigarren sichergestellt.[976]

Auch in einer Rundverfügung des Chefs der Polizei im Land Sachsen vom 14. November 1946 ergingen ergänzende Hinweise für den „verschärft zu führenden Kampf gegen das sich als Wirtschaftssabotage auswirkende Hamsterunwesen, den Schwarzhandel und das Schiebertum". Nach einem geheim zu haltenden Aktionsplan sollten „mindestens dreimal im Monat außerordentliche Kontrollen (Razzien)" durchgeführt werden. Außerdem sollte zu den beabsichtigten Großeinsätzen erforderlichenfalls auch die Kriminalpolizei herangezogen werden. Über die „Freigabe oder endgültige Beschlagnahmung der sichergestellten Waren bzw. Gegenstände" sollte eine Kommission aus Vertretern der Ordnungspolizei, der Kriminalpolizei, der Verwaltung für Ernährung und Wirtschaft, der Vereinigung der gegenseitigen Bauernhilfe und des Freien Deutschen Gewerkschaftsbundes entscheiden.[977] In einer weiteren Rundverfügung Nr. 8 der Polizeiabteilung des Ministeriums des Innern vom 15. Januar 1947 schließlich wurde unter Bezugnahme auf „Beschwerden aus den Kreisen der schaffenden Bevölkerung" allen Polizeiangehörigen „erneut zur Pflicht gemacht, diesen Volksschädlingen die größte Aufmerksamkeit zu schenken".[978]

Ein Problem besonderer Art bereitete offenbar die Verwendung der beschlagnahmten Ware, insbesondere der Lebensmittel. Offiziell sollten die Lebensmittel eingezogen und über die Ernährungs- oder Wirtschaftsämter der Bevölkerung zur Verfügung gestellt werden. Hierzu im Widerspruch stehend erging jedoch eine als „vertraulich" bezeichnete Rundverfügung Nr. 49 der Polizeiabteilung des sächsischen Ministeriums des Innern vom 22. Februar 1947 „an die Polizeipräsidien, Polizeidirektionen, Kriminalämter und Kreispolizeiämter". Diese Verfügung bestimmte unter Bezugnahme auf einen Befehl Nr. 45 der SMAS vom 10. Februar 1947, dass „ab sofort von allen beschlagnahmten Lebensmitteln 25 % einzubehalten und bei der Polizeiabteilung des Ministeriums des Innern abzuliefern" seien. Die von der Grenzpolizei beschlagnahmten Lebensmittel waren sogar „restlos bei der Polizeiabteilung des Ministeriums des Innern abzuliefern".[979] Der entscheidende Passus des SMAS-Befehls vom 10. Februar 1947 lautete dann wie folgt:

---

[975] SächsHStA, LBVPS, Nr. 232, Bl. 40.
[976] SächsHStA, LBVPS, Nr. 232, Bl. 45 ff.
[977] SächsHStA, LRS, MdI, Nr. 269 (nicht paginiert).
[978] SächsHStA, LRS, MdI, Nr. 269 (nicht paginiert).
[979] Alle Zitate und Angaben: SächsHStA, LRS, MdI, Nr. 270 (nicht paginiert).

„Um die Bekämpfung der Spekulation mit Lebensmitteln in verstärktem Maße durchzuführen und zum Anreiz für die Polizei und Polizeischulen, welche die größte Belastung dabei tragen, erlaube ich, 20-25 % der abgenommenen Lebensmittel zu verwenden."[980]

Insoweit wurden die beschlagnahmten Lebensmittel - mit Hilfe eines offensichtlich bestellten SMAS-Befehls - also zur Erfolgsprämie. Minister Fischer ließ diese Lebensmittel an seine Leute und vielleicht teilweise auch an Dritte verteilen.[981]

Die sächsische Polizei widmete sich jedenfalls weisungsgemäß mit besonderer Hingabe dem Kampf gegen Schwarzhandel, Schwarzschlachtungen und Schiebertum, wobei polizeiliche Viehzählaktionen besonders beliebt waren. Die Staatsanwaltschaften stellten in Gerichtsverfahren drakonische Strafanträge, denen aber von den Gerichten häufig nicht gefolgt wurde. Deshalb wurden z. B. in einem Bericht der Polizeiabteilung des sächsischen Ministeriums des Innern vom 18. Februar 1947 Gerichtsurteile besonders aufgelistet, „die nicht dem Willen des Volkes" entsprachen und die angeblich „Empörung in der Bevölkerung" ausgelöst hatten.[982]

Die wirkliche Stimme des Volkes hörte sich aber wohl doch wesentlich anders an, und zwar selbst bei Angehörigen der Polizei. In einem Bericht vom 26. März 1947 schilderte der Schutzmann H. vom 1. Polizeirevier Chemnitz seine eigene Situation ziemlich unverblümt wie folgt:

„Vor Tagen war ich mit meiner Frau so weit, daß wir einfach nicht mehr wußten, was wir essen sollten. Die Kartoffeln waren verbraucht, Brot hatten wir schon tagelang im voraus [verbraucht]. Der einzige Hoffnungsschimmer war eine sogenannte Hamstertour. So kam es, daß ich mit meinem Reviervorstand, der mit den selben Sorgen belastet war, nach Haldesleben bei Magdeburg auf Ernährungsreise fuhr. Nachdem wir unter großen Anstrengungen und sonstigen Schwierigkeiten wirklich etwas an Eßware erhalten hatten, traten wir mit dem Gefühl, es geschafft zu haben, die Heimreise an.

Obwohl bei uns alles ordnungsgemäß verlief, konnte man bei anderen 'Hamsterern', vorwiegend bei Frauen, manches hören und sehen, was einen zweifeln ließ, ob man träumte oder die Wirklichkeit erlebte. So ist es bei Magdeburg vorgekommen, daß die 'Volkspolizei' einer Frau 10 Pfund Erbsen und 5 Pfund Mehl wegnahm. An einer anderen Stelle hatte man einer Frau [...] auch kleinere Mengen an Lebensmitteln weggenommen. [...] In allen drei Fällen waren die Mengen der weggenommenen Lebensmittel so klein, daß sie keinesfalls als Schieberware angesehen werden konnten."[983]

Weiter hieß es im Bericht des Schutzmannes H.:

„Ich frage mich nun, ist denn so etwas überhaupt möglich? Eine Erklärung für ein derartiges Einschreiten kann ich wirklich nicht finden. Mir kommt es so vor, als würden in den oben

---

[980] Ebenda.
[981] SächsHStA, LRS, MdI, Nr. 270 (Aufstellung vom 22.02.1947 - nicht paginiert).
[982] SächsHStA, LRS, MdI, Nr. 270 (nicht paginiert).
[983] SächsHStA, LBVPS, Nr. 232, Bl. 78 ff.

erwähnten Gegenden noch Reaktionäre sitzen, die bewußt die Sache auf die Spitze treiben, um Unruhen in die Bevölkerung zu bringen. Ratsam wäre es, der Bevölkerung Aufschluß über dieses heikle Thema in einem Zeitungsartikel zu geben. Wenn das nicht geschieht, dann müssen wir es uns gefallen lassen, wenn uns das Volk mit der alten Polizei auf eine Stufe stellt."[984]

Der geforderte Zeitungsartikel wurde dann tatsächlich am 12. Mai 1947 von der Polizeiabteilung des sächsischen Ministeriums des Innern vorbereitet, allerdings nicht so, wie dies der Schutzmann H. aus Chemnitz angeregt hatte. In diesem Artikel wurde vielmehr begründet, dass und warum die verstärkte Kontrolltätigkeit der Polizei „von der Bevölkerung nicht als Härte oder Übergriff einzelner Dienststellen angesehen werden" dürfe, denn es gehe „hier um mehr, als jeder einzelne wahrnehmen" könne. „Jede noch so kleine Quantität von Gütern und Lebensmitteln", welche bei Kontrollen sichergestellt wird, werde nach Überprüfung den zuständigen Ämtern zur allgemeinen Verteilung zugewiesen, denn „nur im Einvernehmen aller ehrlichen Demokraten" könne es gelingen, „Schiebern und Hamsterern das Handwerk zu legen und die Ernährung des Volkes zu sichern", hieß es hier weiter.[985]

Der intensivierte Kampf gegen den Schwarzhandel, das Schieber- und Hamsterunwesen führte ab etwa Mitte 1947 auch zur Bildung von so genannten Volkskontrollen bzw. von Volkskontrollausschüssen. Hierdurch wollte „man dem Volk Gelegenheit geben, an Kontrollen [der Polizei] teilzunehmen, um dadurch Einblick zu gewinnen, welche großen Aufgaben der Polizei gestellt sind".[986] Nach einem Tätigkeitsbericht des sächsischen Ministeriums des Innern vom 18. Februar 1948 wurden „unter Mithilfe der Bevölkerung, hauptsächlich gewerkschaftlich organisierter Arbeiter aus den Betrieben [...], durchschlagende Erfolge" erzielt, „die allgemein von der Bevölkerung anerkannt werden".[987]

Die Einrichtung dieser Volkskontrollen ließen sich mit dem SMAD-Befehl Nr. 234 vom 9. Oktober 1947[988] legitimieren. Nach diesem Befehl waren verstärkte Anstrengungen „zur Steigerung der Arbeitsproduktivität und zum Kampf gegen die Bummelanten" erforderlich, „wobei insbesondere alle lokalen Hilfsquellen und Möglichkeiten für diesen Zweck festzustellen und auszunutzen" waren.[989] Auch sonst war die Stellung der Polizei formalrechtlich gut abgesichert. Sie konnte sich auf das vom Sächsischen Landtag verabschiedete „Gesetz gegen Schieber und Schwarzhändler" vom 8. Mai 1947[990] berufen. Nach § 1 dieses

---

984 Ebenda.
985 Alle Zitate und Angaben: SächsHStA, LBVPS, Nr. 232, Bl. 74.
986 SächsHStA, LBVPS, Nr. 28, Bl. 9.
987 SächsHStA, LRS, MdI, Nr. 305, Bl. 205 ff.
988 Zentralverordnungsblatt 1948, S. 1 ff.
989 Hans-Peter Müller: „Parteiministerien", S. 771.
990 Gesetze, Befehle, S. 202.

Gesetzes konnte mit Gefängnisstrafe oder mit Geldstrafe in unbeschränkter Höhe bestraft werden, „wer vorsätzlich oder fahrlässig der Bewirtschaftung unterliegende Waren oder Wirtschaftsgüter [...] dem Vertrieb oder Verbrauch entzieht oder über sie verfügt, ohne im Besitz einer erforderlichen Berechtigung oder behördlichen Genehmigung zu sein". In besonders schweren Fällen konnte sogar eine lebenslängliche Zuchthausstrafe oder die Todesstrafe verhängt werden. Außerdem gab es zur „Bestrafung der Entwendung und des rechtswidrigen Gebrauchs von zwangsbewirtschafteten Nahrungsmitteln und Gütern" noch das Kontrollratsgesetz Nr. 50 vom 20. März 1947.[991]

Die Rechte der Betroffenen gegen Maßnahmen der Polizei, insbesondere also gegen Sicherstellungen und Beschlagnahmen, waren in all diesen Fällen auf ein Minimum reduziert. Praktisch gab es - wie oben näher erläutert - nur die Möglichkeit einer Eingabe an den Ministerpräsidenten oder an den Innenminister. Selbst dann aber, wenn eine fehlerhafte polizeiliche Maßnahme ernsthaft nicht zu bestreiten war, galt immer noch die „Verordnung über die Geltendmachung von Ansprüchen aus Maßnahmen der öffentlichen Gewalt" vom 14. März 1946.[992] Hiernach entschied „über Ansprüche auf Rückgabe von Gegenständen oder auf Schadensersatz aus Maßnahmen, die von Behörden oder Gemeinden oder Gemeindeverbänden im Bundesland Sachsen in Ausübung öffentlicher Gewalt getroffen worden sind", die LVS. Der Rechtsweg war ausgeschlossen.

Die in Sachsen damals durchgeführten Razzien und Kontrollen waren teilweise recht ergiebig. Allein im Dezember 1947 wurden Waren beschlagnahmt, die in einer fünfeinhalbseitigen Aufstellung vom 16. Januar 1948[993] aufgelistet wurden. Andererseits mussten die nicht selten harten und rigorosen Praktiken natürlich - insbesondere bei kleinen und kleinsten Delinquenten - zu ohnmächtiger Wut gegen eine Polizei führen, die glaubte, auf diese Weise gegen die eigenen Bürger vorgehen zu sollen. Die Aktionen im Rahmen der Bekämpfung von Schwarzmarkt und Schiebertum waren ansonsten bereits im Jahre 1947 ein Mittel, um den Polizeistaat zu testen. Hermetische Straßensperren, fliegende Straßenkontrollen, der Einsatz von Betriebsräten und Gewerkschaftlern als Denunzianten und Hilfspolizisten, die Verhängung drakonischer Strafen für minimale Vergehen usw. verbreiteten Angst in der Bevölkerung und sollten diese bewusst einschüchtern. „Wir druckten Handzettel, wo wir die Fahrer höflich darauf aufmerksam machten, und diese bekamen Angst", erklärte hierzu Innenminister Fischer süffisant auf der Konferenz der Innenminister am 12. Oktober 1947[994] in Rehfelde.

---

[991] Amtsblatt des Kontrollrats, S. 266.
[992] Gesetze, Befehle, S. 133.
[993] SächsHStA, LRS, MdI, Nr. 81, Bl. 239 ff.
[994] SAPMO-BArch, DY 30 IV 2/13/109, Bl. 62.

Der Flur- und Ernteschutz und die Sicherung der Ernährung

Die Sicherstellung der Ernährung der Bevölkerung war in den ersten Nachkriegsjahren von höchster Priorität. Die Versorgung mit Nahrungsmitteln unterlag der Bewirtschaftung und sie lag nicht selten - nicht nur in der SBZ - am Rande des Existenzminimums bzw. teilweise sogar darunter.[995] In der späteren DDR-Geschichtsschreibung wurde diese schwierige Phase klassenkämpferisch heroisiert und wie folgt interpretiert:

„Die imperialistische Reaktion, welche in der sowjetischen Besatzungszone keine Möglichkeit zur bewaffneten Konterrevolution hatte, sah in der Sabotage der Ernährung ein wirksames Mittel des Widerstandes gegen den gesellschaftlichen Fortschritt. Sie wollte durch Hungersnot die Demoralisierung der Volksmassen verstärken sowie die Formierung der Arbeiterklasse und der anderen antifaschistisch-demokratischen Kräfte hinauszögern."[996]

Die „schnelle und verlustarme Einbringung der Getreideernte zur Sicherung der dringendsten Nahrungsbedürfnisse" war hiernach eine „zutiefst revolutionäre Aufgabe".[997] Jedenfalls lag eine weitere wichtige Aufgabe der Polizei, insbesondere der Ordnung- oder Schutzpolizei, in der unmittelbaren Nachkriegszeit auch in zumindest unterstützenden Maßnahmen des Flur- und Ernteschutzes.

Bereits in einer „Anordnung über die Einbringung der diesjährigen Ernte" vom 7. Juli 1945[998] stellte das federführend zuständige Ressort „Ernährung und Landwirtschaft" der LVS fest, dass das restlose Einbringen der Ernte in diesem Jahr „eine Lebensfrage für das ganze Volk" sei. Auch eine „Verordnung zum Schutz der Ernte" der LVS vom 21. Juli 1945[999] verwies auf die schwierige Ernährungslage und bedrohte „Handlungen oder Unterlassungen", welche die ordnungsgemäße Einbringung der Ernte gefährdeten, oder „Diebstahl, Plünderung" mit schweren Strafen bis hin zur Todesstrafe. Hieran anknüpfend betonte der Chef der sächsischen Polizei in einem Rundschreiben vom 10. Oktober 1945 „an alle Polizeibehörden" u. a:

„Die Polizeibehörden haben ihr besonderes Augenmerk darauf zu richten, daß die ihnen zur Kenntnis gelangten Verbrechen gegen die Verordnung [vom 21. Juli 1945] unverzüglich der Staatsanwaltschaft angezeigt werden und [dass] nicht etwa versucht wird, die Täter von sich aus zu betrafen. Allen Polizeibehörden wird zur Pflicht gemacht, ihre Beamten auf den Zweck der Verordnung der Landesverwaltung und die Notwendigkeit einer strengen Durchführung derselben hinzuweisen."[1000]

---

[995] Peter Fäßler: Zum Sterben wirklich nicht mehr zuviel, S. 213 ff.

[996] Joachim Piskol/Christel Nehrig/Paul Trixa: Antifaschistisch-demokratische Umwälzung, S. 26.

[997] Ebenda.

[998] Amtl. Nachrichten, S. 3.

[999] Amtl. Nachrichten, S. 7.

[1000] SächsHStA, LBVPS, Nr. 44, Bl. 64.

Obwohl - wie erwähnt - die Federführung für Ernährungsangelegenheiten damals in Sachsen beim Ressort „Ernährung und Landwirtschaft" lag, stellten sowohl der 1. Vizepräsident, Kurt Fischer, als auch der Chef der Polizei im Bundesland Sachsen, Artur Hofmann, dann ein Jahr später in einem gemeinsam unterschriebenen Rundschreiben vom 27. Juli 1946 schon recht selbstbewusst heraus, dass es Aufgabe der Polizei sei, „den Schutz dieser Ernte zu übernehmen, um damit dem sächsischen Volk auf ein Jahr das Brot zu sichern". Aufgabe der Polizei sei es weiter auch, „alle Sicherheitsmaßnahmen zu ergreifen, um Brände usw., welche die Ernte vernichten könnten, sei es durch Ansteckung von Scheunen, Feldern usw., zu verhüten und um Sabotage - gleich welcher Art - zu verhindern". Es würden „strengste Maßnahmen gegen alle ergriffen [...], die sich in irgend einer Weise an der Ernte vergreifen oder die Einbringung der Ernte sabotieren", hieß es weiter. Außerdem mussten sich hiernach „alle Berufs-, Werks-, freiwilligen und Pflichtfeuerwehren in höchster Bereitschaft" halten.[1001]

Weitere Erlasse regelten Einzelfragen. Ein Runderlass des Chefs der Polizei im Land Sachsen vom 19. Oktober 1946 beispielsweise enthielt Hinweise, wie bei festgestellten Felddiebstählen an Rohtabak vorzugehen sei.[1002] Ein weiterer Runderlass des Chefs der Polizei im Land Sachsen ebenfalls vom 19. Oktober 1946 stellte klar, „daß Geistliche zum Flurschutzdienst und anderen öffentlichen Diensten, bei denen polizeiliche Funktionen ausgeübt werden, nicht heranzuziehen" seien, weil es nicht angängig sei, „Geistliche mit polizeilichen Funktionen zu betrauen".[1003]

Im Jahre 1947 schließlich sollten beim Flur- und Ernteschutz durch die Einbeziehung „demokratischer" und „antifaschistischer" Organisationen und durch die Einrichtung der bereits erwähnten Volkskontrollen bzw. Volkskontrollausschüsse zusätzliche gesellschaftspolitische Akzente gesetzt werden. Mit Rundverfügung Nr. 135a der Polizeiabteilung des Ministeriums des Innern vom 7. Juli 1947 wurden daher alle Polizeidienststellen angewiesen, „ab sofort durch verstärkte Nachteinsätze im Streifendienst, Einsatz von Polizeihunden und berittener Polizei den Flurschutz in Zusammenarbeit mit den örtlichen demokratischen Organisationen zu kontrollieren und zu intensivieren".[1004] Eine vom sächsischen Innenminister persönlich unterschriebene Dienstanweisung Nr. 23 vom 19. Juli 1947 ordnete weiter an, „im Einvernehmen mit den antifaschistischen Blockparteien, VdgB, FDGB und dem Demokratischen Frauenbund [...] ab sofort Sondergruppen des Flurschutzes zur Sicherung der Ernteeinbringung einzurichten". Die Polizeipräsidien, Polizeidirektionen und Kreispolizeiämter

---

[1001] Alle Zitate und Angaben: SächsHStA, LRS, MdI, Nr. 269, Bl. 17.
[1002] SächsHStA, LRS, MdI, Nr. 269 (nicht paginiert).
[1003] SächsHStA, LRS, MdI, Nr. 269 (nicht paginiert.
[1004] SächsHStA, LRS, MdI, Nr. 275 (nicht paginiert).

sollten sich hiernach „unverzüglich über Schwerpunktbildungen in den einzelnen Stadt- und Landkreisen in bezug auf Zusammenrottung von Menschenmassen auf in Aberntung befindlichen Feldern [...] orientieren“. Außerdem hieß es in dieser Dienstanweisung noch:

„Die Aufgabe der Sondergruppen des Flurschutzes ist es, belehrend und aufklärend auf die Massen einzuwirken, um sie auf diese Art von der beabsichtigten Plünderung der Ernte abzuhalten. Die Polizisten sind anzuweisen, bei Massenansammlungen von der Schußwaffe keinen Gebrauch zu machen. Es ist unter allen Umständen zu verhindern, daß Getreidepuppen gestohlen oder noch im Halm stehende Getreidefelder geschnitten werden. Das unberechtigte und vorzeitige Abernten von Kartoffelfeldern ist zu unterbinden.“[1005]

Auch in einer Dienstanweisung Nr. 34 der Polizeiabteilung des sächsischen Ministeriums des Innern vom 9. August 1947 wurde den Polizeibehörden nochmals eingeschärft, „keinen einzigen Fall von Entwendung der in Lagern und auf Feldern oder von in der Herstellung befindlichen Lebensmitteln ungestraft“ zu lassen.[1006]

Nicht nur dem Ernteschutz vor Ort galt die besondere Aufmerksamkeit der Polizei in Sachsen. Zur zusätzlichen Sicherung der Ernte kam es nach einem Tätigkeitsbericht des sächsischen Ministeriums des Innern vom 18. Februar 1948 im Jahre 1947 darüberhinaus auch noch zur Bildung eines polizeilich organisierten Transportschutzes, „zu welchem der FDGB 1.200[1007] Gewerkschaftsfunktionäre aus den Betrieben mobilisierte, die vorübergehend in die Polizei aufgenommen wurden“. Durch diesen Transportschutz war es nach diesem Bericht möglich geworden, Lebensmittel mit weniger als einem Prozent Verlust einzubringen, „während im Jahr 1946 bei Transporten 10-20 % Verluste zu verzeichnen waren“.[1008]

Spätestens im Jahre 1949 scheint das Interesse an Maßnahmen des organisierten Ernte- oder Flurschutzes in Sachsen dann aber nachgelassen zu haben. Insbesondere die Bauern waren nach Berichten der Kreispolizeiämter Marienberg und Döbeln „kategorisch“ dagegen, da „Felddiebstähle aus Not nicht mehr zu erwarten“ seien. Andererseits wurde moniert, dass bei der Bekämpfung des Kartoffelkäfers „eine gewisse Gleichgültigkeit“[1009] zu verzeichnen sei. Ergänzend zur gesamten Problematik stellte das Kreispolizeiamt Oelsnitz in einem Mitte 1949 gefertigten Bericht sogar fest, dass kaum noch Erntediebstähle gemeldet worden seien, „obwohl der Flurschutz in manchen Orten mangelhaft,

---

[1005] Alle Zitate und Angaben: SächsHStA, LBVPS, Nr. 50 (nicht paginiert).
[1006] SächsHStA, LBVPS, Nr. 50, Bl. 42.
[1007] In einem Papier des Landesvorstandes des FDGB vom 23 Juli 1947 ist sogar von „etwa 2.000 Gewerkschafts- und Betriebsfunktionären“ die Rede, die „vorübergehend in den Polizeidienst übernommen wurden“. - Vgl. SächsHStA, LBVPS, Nr. 95, Bl. 47.
[1008] SächsHStA, LRS, MdI, Nr.305, Bl. 205 ff..
[1009] SächsHStA, LBVPS, Nr. 172, Bl. 161.

ja sogar manchmal überhaupt nicht durchgeführt" worden sei. Hierzu habe „einzig und allein die Besserung der Versorgungslage - nicht der Flurschutz - [...] beigetragen".[1010]

Selbstverpflichtungen und Polizeiwettbewerbe

Selbstverpflichtungen von Betrieben und Verwaltungen im Rahmen der Hilfe zum Wiederaufbau oder auch so genannte Patenschafen gab es in der SBZ teilweise bereits in der unmittelbaren Nachkriegszeit. Auch die Polizei in Sachsen beteiligte sich an diesen Maßnahmen und Aktionen. Konkret nachweisbar ist eine solche Aktion in Chemnitz. Dort wurde am 14. Oktober 1947 in einer kombinierten Sitzung im Polizeipräsidium, an welcher der Betriebsrat, die Gewerkschaftsgruppe des FDGB, die Betriebsgruppe der SED, der Polizeipräsident und der Stellvertreter des Kommandeurs teilnahmen, „der einstimmige Beschluß" gefasst, „den freiwilligen Arbeitseinsatz wieder aufleben zu lassen". Für diesen Arbeitseinsatz übernahm das Polizeipräsidium Chemnitz die „Abbruchstelle Theaterstr. - Ecke Friedrich-Str.". Diejenigen, „die den Arbeitseinsatz während der Dienstzeit verrichteten", waren „verpflichtet, die ausfallenden Stunden am nächsten Tag nachzuarbeiten".[1011]

Ab 1. Mai 1948 kam es in Sachsen im Polizeibereich auch zur Einführung besonderer Wettbewerbe. Dies bestimmte ein an alle Polizeidienststellen gerichtetes Rundschreiben der Landespolizeibehörde beim sächsischen Ministerium des Innern vom 29. Juni 1948. Hiernach standen nun „alle Polizeipräsidien, Direktionen und Kreispolizeiämter untereinander im Polizeiwettbewerb". Ziel war es,

- eine Verbesserung der Arbeit,
- die Vertiefung des Vertrauens der Bevölkerung zur Volkspolizei,
- die Sicherung des wirtschaftlichen und politischen Neuaufbaus sowie
- einen konsequenten Kampf gegen alle Feinde des werktätigen Volkes, gegen alle Saboteure des Friedens

zu erreichen.[1012] Bei der Auswertung sollten auch die Aspekte „Bekämpfung der Kriminalität", „Bekämpfung der Verkehrsunfälle", „Hebung der polizeilichen Arbeitsmoral und Disziplin" sowie „Höflichkeit im Verkehr mit dem Publikum und den Kollegen" einbezogen werden. Ein Wettbewerbsausschuss sollte „alle

---

[1010] SächsHStA, LBVPS, Nr. 172, Bl. 192.

[1011] Zitiert nach Klaus-Peter Krause: Die Herausbildung und Entwicklung der Deutschen Volkspolizei, Anlagenverzeichnis Nr. 22.

[1012] Alle Zitate und Angaben: SächsHStA, LBVPS, Nr. 158, Bl. 19 ff.

Erfolge" während der Zeit des Wettbewerbs mit Pluspunkten sowie „mangelhafte und schlechte Polizeiarbeiten" mit Minuspunkten bewerten. Weiter hieß es hierzu im oben genannten Rundschreiben vom 29. Juni 1948:

„Die Beurteilung der einzelnen Kreispolizeiämter, Polizeipräsidien und Polizeidirektionen erfolgt auf Grund der von ihnen monatlich eingesandten Wettbewerbs-Sonderberichte. Dem besten Polizeiamt wird am 7. November 1948, dem Feiertag der sozialistischen Oktoberrevolution, eine Polizeiwanderfahne überreicht. Darüber hinaus werden anläßlich einer Polizeileitertagung den einzelnen Polizeiämtern die Ergebnisse des Wettbewerbs in Form einer Urkunde überreicht. Zur Mobilisierung aller Polizeiangehörigen für den Wettbewerbs- und Leistungsgedanken ist es notwendig, den Wettbewerb bis in die kleinste Dienststelle zu tragen und diese zum Wettbewerb mit anderen Dienststellen heranzuziehen."[1013]

Eine Auswertung bis zum 7. November 1948 gelang in Sachsen aus Zeitgründen allerdings nicht. Sieger dieses Wettbewerbes wurde schließlich aber das Polizeipräsidium Chemnitz. Es erhielt am 30. April 1949 als Preis die Polizeiwanderfahne nebst Begleitbuch und einen Betrag von 3.000 DM. Polizeipräsident Dick, ein Aktivist, der im Herbst 1949 Nachfolger des bisherigen Chefs der sächsischen Polizei, Hofmann, wurde, bedankte sich für diesen Preis mit Schreiben vom 5. Mai 1949. In seinem an den Wettbewerbsausschuss gerichteten Schreiben erklärte er in gestelzten Formulierungen u. a.:

„Wir haben diesen Preis mit Freude entgegengenommen und trugen ihn stolzerfüllt nach Chemnitz. Die Verleihung wird uns lange in Erinnerung bleiben, da sie anläßlich einer Aktivistenehrung in einem Großbetrieb Dresdens mitten unter den Werktätigen geschah. [...]

Wir stehen Schulter an Schulter mit unseren werktätigen Brüdern im Kampf um den Zweijahresplan, den wir erfüllen, ja übererfüllen wollen, d. h. unsere Arbeit muß von Tag zu Tag besser werden. [...] In diesem Kampf erstarken wir und tragen den demokratischen Neuaufbau voran.

Kameraden! Einer kann die Fahne nur tragen! Kämpfen wir aber in diesem Sinne um den Wanderpreis, dann werden wir alle stärker und damit ist der Sinn des Wanderpreises erfüllt."[1014]

Die Abteilung Schulung der Landespolizeibehörden Sachsen stellte hierzu in einem Rundschreiben vom 27. Mai 1949 zusammenfassend fest, dass Wettbewerbe auf allen Gebieten des politischen und wirtschaftlichen Lebens unerlässlich seien „zur Fortentwicklung unserer antifaschistisch-demokratischen Ordnung". Im Übrigen habe der Polizeiwettbewerb geholfen, „reiche Erfahrungen zu sammeln, Initiative und Tatkraft zu entwickeln und die politische Arbeit zu verbessern".[1015]

Derartige Wettbewerbe wurden in der SBZ bzw. DDR auch in den folgenden Jahren propagiert und fortgesetzt. Es ging dann z. B. um das „beste Volkspoli-

---

[1013] Ebenda.
[1014] SächsHStA, LBVPS, Nr. 158, Bl. 25.
[1015] SächsHStA, LBVPS, Nr. 158, Bl. 25.

zeiamt der Republik“ oder um „Wettbewerbe in der Schrott- Buntmetallsammlung“ usw.[1016] Insgesamt sollten solche Wettbewerbe, „in deren Mittelpunkt die Sicherung des politischen und wirtschaftlichen Neuaufbaus, der konsequente Kampf gegen Schieber, Spekulanten und Saboteure und die Vertiefung des Vertrauensverhältnisses zur Bevölkerung“ stand, bestimmungsgemäß „eine bedeutende Rolle bei der Erhöhung der Qualität der Arbeit“ der Polizei spielen.[1017]

4.3.2 Die Kommandohaft und „schöffengerichtliche Dezernate“

Die Bewährungs-, Arbeits- oder Kommandohaft

In der unmittelbaren Nachkriegszeit gab es in Sachsen neben den üblichen Polizei- und Gerichtsgefängnissen[1018] auch eine so genannte Bewährungs-, Arbeits- oder Kommandohaft, wobei diese Begriffe nicht immer scharf getrennt wurden. Diese Haftlager wurden nicht von der Justiz, sondern von der Polizei verwaltet. In die genannten Lager gelangten in Sachsen einmal Personen, die als „asozial“ eingestuft wurden, insbesondere so genannte Arbeitsscheue oder Alkoholiker, aber auch ehemalige Mitglieder nationalsozialistischer Organisationen.

In Dresden galt nach einem Beschluss des Rates der Stadt vom 7. August 1945[1019] eine besondere „Anordnung betr. Arbeitskommandos“. Hiernach war der Polizeipräsident angewiesen, für „die rasche und geordnete Durchführung der Arbeiten, die für den Wiederaufbau nötig sind, [...] und zur Bekämpfung aller Elemente, die dem Wiederaufbau entgegenarbeiten“, bestimmte Maßnahmen zu ergreifen, insbesondere arbeitsfähige Personen festzunehmen und „auf die Dauer von vier Wochen bis zu sechs Monaten in Arbeitskommandos zu beschäftigen“.[1020] In seiner Begründung „zur Organisierung einer Kommandohaft für die Stadt Dresden“ vom 31. August 1945 stellte der Polizeipräsident von Dresden, Max Opitz, hierzu fest:

[1016] SächsHStA, LBVPS, Nr. 159, Bl. 175.

[1017] Klaus-Peter Krause: Die Herausbildung und Entwicklung der Deutschen Volkspolizei, S. 91.

[1018] Auf diese Einrichtungen kann hier nicht eingegangen. Bezüglich der sowjetischen Speziallager - vgl. Alexander von Plato: Sowjetische Speziallager in Deutschland.

[1019] SächsHStA, LBVPS, Nr. 96, Bl. 60.

[1020] SächsHStA, LBVPS, Nr. 108, Bl. 6. (Amtlichen Nachrichtenblatt des Rates der Stadt Dresden vom 1. September 1945)

„Die Polizei wurde angewiesen, bei Kontrollen auf den Straßen, in den Wohnungen, auf freien Plätzen alle Personen der Kommandohaft zuzuführen, die nicht im Besitz einer Arbeitskarte oder Arbeitsbefreiungskarte sind. [...]

In dieser Kommandohaft werden dann die Menschen kommandoweise unter Führung der betreffenden Beamten an die entsprechenden Arbeitsstellen geführt, müssen 10 Stunden pro Tag arbeiten und gehen dann in die Kommandohaft bzw. Baracken zurück. [...] Es gibt grundsätzlich keine Kollektivstrafen."[1021]

Weiter hieß es in dieser Begründung:

„Zur Prüfung über die berechtigte oder unberechtigte Inhaftierung entscheidet eine Gewerkschaftskommission gemeinsam mit mir. Ein Vertreter des Direktors des Arbeitsamtes hat die stete Verbindung mit der Kommandoführung. [...]

Ich bin also der Meinung, daß nach dieser Darlegung die Kommandohaft nichts gemein hat mit den früheren Konzentrationslagern und Arbeitslagern im Hitler-Regime, sondern daß die Kommandohaft ein wichtiges Instrument ist in den Händen der Behörden, um den Arbeitseinsatz zu intensivieren und die Drückeberger zur Ordnung zu rufen. [...]

Sollte sich im Verlauf der Zeit herausstellen, daß sich die Menschen freiwillig dem Wiederaufbau widmen, dann hat diese Kommandohaft ihre Aufgabe erfüllt und sie kann aufgelöst werden."[1022]

Am 24. September 1945 beschloss dann auch das Präsidium der LVS den Entwurf einer „Verordnung über die Einführung der Bewährungshaft".[1023] Zur Zielgruppe dieser Bewährungshaft sollten in erster Linie „nazistische und reaktionäre Elemente" gehören. Die Bewährungshaft konnte nach diesem Verordnungsentwurf „durch Beschluß der Landesverwaltung" oder „durch Anordnung der Oberbürgermeister und der Landräte als Träger der Polizeibefugnisse" für bis zu sechs Monate verhängt werden, wobei „die zur Bewährungshaft eingezogenen Personen [...] mit schweren körperlichen Arbeiten von in der Regel täglich zehnstündiger Dauer (auch sonntags) ohne Barentgelt beschäftigt" werden sollten.[1024] Ergänzend wies Vizepräsident Kurt Fischer in einem Rundschreiben an die Oberbürgermeister, Landräte, Polizeipräsidenten und Kriminalamtsleiter vom 29. September 1945 die Polizeibehörden an, „die Arbeitsämter oder sonst hierfür bestimmte Arbeitseinsatzstellen bei der Durchführung der Arbeitspflicht mit allen Mitteln zu unterstützen, und zwar sowohl bei der Erfassung wie bei der Überwachung des verpflichteten Personenkreises. Gegen Personen, die sich der Pflichtarbeit entziehen, sie sabotieren oder solchen Personen dabei Vorschub leisten", sollten „starke polizeiliche Maßnahmen" ergriffen werden. Außerdem wies Fischer in diesem Rundschreiben darauf hin,

---

[1021] Zitiert nach Klaus-Peter Krause: Die Herausbildung und Entwicklung der Deutschen Volkspolizei, Anlagenverzeichnis Nr. 5.

[1022] Ebenda.

[1023] SächsHStA, LRS, Ministerpräsident, Nr. 194, Bl. 61 ff. .

[1024] Ebenda.

„daß in Dresden, Zittau, Chemnitz u. a. Städten mit der sog. Arbeitshaft (Kommandohaft) gute Erfahrungen gemacht“ worden seien.[1025]

Der genannte Verordnungsentwurf der LVS vom 24. September 1945 wurde mit Schreiben des Präsidenten der LVS vom 29. September 1945[1026] der SMAS zur Bestätigung vorgelegt. Die sowjetische Militäradministration genehmigte diesen Entwurf allerdings nie, so dass diese Verordnung in Sachsen also nicht in Kraft treten konnte. Gleichwohl wurde die Kommandohaft hier weiter praktiziert.

Unsicherheiten bezüglich der rechtlichen Grundlagen

Hinsichtlich der rechtlichen Grundlagen für die Errichtung bzw. Aufrechterhaltung der Bewährungs-, Arbeits- oder Kommandohaftlager in Sachsen gab es jetzt aber nicht unerhebliche Unsicherheiten und Unklarheiten. Dies kam auch in einer Dienstbesprechung der Polizeipräsidenten und Kommandeure der Ordnungspolizei am 6. Februar 1946 in Dresden zum Ausdruck. Im Rahmen der Diskussionsrunde forderte der Dresdner Polizeipräsident Opitz ausdrücklich die Schaffung einer klaren Rechtsgrundlage für die Errichtung derartiger Lager. Die Dinge seien nicht so zu nehmen, „wie sie anfallen, sondern so, wie sie dem Rechtsempfinden entsprechen“[1027], meinte er sibyllinisch.

Auch der Chef der sächsischen Polizei, Hofmann, verwies in dieser Besprechung darauf, dass „alles Tun und Schaffen vor jeder Kontrolle gerade stehen“ müsse. Die SMA vertrete allerdings die Auffassung, dass „die in verschiedenen Städten des Bundeslandes Sachsen eingeführte Kommandohaft politisch nicht richtig sei“. Die Diskussion endete dann mit dem Vorschlag, die Bezeichnung „Kommandohaft“ in die Bezeichnung „Arbeitsverpflichtung“ abzuändern. Der SMAD-Befehl Nr. 3 vom 17. Januar 1946[1028] gebe nämlich die beste Handhabe, „mit Hilfe des Arbeitsamtes gegen arbeitsscheue Elemente vorzugehen“, weshalb in diesem Sinne an das Präsidium der LVS herangetreten werden solle.[1029]

In einer Dienstbesprechung der Leiter der Kriminalämter am 13. Februar 1946 in Dresden war die Kommandohaft ebenfalls Gegenstand der Erörterungen. Auch hier wurde die Auffassung vertreten, Ziffer 18 des Befehls Nr. 3 des Kon-

---

[1025] Alle Zitate und Angaben: SächsHStA, LBVPS, Nr. 157, Bl. 4.
[1026] SächsHStA, LRS, Ministerpräsident, Nr. 194, Bl. 66.
[1027] SächsHStA, LRS, MdI, Nr. 279, Bl. 6 ff.
[1028] Amtl. Nachrichten, S. 54; Amtsblatt des Kontrollrats, S. 131.
[1029] SächsHStA, LRS, MdI, Nr. 279, Bl. 6 ff.

trollrates vom 17. Januar 1946[1030] sehe die gerichtliche Bestrafung der Arbeitsscheuen vor und gebe „die Möglichkeit, Arbeitsscheue erst einmal durch die Arbeitsverpflichtung zu erfassen“.[1031]

Auf einer Dienstbesprechung der Polizeipräsidenten und Kommandeure der Ordnungspolizei am 3. April 1946 schließlich kam dann jedoch das scheinbare „Aus“. Die bisherigen Kommandohaftlager müssten „auf Befehl der SMA und des 1. Vizepräsidenten Fischer“ aufgelöst werden, hieß es hier, weil „wir praktisch in der Landesverwaltung keine rechtliche Grundlage für die Kommandohaftlager geschaffen“ haben. Dennoch plädierten die Teilnehmer der Besprechung dafür, die Lager weiter bestehen zu lassen, weil dadurch in den Städten „wirklich Ruhe und Ordnung“ geschaffen worden sei. Als Ausweichmöglichkeit wurde nun empfohlen, diese Lager „pro forma aufzulösen und sie dann in Arbeitsverpflichtungslager umzubenennen“.[1032]

Die weiteren Bemühungen zur Beibehaltung der Haftlager

In der Folgezeit gingen die Bestrebungen mit dem Ziel der rechtlichen Absicherung der Haftlager in Sachsen weiter. Diesem Ziel diente mittelbar auch der Entwurf einer „Verordnung über die Einsetzung von Polizeigerichten“, der in der Sitzung des Präsidiums der LVS vom 17. Mai 1946 beschlossen wurde. Hiernach sollten in Sachsen „bei den Polizeidienststellen der Stadtkreise und an den Sitzen der Landräte“ besondere Polizeigerichte eingerichtet werden. In der Präambel zu diesem Entwurf wurde darauf verwiesen, dass es „der Mangel an Richtern und Staatsanwälten im Bundesland Sachsen sowie die Notwendigkeit ihrer Entlastung und der schnelleren Durchführung der Strafverfahren“ erforderlich mache, „mit der Aburteilung der sogenannten kleinen Kriminalität besondere Dienststellen zu betrauen“. Die Polizei sei „sachlich und personell imstande, ohne größeren Aufwand die Täter alsbald nach Begehung der Tat zur Verantwortung zu ziehen und abzuurteilen“, hieß es in dieser Präambel weiter.[1033]

Die vom Chef der sächsischen Polizei betriebene Einführung von Polizeigerichten bedeutete auch nach Auffassung des LVS-Präsidenten Friedrichs „eine Vereinfachung und Beschleunigung der Strafrechtspflege und eine Entlastung

[1030] Amtsblatt des Kontrollrats, S. 131. - Ziffer 18 des genannten Befehls lautete: „Wenn notwendig, ist das Arbeitsamt ermächtigt, Personen durch Zwangsanordnungen in Arbeitsplätze einzuweisen.“

[1031] SächsHStA, LRS, MdI, Nr. 279, Bl. 15.

[1032] Alle Zitate und Angaben: SächsHStA, LRS, MdI, Nr. 279, Bl. 65.

[1033] Alle Zitate und Angaben: SächsHStA, LRS, Ministerpräsident, Nr. 195, Bl. 56.

der Gerichte".[1034] Diese Gerichte sollten Übertretungen und bestimmte Vergehen aburteilen, wobei ein Strafrahmen bis zu einem Jahr Gefängnis oder eine Geldstrafe bis zu 1.500 Reichsmark vorgesehen war. Auch sollten die Polizeirichter nach dem vorliegenden Entwurf unabhängig und „nur dem Gesetz unterworfen sein"; sie sollten aber aus der Polizeiverwaltung und nicht aus der Justiz, die ja überlastet war, kommen. „Auch eine Frau" sollte zum Polizeirichter bestellt werden können. Eine Mitwirkung der Staatsanwaltschaft war hingegen grundsätzlich nicht vorgesehen. Rechtsanwälte sollten einer besonderen Zulassung durch das Ressort „Inneres gemeinschaftlich mit Justiz" bedürfen. Die Anklage sollte ansonsten „durch mündlichen Vortrag der Polizeidienststelle unter Gestellung des von ihr festgenommenen oder des bei ihr auf Ladung sich freiwillig stellenden Beschuldigten" erfolgen. Die Straftat konnte nach dem Verordnungsentwurf auch mit „Besserungsmitteln" geahndet werden, worunter die Verwarnung, die Auferlegung besonderer Pflichten oder Leistungen sowie die Verhängung von Arbeitshaft bis zu sechs Monaten verstanden wurde.[1035]

Die Vollstreckung der vom Polizeigericht erkannten Freiheitsstrafen schließlich sollte nach § 16 des genannten Entwurfs „durch die Polizeidienststellen in Polizeigefängnissen oder Polizeihaftanstalten" erfolgen. Unter diesen Polizeihaftanstalten wiederum konnten auch die Bewährungs-, Arbeits- oder Kommandohaftlager subsumiert werden, wodurch man in Sachsen nun also endlich eine Rechtsgrundlage auch für diese Haftlager gehabt hätte. Ansonsten sollte der Bevölkerung durch ein schnelles Aburteilen gezeigt werden, „daß kein Vergehen oder Verbrechen ungesühnt bleibt und schnell zugegriffen wird". Hiervon versprach man sich nach einem internen Bericht der Polizeiabteilung des Innenressorts vom 10. Juni 1946 „ein anerkennendes Urteil und eine weitere Beruhigung in der Bevölkerung".[1036]

Auch der Verordnungsentwurf vom 17. Mai 1946 wurde der SMAS mit Schreiben vom 29. Mai 1946[1037] zur Bestätigung vorgelegt, von dieser aber ebenfalls nicht genehmigt.

Die schöffengerichtlichen Dezernate

Trotz dieses weiteren Fehlschlages scheint die Auflösung der genannten Haftlager in Sachsen weiterhin ziemlich zögerlich verlaufen zu sein. Immerhin kam es

---

[1034] SächsHStA, LRS, Ministerpräsident, Nr. 195, Bl. 44.
[1035] Alle Zitate und Angaben: SächsHStA, LRS, Ministerpräsident, Nr. 195, Bl. 56 ff.
[1036] SächsHStA, LRS, MdI, Nr. 279, Bl. 88.
[1037] SächsHStA, LRS, Ministerpräsident, Nr. 195, Bl. 70.

in dieser Angelegenheit schließlich am 4. Februar 1947 auf hoher Ebene zu einer Besprechung, an der u. a. Innenminister Kurt Fischer, Justizminister Kastner, Generalstaatsanwalt Schröder, Ministerialdirektor Artur Hofmann als Chef der sächsischen Polizei und der Dresdner Polizeipräsident Max Opitz teilnahmen. Laut Besprechungsprotokoll war klar, „daß die nach dem Zusammenbruch 1945 von örtlichen Verwaltungsorganen geschaffenen Bewährungshaftlager nunmehr eine gesetzliche Grundlage erhalten müssen, falls sie weiterhin daseinsberechtigt sein sollen". Es wurde daher beschlossen, „daß innerhalb von 8 Tagen je ein Vertreter der Justiz und der Polizeiabteilung einen Entwurf bezüglich der Übernahme der Bewährungshaftlager [...] und der Bewährungshaftgerichte durch die Justiz ausarbeiten sollen, damit er dem Kabinett zur Beschlußfassung vorgelegt werden" könne.[1038]

Tatsächlich erging dann - ohne Beteiligung des sächsischen Landtages - eine von der Landesregierung Sachsen am 27. Mai 1947 beschlossene, aber nie veröffentlichte „Anordnung über Haftlager". Diese Anordnung sah die Bildung von so genannten schöffengerichtliche Dezernaten bei den Amtsgerichten Bautzen, Chemnitz, Dresden, Leipzig und Zwickau vor. Diesen Dezernaten standen aber keine aus der Polizeiverwaltung kommenden Polizeirichter, sondern vielmehr „von der Justiz zu bestimmende Richter" vor.[1039]

Im Grunde handelte es sich bei diesen „schöffengerichtlichen Dezernaten" um Schnellgerichte, die „im beschleunigten Verfahren nach Maßgabe der Strafprozessordnung" urteilen sollten und deren sachliche Zuständigkeit folgende Delikte umfasste:

1. Vergehen gegen den Befehl Nr. 3 des Alliierten Kontrollrates vom 17. Januar 1946[1040] zur „Registrierung der im arbeitsfähigen Alter stehenden Bevölkerung, Registrierung der Arbeitslosen und deren Unterbringung in Arbeit",
2. Verstöße gegen die §§ 1 und 3 der Verordnung über ergänzende Strafbestimmungen zur Bekämpfung der Geschlechtskrankheiten vom 4. April 1946[1041] sowie
3. andere Vergehen und Übertretungen, „die vom Ministerium der Justiz im Einvernehmen mit dem Ministerium des Innern noch festgelegt werden".

Der Vollzug der von den Schöffengerichten erkannten Strafen erfolgte nach dieser Anordnung „durch die Polizeipräsidien, Polizeidirektionen oder Kreispolizeiämter in von ihnen einzurichtenden und von ihnen zu verwaltenden, der Dienstaufsicht des Ministeriums der Justiz unterliegenden Haftlagern".[1042]

[1038] Alle Zitate und Angaben: SächsHStA, LBVPS, Nr. 57, Bl. 58.
[1039] SächsHStA, LBVPS, Nr. 46, Bl. 67.
[1040] Amtsblatt des Kontrollrats, S. 131.
[1041] Gesetze, Befehle, S. 211.
[1042] Alle Zitate und Angaben: SächsHStA, LBVPS, Nr. 46, Bl. 67ff.

Mit der genannten „Anordnung über Haftlager" war jetzt in Sachsen eine - wenn auch anfechtbare Grundlage - für diese Lager geschaffen. Mit ihr wurde, wie dies Innenminister Kurt Fischer bereits in einem Schreiben vom 8. April 1947 an den Justizminister angekündigt hatte, „eine 1945 durch die örtlichen Selbstverwaltungsorgane angefangene Neuerung im Strafvollzug vorläufig zum Abschluß" gebracht.[1043] Die Idee von der Schaffung eigener Polizeigerichte ließ sich allerdings nicht verwirklichen.

Die Haftlager und deren Abschaffung

Haftlager gemäß Anordnung vom 27. Mai 1947 wurden nach einem „Beschluß" der Polizeiabteilung des sächsischen Ministeriums des Innern vom 19. Juni 1947 in Dresden, Leipzig, Chemnitz, Zwickau und Bautzen als „Hauptlager" geführt. Außerdem sollte es innerhalb der jeweiligen Kreispolizeiamtsbereiche „Nebenlager" geben.[1044] Die Haftlager selbst waren „ein Teil der Polizeiämter", wie dies auch aus einer Rundverfügung Nr. 190 a der Polizeiteilung des Ministeriums des Innern vom 1. September 1947 hervorging.[1045]

Zur Aufgabe dieser Lager hieß es in einem Bericht des Polizeipräsidiums Dresden vom 10. Juni 1947:

„Durch diese Maßnahmen soll eine Zeitlang der Arbeitsverweigerer und Arbeitsbummler täglich zwangsweise durch die Polizei einer nützlichen Arbeit zugeführt werden und in bezug auf die Geschlechtskrankheiten die Bevölkerung vor solchen Personen, die infolge ihrer Hemmungslosigkeit für die Verbreitung von Geschlechtskrankheiten eine Gefahr bilden, eine Zeitlang geschützt werden. Damit ist die Zwangsmaßnahme bezeichnet. Alle anderen Maßnahmen sind sozialer Art. Sie ordnen das Leben im Lager und sollen erzieherisch dazu beitragen, bei dem Betreffenden ein weiteres Abgleiten zu verhindern, ihn nach Möglichkeit zu festigen und in ein geordnetes Leben zurückzuführen. [...] Vorträge und Schulungen ergänzen die erzieherische Arbeit."[1046]

Eine besondere Arbeitskleidung gab es zunächst nicht. In einer „Niederschrift" der Polizeiabteilung des sächsischen Ministeriums des Innern vom 19. Juni 1947 hieß es hierzu dann jedoch, es sei unmöglich, „die Insassen von Haftlagern in der eigenen Zivilkleidung arbeiten zu lassen, [...] weil deren Bekleidung in einer Verfassung ist, daß sie mit dieser Bekleidung nicht auf Arbeitsplätze gestellt werden können. [...] Mit Rücksicht darauf, daß in nächster Zeit mehrere tausend

---

[1043] SächsHStA, LBVPS, Nr. 57, Bl. 61.
[1044] SächsHStA, LBVPS, Nr. 57, Bl. 88.
[1045] SächsHStA, LBVPS, Nr. 46, Bl. 83.
[1046] SächsHStA, LBVPS, Nr. 96, Bl. 55.

Häftlinge vorhanden sein werden", müsse „die Bekleidung [...] schnellstens beschafft werden".[1047]

Insgesamt waren die Erfahrungen mit den Bewährungshaftlagern offenbar nicht sehr ermutigend. In einem Bericht des Kreispolizeiamtes Pirna vom 26. Juli 1947 hieß es hierzu beispielsweise:

„Die zum Arbeitseinsatz zur Verfügung gestellten Häftlinge waren durch die Verbüßung ihrer bisherigen Haftzeit in Strafanstalten schwerer körperlicher Arbeit entwöhnt. Die Arbeitsleistungen standen in den ersten drei Wochen weit hinter denen der zivilen Werksarbeiter zurück. Zu der Ungewohnheit kam als bemerkenswerter Faktor die Unlust zur Arbeit. Diese wurde durch die in jeder Hinsicht unzulänglichen Verhältnisse stark bedingt. Die Vorbereitungen zur Aufnahme der Häftlinge waren denkbar mangelhaft und entsprachen in keiner Weise der bei der Polizei sonst üblichen Disziplin. Die Verpflegung wie die Unterbringung, auch wenn man der Kalamität der Gegenwart Rechnung trägt, waren schlecht. Bei den Häftlingen mußte so der Eindruck entstehen, daß man sie nicht zur Bewährung abkommandiert hatte, sondern daß man sie ausnützen wollte."[1048]

Anfang 1948 scheint sich die Situation dann etwas gebessert zu haben. Ein Bericht des Kreispolizeiamtes Pirna vom 1. April 1948 bestätigte, dass die Arbeitsleistung von den Firmen jetzt „als gut bezeichnet" werde. Außerdem hieß es in diesem Bericht:

„Wegen Abhaltung von Schulungsvorträgen über demokratische Staatslehre und demokratischen Aufbau wurde mit den Vorständen der Blockparteien Verbindung aufgenommen. Ebenso wurde mit der Filmstelle der FDJ in Pirna verhandelt, und für den 4.4.1948 ist die erste Filmvorstellung im Lager geplant. Sollte die Vorführung zur Hebung der Arbeitsfreudigkeit oder zur allgemeinen Besserung der Stimmung beitragen, werden diese Filmvorführungen laufend durchgeführt. Die Anbringung von zwei weiteren Lautsprechern im Aufenthaltsraum des Lagers ist in Arbeit."[1049]

Dennoch wurde die „Anordnung über Haftlager" vom 27. Mai 1947 durch eine Anordnung der Landesregierung Sachsen vom 6. September 1948 mit Wirkung vom 1. Oktober 1948 schließlich sehr plötzlich wieder aufgehoben.[1050] Es muss vermutet werden, dass die Rolle Sachsens auf diesem Gebiet der SED-Führung oder aber der sowjetischen Besatzungsmacht nicht opportun erschien.[1051] Dies genügte wohl für die Kehrtwendung Sachsens in dieser Frage und für die Schließung der genannten Haftlager. Eine Ausnahme bildeten die Lager Bautzen, Neschwitz und Hoyerswerda, welche noch fortbestanden, nun aber „mit Justizhäftlingen belegt" wurden. Die so genannten schöffengerichtlichen

[1047] Alle Zitate und Angaben: SächsHStA, LBVPS, Nr. 57, Bl. 86.
[1048] SächsHStA, LBVPS, Nr. 57, Bl. 89.
[1049] SächsHStA, LBVPS, Nr. 57, Bl. 165.
[1050] SächsHStA, LBVPS, Nr. 51 (nicht paginiert); LRS, Ministerpräsident, Nr. 692, Bl. 129.
[1051] Bereits ein Jahr vorher, nämlich im August 1947, hatte „ein in Sachsen erlassenes Gesetz über Haftlager" bei einzelnen Mitgliedern des Zentralsekretariats der SED Erstaunen ausgelöst. - Vgl. Hans-Peter Müller: „Parteiministerien", S. 368 ff.

Dezernate (Schnellgerichte) stellten ihre Tätigkeit zum 1. Oktober 1948 ebenfalls abrupt wieder ein.[1052]

4.3.3 Die Nachrichtenämter und der Betriebsschutz

Die organisatorische Entwicklung der Nachrichtenämter

Nachrichtenämter gab es in Sachsen nach dem Zweiten Weltkrieg auf der Ebene der Stadt- und Landkreise und auf Landesebene. Sie gehörten organisatorisch nicht unmittelbar zur Polizei, arbeiteten mit dieser jedoch eng zusammen. Bereits im ersten Geschäftsverteilungsplan der LVS vom 1. Dezember 1945[1053] war das Landesnachrichtenamt als eigene Abteilung innerhalb des Ressorts Inneres und Volksbildung ausgewiesen worden. Dies war bemerkenswert, denn in einer Mitteilung vom 28. Juli 1945 hatte sich das Landesnachrichtenamt als „Sprachrohr der Landesverwaltung" definiert.[1054] In dieser Eigenschaft hätte es daher an sich in den unmittelbaren Zuständigkeitsbereich des Präsidenten der LVS gehört. Die Zuordnung zum Zuständigkeitsbereich des 1. Vizepräsidenten Kurt Fischer entsprach aber offensichtlich den Vorgaben eines Befehls der SMAD sowie eines Befehls der SMAS vom 2. August 1945.[1055]

Beim sächsischen Landesnachrichtenamt handelte es sich nach eigenem Selbstverständnis um „eine vollständige Neueinrichtung, da nichts aus der alten Nachrichtenstelle bei der Staatskanzlei übernommen wurde".[1056] Ansonsten ergibt sich aus einer Zusammenstellung des Landesnachrichtenamtes Sachsen vom 11. Januar 1946, die aus Anlass einer Fachtagung mit den nachgeordneten Nachrichtenämtern erstellt wurde, dass es damals bei diesem Amt die Organisationseinheiten „Information, Presse, Propaganda, Druck, Rundfunk, Stenographisches Büro und Rundfunkaufnahme sowie Amtliche Nachrichten" gab und dass die nachgeordneten Nachrichtenämter „personell" zwar den „zuständigen Landräten bzw. Oberbürgermeistern" unterstellt waren. „Sachlich" waren sie jedoch „für ihre Tätigkeit dem Landesnachrichtenamt verantwortlich, von dem sie auch ihre Weisungen" erhielten.[1057]

[1052] Ebenda.
[1053] Amtl. Nachrichten, S. 69.
[1054] SächsHStA, LRS, MdI, Nr. 1223 (nicht paginiert).
[1055] SächsHStA, LRS, Ministerpräsident, Nr. 4009, AE 0044.
[1056] SächsHStA, LRS, Ministerpräsident, Nr. 4009, AE 0010.
[1057] SächsHStA, LRS, Ministerpräsident, Nr. 4619.

Der genannte Zusammenstellung betonte auch „die besondere Verantwortung, welche die Leiter der Nachrichtenämter, insbesondere durch ihre informatorische Tätigkeit tragen". Sie sollten dem „gehobenen Dienst" zugeordnet werden. Außerdem wurde die Bedeutung der von den Leitern der Nachrichtenämter bestellten „Verbindungsmänner" herausgestellt. Notwendig erschien schließlich auch der Hinweis darauf, dass Information „nichts mit Bespitzelung, Spionage oder Denunziation zu tun" habe.[1058]

Teilweise gab es auch direkte Verflechtungen mit dem Polizeiapparat. Dies bestätigte der Leipziger Polizeipräsident Kurt Wagner, der spätere Vizepräsident der DVdI[1059], anlässlich einer Dienstbesprechung der Polizeipräsidenten und Kommandeure der Ordnungspolizei in Dresden am 3. April 1946. Es gebe in Leipzig eine „Überwachung", erklärte er. Die Polizei sei aber noch nicht in der Lage, „das jeweilige politische Leben zu kontrollieren und zu überwachen". Auch sei die Kriminalpolizei noch nicht „genügend ausgerichtet". Aus diesem Grunde sei in Leipzig „ein besonderer Plan aufgebaut worden". Da sich dieser Überwachungsapparat nicht in den Etat der Polizei habe einbauen lassen, „haben wir ihn zu der Verwaltung genommen", erklärte Wagner. Aufgabe dieses Apparates sei es, „Literatur, Versammlungen, Post und einige interessante Personen zu überwachen". Täglich könnten Berichte gegeben werden, meinte er, „so daß wir laufend über alles unterrichtet sind".[1060]

Ende 1946/Anfang 1947 stand die Existenz der Nachrichtenämter in den Ländern und Provinzen der SBZ allerdings zeitweise auf der Kippe. Ihr Fortbestand war daher Gegenstand der Erörterungen auf der informellen Konferenz der Innenminister der Länder und Provinzen mit dem Präsidenten der DVdI und den Genossen Ulbricht und Fechner vom Zentralsekretariat der SED am 20. Dezember 1946 in Berlin. Der sächsische Innenminister Kurt Fischer berichtete, dass das dem bisherigen Ressort „Inneres und Volksbildung" zugeordnete Landesnachrichtenamt - offenbar im Rahmen der Haushaltsberatungen - „durch die Zentralverwaltung Finanzen aus der Volksbildung herausgenommen worden" sei, so dass „nach Beseitigung dieses Amtes kein Presseamt usw. mehr" bestehe, jedenfalls nicht beim Innenministerium. Dies beunruhigte die Konferenzteilnehmer. Nach dem Protokoll wurde daher „vorgeschlagen",

- „das auf Grund der Anweisung des Marschalls Shukow geschaffene Landesnachrichtenamt" in Zukunft wieder dem Minister des Innern zu unterstellen und

---

[1058] Ebenda.

[1059] Kurt Wagner war von 1959-1967 auch stellvertretender Verteidigungsminister der DDR. - Vgl. Helmut Müller-Enbergs: Wer war wer in der DDR?, S. 884 mit weiteren Angaben.

[1060] Alle Zitate und Angaben: SächsHStA, LRS, MdI, Nr. 279, Bl. 65.

- die SMA in diesem Zusammenhang zu ersuchen, „daß die Finanzabteilung bei der SMA Kenntnis bekommt, daß bei der Aufstellung des Etats die entsprechenden Stellen beim Minister des Innern bewilligt werden".[1061]

Tatsächlich blieben die Landesnachrichtenämter in den Ländern und Provinzen der SBZ dann zunächst weiterhin den Innenressorts erhalten. Auch in Sachsen war das Landesnachrichtenamt im Geschäftsverteilungsplan der LRS nach dem Stand vom 10. Oktober 1947 als eigene Abteilung mit den Organisationseinheiten „Druck (Zensur), Information und Auswertung" wieder dem sächsischen Ministerium des Innern zugeordnet.[1062] Darüber hinaus betonte Walter Ulbricht im Schlusswort auf der Innenministerkonferenz am 12. Oktober 1947 in Rehfelde sogar, dass diese Ämter noch ausgebaut werden müssten, obwohl es „da verschiedene organisatorische Schwierigkeiten" gebe.[1063] Jedenfalls wurde nun mit Zustimmung der SMAD am 11. November 1947 auch bei der DVdI eine Nachrichten- und Informationsabteilung eingerichtet, die dem Vizepräsidenten Erich Mielke unterstellt war.[1064]

Um die Frage der organisatorischen Anbindung des Landesnachrichtenamtes bzw. der nachgeordneten Nachrichtenämter entwickelte sich in der SBZ Anfang 1948 erneut eine heftige Auseinandersetzung. Auf der Innenministerkonferenz am 21./22. April 1948 in Werder beklagte Kurt Fischer, dass diese Ämter im Rahmen eines neuen Organisations- und Strukturplanes bei den Innenministerien gestrichen werden sollen. Es war „für uns eine große und wichtige Sache, daß wir unsere Informationsabteilungen und Nachrichtenämter hatten", meinte er.[1065] Tatsächlich wurde das sächsische Landesnachrichtenamt als Hauptabteilung Information bzw. als „Amt für Information" dann im Zuge einer allgemeinen Reorganisation ab Herbst 1948 aber dem Geschäftsbereich des Ministerpräsidenten zugeordnet.[1066] Dies brauchte Kurt Fischer jetzt aber nicht mehr stören, da er als neuer Präsident der DVdI weiterhin eine eigene Informationsabteilung hatte.

Die Nachrichtenämter und die Arbeit der Polizei

Die bei den Landes- und Provinzialverwaltungen seit 1945/46 bestehenden Landesnachrichtenämter (Informationsabteilungen) - und abgeschwächt auch die

---

[1061] Alle Zitate und Angaben: SAPMO-BArch, NY 4182/1192, Bl. 194.
[1062] Gesetze, Befehle, S. 549.
[1063] SAPMO-BArch, DY 30/IV 2/13/109, Bl. 74.
[1064] Norman Naimark: Die Russen in Deutschland, S. 459.
[1065] SAPMO-BArch, DY 30/IV 2/13/109, Bl. 268.
[1066] Fritz Weitzmann: Die Landesregierung Sachsen, S. 153.

nachgeordneten Nachrichtenämter bei den Stadt- und Landkreisen - hatten einen zweigeteilten Auftrag. Zum einen ging es um die üblichen Informationsaufgaben eines Presse- oder Informationsamtes gegenüber der Öffentlichkeit, also um Öffentlichkeitsarbeit. Zum andern ging es aber auch um das Sammeln und Auswerten von Informationen und insbesondere auch um die Erforschung der Stimmung der Bevölkerung. Die „zentralen Organe des Informations- und Nachrichtendienstes" hatten auch „Feindarbeit" zu leisten und „Kontrollfunktionen gegenüber den staatlichen Organen" wahrzunehmen. Sie waren gegenüber den Verwaltungsspitzen bzw. gegenüber den Regierungen der Länder und vor allem auch gegenüber der sowjetischen Besatzungsmacht berichtspflichtig.[1067]

Auch die oben erwähnte Zusammenstellung des Landesnachrichtenamtes Sachsen vom 11. Januar 1946 bekräftigte den nachrichtendienstlichen Auftrag der Nachrichtenämter, „die Landesverwaltung Sachsen über das Landesnachrichtenamt von der Stimmung, den Wünschen und Hoffnungen der Bevölkerung, von den Auswirkungen amtlicher Anordnungen, von Übelständen oder Übergriffen zu unterrichten, aus dem Volke kommende Vorschläge weiterzuleiten, auftauchende Gerüchte zu melden, die politische Willensbildung zu beobachten, die wirtschaftliche Entwicklung festzustellen usw.".[1068]

Diesen Auftrag bestätigte ein Memorandum der Pressestelle der DVdI vom 11. November 1947 ebenfalls, wonach es zur Kennzeichnung „des Kampfes der Reaktion gegen die progressive Entwicklung in der SBZ" erforderlich sei, „die maßgeblichen behördlichen Instanzen" über alle „sowohl positiven als auch negativen Erscheinungen im Lande" zu unterrichten, „um notfalls rechtzeitig die erforderlichen Entschlüsse und Maßnahmen treffen zu können". Es gehe hier deshalb um das „Beschaffen von sachlichen und einwandfreien Informationen aus allen Institutionen und Organisationen des gesamtpolitischen, wirtschaftlichen und kulturellen Lebens über alle Einflüsse und Bestrebungen, die der demokratischen Entwicklung entgegenarbeiten, über die daran beteiligten Personen und ihre Auftraggeber, über die zur Anwendung gelangten Mittel und Methoden, über ihre Zustimmung oder Ablehnung erzeugende Wirkung [...], kurz über alle gewollten oder unbewußten Erscheinungen, die geeignet sind, die Demokratie und ihre Einrichtungen zu schädigen oder zu diskreditieren, und [die] Abhilfe erfordern".[1069]

Dabei wurde bei der notwendigen Informationsbeschaffung auch hier der Einsatz von nachrichtendienstlichen Mitteln ausdrücklich für erforderlich

---

[1067] Dieter Marc Schneider: Innere Verwaltung/Deutsche Verwaltung des Innern (DVdI), S. 216.

[1068] SächsHStA, LRS, Ministerpräsident, Nr. 4619.

[1069] Zitiert nach Jochen Laufer: Die Ursprünge des Überwachungsstaates, S. 162 ff.

angesehen. Im genannten Memorandum vom 11. November 1947 hieß es hierzu nämlich:

„Zur Sicherstellung und schnellsten Übermittlung solcher laufender Informationen ist die Schaffung von Vertrauensleuten und Informatoren unerläßlich, die mit dem einzigen Ziel, der Demokratie zu dienen, ihre Mitteilungen ohne Beachtung persönlicher oder sonstiger Rücksichten streng sachlich abfassen und schnellstens weiterleiten."[1070]

Für Sachsen war dies nicht Neues. Hier wurde im Prinzip schon längst dementsprechend verfahren. Ansonsten wurden die „Erfolge" der nachrichtendienstlichen Arbeit z. B. in einem Tätigkeitsbericht des sächsischen Ministeriums des Innern vom 18. Februar 1948 wie folgt beschrieben:

„In Zusammenarbeit mit den Kreisnachrichtenämtern und einer großen Anzahl ehrenamtlicher Verbindungsleute war es in dieser Abteilung möglich, den verantwortlichen Stellen der Landesregierung Sachsen jeweils ein genaues Bild der unter der Bevölkerung des Landes Sachsen vorhandenen Stimmung zu geben. Darüber hinaus wurden [sowohl] Mitgliedern der Regierung als auch den Offizieren der Informationsabteilung der SMA in einer großen Anzahl Einzelberichte zugeleitet. U. a. gelang es, bestimmte Vorgänge mit konkreten Unterlagen zu belegen. Berichte allgemeiner Art, unter diesen auch Einzelstimmen aus der Bevölkerung, wurden zu den jeweils aktuellen Fragen gesammelt und weitergeleitet, so u. a. über das Verhältnis der Altbauern zu den Neubauern, Schwierigkeiten in der Frühjahrsbestellung. [...]

Weiterhin wurde berichtet über Verdachtsmomente der Wirtschaftssabotage, Innerparteiliches aus den Blockparteien, [das] Verhältnis der Bevölkerung zur Besatzungsmacht [...].

Weiter gab die Abteilung Information Aufschluß über die Ideologie der Umsiedler, und [sie] war in der Lage festzustellen, wo und in welchem Maße reaktionäre Elemente oder Faschisten versuchten, eine versteckte Propaganda zu betreiben. Besonderes Augenmerk wurde den Gerüchten zugewendet und in enger Zusammenarbeit mit der Presse dafür Sorge getragen, daß die weitverbreitetsten und unsinnigsten Gerüchte in einer Aufklärungskampagne widerlegt wurden."[1071]

Die meisten der vom sächsischen Landesnachrichtenamt gesammelten Berichte existieren heute nicht mehr. Von den wenigen, noch vorhandenen „Erkenntnissen" seien folgende kurz skizziert:

- Mit Schreiben vom 14. März 1947 legte der Leiter des sächsischen Landesnachrichtenamtes, Gladewitz, dem Innenminister eine „streng vertrauliche" Information über den Landtagsabgeordneten der CDU, Rudolf B., vor. Aus den vorliegenden Unterlagen ergab sich, dass dieser beschuldigt wurde, während der Herrschaft der Nationalsozialisten „nicht nur ein großer Scharfmacher in seinem Betriebe gewesen zu sein, sondern zugleich auch der NSDAP angehört zu haben".[1072]
- In einem Bericht der Studentin Lieselotte E. vom 16. Oktober 1947 meldete diese dem Landesnachrichtenamt Äußerungen eines Kellners im Fremdenhof „Neues Haus" in

[1070] Ebenda.
[1071] SächsHStA, LRS, MdI, Nr. 305, Bl. 205 ff.
[1072] SächsHStA, LRS, MdI, Nr. 270 (nicht paginiert).

Oberwiesenthal. Dieser Kellner hatte u. a. von seiner Kriegsgefangenschaft und von „der verlorenen Heimat“ sowie von „alten Kameraden“ berichtet.[1073]

- In einem Bericht des Kreisnachrichtenamtes Chemnitz vom 15. November 1947 wurden Hakenkreuz-Schmierereien an den Kriegerdenkmälern in Nieder- und Mittelfrohna gemeldet.[1074]

Insgesamt dürften sich die Erkenntnisse des Landesnachrichtenamtes bzw. der Nachrichtenämter damals auf einem noch recht bescheidenen Niveau bewegt haben.[1075] Nicht selten dürfte es darum gegangen sein, andere anzuschwärzen und alte Rechnungen - natürlich anonym - zu begleichen.

Ansonsten ist einem Rundschreiben des sächsischen Ministeriums des Innern vom 31. Dezember 1947 an „alle Nachrichtenämter der Stadt- und Landkreise“ zu entnehmen, dass „die Zahl der ehrenamtlichen Verbindungsmänner in den Gemeinden der Landkreise (bei den Städten in den Stadtteilen)“ nun sogar rückläufig war bzw. „daß bis auf wenige Ausnahmen die Berichterstatterfreudigkeit erheblich nachgelassen“ hatte. Im Zuge des für notwendig angesehenen Ausbaus der Abteilung Information beim Landesnachrichtenamt, „dem analog eine Verstärkung der Informationsarbeit bei den Kreisnachrichtenämtern und Nachrichtenämtern bei den Stadtkreisen folgen muß“, wurde daher vom Landesnachrichtenamt eine Verstärkung der Zahl der Informationsberichterstatter angemahnt, insbesondere in den Betrieben, wo dies „besonders dringend“ erschien.[1076]

Besonders erfolgreich scheint dieser Appell letztlich nicht gewesen zu sein. Im Herbst 1948 kam es dann jedenfalls zu der bereits erwähnten grundsätzlichen Reorganisation: Diejenigen Bereiche des Landesnachrichtenamtes, die keine Aufgaben im Sinne einer Gewinnung oder Auswertung von Nachrichten wahrnahmen, wurden in Sachsen aus dem Innenressort herausgelöst und als „Amt für Information“ in den Geschäftsbereich des Ministerpräsidenten integriert. Dort konzentrierte sich dieses Amt - nun schon in enger Anlehnung an die DVdI - auf die Funktionen eines Presse- und Informationsamtes einer Landesregierung.[1077]

Der andere, der nachrichtendienstliche Teil des bisherigen Landesnachrichtenamtes und der Nachrichtenämter hingegen wurde nun in Sachsen von der Landespolizeiabteilung und von den nachgeordneten Kreispolizeiämtern übernommen. Die Kreispolizeiämter hatten jetzt für die Landespolizeiabteilung in so genannten Zweiwochenberichten genaue Stimmungsbilder über die „polizeiliche

---

[1073] SächsHStA, LRS, MdI, Nr. 274 (nicht paginiert).
[1074] SächsHStA, LRS, MdI, Nr. 274 (nicht paginiert).
[1075] Nach dem Stand vom 15. Juli 1947 lag der Personalbestand beim Landesnachrichtenamt Sachsen bei nur zwölf Personen. - Vgl. SächsHStA, LRS, MdI, Nr. 139 (nicht paginiert)
[1076] SächsHStA, LRS, Ministerpräsident, Nr. 833, Bl. 121.
[1077] Fritz Weitzmann: Die Landesregierung Sachsen, S. 153.

Lage“ zu erstellen.[1078] Diese Berichte hatten nach einem umfassenden Schema eine Unmenge von Fragen abzuhandeln. Es sollte nämlich berichtet werden

- über die Versammlungstätigkeit der Parteien und Massenorganisationen,
- über die Neugründung von Ortsgruppen bürgerlicher Parteien,
- über Terrorakte und Umtriebe „faschistischer Elemente“,
- über Sabotage, Bandentätigkeit und Kapitalverbrechen,
- über Anweisungen sowjetischer Dienststellen auf dem Gebiet polizeilicher Arbeit,
- über die Tätigkeit der kirchlichen Vereine und Sekten,
- über Betriebsstilllegungen, Betriebseröffnungen,
- über „Fehlurteile“ der Justiz,
- über Arbeitseinsätze,
- über die Erfüllung von Wirtschaftsplänen,
- über den Stand der Lebensmittelversorgung,
- über den Stand der Arbeiten in der Landwirtschaft,
- über den Stand der Durchführung des SMAD-Befehls Nr. 209 vom 9. September 1948[1079] zur Errichtung von Wohn- und Wirtschaftsgebäuden für Neubauern,
- über neue Methoden der Schieber und Schwarzhändler,
- über Urteile der Bevölkerung zu Maßnahmen der DWK, LRS, SMA und der im Kreis tätigen Angestellten der Behörden und Parteien,
- über Beobachtungen von besonderer Bedeutung in „antifaschistischen und reaktionären Kreisen“,
- über umlaufende Gerüchte und über Sonstiges.[1080]

Durch die Reorganisationsmaßnahme vom Herbst 1948 waren also in Sachsen - ohne Beteiligung des sächsischen Landtages oder des Kabinetts - wichtige bisher von den Nachrichtenämtern wahrgenommene Aufgaben den Polizeibehörden zugewiesen worden, wodurch eine Konzentration und Effizienzsteigerung erreicht werden sollte. Dass aber durch das Kontrollratsgesetz Nr.

[1078] Die entsprechenden Berichte der Kreispolizeiämter bzw. der Volkspolizeikreisämter konnten im Original nicht mehr aufgefunden werden. Sie wurden seinerzeit von der Landespolizeiabteilung bzw. der Landesbehörde der Volkspolizei Sachsen ausgewertet und zusammengefasst. Die Zusammenfassungen für das Jahr 1949 befinden sich im Sächsischen Hauptstaatsarchiv in Dresden. - SächsHStA, LBVPS, Nr. 171 und Nr. 172.

[1079] Die Polizeiämter des Landes Sachsen hatten nach dem Jahresbericht der Volkspolizei für das Jahr 1948 die Patenschaften für insgesamt 39 Neubauernhöfe übernommen - Vgl. SächsHStA, LBVPS, Nr. 6, Bl. 3.

[1080] Alle Angaben: SächsHStA, LBVPS, Nr. 171 und Nr. 172.

31 vom 1. Juli 1946[1081] „alle deutschen Polizeibüros und [Polizei]agenturen“ eigentlich abgeschafft worden waren, die „die Überwachung oder Kontrolle der politischen Betätigung von Personen zum Zweck haben“, war dabei nun schon ein Faktor, der nicht mehr kaschiert werden musste.

Der Betriebsschutz

Nach einer handschriftlichen Notiz des Vizepräsidenten Kurt Fischer auf einem Bericht des Landrats zu Annaberg - Kreispolizeiamt - vom 14. November 1946 war in Sachsen bereits im Jahre 1946 die Schaffung eines Betriebsschutzes „in Vorbereitung“. Die „endgültige Bewilligung“, die auf sich warten ließ, hing nach dieser Notiz jedoch noch von der SMA ab. Im genannten Schreiben hatte das Kreispolizeiamt in Annaberg beklagt, dass „seit dem 24. Oktober 1946“ die drei im Kreisgebiet vorhandenen Papierfabriken von bewaffneten Polizisten bewacht werden müssten, wodurch pro Tag ein Aufwand von neun Polizisten entstehe. Weiter hieß es hier:

„Nach dem vorgesehenen Soll von 180 Schutzmännern habe ich im Kreisgebiet 22 Fehlstellen aufzuweisen. Durch Abkommandierungen nach den Umsiedlerlagern, Schulbesuch und Krankheiten fehlen mir augenblicklich 38 Polizisten innerhalb des Kreises. Trotz aller Einsatzbereitschaft der einzelnen Schutzmänner ist es nicht mehr zu verantworten, daß sie nun schon wochenlang 70-80 Stunden Dienst durchführen.“[1082]

Konkrete Ergebnisse auf diesen Vorstoß des Kreispolizeiamtes Annaberg ließen sich bei den Recherchen allerdings nicht feststellen. Es blieb in Sachsen daher zunächst wohl dabei, dass von der Polizei - wie bisher - in nicht unerheblichem Umfang auch Wachdienste zum Schutz von Betrieben zu leisten waren. Daneben scheint es aber auch einen - zivilen - Betriebsschutzes gegeben zu haben.

Im Herbst 1948, als Kurt Fischer bereits Präsident der DVdI war, kam es in Sachsen und in der gesamten SBZ auch auf dem Gebiet des Betriebsschutzes dann jedoch zu durchgreifenden Veränderungen, die mit dem nun forcierten Schutz des Volkseigentums in Zusammenhang standen. Nach Maßgabe eines Rundschreibens der Landespolizeibehörde beim sächsischen Ministerium des Innern vom 28. September 1948[1083] begann jetzt die Einrichtung eines besonderen polizeilichen Betriebsschutzes, dessen Aufbau durch die DVdI zentral für die gesamte SBZ gesteuert wurde. Auch hierfür gab es - ähnlich wie bei der

---

[1081] Amtsblatt des Kontrollrats, S. 163.

[1082] Alle Zitate und Angaben: SächsHStA, LRS, MdI, Nr. 274 (nicht paginiert).

[1083] Dieses Rundschreiben konnte in den Archivunterlagen nicht aufgefunden werden. Es wurde jedoch in den verschiedenen Berichten der Kreispolizeiämter wiederholt zitiert.

Reorganisation der Nachrichtenämter - zunächst aber keine klare rechtliche Grundlage.

Größere Widerstände bei der Einrichtung dieses neuen polizeilichen Betriebsschutzes waren in Sachsen zwar nicht zu verzeichnen. Dennoch ist ein Hinweis des Bürgermeisters von Kamenz bemerkenswert, der am 14. Januar 1949 monierte, dass „keine Regierungsanordnung oder sonstige gesetzliche Grundlage" vorgewiesen werden könne. Dies war aus seiner Sicht aber erforderlich, „damit die Einplanung der Mittel in den Haushaltsplan vorgenommen werden" könne.[1084] Dieser Hinweis war durchaus berechtigt, und zwar schon deshalb, weil die Kosten von den Firmen bzw. von den Kommunen aufzubringen waren. Die Einrichtung des neuen polizeilichen Betriebsschutzes wurde nachträglich dann aber durch den SMAD-Befehl Nr. 20 vom 17. Mai 1949[1085] sanktioniert, womit die Einwände des Bürgermeisters von Kamenz erledigt waren.

Der Aufbau des neuen Betriebsschutzes vor Ort und dessen Überwachung lag bei den Kreispolizeiämtern. U. a. nach einem Bericht des Kreispolizeiamtes Rochlitz vom 13. Oktober 1948 zeigte sich dabei, dass der bisher schon bestehende Betriebsschutz in einer Reihe von Fällen „wegen politischer Unzuverlässigkeit sowie körperlicher und geistiger Untauglichkeit fast restlos abgelöst und durch zuverlässige Kräfte ersetzt werden" musste.[1086] Beim neuen Betriebsschutz wurde im Übrigen - wie bei den regulären Polizeikräften - auch auf eine klassenbewusste Ausrichtung großer Wert gelegt. Nach einer Meldung des Kreispolizeiamtes Auerbach vom 30. Dezember 1948 gehörten z. B. von 130 neuen Betriebsschutzangehörigen im Kreisgebiet 78 Personen der SED und sechs der FDJ an, während 46 Personen parteilos waren.[1087] Es galten also ähnliche Auswahlkriterien wie für die Polizei selbst.

Der neue polizeiliche Betriebsschutz führte die Aufgaben der bisherigen Wachdienste bzw. eines bisherigen Betriebsschutzes in intensiverer Form fort. U. a. waren Sowjetische Aktiengesellschaften (SAG), zonale oder landeseigene Betriebe (später VEB) und lebenswichtige Privatbetriebe zu sichern. Er hatte die Aufgabe, „wertvolles Volkseigentum" zu schützen, Personenkontrollen durchzuführen, Diebstähle zu verhindern und den Schwarzhandel zu bekämpfen. „Verbrecherischen Elementen" sollte es unmöglich gemacht werden, „die Durchführung des Zweijahresplanes in irgendeiner Form zu schädigen oder Sabotageakte durchzuführen".[1088] Auf der anderen Seite entfielen nach den von

1084 SächsHStA, LBVPS, Nr. 261, Bl. 143.

1085 Klaus-Peter Krause: Die Herausbildung und Entwicklung der Deutschen Volkspolizei, S. 19.

1086 SächsHStA, LBVPS, Nr. 261, Bl. 94.

1087 SächsHStA, LBVPS, Nr. 19, Bl. 19.

1088 Klaus-Peter Krause: Die Herausbildung und Entwicklung der Deutschen Volkspolizei, S. 93.

der DVdI erlassenen detaillierten „Bestimmungen über die Aufstellung eines Betriebsschutzes" für die Polizei, insbesondere für die Schutzpolizei, jetzt „alle die Aufgaben, die bisher den Wach- und Schutzabteilungen [...] übertragen waren".[1089]

Der neue Betriebsschutz wurde in den folgenden Jahren personell stark ausgebaut, denn ihm kam wegen der besonderen ideologischen und volkswirtschaftlichen Bedeutung, die dem Schutz insbesondere auch der verstaatlichten Industrie in der SBZ beigemessen wurde, ein entsprechend hoher Stellenwert zu. In Sachsen galt nach einer internen Aufstellung vom 15. Juni 1949 zunächst eine Sollstärke von 5.623 Bewachungskräften.[1090] Später überflügelte der neue polizeiliche Betriebsschutz in der SBZ zahlenmäßig zeitweise sogar die Schutzpolizei.[1091]

Auch die Anzahl der bewachten Betriebe, die nach dem Jahresbericht 1949 der Landesbehörde der Volkspolizei im Landes Sachsen Anfang 1949 bei nur 317 gelegen hatte, konnte bis Ende des Jahres schließlich auf 1.157 gesteigert werden.[1092] Der Betriebsschutz war allerdings - jedenfalls bis Ende 1948 - noch nicht uniformiert und außerdem unbewaffnet, was sich jedoch ab 1949 änderte.[1093] Er wurde er zu einem weiteren Strang auf dem Wege zur Schaffung des späteren Staatssicherheitsdienstes.[1094]

4.3.4 Die K 5-Organisation

Die Vorläufer in Sachsen

Nach dem bereits mehrmals erwähnten undatierten Leitfaden des Leiters des sächsischen Landeskriminalamtes aus dem Jahre 1945/46 gab es beim Landeskriminalamt Sachsen auch eine „kriminalpolizeiliche Sonderstelle" zur „Erledigung besonderer Aufträge".[1095] Solche Sonderstellen existierten nach einem Schreiben des Chefs der sächsischen Polizei vom 1. September 1945 außerdem

---

[1089] SächsHStA, LBVPS, Nr. 260, Bl. 268.
[1090] SächsHStA, LBVPS, Nr. 261, Bl. 24 ff.
[1091] Thomas Lindenberger: Die Deutsche Volkspolizei, S. 104 ff.
[1092] BArch, DO – 1/7.0/29, Bl. 23.
[1093] BArch, DO 1/7.0/29, Bl. 23.
[1094] Dieter Marc Schneider: Innere Verwaltung/Deutsche Verwaltung des Innern (DVdI), S. 216.
[1095] SächsHStA, LRS, MdI, Nr. 278, Bl. 1.

bei den Kriminalämtern in Dresden, Leipzig, Chemnitz, Zwickau und Bautzen.[1096]

Diese beim Landeskriminalamt bzw. bei den Kriminalämtern gebildeten „Sonderstellen" hatten „neben ihren sonstigen Aufgaben alle Polizeisachen mit politischem Einschlag zu bearbeiten".[1097] Weitere Einzelheiten zum damaligen Tätigkeits- und Aufgabenbereich sind aus den vorhandenen Unterlagen zwar nicht erkennbar. Den Umständen nach dürfte es sich jedoch um Einrichtungen für den Erkennungs-, Nachrichten- und Fahndungsdienst, aber auch zur Bekämpfung von „Wirtschaftssabotage" gehandelt haben.

Die genannten Sonderstellen arbeiteten wahrscheinlich auch mit nachrichtendienstlichen Mitteln, z. B. also mit so genannten Vertrauensleuten. Dies ergibt sich mittelbar aus einem Schreiben des Chefs der sächsischen Polizei an die Abteilung Finanzen und Steuern der LVS vom 4. Januar 1946, in welchem Haushaltsmittel in Höhe von 16.500 Reichsmark für Sonderaufgaben der Polizei angefordert wurden. Solche Ausgaben seien unvermeidlich, hieß es in diesem Schreiben. Es handele sich um Ausgaben, „für die im einzelnen keine Auskunft gegeben werden" könne „und für die nur der Chef der sächsischen Polizei zeichnen" dürfe.[1098]

Anfang 1946 wurde die Bezeichnung „Sonderstelle" - wie oben bereits dargestellt - in Sachsen abgeschafft, wobei die damit verbundenen Veränderungen u. a. auch Gegenstand einer Dienstbesprechung der Leiter der sächsischen Kriminalämter am 13. Februar 1946 in Dresden waren.[1099] Stattdessen gab es bei diesen Ämtern nun eine Zentralstelle C (Verfolgung von Attentaten, Brandstiftung, Sabotage) und eine Zentralstelle H (Bearbeitung von Aufträgen der Besatzungsbehörden und der Landesverwaltung). Im Rahmen der Tätigkeit für die Besatzungsmacht hatte die Zentralstelle H dabei insbesondere dem NKWD zuzuarbeiten. Die Zentralstelle H beim Landeskriminalamt Sachsen sammelte außerdem Stimmungsberichte der nachgeordneten Kriminalämter und wertete diese aus.[1100]

Ende 1946 kam es dann - wie oben ebenfalls bereits erläutert - zu einer weiteren Umbenennung. Aus den „Zentralstellen" wurden Fachabteilungen. Die Fachabteilungen VI bei den Kriminalämtern waren nun für die Aufgaben der früheren Sonderstelle bzw. der Zentralstellen C und H zuständig. In diesen Organisationseinheiten waren „Straftaten anderer Art" zu bearbeiten. Hierzu gehörten nach

---

[1096] SächsHStA, LBVPS, Nr.44, Bl. 22.
[1097] Ebenda.
[1098] SächsHStA, LRS, MdI, Nr. 278, Bl. 102.
[1099] SächsHStA, LRS, MdI, Nr. 279, Bl. 15.
[1100] SächsHStA, LBVPS, Nr. 27, Bl. 247.

einem von der Polizeiabteilung des sächsischen Innenministeriums mit Rundschreiben vom 15. Januar 1947 eingeführten Statistik- und Erhebungsbogen

- Aufträge der Besatzungsbehörde und der Landesregierung Sachsen,
- Attentate,
- Sabotageakte,
- Verstöße gegen die Befehle der SMA, Sabotage am Aufbau (SMAD-Befehl Nr. 160),
- Sprengstoff- und Waffenvergehen (SMAD-Befehl Nr. 3 vom 15. Juni 1945), Weiterführung von NS-Organisationen (Kontrollratsgesetz Nr. 2 vom 10. Oktober 1945), falsche Angaben ehemaliger PG,
- Verbrechen gegen die Menschlichkeit (Kontrollratsgesetz Nr. 10 vom 20. Dezember 1945)[1101], Entfernung, Beschmutzung demokratischer Propaganda sowie Verbreitung von Gerüchten und Parolen (§§ 131, 145 d StGB) und
- sonstige Verstöße gegen den Neuaufbau.[1102]

Die Wahrnehmung von „Aufgaben mit politischem Einschlag“ durch die genannten Sonderstellen, Zentralstellen oder Fachabteilungen - auch mit nachrichtendienstlichen Mitteln - spricht dafür, dass es in Sachsen bereits unmittelbar nach dem Krieg zumindest tendenziell eine politische Polizei gab. Zurückhaltung war hier allerdings geboten, da das Kontrollratsgesetz Nr. 31 vom 1. Juli 1946[1103] - wie bereits erwähnt - „die Überwachung oder Kontrolle der politischen Betätigung von Personen“ durch deutsche Polizeidienststellen verbot.

Der Übergang zur K 5-Organisation

In einer Studie vom 28. Januar 1947 schlug die DVdI dann die Bildung eines Dezernats K 5 bei den Landeskriminalämtern bzw. von Kommissariaten K 5 bei den Kriminalämtern zur Verfolgung von „Straftaten anderer Art“ vor.[1104] Gemäß Anlage 1 f dieser Studie waren unter diesen Straftaten „solche zu verzeichnen, die den Neuaufbau unserer jungen Demokratie gefährden“.[1105]

Parallel hierzu gab es auch in Sachsen neue Überlegungen. In einer internen Studie der Fachabteilung (Landeszentrale) VI des Landeskriminalamtes Sachsen über die „zukünftige Arbeit der FA (Fachabteilung) VI in den Landkreisen“ vom 11. März 1947 wurde dabei beklagt, dass „besonders aus den Landkreisen keine

---

[1101] Amtsblatt des Kontrollrats, S. 50.
[1102] SächsHStA, LRS, MdI, Nr. 269 (nicht paginiert).
[1103] Amtsblatt des Kontrollrats, S. 163.
[1104] BArch, DO 1/7.0/355, Bl. 20 ff.
[1105] BArch, DO 1/7.0/355, Bl, 76.

oder nur wenige Berichte über das Arbeitsgebiet der Fachabteilung VI bei den Kriminalämtern und noch viel weniger beim Landeskriminalamt einlaufen". Es sei aber notwendig, sich „gerade auf dem flachen Land [...] auf dem Gebiet der VI Einblick zu verschaffen", hieß es hier, zumal sich „ein großer Teil der faschistischen Offiziere und Verwaltungsorgane während des Zusammenbruches der faschistischen Armeen" in Sachsen befunden hätten „und auf dem flachen Land als Knechte und Handwerker untergetaucht" seien, wo „sie zum Teil schon wieder ihre Gegenarbeit leisten oder zumindest dafür den geeigneten Moment abwarten" würden. Zur „Lösung dieser Aufgabe" sollte die Fachabteilung VI nach dieser Studie daher durch „geeignetste Angestellte" verstärkt werden.[1106] Die vorgeschlagene personelle Verstärkung wurde in Sachsen ab Mitte 1947 tatsächlich auch in Angriff genommen mit der Folge, dass der Personalbestand im Rechnungsjahr 1948 laut Stellenplan nun von 1.200 auf 2.400 Angestellte im Kriminaldienst anstieg.[1107]

In Sachen Umbenennung folgte Sachsen ab etwa Mitte Mai 1947 schließlich dem oben genannten Vorschlag der DVdI. Aus der bisherigen Fachabteilung (Landeszentrale) VI beim Landeskriminalamt Sachsen wurde also das Dezernat K 5 beim Landeskriminalamt Sachsen und aus den bisherigen Fachabteilungen VI bei den Kriminalämtern wurde das Kommissariat K 5. Am 28. April 1947 berichtete die Fachabteilung (Landeszentrale) VI des Landeskriminalamtes Sachsen dem Minister des Innern noch unter der alten Bezeichnung vom Ergebnis der Ermittlungen gegen leitende Angestellte in der Landesdruckerei, aus der Druckstöcke entwendet worden waren, wobei hier offenbar Sabotage vermutet wurde.[1108] Auch ein Schreiben von Innenminister Fischer vom 7. Mai 1947 enthielt noch die alte Kurzbezeichnung.[1109] Mitte Mai 1947, spätestens ab Juni 1947 war die von der DVdI initiierte Umbenennung dann auch in Sachsen aber abgeschlossen. Deshalb kann die teilweise in der Literatur vertretene Auffassung[1110], die K 5-Organisation sei in der SBZ erst im Zusammenhang mit dem Erlass des SMAD-Befehls Nr. 201 vom 16. August 1947[1111] zur beschleunigten Durchführung der Entnazifizierung eingerichtet worden, zumindest für Sachsen nicht zutreffen. Sicher war der Erlass des genannten Befehls jedoch Anlass dafür, diese Organisationen in Sachsen verstärkt auszubauen.

Die K 5-Organisation wurde in der Folgezeit - nicht nur in Sachsen, sondern in der gesamten SBZ - zum zentralen Organ der deutschen politischen Polizei.

[1106] Alle Zitate und Angaben: SächsHStA, LRS, MdI, Nr. 270 (nicht paginiert).
[1107] SächsHStA, LBVPS, 106, Bl. 216.
[1108] SächsHStA, LRS, MdI, Nr. 271 (nicht paginiert).
[1109] SächsHStA, LRS, MdI, Nr. 271 (nicht paginiert).
[1110] Karl Wilhelm Fricke: Zur Geschichte der DDR-Staatssicherheit, S. 125.
[1111] Zentralverordnungsblatt, S. 153

Dabei war diese Organisation offiziell zwar weiterhin der Kriminalpolizei zugeordnet, de facto handelte es sich jedoch eindeutig um ein eigenständiges Überwachungsinstrument mit sorgfältig ausgesuchtem Personal. Die Kommissariate bzw. Dezernate K 5 hatten einen eigenen Instanzenzug, und ihre Tätigkeit unterlag absoluter Geheimhaltung. Die K 5-Organisation bildete einen wichtigen Strang bei der Bildung des späteren Staatssicherheitsdienstes der DDR.[1112]

Einzelne Tätigkeitsfelder der K 5-Organisation in Sachsen

Die K 5-Organisation - bzw. deren Vorläuferorganisationen - war nach dem Kriege in Sachsen insbesondere für den Chef des Innenressorts, Kurt Fischer, ein wichtiges Informations- und Herrschaftsinstrument. Nicht ohne Grund musste hier daher auch - wie dargelegt - auf die parteipolitisch „richtige" personelle Zusammensetzung besonderer Wert gelegt werden. Mit Hilfe dieser Organisation war es dem für die K 5-Organisation zuständigen Ressortchef auch möglich, den bis Mitte 1947 wichtigsten politischen Antipoden auf Landesebene, nämlich den Ministerpräsidenten Rudolf Friedrichs, unter Kontrolle zu halten.[1113] Zu diesem Zweck ließ sich Kurt Fischer z. B. gezielt über tatsächliche oder vermeintliche Schwachpunkte im Geschäftsbereich des Ministerpräsidenten berichten. Auch sonst nutzte er seine Informationen, wenn ihm dies zweckmäßig erschien. An Beispielen hierfür seien erwähnt:

- In einem Bericht vom 28. April 1947 meldete die Landeszentrale VI des Landeskriminalamtes Sachsen dem Innenminister den Diebstahl von Druckstöcken aus der Landesdruckerei. Es wurde Sabotage vermutet und im Übrigen festgestellt, dass „alle Untersuchungen und Vernehmungen [...] den Eindruck" erweckt hätten, „daß die Direktion ihren Aufgaben, d. h. der Leitung dieses Betriebes, nicht gewachsen" sei. Innenminister Fischer nahm diesen Bericht zum Anlass, dem Ministerpräsidenten in einem von ihm persönlich formulierten Schreiben vom 3. Mai 1947 vorzuschlagen, die bisher dem Geschäftsbereich des Ministerpräsidenten zugeordnete Landesdruckerei „zum Zwecke einer ständigen Kontrolle [...] der entsprechenden Industrieverwaltung der landeseigenen Betriebe anzuschließen".[1114]
- Mit Schreiben vom 7. Mai 1947 unterrichtete Innenminister Fischer die Vorsitzenden des Landesvorstandes der SED in Sachsen, die Genossen Buchwitz und Koenen, unter Beifü-

---

[1112] Dieter Marc Schneider: Innere Verwaltung/Deutsche Verwaltung des Innern (DVdI), S. 215.

[1113] Ministerpräsident Rudolf Friedrichs starb am 13. Juni 1947 unter nie völlig geklärten Umständen. - Vgl. hierzu die Studie von Michael Richter/Mike Schmeitzner: „Einer von beiden [...]

[1114] SächsHStA, LRS, MdI, Nr. 271 (nicht paginiert).

gung eines Berichtes der Landeszentrale VI des Landeskriminalamtes Sachsen vom 6. Mai 1947 von einem Autounfall des stellvertretenden Polizeipräsidenten von Dresden unter Alkoholeinfluß, „da es sich um einen hohen Funktionär der Partei“ handele.[1115]

Darüber hinaus fielen bei der K 5-Organisation ab Mitte 1947 u. a. die nachfolgenden „Erkenntnisse“ an:

- In einem Bericht vom 2. Juni 1947 meldete das Dezernat K 5 des Landeskriminalamtes Sachsen, dass in Freital durch Flugblätter zu einer Hungerdemonstration aufgerufen wurde. Dieser Aufforderung seien am 31. Mai 1947 auf dem Goetheplatz in Freital 250 bis 300 Personen gefolgt. „Durch das Eingreifen der Roten Armee, die den Platz durch Posten mit Maschinenpistolen und Maschinengewehren abschloß, und durch das tatkräftige Eingreifen der Polizei in Zivil und Angehörigen der SED konnte eine Demonstration verhindert werden“, hieß es in diesem Bericht. Die Protestaktion und die Verärgerung der Bevölkerung sei hauptsächlich darauf zurückzuführen gewesen, „daß es heute noch immer genügend Leute gibt, die in Saus und Braus leben können, wo der größte Teil der Bevölkerung hungern muß“.[1116]

- Ein Ermittlungsbericht des Dezernats K 5 des Landeskriminalamtes Sachsen vom 18. September 1947 unterrichtete Innenminister Fischer über Fälle, „wo Jugendliche die Ostzone“ verlassen hatten. In den untersuchten Fällen seien „stets persönliche Gründe dafür maßgebend“ gewesen, hieß es hier. U. a. erfuhr der Minister auch, dass ein junger Mann „dem ungünstigen Einfluß seines Mädels“ unterlegen und deshalb mit ihr verschwunden sei. Alle „protokollarisch vernommenen Personen“ hätten die Existenz von Gerüchten „über eine Vermittlungstätigkeit von Werbern für die Westzonen“ aber verneint.[1117]

- Nach einer Aktennotiz des Dezernats K 5 des Landeskriminalamtes vom 27. April 1948 konnten vom Kriminalamt Dresden - Kommissariat K 5 - fünf SPD-Flugblätter sichergestellt werden. Ein Heinz Gl. habe sich „seit längerer Zeit durch seine Fahrten nach Berlin und durch sein reaktionäres Benehmen besonders verdächtig“ gemacht, hieß es in dieser Notiz weiter.[1118]

- Ein Bericht des Dezernats K 5 des Landeskriminalamtes ebenfalls vom 27. April 1948 unterrichtete über die Reaktion der Bevölkerung auf einer SED-Veranstaltung am 25. April 1948 in Schloss Seifersdorf. Es ist hier von „Bonzen“ die Rede, die „wieder essen und trinken“. Man habe 100 Kuchen gebacken; ein Schwein, Ochsen und ein Kalb seien auch geschlachtet worden.[1119]

- Nach einem weiteren Bericht des Dezernats K 5 des Landeskriminalamtes Sachsen vom 25. Mai 1948 war die Bevölkerung von Tränke, Landkreis Bautzen, „über die Kompensationsgeschäfte und das aufgefundene Stofflager bei dem Bürgermeister von Tränke, Richard B., sehr entrüstet“. Außerdem hätten auch Schwarzschlachtungen stattgefunden.

[1115] SächsHStA, LRS, MdI, Nr. 271 (nicht paginiert).
[1116] SächsHStA, LRS, MdI, Nr. 271 (nicht paginiert).
[1117] SächsHStA, LRS, MdI, Nr. 274 (nicht paginiert).
[1118] SächsHStA, LRS, MdI, Nr. 268 (nicht paginiert).
[1119] SächsHStA, LRS, MdI, Nr. 268 (nicht paginiert).

Der Bürgermeister habe „in unverantwortlicher Weise gegen das Gesetz verstoßen" und sei daher nicht mehr „tragbar und aus seinem Amt zu entlassen".[1120]

- Die Postkarte eines Revierförsters H. aus Walddorf bei Löbau vom April 1948 an die Deutsche Verwaltung für Arbeit und Sozialfürsorge in Berlin, in welcher dieser sich über die „unzulängliche und fettlose Ernährung" beschwert hatte, schließlich galt als Provokation, so dass es zur Einschaltung des Dezernats K 5 beim Landeskriminalamts Sachsen kam. In einem Bericht vom 21. Juni 1948 stellte das Dezernat K 5 nach entsprechenden Ermittlungen fest, dass der lungenkranke und im Ruhestand befindliche Revierförster als „besonderer Meckerer und Nörgler" bekannt sei und im Übrigen „beim demokratischen Neuaufbau" noch nicht in Erscheinung getreten sei.[1121]

Für die K 5-Organisation ging es also - wie bei den Vorgängerorganisationen - auch weiterhin, aber nun intensiver, vor allem darum, die Bevölkerung zu beobachten, entsprechende Stimmungs- und Ermittlungsberichte zu erstellen, Sonderermittlungen durchzuführen und „Charakteristiken"[1122] zu fertigen.

Die Bedeutung des Befehls Nr. 201 für die K 5-Organisation

Ab Mitte 1947 gab es für die K 5-Organisation dann weitere zusätzliche Aufgaben, die mit dem Inkrafttreten des Befehls Nr. 201 der SMAD vom 16. August 1947[1123] zusammenhingen. Der genannte Befehl hatte nach der „Bodenreform" und der „Industriereform"[1124] - sowie nach der personellen Justiz-, Polizei-, Verwaltungs- und Bildungsreform nunmehr die generelle Durchkämmung aller staatlichen und außerstaatlichen Verwaltungen, Institutionen und Körperschaften nach tatsächlichen oder vermeintlichen Gegnern zum Ziel. Die deutschen Verwaltungsorgane und Entnazifizierungskommissionen in der SBZ wurden durch diesen Befehl verpflichtet, die notwendigen Maßnahmen zu ergreifen, welche „die Beschleunigung der Durchführung und den Abschluß der Entnazifizierung in der sowjetischen Besatzungszone entsprechend den Direktiven Nr. 24 und Nr. 38 des Kontrollrats" sichern sollten. Die Verantwortung für die Durchführung des genannten Befehls lag in der SBZ bei „den deutschen Verwaltungen für Inneres und Justiz" und bei den Länderregierungen. Hiermit war für die DVdI und die Innenminister ein enormer Kompetenzzuwachs

---

1120 SächsHStA, LRS, MdI, Nr. 268 (nicht paginiert).- Aus einer Randnotiz, die wahrscheinlich von Minister Fischer stammt, kann geschlossen werden, dass es hier dann tatsächlich zu einer Amtsenthebung gekommen ist.

1121 SächsHStA, LRS, MdI, Nr. 268 (nicht paginiert).

1122 Monika Tantzscher: Die Vorläufer des Staatssicherheitsdienstes in der Polizei der SBZ, S. 149.

1123 Zentralverordnungsblatt, 1947,S. 153.

1124 In Wirklichkeit hatte es sich um Konfiskationen gehandelt.

verbunden.[1125] Neu am Befehl Nr. 201 war insbesondere, dass nun die deutschen Entnazifizierungskommissionen und die deutschen Gerichte weitgehend selbst entscheidungsbefugt waren.[1126]

Sachsen widmete sich der Durchführung des Befehls Nr. 201 von Anfang an intensiv. Dafür sorgte Kurt Fischer als zuständiger Innenminister und als Vorsitzender der sächsischen Landesentnazifizierungskommission. Die ihm unterstellte Polizeiabteilung des sächsischen Ministeriums des Innern gab zusätzlich ein sorgfältig zusammengestelltes Handbuch mit den einschlägigen Direktiven, Ausführungsbestimmungen usw. heraus.[1127] Ansonsten wurde die Durchführung des genannten von der DVdI zentral gesteuert. Maßgeblicher Vizepräsident war dort Erich Mielke. Auch die Konferenz der Innenminister am 12. Oktober 1947 in Rehefeld befasste sich mit diesem Befehl.[1128]

Bei der Umsetzung wurde die Polizei im Allgemeinen und die K 5-Organisation im Besonderen stark gefordert. Gleichzeitig wurde sie aber auch - wie bereits erwähnt - erheblich aufgewertet. Die wichtigste Kompetenzerweiterung der K 5-Organisation lag in der Tatsache, dass diese Organisation in Entnazifizierungsverfahren jetzt als weitgehend selbstständige Untersuchungsbehörde fungieren durfte. Im Rahmen dieses Verfahrens konnte die Polizei bzw. die K 5-Organisation selbstständig Untersuchungshaft anordnen, die von der Staatsanwaltschaft nur noch zur bestätigen war.[1129] Entsprechendes galt für die Fertigung der Anklageschrift. Maßgeblich waren insoweit die Ziffern 3, 4, 7 und 9 der Ausführungsbestimmung Nr. 3 vom 21. August 1947[1130] zum Befehl Nr. 201.

Im Zusammenhang mit der Durchführung des genannten Befehls war die K 5-Organisation als Untersuchungsorgan u. a. auch berechtigt und verpflichtet, alle erforderlichen Maßnahmen zur „vorläufigen Inhaftierung des Verbrechers und zur Sicherung seines Eigentums zu ergreifen".[1131] Damit waren der Polizei bzw. der K 5-Organisation Vollmachten übertragen worden, die ihre Kompetenzen als politische Polizei erheblich erweiterten, allerdings zunächst nur im Zusammenhang mit Maßnahmen bei der Durchführung des Befehls Nr. 201. Entscheidend war aber das Prinzip: Die bisherige strafprozessuale Stellung der Polizei als

---

1125 Hans-Peter Müller: „Parteiministerien", S. 370.
1126 SächsHStA, LRS, Ministerpräsident, Nr. 1335, Bl. 100.
1127 SächsHStA, LBVPS, Nr. 43.
1128 SAPMO-BArch, DY 30 IV 2/13/109, Bl. 62 ff.
1129 SächsHStA, LRS, MdI, Nr. 274 (nicht paginiert).
1130 Zentralverordnungsblatt, S. 188 ff.
1131 Ebenda.

Hilfsorgan der Staatsanwaltschaft (§ 152 des Gerichtsverfassungsgesetzes) wurde insoweit also auf einem wichtigen Teilgebiet überwunden.[1132]

Zum wohl spektakulärsten Verfahren in Sachsen, an welchem die K 5-Organisition als Untersuchungsbehörde maßgeblich beteiligt war, gehörte der Schauprozess gegen den ehemaligen Oberbürgermeister der Stadt Görlitz, Hans Meinshausen, und gegen den ehemaligen Kreisleiter der NSDAP Görlitz, Bruno Malitz, der in der Zeit vom 6. bis 22. April 1948 in der Görlitzer Stadthalle stattfand.[1133] Das Dezernat K 5 des Landeskriminalamtes Sachsen hatte für dieses Verfahren die Anklageschrift gefertigt. Es vertrat in diesem Prozess - neben der Staatsanwaltschaft - auch die Anklage vor Gericht. Der Prozess endete dann mit Todesurteilen, die auch vollstreckt wurden.[1134]

Die Abwicklung der Verfahren nach Befehl Nr. 201

Die Durchführung des Befehls Nr. 201 führte in Sachsen in einer Vielzahl von Fällen zu Verhaftungen. Nach einem Ende 1947 erstellten Jahresbericht des Dezernats K 5 des Landeskriminalamts Sachsen wurden in diesem Jahr insgesamt 1.760 Personen verhaftet, davon 521 im Zusammenhang mit der Durchführung dieses Befehls. Im Jahre 1946 hatte es hingegen „nur" 775 Verhaftungen durch die Fachabteilung (Landeszentrale) VI beim Landeskriminalamt bzw. durch die Fachabteilungen VI bei den Kriminalämtern gegeben. Auch sonst war nach diesem Jahresbericht nun eine ganz erhebliche Zunahme der Fallbearbeitungen festzustellen. Im Jahre 1946 wurden 13.869 Fälle registriert, im Jahre 1947 hingegen schon 23.017. Generell gab es hiernach auch eine Zunahme der „versteckten Sabotage".[1135]

Die nach Befehl Nr. 201 verhafteten Personen wurden in Polizeihaftanstalten eingeliefert. Dabei gingen einzelne Polizeibehörden in Sachsen offenbar keineswegs zimperlich vor. Der Abgeordnete Ralph Liebler[1136], Zittau, beklagte

---

[1132] Karl Wilhelm Fricke: Die DDR-Staatssicherheit, S. 21.

[1133] Mit dem Ziele „eines besonders wirkungsvollen Prozesses" kam es unter Federführung der Polizeiabteilung des sächsischen Innenministeriums und unter Einbeziehung des Gerichtsvorsitzenden zu mehreren vorbereitenden Besprechungen - SächsHStA, SED-BPA Dresden, Nr. A/1234.

[1134] SächsHStA, LBVPS, Nr. 6, Bl. 6.

[1135] Zitiert nach Günther Glaser: Reorganisation der Polizei, S.96 ff.

[1136] 14.09.1901-22.11.1953. Geb. in Leipzig. 1929-1944 Rechtsanwalt in Zittau; 1944 Inhaftierung; 1945 LDP; 1946-1950 Abgeordneter und Vizepräsident des Sächsischen Landtages. - Vgl. Helmut Müller-Enbergs: Wer war wer in der DDR?, S. 525 mit weiteren Angaben.

sich jedenfalls in einem Schreiben vom 13. September 1947 bei Ministerpräsident Seydewitz darüber, dass die Polizei „im Kamenzer Bezirk ein eigenartiges Verfahren aufgrund des Befehles Nr. 201 der SMA" entwickele. Man halte dort Leute wochenlang in Polizeigewahrsam, ohne sie dem zuständigen Richter vorzuführen. Hierin liege ein Verstoß gegen Artikel 10 der sächsischen Verfassung. Das Verfahren der Polizei sei also „verfassungswidrig und stellt nach strafrechtlichen Bestimmungen eine glatte Freiheitsberaubung dar", betonte Liebler.[1137]

Ministerpräsident Seydewitz übergab dieses Schreiben dem Ministerium des Innern mit der Bitte um Prüfung und Mitteilung des Ergebnisses. Die abschließende Beantwortung übernahm im Gegensatz zur üblichen Praxis unter Ministerpräsident Friedrichs nun jedoch der Innenminister. Dieser unterschrieb das Antwortschreiben vom 9. Oktober 1947 an den Abgeordneten Liebler jedoch nicht einmal persönlich. Er ließ es vielmehr lediglich durch den Leiter des Ministerbüros „im Auftrag" abzeichnen. In gleicher Weise erhielt der Ministerpräsident eine Erledigungsmitteilung. Inhaltlich verwies das Innenministerium im Antwortschreiben darauf,

- dass nach Erlass des Befehls Nr. 201 von den Organen der Polizei im Lande Sachsen „sofort" Maßnahmen zur Ergreifung von Verbrechern gemäß Befehl 201 und Direktive 38 eingeleitet worden seien,
- dass bis zum Erlass der Ausführungsbestimmungen von Seiten „der Deutschen Verwaltung des Innern" gemäß Punkt 6 der Ausführungsbestimmung Nr. 3 des Befehles Nr. 201 verfahren werde, wonach „die Behörde, welche die Untersuchung führt, alle erforderlichen Maßnahmen zur Auffindung, zur vorläufigen Festnahme und zur Inhaftierung des Verbrechers und zur Sicherstellung seines Eigentums zu ergreifen" habe
- und dass das zuständige Polizeiorgan als Untersuchungsorgan die Haftbefehle in allen Fällen „für Vorgänge, die sich auf Befehl 201 beziehen, [selbst] erläßt, nicht die Staatsanwaltschaft". Die Staatsanwaltschaft erhalte die Haftbefehle „nur zur Bestätigung vorlegt".[1138]

Generell waren die Verhältnisse in den Polizeihaftanstalten offenbar aber so verheerend, dass sich schließlich sogar der sächsische Generalstaatsanwalt, Rudolf Helm[1139], in einem an den neuen sächsischen Innenminister Wilhelm Zaisser gerichteten Schreiben vom 10. Dezember 1948 zur Intervention veranlasst sah. Er verwies „auf die nach meiner Überzeugung untragbaren Zustände in

---

[1137] SächsHStA, LRS, MdI, Nr. 274 (nicht paginiert).

[1138] Alle Zitate und Angaben: SächsHStA, LRS, MdI, Nr. 274 (nicht paginiert).

[1139] 30.03.1896-09.04.1979). Geb. in Dresden. 1914-1918 Soldat. 1919-1922 Studium der Rechtswissenschaften. 1921 KPD; 1925 Rechtsanwalt in Dresden; 1933 Schutzhaft und Ausschluss aus der Anwaltskammer; 1944 Haft. - Vgl. Helmut Müller-Enbergs: Wer war wer in der DDR?; S. 333 mit weiteren Angaben.

der polizeilichen Haftanstalt Leipzig". Hier stünden täglich nur ca. 800 Kalorien zur Verfügung, monierte er. Zukost von außen sei verboten. Außerdem werde keinerlei geistige oder körperliche Beschäftigung gestattet. Unter diesen Umständen sei auch die Einzelhaft eine besondere Tortur. Die geschilderten Zustände seien, „wenn sie zutreffen, aufs Schärfste zu beanstanden", und müssten „sofort in der Richtung geändert werden, daß eine nach den Grundsätzen der Menschlichkeit zu beurteilende Behandlung Platz greift".[1140] Die Reaktion auf diese Intervention lässt sich aus den Unterlagen allerdings leider nicht entnehmen.

Schon Anfang 1948 war jedoch klar geworden, dass die Durchführung des Befehls Nr. 201 aus politischen Gründen baldmöglichst abgeschlossen werden sollte. Dies war der Wunsch der sowjetischen Besatzungsmacht. Walter Ulbricht hatte deshalb hierzu auf der Innenminister-Konferenz am 31.1./1.2.1948 in Altenstein u. a. verkündet:

> „Die Durchführung des Befehls 201 und 124 ist in möglichst kurzer Frist zu beenden. Man muß wirklich sagen können, daß nun die Periode des Neuaufbaus beginnt. Solange wir sequestrieren, enteignen und entnazifizieren, wird das eine Nervosität in der Wirtschaft zur Folge haben. Aus politischen Gründen sind wir also daran interessiert, daß im wesentlichen diese Aufgaben zu Ende geführt werden, die Eintragung der neuen Grundeigentümer in den Grundbüchern erfolgt, die Entnazifizierung nach 201 (nicht bezüglich der Gerichtsverhandlungen und der Arbeit der Untersuchungsorgane, aber die Arbeit der Entnazifizierungskommissionen) beendet wird."[1141]

Ein entsprechender SMAD-Befehl Nr. 35 vom 26. Februar 1948[1142] folgte. Die Arbeit der auf der Grundlage des Befehls Nr. 201 gebildeten Entnazifizierungskommissionen wurde daraufhin am 10. März 1948 abgeschlossen, und die Auflösung der sächsischen Landesentnazifizierungskommission folgte zum 10. April 1948.[1143]

Die weitere Entwicklung

Die Fortsetzung anhängiger Verfahren, insbesondere der Gerichtsverfahren, und die damit verbundenen Strafvollstreckungsverfahren, war durch den SMAD-Befehl Nr. 35 vom 26. Februar 1948 nicht berührt worden. Die anhängigen Verfahren „gegen Kriegs- und gegen faschistische Verbrecher" sollten also durch die Kriminalpolizei und durch deutsche Gerichte weitergeführt wer-

---

[1140] Alle Zitate und Angaben: SächsHStA, LRS, MdI, Nr. 276 (nicht paginiert).
[1141] Zitiert nach Günther Glaser: Reorganisation der Polizei, S. 103 ff. (108).
[1142] Sächs. GVBl., S. 134.
[1143] SächsHStA, LRS, MdI, Nr. 2034, Bl. 54.

den.[1144] Ansonsten konzentrierte sich die K 5-Organisation auch in Sachsen nun wieder auf die allgemeine Überwachung und Bekämpfung des „Gegners des demokratischen Aufbaus“ Dabei übte sie „ähnliche Repressivfunktionen aus wie die sowjetischen Sicherheitsorgane in der UdSSR, erheblich eingeschränkt allerdings durch die Kontroll- und Exekutivbefugnisse, die sich die sowjetischen Sicherheitsorgane in der sowjetischen Besatzungszone weiterhin vorbehalten hatten“.[1145]

Es bestand nun - Anfang/Mitte 1948 - auch Anlass, das bisherige Aufgabenfeld fortzuschreiben bzw. zu aktualisieren. Nach dem undatierten Entwurf eines Memorandums der DVdI „über die Aufgaben und den Arbeitsbereich des Kommissariats 5“ galt es jetzt, schwerpunktmäßig „den wirtschaftlichen Wiederaufbau in der sowjetischen Besatzungszone vor Störversuchen zu schützen“ sowie Feinde der Demokratie aufzuspüren, insbesondere „Anhänger der in der sowjetischen Zone aufgelösten SPD, die unter Anleitung der Schumacherschen SPD in Westdeutschland ihre politischen Zersetzungsversuche hier fortführen“.[1146] Denn als Schwerpunkte gegnerischer Tätigkeit in der SBZ galten eine „systematische Gegenarbeit durch die SPD“ und „die massenhafte Verbreitung von Flugblättern sowie Hungerdemonstrationen“ sowie weiterhin „versteckte Sabotage“.[1147]

Zoneneinheitlich galt ab Anfang 1948 für die K 5-Organisation der nachfolgend dargestellte Aufgabenkatalog, wonach

- die Bekämpfung von Verstößen gegen Befehle der SMAD, Sprengstoff- und Waffenvergehen, Befehl Nr. 3/45, 224/47,
- die Bekämpfung von Verstößen gegen Anordnungen des Kontrollrats (u. a. die Ahndung von Kriegsverbrechen, von Verbrechen gegen die Menschlichkeit und ehemaliger Nationalsozialisten) und
- die Bekämpfung von Sabotage am demokratischen Neuaufbau (u. a. Attentate und Sabotageakte einschließlich Wirtschaftssabotage)

zu den wichtigsten Aufgabengebieten zählten.[1148] Dieser Aufgabenkatalog war in Sachsen für statistische Zwecke zusätzlich noch in 18 Rubriken aufgliedert worden.[1149] Da nach dem in der SBZ maßgeblichen Verständnis alle Gegner der

---

1144 Monika Tantzscher: Die Vorläufer des Staatssicherheitsdienstes in der Polizei der SBZ, S. 153.

1145 Karl Wilhelm Fricke: Die DDR-Staatssicherheit, S. 22.

1146 Zitiert nach: Jochen Laufer: Die Ursprünge des Überwachungsstaates, S. 162.

1147 Monika Tantzscher: Die Vorläufer des Staatssicherheitsdienstes in der Polizei der SBZ, S. 148.

1148 Monika Tantzscher: Die Vorläufer des Staatssicherheitsdienstes in der Polizei der SBZ, S. 142 ff.

1149 Monika Tantzscher: Die Vorläufer des Staatssicherheitsdienstes in der Polizei der SBZ, S. 149.

„antifaschistisch-demokratischen Umwälzung" als Faschisten, Reaktionäre oder Gegner am „demokratischen Neuaufbau" in Betracht kamen, war klar, dass sich das Tätigkeitsfeld der K 5-Organisation ab Frühjahr 1948, als neue Verfahren nach Befehl Nr. 201 nicht mehr hinzukamen, dennoch nach Maßgabe politischer Prioritäten schnell weiter ausdehnen konnte.[1150] Dass dies tatsächlich auch so war, ergibt sich aus den Angaben im oben bereits erwähnten Jahresbericht 1947 des Dezernats K 5 des Landeskriminalamts Sachsen. Hiernach hatte es bei der K 5-Organition bzw. deren Vorläuferorganisationen in Sachsen

im Jahre 1946	13.869 Fälle mit	775 Verhaftungen
und im Jahre 1947	23.017 Fälle mit	1.760 Verhaftungen

gegeben.[1151] Im Vergleich hierzu zeigte eine „Gesamtübersicht aller im Jahre 1948 eingegangenen K 5-Fälle und der darin verwickelten Personen", dass in Sachsen

im Jahre 1948 nun schon	51.236 Fälle mit	3.205 Verhaftungen

zu bearbeiten waren.[1152] Unter der Gesamtzahl dieser Fälle gab es 14.137 „Aufträge der Besatzungsbehörden" und 15.386 „ausgefertigte Charakteristiken".[1153]

Ende 1948/Anfang 1949 kam es in Sachsen schließlich - wie oben bereits dargestellt - zur formellen Eingliederung des Landeskriminalamtes und damit auch des Dezernats K 5 in die Landespolizeibehörde. Die Bezeichnung Landeskriminalamt wurde abgeschafft. Gleichzeitig waren in Moskau aber auch schon die Weichen für eine vollständige Herauslösung der K 5-Organisation aus der Kriminalpolizei gestellt worden. In der SBZ sollte diese Organisation nun einer bei der DVdI einzurichtenden „Hauptabteilung zum Schutz der Wirtschaft und der demokratischen Ordnung" zugeordnet werden.[1154] Entsprechende Planungen sahen jetzt auch schon die Bereitstellung von Personal „als Grundlage des künftigen Staatssicherheitsdienstes" vor.[1155]

[1150] Jochen Laufer: Die Ursprünge des Überwachungsstaates, S. 161.

[1151] Zitiert nach Günther Glaser: Reorganisation der Polizei, S. 96 ff.

[1152] SächsHStA, LBVPS, Nr. 6, Bl. 35; vgl. auch Günther Glaser: Reorganisation der Polizei, S. 248

[1153] Ebenda.

[1154] Rolf Badstübner/Wilfried Loth (Hrsg.): Wilhelm Pieck - Aufzeichnungen, S. 252

[1155] Monika Tantzscher: Die Vorläufer des Staatssicherheitsdienstes in der Polizei der SBZ, S. 154 ff.

Einen Abschluss fand die gesamte Entwicklung nach Gründung der DDR mit der Bildung des Ministeriums für Staatssicherheit (MfS) durch Gesetz der Volkskammer vom 8. Februar 1950.[1156] Spätestens jetzt hatte die K 5-Organistion in der SBZ zu existieren aufgehört.[1157] Ihre Aufgaben und Funktionen übernahm in Sachsen eine besondere Verwaltung für Staatssicherheit, die direkt dem neuen Ministerium für Staatssicherheit unterstand. Deren „Hauptaufgabe" bestand darin, „die Machenschaften des Imperialismus und der Feinde des Sozialismus in der DDR schonungslos aufzudecken und zu bekämpfen".[1158]

Erster Minister für Staatssicherheit in der DDR wurde Wilhelm Zaisser, der frühere sächsische Innenminister. Sein Stellvertreter wurde Erich Mielke. „Die historische Aufgabe" des MfS bestand darin, „als Organ der Diktatur des Proletariats alle verbrecherischen Pläne und Anschläge der Feinde des Sozialismus rechtzeitig aufzudecken und konsequent zu zerschlagen".[1159] Deshalb war für Wilhelm Zaisser auch klar, dass „das, was wir hier machen, [...] Parteiarbeit [ist]. Wir sind das Schwert der Partei. Wir stehen an vorderster Stelle im Klassenkampf. Alles, was wir hier tun, tun wir für die Partei", verkündete er.[1160]

Deutliche und mutige Worte zur Entwicklung in der SBZ im Allgemeinen und bei der K 5-Organistion im Besonderen fand der damalige evangelische Bischof von Berlin-Brandenburg, Otto Dibelius[1161], in einem Rundschreiben vom 1. Juni 1949 an die evangelischen Gemeinden in Berlin und Brandenburg. Hier schrieb er u. a.:

„Gegenwärtig drückt uns mehr als alles andere die Sorge, daß das Staatsgebilde, das um uns her entsteht, soviel von den Zügen zeigt, denen in der nationalsozialistischen Zeit unser

---

1156 GBl. I der DDR, S. 95

1157 Norman Naimark: Die Russen in Deutschland, S. 446. Allerdings lässt sich auch hier – wie im gesamten Polizei- und Sicherheitsbereich Sachsens auch schon zuvor nicht unüblich - ein exakter Zeitpunkt für den Zeitpunkt der Veränderungen nicht bestimmen. - Vgl. hierzu auch Andreas Thüsing: Landesverwaltung und Landesregierung in Sachsen 1945-1952, S. 292 (Anm. 194).

1158 Klaus-Peter Krause: Die Herausbildung und Entstehung der Deutschen Volkspolizei, S. 109.

1159 Vgl. Friedrich Dickel u. a. (Autorenkollektiv): Geschichte der Deutschen Volkspolizei, 1979, Band I,S. 147

1160 Karl Wilhelm Fricke: Zur Geschichte der DDR-Staatssicherheit, S. 127.

1161 15.05.1880-31.01.1967. Geb. in Berlin. 1899-1904 Studium der Theologie; 1925-1933 Superintendent der Kurmark; Juni 1933 Beurlaubung durch den NS-Kirchenkommissar, Oktober 1933 Versetzung in den Ruhestand; wiederholte Inhaftierung mit Auftrittsverboten; 1945-1966 evangelischer Bischof von Berlin-Brandenburg, 1949-1961 Vorsitzender des Rats der EKD. - Vgl. Helmut Müller-Enbergs: Wer war wer in der DDR?, S. 149 mit weiteren Angaben.

Widerstand um Gottes Willen gegolten hat: Gewalt, die über alles Recht hinweg geht, innere Unwahrhaftigkeit und Feindschaft gegen das christliche Evangelium.

In der Abteilung K 5 der sogenannten Volkspolizei ist die Gestapo unseligen Andenkens wieder entstanden. Es wird mit denselben Methoden gearbeitet wie damals. Es tut nicht not, das im einzelnen zu schildern. Dies Sammeln von Material durch Spitzel und Denunzianten, die nächtlichen Verhaftungen, die Zermürbung der Menschen in Gefängnisräumen, die oft der Beschreibung spotten, die Verhöre, bei denen der Angeschuldigte keine Möglichkeit hat, sich wirksam zu verteidigen, die unbestimmte Dauer der Haft, die Ungewißheit über das, was aus den Angehörigen wird - wir kennen das aus zwölfjähriger bitterer Erfahrung. Niemand ist vor solchem Schicksal sicher. Gegenwärtig sind es besonders Gewerbetreibende, deren Betrieb man zu enteignen wünscht und die auf diese Weise aus dem Wege geräumt werden.

Hier ist alles beseitigt, was Recht genannt werden kann und was dem Christen ein unaufgebbarer Bestandteil der göttlichen Offenbarung ist. Und nicht nur hier! Die neuen 'Volksrichter' sind ausdrücklich angewiesen, 'politisches Recht' zu sprechen, was doch nichts anderes bedeutet, als daß politische Gewalt an Stelle des Rechts tritt."[1162]

Erfolg hatten diese Worte und Warnungen selbstverständlich nicht. Denn niemand und nichts - die sowjetische Besatzungsmacht natürlich ausgenommen - war damals in der Lage, den in der SBZ begonnenen Weg mit all seinen Auswirkungen für die Bevölkerung zu stoppen oder gar abzuwenden. Die zweite Diktatur auf deutschem Boden verfestigte sich.

[1162] SächsHStA, SED-BPA Dresden, Nr. A/767; Klaus-Peter Krause, Die Herausbildung und Entwicklung der Deutschen Volkspolizei, Anlagenverzeichnis Nr. 25.

5 Zusammenfassung

Die innere Struktur beim Neuaufbau des Sicherheitsapparates

Im Mittelpunkt der vorliegenden Untersuchung stand im ersten Hauptteil - im Abschnitt 3 - die Frage nach der inneren Struktur des nach dem Zweiten Weltkrieg in Sachsen unter den Bedingungen eines politischen Systemwechsels aufzubauenden deutschen Polizei- und Sicherheitsapparates, also insbesondere auch die Frage nach den rechtlichen, organisatorischen und personalpolitischen Bedingungen und Grundsätzen beim Aufbau dieses Sicherheitsapparates.

Diese Bedingungen und Grundsätze korrespondierten, wie die Untersuchung zeigt, maßgeblich mit dem sich bereits kurz nach Kriegsende abzeichnenden Ost-West-Gegensatz, ein Konflikt, der unausweichlich war, „denn das Bündnis zwischen dem Kommunismus und den freiheitlichen Demokratien widersprach dem Wesen beider Systeme“, und Stalin wollte entsprechend dem marxistisch-leninistischen Ziel einer Weltrevolution „ganz Europa unter seinen Willen zwingen“.[1163] Schon im Herbst 1946 war nicht mehr zu übersehen, dass die Kriegsallianz der Alliierten endgültig auseinandergebrochen war.[1164] Im Frühjahr 1947 führten die Gegensätze zwischen den Westmächten und den Sowjets zum totalen Scheitern der Moskauer Konferenz. Ebenso scheiterten das erste und einzige Treffen aller Ministerpräsidenten aus den vier Besatzungszonen Deutschlands, welches Anfang Juni 1947 in München stattfand[1165], und im November 1947 dann die Außenministerkonferenz der „Großen Vier“ in London.[1166] Im Sommer 1948 schließlich kam es zur Berlin-Blockade durch die Sowjets, die fast ein Jahr lang andauern sollte.

Die weltpolitischen Gegensätze im Rahmen des niedergehenden „Eisernen Vorhangs“ und des beginnenden „Kalten Kriegs“ waren für die damalige Entwicklung in Deutschland bestimmend. Ihre Auswirkungen zeigten sich nicht zuletzt auch bei der von den Kommunisten sehr ernst genommenen Frage des Aufbau eines deutschen Polizei- und Sicherheitsapparates in der SBZ bzw. in Sachsen. Aus kleinen und bescheidenen Anfängen entwickelte sich hier bis zur Gründung der DDR im Oktober 1949 ein gut durchorganisierter, zentralistisch und straff geführter Apparat, der dazu beitrug, die Grundlagen für einen Polizeistaat zu legen.[1167] Dabei folgten Aufbau und Entwicklung des Polizei- und

---

[1163] Joseph Rovan: Geschichte der Deutschen, S. 689 ff.

[1164] Joseph Rovan: Geschichte der Deutschen, S. 692.

[1165] Für Sachsen nahm anstelle des erkrankten Ministerpräsidenten Rudolf Friedrichs Innenminister Kurt Fischer teil.

[1166] Joseph Rovan, Geschichte der Deutschen, S. 701 ff.

[1167] Joseph Rovan: Geschichte der Deutschen, S. 737.

Sicherheitsapparates in Sachsen fast seismographisch der weltpolitischen Großwetterlage. Und während die sowjetische Besatzungsmacht und ihre deutschen Helfer bis etwa Mitte 1947 nach außen hin noch weitgehend den Anschein einer rechtsstaatlich-demokratischen Entwicklung zu wahren versuchten, hielten sie derartige Rücksichten mit den sich verschärfenden Auseinandersetzungen im Rahmen des Kalten Krieges nicht mehr für erforderlich. Es kam zur Umgestaltung der SED hin zur Partei eines „neuen Typus" und zur umfassenden Durchsetzung des Prinzips des so genannten „demokratischen Zentralismus" mit allen sich hieraus ergebenden Konsequenzen.

Folgerichtig ergaben sich beim Aufbau eines deutschen Sicherheitsapparates nach dem Zweiten Weltkrieg in Sachsen bis zur Gründung der DDR im Wesentlichen zwei Entwicklungsphasen: eine erste, etwa bis Mitte 1947 andauernde Phase mit dezentralen oder föderalistischen Elementen, die in Teilbereichen noch relativ rechtsstaatlich ausgerichtet war, und dann eine zweite, bis zur Gründung der DDR im Oktober 1949 andauernde Phase, die mehr oder weniger „fließend" in einen zentralistischen Sowjetisierungskurs einmündete.[1168]

Rechtsstaatliche Elemente gab es in Sachsen innerhalb der ersten Phase zunächst noch in Bezug auf anzuwendende Rechtsvorschriften. Obwohl es zwar prinzipiell galt, einen neuen Staat und einen völlig neuen Polizei- und Sicherheitsapparat aufzubauen, sollten vom Grundsatz her und, weil es nichts anderes gab, auch aus Gründen unabweisbarer Notwendigkeit heraus diejenigen rechtlichen Bestimmungen fortbestehen und Anwendung finden, die kein speziell nationalsozialistisches Gedankengut enthielten. Anwendung fanden somit generell die in der Zeit der Weimarer Republik maßgeblichen Bestimmungen. Zumindest theoretisch galt dies auch für die Arbeit der Kriminalpolizei bei der Verfolgung von Straftaten und als Hilfsorgan der Staatsanwaltschaft. Hinzu kam, dass in Sachsen nach dem Kriege - im Einklang mit den Vorgaben im Potsdamer Abkommen vom 2. August 1945 - auf der Ebene der Kommunen eine formal noch weitgehend dezentralisierte Ordnungs- und Verwaltungspolizei zugelassen bzw. bestätigt wurde. Selbst die Demokratische Kreisordnung für das Land Sachsen vom 16. Januar 1947[1169] sah unter Abschaffung der Polizei in den Gemeinden dann immerhin noch auf der Ebene der Stadt- und Landkreise eine kommunalisierte Kreispolizei vor. Diese gesetzlich vorgeschriebene Zuordnung wurde allerdings schon bei ihrem Inkrafttreten faktisch weitgehend unterlaufen. Im Sinne rechtsstaatlicher Tendenzen gab es aber dennoch sogar noch im Frühjahr 1947 Vorbereitungen für die Einbringung eines Polizeigesetzes in den

---

[1168] Joachim Piskol/Christel Nehrig/Paul Trixa: Antifaschistisch-demokratische Umwälzung, S. 4.

[1169] Gesetze, Befehle, S. 22.

Sächsischen Landtag, also für eine eigenständig sächsische rechtliche Fundierung polizeilicher Aufgaben und Zuständigkeiten, ein Vorhaben, das jedoch in der Folgezeit nicht mehr realisiert wurde.

Anders lagen die Dinge beim personellen Neuaufbau des Polizei- und Sicherheitsapparates in Sachsen. Hier gab es - abgesehen vielleicht von Einzelfällen unmittelbar nach Kriegsende insbesondere bei den Gemeinden - bereits vor 1947 keinerlei Elemente im Sinne einer pluralistischen bzw. rechtsstaatlichen Ordnung. Auf diesem Gebiet galt es vielmehr, sofort und rigoros „richtige", d. h. klassenbewusste Kräfte heranziehen, also „gute rote Proleten aus den Betrieben"[1170], wie dies Kurt Fischer im Jahre 1948 einmal drastisch und treffend zugleich umschrieben hatte. Prägend für diesen personellen Neuaufbau des Polizei- und Sicherheitsapparates in Sachsen waren immer auch wellenmäßig verlaufende „Säuberungen", die sich gegen „Schumacheristen" und gegen Abweichler oder Saboteure richteten, denen es angeblich „trotz aller Vorsicht und Prüfung bei der Einstellung von Bewerbern zur Polizei" gelungen war, sich „als dunkle Elemente" einzuschleichen.[1171] Geradezu systemimmanent war hierbei auch das sich ab 1947/48 steigernde, geradezu paranoide Bemühen, tatsächliche, angebliche oder selbst erzeugte Probleme mit immer rigideren Aktionen, Kontrollen oder Indoktrinationen in den Griff zu bekommen.

Bis Mitte 1947 gab es somit beim Neuaufbau eines neuen deutschen Sicherheitsapparates in Sachsen zwar nicht auf personellem, wohl aber - mit Einschränkungen - auf rechtlichem und organisatorischem Gebiet teilweise noch Ansätze für einen transparenten und damit rechtsstaatlichen Aufbau. Elemente der Abschottung und Willkür waren allerdings auch damals schon nicht zu übersehen, z. B. bei der Auslegung und Anwendung des Entwurfs einer „Verordnung über das Polizeiwesen im Bundesland Sachsen" vom 11. September 1945 und der „Verordnung über das Polizeiwesen im Bundesland Sachsen" vom 2. August 1946. Personifiziert wurde dieser Gegensatz in der unmittelbaren Nachkriegszeit auf deutscher Seite durch die beiden Hauptakteure auf der politischen Bühne Sachsens, nämlich durch Rudolf Friedrichs, Präsident der LVS bzw. erster Ministerpräsident, und durch Kurt Fischer, 1. Vizepräsident der LVS bzw. erster Innenminister. Fischer war der einzige Kommunist im Präsidium der LVS bzw. in der LRS, der bereits während des Krieges in der Sowjetunion auf seine Aufgaben vorbereitet worden war. Als rarer „Moskauer" hatte für ihn in besonderer Weise der Auftrag der „Machtsicherung" der Kommunisten im Vordergrund zu stehen[1172], während der am 13. Juni 1947 plötzlich verstorbene Verwaltungsjurist Friedrichs trotz schwerwiegender politischer Fehleinschätzungen letztlich

---

[1170] BArch, DO 1/7.0/9, Bl. 31 ff.
[1171] SächsHStA, LBVPS, Einleitung zum Findbuch, S. 7.
[1172] Winfrid Halder, Modell für Deutschland, S. 515.

wohl doch für einen rechtsstaatlich fundierten Neuaufbau stand und wahrscheinlich erst Anfang 1947 begann, die wirklichen Ziele der führenden Kommunisten zu durchschauen.

Die zweite, ab Mitte 1947 zügig voranschreitende und auf eine völlige Zentralisierung des gesamten Sicherheitsapparates in der SBZ hinauslaufende Phase der Entwicklung wurde dann durch die immer mächtiger werdende, sich voll auf die sowjetische Besatzungsmacht stützende DVdI geprägt. Dieser Zentralisierungsprozess, der maßgeblich auch von der sich zu einer „Partei neuen Typus" entwickelnden SED gesteuert wurde, führte in der SBZ und damit auch in Sachsen auf dem Gebiet der inneren Sicherheit schließlich dazu, dass auf Länderebene spätestens ab Herbst 1948 nur noch formale eigene Zuständigkeiten bestanden, die mit Gründung der DDR im Jahre 1949 schließlich völlig beseitigt wurden. Damit wurde von nun an der so genannte „demokratische Zentralismus", d. h. die Diktatur der SED, umfassend Realität.

Die Aufgabenerledigung in Sachsen

Bezüglich der im zweiten Hauptteil - also im Abschnitt 4 - behandelten Frage, wie die erforderliche Ordnung und Sicherheit nach dem Zweiten Weltkrieg in Sachsen unter den Bedingungen eines politischen Systemwechsels, also unter dem Postulat der Schaffung einer so genannten „antifaschistisch-demokratischen Ordnung", konkret gewährleistet werden sollte, spricht nach dem Ergebnis der Untersuchung vieles dafür anzunehmen, dass es sich bei der permanent und gebetsmühlenhaft wiederholten Formel von einer „antifaschistisch-demokratischen Ordnung" nicht selten um eine diffuse Leerformel, um „taktische Geplänkel" handelte, und dass jedenfalls die führenden Kommunisten ihr von Anfang an bestehendes strategisches Ziel, „den Sozialismus sowjetischer Prägung in Deutschland zu etablieren, keineswegs aus den Augen verloren" hatten.[1173] Diejenigen, die „den sozialistischen Staat wollten", begnügten sich also mit dem demokratischen Staat nur „vorläufig"[1174], wobei diese Zurückhaltung nur zwei Jahre - bis etwa Mitte 1947 - andauerte.

Dementsprechend wurde die nach und nach auch mit Waffen ausgerüstete Polizei in Sachsen zum „antifaschistisch-demokratischen Organ" und damit zum „Kampfinstrument" mit dem Auftrag, die Herrschaft der Kommunisten zu

---

[1173] Alle Zitate: Andreas Malycha: Die SED, S. 509. - Antifaschismus war in der SBZ/DDR „identisch mit Loyalität zum Staat DDR, der sich selbst als antifaschistischer Staat deklarierte". - Vgl. Antonia Grunenberg: Antifaschismus - ein deutscher Mythos, S. 9.

[1174] Alle Zitate: Victor Klemperer: So sitze ich denn zwischen allen Stühlen, S. 250.

sichern und zu festigen. In diesem Sinne war auch die bereits Ende 1946 beginnende Bildung einer deutschen Grenzpolizei und der ab Mitte 1948 folgende Aufbau kasernierter Polizeibereitschaften konsequent. Der Auftrag der Sicherung und der Erhaltung der Macht der Kommunisten war also insgesamt bestimmend und prägend bei der Wahrnehmung von Zuständigkeiten und bei der Erledigung der Aufgaben des einzigen „bewaffneten Organs“[1175] in deutscher Hand.

Bei dieser Aufgabenerledigung galt, soweit andere Rechtsvorschriften nicht anwendbar waren, zunächst zwar formal noch der in Deutschland in einer langen Rechtstradition entwickelte materielle Polizeibegriff des bürgerlich-liberalen Rechtsstaates, wie er u. a. in § 14 des Preußischen Polizeiverwaltungsgesetzes (PrPVG) vom 1. Juni 1931[1176] definiert worden war und wie er auch in Sachsen bis zur Machtergreifung der Nationalsozialisten gegolten hatte. Tatsächlich erfolgte in der SBZ und damit auch in Sachsen nach dem Kriege jedoch - zunächst unterschwellig und verdeckt - schon sehr bald eine Aufweichung bzw. Ausdehnung dieses Polizeibegriffes und der hieraus abgeleiteten polizeilichen Generalklausel. Unter Ablehnung des in einer freiheitlichen Demokratie fundamentalen Grundsatzes der Gewaltenteilung galt es für die Polizei und für den gesamten Sicherheitsapparat in Sachsen jetzt mehr und mehr, übergreifend im Sinne einer neuen Gesetzlichkeit, eines neuen sozialistischen Polizeibegriffs tätig zu werden. Die Tätigkeit der Polizei war dabei nun nicht mehr - nur - auf eine Tätigkeit im Sinne der Gefahrenabwehr beschränkt. Sie hatte vielmehr darüber hinaus insbesondere auch die Aufgabe und den Auftrag der Entwicklung und Stärkung der so genannten „antifaschistisch-demokratischen“ bzw. „sozialistischen Ordnung“[1177], wie dies sehr viel später schließlich auch durch das von der Volkskammer verabschiedete „Gesetz über die Aufgaben und Befugnisse der Deutschen Volkspolizei“ (VPG) vom 11. Juni 1968[1178] explizit so abgesegnet bzw. bestätigt wurde.

In diesem Sinne war die im späteren Volkspolizeigesetz fixierte Formel von der Gewährleistung der öffentlichen Ordnung und Sicherheit - unabhängig vom Zeitpunkt der Verabschiedung dieses Gesetzes - somit bereits unmittelbar nach dem Kriege mit zunehmender Tendenz Richtschnur für die praktische Arbeit des Polizei- und Sicherheitsapparates auch in Sachsen. Die Polizei hatte als „scharfe Waffe des Klassenkampfes“[1179] bei der Verwirklichung der Diktatur des Proletariats, d. h. der Diktatur der SED, maßgeblich mitzuwirken und in diesem Sinne

---

1175 Günther Glaser: Reorganisation der Polizei, S. 323.
1176 Pr. GS, S. 77.
1177 Hartmut Lüers: Das Polizeirecht der DDR, S. 41.
1178 GBl. I der DDR, S. 232.
1179 SächsHStA, SED-BPA Dresden, Nr. A/749, Bl. 11.

Staat und Partei zu dienen sowie insbesondere auch „durch vorausschauende und vorbeugende Tätigkeit den gesellschaftlichen Fortschritt zu fördern“.[1180]

Die Aufgabenerledigung in den verschiedenen Dienstzweigen folgte diesen Vorgaben. Neben den herkömmlichen Dienstzweigen, nämlich der Ordnungs- oder Schutzpolizei, der Kriminalpolizei und der Verwaltungspolizei, war dabei in besonderer Weise auch die politische Polizei in Gestalt der so genannten K 5-Organisation gefordert. Vorläufer dieser K 5-Organisation ließen sich in Sachsen bereits ab Sommer 1945 in Gestalt von kriminalpolizeilichen Sonderstellen, Zentralstellen oder Fachabteilungen nachweisen. Eine herausgehobene Bedeutung besaß diese K 5-Organisation in Sachsen dann, wie die Untersuchung zeigt, ab Mitte 1947 mit dem Erlass des SMAD-Befehls Nr. 201 vom 16. August 1947[1181], als diese Organisation - im Rahmen der Durchführung dieses Befehls - zu einem Untersuchungsorgan mit den Befugnissen einer Staatsanwaltschaft avancierte.

Daneben gab es in Sachsen unmittelbar nach dem Kriege aber auch auf anderen Gebieten schon „fortschrittliche“ Entwicklungen, z. B. bei der eigenständigen Entwicklung der „Kommandohaft“. Auch die Bildung einer Polizeireserve schon im Herbst 1945 oder die Bildung eines besonderen polizeilichen Betriebsschutzes im Herbst 1948 zur Sicherung der wirtschaftlichen Entwicklung und zum Schutz des „Volkseigentums“ sind in diesem Zusammenhang zu nennen. Wichtig waren im Hinblick auf die allgemeine Notsituation - insbesondere in den ersten Nachkriegsjahren - aber immer auch verstärkte Aktivitäten zur Bekämpfung des Schwarzhandels und des Flurschutzes. Daneben gab es jedoch auch die „normale“ Tätigkeit im Sinne der Gefahrenabwehr und der Verbrechensbekämpfung. Mangel und Not und die damit im Zusammenhang stehenden Vorkommnisse und Delikte waren dabei auch hier bestimmend und allgegenwärtig.

Hervorzuheben ist schließlich noch die - nicht auf Sachsen beschränkte - Transformation des Begriffs „Verwaltungspolizei“. Ausgehend von einer herkömmlichen Definition und Auslegung kam es hier bereits ab 1946/47 zu einer neuen Entwicklung, die auf Gebieten, die gesellschaftspolitisch besonders wichtig erschienen, wie z. B. auf dem Gebiet des Pass- und Meldewesens, zur Herausbildung einer neuen „Verwaltungspolizei im Exekutivdienst“ führte.[1182] Ausdruck dieser neuen Entwicklung war dann die weitgehend auch organisatorisch vollzogene Eingliederung einer neu definierten Verwaltungspolizei in den Polizeivollzugsdienst. Dies war eine für das Polizeiwesen in der SBZ bzw. der späteren DDR charakteristische Entwicklung, wie überhaupt eine klare Abgren-

---

[1180] GBl. I der DDR 1965, S. 65.
[1181] Zentralverordnungsblatt, S. 153
[1182] SächsHStA, LBVPS, Nr. 51 (nicht paginiert).

zung der sachlichen Zuständigkeiten nicht immer konsequent durchgehalten wurde, so dass schließlich sogar eine strikte Trennung zwischen dem eigentlichen Polizeivollzugsdienst (Ordnungs- bzw. Schutzpolizei und Kriminalpolizei) und der Verwaltungspolizei nicht immer bestand.[1183]

Generell spielte Sachsen in der SBZ nach dem Kriege auf dem Gebiet der inneren Sicherheit eine hervorgehobene, eine führende Rolle mit Vorbildfunktion. Dies hatte auch Walter Ulbricht schon auf einer Sitzung des Vorstandes der SED Sachsen am 4./5. Juli 1946 ausdrücklich so bestätigt, als er betonte, dass „wir in Sachsen ja die beste Polizei der Sowjetzone" haben.[1184] Nicht ohne Grund wurde daher im Juli 1948, als in der SBZ die völlige Zentralisierung des Polizei- und Sicherheitsapparates forciert werden sollte, Sachsens Innenminister Kurt Fischer auch neuer Präsident der DVdI. In dieser Eigenschaft praktizierte er jetzt - gestützt auf die Staatspartei und die Besatzungsmacht - auf seinem Gebiet nachhaltig nun das, was der SED-Kulturfunktionär Paul Wandel[1185] vor Hochschullehrern in Leipzig und Halle im Herbst 1948 kurz und bündig wie folgt umschrieb: „Wir haben die sozialistische Republik im Auge und bereiten sie vor."[1186] Damit hatte nun im Kampf zwischen Demokratie und Diktatur - vorläufig und für lange Zeit - die Diktatur gesiegt. Der SED- und Polizeistaat etablierte sich.

Der Aufbau des Polizei- und Sicherheitsapparates in Sachsen und in der SBZ wurde, wie die Untersuchung ebenfalls nachweist, nach dem Kriege durch einen stetigen Prozess der Zentralisierung und Machtkonzentration geprägt. Vereinfachend lassen sich in dieser Entwicklung drei sich überschneidende Phasen feststellen, nämlich

- die Phase der Eroberung und Konsolidierung der Macht durch die SED,
- die Phase einer fortlaufenden Zentralisierung des Sicherheitsapparates und
- die Phase der ständig intensivierten Bekämpfung des „Gegners".

Diese Entwicklung entsprach voll der Vorgehensweise im NS-Staat. Auch im Dritten Reich war es nach der „Machtergreifung" zu einer „Verreichlichung" des Polizei- und Sicherheitsapparates und zu einer intensivierten „Gegnerbekämpfung" gekommen.[1187]

1183 Hartwig Lüers: Das Polizeirecht der DDR, S. 15.

1184 SächsHStA, SED-BPA Dresden, A/754, Bl. 320.

1185 16.12.1905-03.06.1995. Geb. in Mannheim; Ausbildung zum Maschinentechniker; 1926 KPD; 1932/33 Lenin-Schule in Moskau; Juni 1945 Rückkehr aus der UdSSR nach Deutschland ; 1945-1949 Präsident der Deutschen Zentralverwaltung für Volksbildung; 1949-1952 Minister für Volksbildung der DDR. - Vgl. Helmut Müller-Enbergs u. a.: Wer war wer in der DDR?, S. 887 mit weiteren Angaben.

1186 Victor Klemperer: So sitze ich denn zwischen allen Stühlen, S. 604.

1187 Stephan Linck: Der Ordnung verpflichtet: deutsche Polizei 1933-1949, S. 23ff.

Eine weitere Parallele bestand in der Aufweichung bzw. Ausweitung des in Deutschland in einer langen Rechtstradition entwickelten materiellen Polizeibegriffs: Im Dritten Reich wurde der von einer „völkischen Staatsauffassung" abgeleitete „völkische Polizeibegriff" maßgeblich und bestimmend.[1188] An die Stelle der Gefahrenabwehr und des Schutzes der Rechtssphäre des Bürgers war hier für die Polizei vorrangig die Aufgabe getreten, „die völkische Gemeinschaftsordnung" bzw. die „Volksgemeinschaft" zu sichern und zu wahren.[1189] In der SBZ/DDR hingegen kam es zur Entwicklung eines so genannten „sozialistischen" Polizeibegriffs, wonach der Polizei- und Sicherheitsapparat eine umfassende Gewährleistungs- und Garantiefunktion im Sinne der Entwicklung einer „sozialistischen Ordnung" hatte.[1190]

In beiden politischen Systemen wurden also - wenn auch mit unterschiedlichen Vorzeichen und Zielsetzungen - Aufgaben und Befugnisse der Polizei über die „klassische" Gefahrenabwehr hinaus wesentlich erweitert. Diese Tatsache sowie die Abschaffung des für einen freiheitlich-demokratischen Rechtsstaat fundamentalen Grundsatzes der Gewaltenteilung[1191] führte dazu, dass in beiden Sytemen für Andersdenkende schließlich „politische Gewalt an die Stelle des Rechts" trat.[1192]

[1188] Friedrich Wilhelm: Die Polizei im SS-Staat, S. 13.

[1189] Nebinger: Reichspolizeirecht, S. 17 ff.; Der Neue Brockhaus, Bd. 3, s. 576.

[1190] Hartmut Lüers: Das Polizeirecht der DDR, S. 41; Thomas Lindenberger: Die Deutsche Volkspolizei, S. 128 ff.

[1191] Nach dem „Führerprinzip" galt Hitler „als alleiniger Inhaber der gesamten Staatsgewalt". - Vgl. Karl Kroeschell: Rechtsgeschichte Deutschlands, S. 76. - In einem sozialistischen Staat galt - wie oben erläutert - der Grundsatz der Gewalteneinheit. „Oberstes Organ" sollte die Volksvertretung sein. Tatsächlich lag die eigentliche Macht jedoch in den elitären Führungszirkeln der SED.

[1192] Otto Dibelius, evangelischer Bischof von Berlin-Brandenburg, in einem Rundschreiben vom 1. Juni 1949: SächsHStA, SED-BPA Dresden, Nr. A/767; Klaus-Peter Krause: Die Herausbildung und Entwicklung der Deutschen Volkspolizei, Anlagenverzeichnis Nr. 25.

6 Anhang

6.1 Abkürzungsverzeichnis

A. A. (a. A.)	anderer Ansicht
AE	Aufnahmeeinheit
Amtl. Nachrichten	Amtliche Nachrichten der Landesverwaltung Sachsen[1193]
BArch	Bundesarchiv Berlin (Lichterfelde)
BGBl.	Bundesgesetzblatt
CDU	Christlich-Demokratische Union Deutschlands
DDR	Deutsche Demokratische Republik
DVP	Deutsche Volkspolizei
DVdI	Deutsche Verwaltung des Innern
DWK	Deutsche Wirtschaftskommission
FDGB	Freier Deutscher Gewerkschaftsbund
FDJ	Freie Deutsche Jugend
Gesetze, Befehle	Gesetze, Befehle, Verordnungen, Bekanntmachungen[1194]
Gestapo	Geheime Staatspolizei
GVBl. Sachsen	Gesetz- und Verordnungsblatt Land Sachsen[1195]
Hrsg.	Herausgeber
K	Kriminalpolizei
KGB	Komitee für Staatssicherheit
KPD	Kommunistische Partei Deutschlands
KPdSU	Kommunistische Partei der Sowjetunion
LBVPS	Landesbehörde der Volkspolizei Sachsen
LDP	Liberal-Demokratische Partei Deutschlands
LRS	Landesregierung Sachsen
LVS	Landesverwaltung Sachsen
MdF	Ministerium der Finanzen

[1193] Juli 1945 - Februar 1946.
[1194] veröffentlicht durch die Landesverwaltung Sachsen bzw. durch die Landesregierung Sachsen (Februar 1946 Dezember 1947).
[1195] (Januar 1948 - August 1952).

MdI	Ministerium des Innern
MfS	Ministerium für Staatssicherheit
MWD	Ministerium/Minister für Inneres (ab 1946, vorher NKWD)
ND	Neues Deutschland
NKGB	Volkskommissariat/Volkskommissar für Staatssicherheit
NKWD	Volkskommissariat für Inneres (bis 1946, danach MWD)
NSDAP	Nationalsozialistische Deutsche Arbeiterpartei
OVG	Oberverwaltungsgericht
PG	Parteigenosse
PK	Polit-Kultur
PrALR	Allgemeines Landrecht der Preußischen Staaten
Pr. GS	Preußische Gesetzsammlung
PrOVGE	Entscheidungssammlung des Preußischen Oberverwaltungsgerichts
PrPVG	Preußisches Polizeiverwaltungsgesetz
RGBl.	Reichsgesetzblatt
S	Schutzpolizei
Sächs. GBl.	Sächsisches Gesetzblatt
SächsHStA	Sächsisches Hauptstaatsarchiv in Dresden
SAG	Sowjetische Aktiengesellschaft
SAPMO BArch	Stiftung Archiv der Parteien und Massenorganisationen[1196]
SBZ	Sowjetische Besatzungszone Deutschlands
SED	Sozialistische Einheitspartei Deutschlands
SED-BPA Dresden	SED-Bezirksparteiarchiv in Dresden[1197]
Sign.	Signatur
SMA	Sowjetische Militäradministration
SMAD	Sowjetische Militäradministration in Deutschland
SMAS	Sowjetische Militäradministration in Sachsen
SPD	Sozialdemokratische Partei Deutschlands
u. a.	unter anderem

[1196] der ehemaligen DDR im Bundesarchiv Berlin

[1197] Dieser beim Sächsischen Hauptstaatsarchiv in Dresden geführte Bestand enthält u. a. Unterlagen der KPD-Bezirksleitung Sachsen, einzelner KPD-Kreisleitungen in Sachsen und der Landesgruppe der SPD Sachsen jeweils bis zum Vereinigungsparteitag im April 1946 sowie Unterlagen der SED-Landesleitung Sachsen ab diesem Zeitpunkt.

UdSSR	Union der Sozialistischen Sowjetrepubliken
USA	United States of America
VdgB	Vereinigung der gegenseitigen Bauernhilfe
VEB	Volkseigener Betrieb
vgl.	vergleiche
VO	Verordnung
VP	Verwaltungspolizei
z. B.	zum Beispiel
ZK	Zentralkomitee

Zentralverordnungsblatt[1198]

[1198] Das zitierte Zentralverordnungsblatt wurde ab Mai 1947 von der Deutschen Justizververwaltung der sowjetischen Besatzungszone in Deutschland namens aller Zentralververwaltungen herausgegeben wurde. Ab Januar 1948 bis Oktober 1949 war es amtliches Organ der Deutschen Wirtschaftskommission und ihrer Hauptverwaltungen sowie der Deutschen Verwaltungen für Inneres, Justiz und Volksbildung.

6.2 Quellen- und Literaturverzeichnis

Ungedruckte Quellen

Aktenbestände der Landesregierung Sachsen - Ministerpräsident - beim Sächsischen Hauptstaatsarchiv in Dresden (SächsHStA, LRS, Ministerpräsident):

Nr. 49, 60, 116, 159, 194, 195, 372, 506, 676, 677, 679, 681, 692, 773, 784, 830, 831, 833, 848, 1335, 4009, 4619.

Aktenbestände der Landesregierung Sachsen - Ministerium des Innern - beim Sächsischen Hauptstaatsarchiv in Dresden (SächsHStA, LRS, MdI):

Nr. 49, 74, 79, 81, 99, 138, 139, 162, 173, 268, 269, 270, 271, 274, 275, 276, 277, 278, 279, 282, 283, 305, 879, 1223, 1336, 1887, 1888, 1890, 1896, 2034, 2035, 2295.

Aktenbestände der Landesregierung Sachsen - Ministerium der Finanzen - beim Sächsischen Hauptstaatsarchiv in Dresden (SächsHStA, LRS, MdF):

Nr. 537, 618, 622, 649, 659, 669.

Aktenbestände des Ministeriums des Innern - Landesbehörde der Volkspolizei Sachsen - beim Sächsischen Hauptstaatsarchiv in Dresden (SächsHStA, LBVPS):

Nr. 4, 5, 6, 8, 9, 10, 19, 26, 27, 28, 30, 33, 35, 36, 37, 43, 44, 46, 47, 48, 49, 50, 51, 52, 57, 83, 91, 95, 96, 99, 106, 108, 114, 115, 119, 120, 149,150, 157, 158, 159, 163, 168, 169, 171, 172, 178, 186, 189, 207, 216, 217, 232, 252, 257, 260, 261, 263, 269, 270, 274, 311, 351, 353, 355.

Aktenbestände des SED-Bezirksparteiarchivs beim Sächsischen Hauptstaatsarchiv in Dresden (SED-BPA Dresden):

SED-Landesleitung Sachsen: A/748, A/749, A/754, A/756, A/759, A/761/1, A/763, A/767, A/1226, A/1234, A/2002,

KPD-Kreisleitung Zittau: I/B/107.

Landesgruppe der SPD Sachsen: II/A/1.002/1.

Aktenbestände des Ministeriums des Innern der DDR beim Bundesarchiv in Berlin-Lichterfelde - Teilbestand Deutsche Verwaltung des Innern (BArch, DO 1/7.0):

Nr. 1, 5, 6, 9, 11, 14, 18, 19, 23, 29, 49, 132, 140, 161, 176, 184, 205, 251, 254, 256, 261, 270, 351, 355, 372, 501, 502, 550.

Nr. 1, 5, 6, 9, 11, 14, 18, 19, 23, 29, 49, 132, 140, 161, 176, 184, 205, 251, 254, 256, 261, 270, 351, 355, 372, 501, 502, 550.

Aktenbestände der Stiftung Archiv der Parteien und Massenorganisationen der ehemaligen DDR im Bundesarchiv Berlin-Lichterfelde (SAPMO-BArch):

DY 30/IV 2/110, DY IV 2/2.1/102, DY IV 2/2.1/217, DY 30/IV 2/13/95, DY 30/IV 2/13/109

NY 4074/175, NY 4182/1089, NY 4182/1192.

Gedruckte Quellen und Literatur

Akten und Verhandlungen des Sächsischen Landtages 1946-1952, Frankfurt/Main 1991 (Reprint).

Arlt, Kurt: Die militärische und ökonomische Entwaffnung in Sachsen 1945 bis 1948. Aus einem zusammenfassenden Bericht der sowjetischen Militärverwaltung vom Oktober 1948, in: Militärgeschichtliche Mitteilungen 52 (1993), S. 371-409.

Badstübner, Rolf u. a. (Autorenkollektiv): Geschichte der Deutschen Demokratischen Republik, 4. Auflage, Berlin (Ost) 1989.

Badstübner, Rolf/Loth, Wilfried (Hrsg.): Wilhelm Pieck - Aufzeichnungen zur Deutschlandpolitik 1945-1953, Berlin 1994.

Bartsch, Max/von Löben, Paul: Das sächsische Polizeibeamtengesetz vom 15. März 1928, Dresden 1928.

Belling, Dirk: Die Entwicklung der polizeilichen Aufgaben und Befugnisse der Gemeinden in Sachsen, Frankfurt/Main 2000.

Bessel, Richard: Polizei zwischen Krieg und Sozialismus, in: Jansen, Christian/Niethammer, Lutz/Weisbrod, Bernd (Hrsg.): Von der Aufgabe der Freiheit (Festschrift für Hans Mommsen zum 5. November 1995), Berlin 1995, S. 517-531.

Bessel, Richard: Grenzen des Polizeistaates. Polizei und Gesellschaft in der SBZ und frühen DDR, 1945-1953, in: Bessel, Richard/Jessen Ralph (Hrsg.): Die Grenzen der Diktatur - Staat und Gesellschaft in der DDR, Göttingen 1996, S. 224-252.

Blaschke, Karlheinz: Die sächsische Landesgeschichte zwischen Tradition und neuem Anfang, in: Neues Archiv für sächsische Geschichte, 64 (1993), S. 7-28.

Blaschke, Karlheinz: Landstände, Landtag, Volksvertretung, in: Der sächsische Landtag, Geschichte und Gegenwart, Dresden 1990, S. 15.

Bloch, Peter: Zwischen Hoffnung und Resignation, Köln 1986.

Boyer, Christoph: „Die Kader entscheiden alles...“, Kaderpolitik und Kaderentwicklung in der zentralen Staatsverwaltung der SBZ und der frühen DDR (1945-1952), Dresden 1996.

Bretzinger, Otto. N.: Die Kommunalverfassung der DDR, Baden-Baden 1994.

Broszat, Martin/Weber, Hermann (Hrsg.): SBZ-Handbuch. Staatliche Verwaltungen, Parteien und gesellschaftliche Organisationen in der Sowjetischen Besatzungszone 1945-1949, München 1990.

Brunner, Georg: Verwaltungsgerichtsbarkeit in Sachsen während des Dritten Reiches und des SED-Regimes, in: Sächsische Justizgeschichte, Band 1, 1994, S. 33-53.

Creifelds Carl/Weber, Klaus: Rechtswörterbuch, München 1999.

Creuzberger, Stefan: Die sowjetische Besatzungsmacht und das politische System der SBZ, (Schriften des Hannah-Arendt-Instituts für Totalitarismusforschung, Band. 3), Weimar, Köln, Wien 1996.

Creuzberger, Stefan: Die sowjetische Militäradministration in Deutschland (SMAD) 1945-1949 (Deutschland-Report 15), Melle 1991.

Der Neue Brockhaus, (Band 3), Leipzig 1937.

Drehwald, Suzanne/Jestaedt, Christoph: Sachsen als Verfassungsstaat, Berlin 1998.

Dickel, Friedrich u. a. (Autorenkollektiv): Geschichte der Deutschen Volkspolizei 1945-1961, Band I, Berlin (Ost) 1979.

Diedrich, Torsten/Ehlert, Hans/Wenzke, Rüdiger (Hrsg.): Im Dienste der Partei - Handbuch der bewaffneten Organe der DDR, 2. Auflage, Berlin 1998.

Drews, Bill/Wacke, Gerhard u. a.: Gefahrenabwehr, 9. Auflage, Köln 1986.

Einheit, Zeitschrift für Theorie und Praxis des wissenschaftlichen Sozialismus, herausgegeben vom Zentralkomitee der SED, Berlin 1946-1950.

Eisert, Wolfgang: Zu den Anfängen der Sicherheits- und Militärpolitik der SED-Führung, in: Thoß, Bruno (Hrsg.): Volksarmee schaffen - ohne Geschrei! Studien zu den Anfängen einer verdeckten Aufrüstung in der SBZ/DDR 1947-152, München 1994, S. 141-203.

Erler, Peter: „Moskau-Kader“ der KPD in der SBZ, in: Wilke, Manfred (Hrsg.): Die Anatomie der Parteizentrale. - Die KPD/SED auf dem Weg zur Macht, (Studien des Forschungsverbundes SED-Staat an der Freien Universität Berlin), Berlin 1998, S. 229-291.

Fäßler, Peter: „Zum Sterben wirklich nicht mehr zuviel“, in: Wolfrum, Edgar u. a: Krisenjahre und Aufbruchzeit - Alltag und Politik im französisch besetzten Baden 1945-1949, München 1996, S. 213-229.

Fichter, Michael: Gewerkschaften, in: Benz, Wolfgang (Hrsg.): Deutschland unter alliierter Besatzung 1945–1949/55, Berlin 1999, S. 129-134.

Foitzik, Jan: Sowjetische Militäradministration in Deutschland (SMAD) 1945-1949, Struktur und Funktion, Berlin 1999.

Fricke, Karl Wilhelm: Politik und Justiz in der DDR. Zur Geschichte der politischen Verfolgung 1945-1968, Köln 1979.

Fricke, Karl Wilhelm: Die DDR Staatssicherheit - Entwicklung, Strukturen, Aktionsfelder, 3. Auflage, Köln 1989.

Fricke, Karl Wilhelm: Zur Geschichte der DDR-Staatssicherheit, in: Florath, Bernd u. a. (Hrsg.): Die Ohnmacht der Allmächtigen - Geheimdienste und politische Polizei in der modernen Gesellschaft, Berlin1992, S. 123-137.

Friedrichs, Rudolf: Das Parlament als höchstes Staats- und Kontrollorgan, in: Einheit (Theoretische Monatszeitschrift für Sozialismus), 2. Jahrgang, Berlin 1947, S. 30-34.

Garner, Curt: Öffentlicher Dienst, in: Benz, Wolfgang (Hrsg.): Deutschland unter alliierter Besatzung 1945-1949/55, Berlin 1999, S. 141-149.

Glaser, Günther (Hrsg.): „Reorganisation der Polizei" oder getarnte Bewaffnung der SBZ im kalten Krieg? Dokumente und Materialien zur sicherheits- und militärpolitischen Weichenstellung in Ostdeutschland 1948/49, Frankfurt/Main 1995.

Gniffke, Erich W.: Jahre mit Ulbricht, Köln 1990.

Grunenberg, Antonia: Antifaschismus – ein deutscher Mythos, Reinbek 1993.

Halder, Winfrid: Modell für Deutschland. Wirtschaftspolitik und Wirtschaftsverwaltung in Sachsen 1945-1948. Ein Beitrag zur Geschichte der Sowjetischen Besatzungszone in Deutschland, Dresden 1999 (Manuskript der Habilitationsschrift).

Hurwitz, Harold: Die Stalinisierung der SED. Zum Verlust von Freiräumen und sozialdemokratischer Identität in den Vorständen 1946-1949, Opladen 1997.

Kaemmel, Otto: Sächsische Geschichte, Dresden 2000.

Karsch, Rainer: Allein bezahlt?, Die Reparationsleistungen der SBZ/DDR 1945-1953, Berlin 1993.

Kirsten, Jens: Der Aufbau von Volkspolizei-Bereitschaften und ihre spezifischen Aufgaben zur Gewährleistung einer hohen öffentlichen Ordnung und Sicherheit im Zeitraum 1945 bis 1955 - dargestellt am Land Sachsen bzw. Bezirk Dresden, Dresden 1987 (unveröffentlichtes Manuskript der Diplomarbeit: SächsHStA in Dresden - Sign. U 878 n).

Klemperer, Victor: So sitze ich denn zwischen allen Stühlen, Tagebücher 1945-1949, Berlin 1999.

Kluge, Reinhard: Grundlinien der Entwicklung der antifaschistisch-demokratischen Ordnung in Sachsen 1945-1952, Dresden 1959 (unveröffentlichtes Manuskript: SächsHStA in Dresden - Sign. 1543 c I).

Kobuch, Agatha: Die Personalpolitik der Landesverwaltung Sachsen vom Juli 1945 bis April 1946 im Spiegel ihrer Präsidialsitzungen, in: John, Uwe/Matzerath, Josef (Hrsg.): Landesgeschichte als Herausforderung und Programm, Sonderdruck, Stuttgart 1997,

Kobuch, Agatha: Zur Behördengeschichte der Kreisverwaltungen in Sachsen von 1945 bis 1952, Dresden 1972 (unveröffentlichtes Manuskript: SächsHStA in Dresden, Sign. Sa 1415 b).

Krause, Klaus-Peter: Die Herausbildung und Entwicklung der Deutschen Volkspolizei unter Führung der marxistisch-leninistischen Partei im Land Sachsen 1945 bis 1952 (unveröffentlichte Dissertation), Dresden 1989 (Sächsische Staats- und Universitätsbibliothek Dresden - Zweigbibliothek Erziehungswissenschaften, Sign. 26.1734-5 und 26.1735-0).

Kroeschell, Karl: Rechtsgeschichte Deutschlands im 20. Jahrhundert, Göttingen 1992.

Laufer, Jochen: Die Ursprünge des Überwachungsstaates in Ostdeutschland, in: Florath, Bernd u. a. (Hrsg.): Die Ohnmacht der Allmächtigen - Geheimdienste und politische Polizei in der modernen Gesellschaft, Berlin 1992, S. 146-168.

Lemke, Michael (Hrsg.): Sowjetisierung und Eigenständigkeit in der SBZ/DDR (1945-1953), Köln, Weimar, Wien 1999.

Leonhard, Wolfgang: Die Revolution entläßt ihre Kinder, 5. Auflage, Köln 1992.

Lindenberger, Thomas: Die Deutsche Volkspolizei (1945-1990), in: Diedrich, Torsten u. a. (Hrsg.): Im Dienste der Partei - Handbuch der bewaffneten Organe der DDR, 2. Auflage, Berlin 1998, S. 97-152.

Linck, Stephan: Der Ordnung verpflichtet: deutsche Polizei 1933-1949: der Fall Flensburg, Paderborn 2000.

Lisken, Hans/Denninger, Erhard (Hrsg.): Handbuch des Polizeirechts, München 1996.

Lüers, Hartwig: Das Polizeirecht der DDR (Dissertation), Köln 1973.

Malycha, Andreas: Die SED - Geschichte ihrer Stalinisierung 1946-1953, Paderborn 2000.

Mampel, Siegfried: Die sozialistische Verfassung der Deutschen Demokratischen Republik, Frankfurt/Main 1972.

Marquardt, Bernhard: Menschenrechtsverletzungen durch die Deutsche Volkspolizei, in: Deutscher Bundestag (Hrsg.): Materialien der Enquete-Kommission „Aufarbeitung von Geschichte und Folgen der SED-Diktatur in Deutschland", (12. Wahlperiode des Deutschen Bundestages), Band IV, Baden-Baden 1995, S. 655-715.

Maunz, Theodor/Dürig, Günter: Kommentar zum Grundgesetz, Band 2, München 1991.

Meinicke, Wolfgang: Zur Entnazifizierung in der SBZ unter Berücksichtigung von Aspekten politischer und sozialer Veränderungen (1945-1948), Berlin 1983.

Meyers Neues Lexikon, VEB Bibliographisches Institut, Band 10, Leipzig 1974.

Mittmann, Wolfgang: Die Transportpolizei, in: Diedrich, Torsten/Ehlert, Hans/Wenzke, Rüdiger (Hrsg.): Im Dienste der Partei - Handbuch der bewaffneten Organe der DDR, 2. Auflage, Berlin 1998, S. 537-550.

Mohl, Rudolf von: Die Polizeiwissenschaft nach den Grundsätzen des Rechtsstaates, Band 1, Jena 1832.

Müller, Hans-Peter: „Parteiministerien" als Modell politisch zuverlässiger Verwaltungsapparate, in: Wilke, Manfred (Hrsg.): Die Anatomie der Parteizentrale. - Die KPD/SED auf dem Weg zur Macht, (Studien des Forschungsverbundes SED-Staat an der Freien Universität Berlin), Berlin 1998, S. 337-411.

Müller-Enbergs, Helmut/Wielgohs, Jan/Hoffmann, Dieter (Hrsg.): Wer war wer in der DDR?, Berlin 2000.

Münch, Ingo von/Kunig, Philip: Grundgesetz-Kommentar, Band 1, 4. Auflage, München 1992.

Naimark, Norman: Die Russen in Deutschland. - Die sowjetische Besatzungszone 1945 bis 1949, Berlin 1997.

Nebinger, Robert: Reichspolizeirecht, 3. Auflage, Leipzig 1942.

Plato, Alexander von: Sowjetische Speziallager 1945 bis 1950, Studien und Berichte, Berlin 1998.

Piskol, Joachim/Nehrig, Christel/Trixa, Paul: Antifaschistisch-demokratische Umwälzung auf dem Lande (1945-1949), Berlin (Ost) 1984.

Pfannkuch, Julia: Volksrichterausbildung in Sachsen 1945-1949, Frankfurt/Main 1993.

Polak, Karl: Gewaltenteilung, Menschenrechte, Rechtsstaat, in: Einheit (Theoretische Monatsschrift für Sozialismus), 1. Jahrgang, Berlin1946, S. 385-401.

Potsdamer Abkommen und andere Dokumente, Berlin 1951.

Reich, Norbert/Reichel, Hans-Christian: Einführung in das sozialistische Recht, München 1975.

Richter, Michael/Schmeitzner, Mike: „Einer von beiden muß so bald wie möglich entfernt werden", Leipzig 1999.

Rovan, Joseph: Geschichte der Deutschen. Von ihren Ursprüngen bis heute, München, Wien, 1995.

Sächsische Justizgeschichte, Schriftenreihe des Sächsischen Staatsministeriums der Justiz, ab 1994.

Schenke, Wolf-Rüdiger: Polizei- und Ordnungsrecht, Heidelberg 2002.

Scherstjanoi, Elke: Sowjetische Besatzungspolitik, in: Benz, Wolfgang (Hrsg.): Deutschland unter alliierter Besatzung 1945-1949/55, Berlin 1999, S. 73-89.

Schöneburg, Karl-Heinz u. a. (Autorenkollektiv): Errichtung des Arbeiter- und Bauernstaates der DDR 1945-1949, Berlin (Ost) 1983.

Schneider, Dieter Marc: Innere Verwaltung/Deutsche Verwaltung des Innern (DVdI), in: Broszat, Martin/Weber, Hermann (Hrsg.): SBZ-Handbuch. Staatliche Verwaltungen, Parteien und gesellschaftliche Organisationen in der Sowjetischen Besatzungszone 1945-1949, München 1990, S. 207-217.

Schwanitz, Dietrich: Bildung - Alles, was man wissen muß, Frankfurt/Main 1999.

Semjonow, Wladimir: Von Stalin bis Gorbatschow. Ein halbes Jahrhundert in diplomatischer Mission 1939-1991, Berlin 1995.

Suckut, Siegfried: Die Betriebsrätebewegung in der sowjetisch besetzten Zone Deutschland (1945-1948), Frankfurt/Main 1982.

Tantzscher, Monika: Die Vorläufer des Staatssicherheitsdienstes in der Polizei der Sowjetischen Besatzungszone - Ursprung und Entwicklung der K 5 - , in: Jahrbuch für Historische Kommunismusforschung, Berlin 1998, S. 125-156.

Thoß, Bruno (Hrsg.): Volksarmee schaffen - ohne Geschrei! - Studien zu den Anfängen einer verdeckten Aufrüstung in der SBZ/DDR 1947-1952, München 1994.

Thüsing, Andreas: Landesverwaltung und Landesregierung in Sachsen 1945-1952 (Dissertation), Frankfurt/Main 2000.

Ulbricht, Walter: Die Entwicklung des deutschen volksdemokratischen Staates 1945-1958, Berlin (Ost) 1961.

Venus, Ernst: Amtshauptmann in Sachsen, Bonn 1970.

Wagner, Erwin/Ruder, Karl-Heinz: Polizeirecht, Baden-Baden 1999.

Weber, Hermann: Aufbau und Fall einer Diktatur, Köln 1991.

Weber, Hermann (Hrsg.): DDR, Dokumente zur Geschichte, München 1986.

Weber, Hermann: Zur Rolle des Terrors im Kommunismus, in: Jahrbuch für Historische Kommunismusforschung, Berlin 1999, S. 39-62.

Wehner, Helfried: Proletarischer Internationalismus und sozialistische Besatzungspolitik, unveröffentlichte Habilitationsschrift der Sektion Philosophie, Geschichte, Staatsbürgerkunde der Martin-Luther-Universität Halle-Wittenberg, 1969.

Weiß, Max: Die Polizeischule. Systematische Darstellung und Erläuterung des deutschen Polizeirechts, 4. Auflage, Dresden 1921.

Welsh, Helga: Sachsen, in: Broszat, Martin/Weber, Hermann (Hrsg.): SBZ-Handbuch. Staatliche Verwaltungen, Parteien, gesellschaftliche Organisationen und ihre Führungskräfte in der Sowjetischen Besatzungszone Deutschlands 1945-1949, München 1990, S. 126-146.

Weitzmann, Fritz: Die Landesregierung Sachsen 1945-1952, unveröffentlichtes Manuskript, Dresden 1953 (SächsHStA. in Dresden, Signatur X 1543 c).

Wenske, Rüdiger: Auf dem Weg zur Kaderarmee, in: Bruno Thoß (Hrsg.): Volksarmee schaffen - ohne Geschrei! - Studien zu den Anfängen einer verdeckten Aufrüstung in der SBZ/DDR 1947-1952, München 1994, S. 205-272

Wilhelm, Friedrich: Die Polizei im SS-Staat - die Geschichte ihrer Organisation im Überblick, 2. Auflage, Paderborn 1999.

Würz, Jochen: Frauen im Vollzugsdienst der Schutzpolizei, Frankfurt/Main 1993.

6.3 Verordnungen, Entwürfe, Sonstiges

Entwurf einer Verordnung über das Polizeiwesen im Bundesland Sachsen vom 11. September 1945[1199]

Die Polizei war unter der faschistischen Diktatur ein Instrument zur Niederhaltung des Volkes. Sie war ein unentbehrlicher Teil der für den totalen Krieg bestimmten militärischen Organisation. Jeder Polizeibeamte, der Hitler diente, ist mitschuldig an den verbrecherischen Auswirkungen der Naziherrschaft. Mit dem Hitler-Staat ist seine politische Organisation zerbrochen. Die Landesverwaltung muß die Polizei unter Verzicht auf die Mitarbeit der früheren Beamten aufbauen, damit sie ihre Aufgabe, die Rechtsordnung und Rechtssicherheit zu schützen, erfüllen kann.

Die Landesverwaltung Sachsen verordnet daher mit Gesetzeskraft:

§ 1

(1) Für das Bundesland Sachsen werden die Kriminalpolizei, die Strompolizei, die Polizeireserve und bis zur anderweitigen Regelung die Kreispolizei als landeseigene Einrichtungen geschaffen. Alle anderen Polizeizweige werden den Gemeinden übertragen.

(2) Die Landesverwaltung führt die Aufsicht über die Gemeindepolizei. Sie erläßt die Bestimmungen über den einheitlichen Aufbau, die Abgrenzung der Aufgaben, die Dienstregelung sowie über die Ausrüstung der gesamten sächsischen Polizei.

(3) Absatz 2 gilt entsprechend für die Berufs-, Pflicht-, Werks- und freiwilligen Feuerwehren.

§ 2

In der landeseigenen und in der Gemeindepolizei sowie in den Feuerwehren ist die Bildung rein militärischer Formationen verboten. Es sind nur die für den geschlossenen Einsatz notwendigen Übungen gestattet. Militärische Ränge und Titel dürfen in der Polizei und in den Feuerwehren nicht geführt werden.

§ 3

Die Leiter der Polizei bedürfen der Bestätigung

a) in den kreisfreien Städten durch die Landesverwaltung,

b) in den übrigen Gemeinden durch den Landrat.

§ 4

Die Bestimmungen zur Durchführung dieser Verordnung erläßt die Landesverwaltung Sachsen - Inneres und Volksbildung.

[1199] SächsHStA, LRS, Ministerpräsident, Nr. 195, Bl. 28 ff.

Entwurf einer 1. Ausführungsverordnung zur Verordnung über das Polizeiwesen im Bundesland Sachsen vom...[1200] **(Auszug)**

Zur Ausführung der Verordnung über das Polizeiwesen im Bundesland Sachsen wird bestimmt:

§ 1

Im Bundesland Sachsen bestehen folgende landeseigene Polizeibehörden:

A. Chef der sächsischen Polizei

In der Landesverwaltung Sachsen - Inneres und Volksbildung - als zentrale Dienststelle zur zusammenfassenden Leitung aller landeseigenen Polizeibehörden und Einrichtungen sowie zur einheitlichen Ausrichtung, Dienstregelung und Ausrüstung der Gemeindepolizei und der Feuerwehren.

B. Kriminalpolizeibehörden

1. das Landeskriminalamt Dresden
2. die Kriminalämter mit den ihnen unterstellten Kriminaldienststellen, und zwar:
   a. Kriminalamt Dresden mit den unterstellten Kriminaldienststellen [...]
   b. Kriminalamt Bautzen mit den unterstellten Kriminaldienststellen [...]
   c. Kriminalamt Leipzig mit den unterstellten Kriminaldienststellen [...]
   d. Kriminalamt Chemnitz mit den unterstellten Kriminaldienststellen [...]
   e. Kriminalamt Zwickau mit den unterstellten Kriminaldienststellen [...]

C. Kreispolizeiämter bei den Landräten

Sie sind gleichzeitig mitwirkendes Organ des Chefs der sächsischen Polizei für dessen Zuständigkeit hinsichtlich der Gemeindepolizei.

D. Bahnpolizeiämter in [...]

E. Strompolizeiämter in Riesa, Dresden und Bad Schandau.

[...]

§ 3

Den Kriminalpolizeibehörden stehen zur Ausübung ihres Dienstes außer ihren eigenen Beamten die Beamten der Kreispolizei, Strompolizei, Bahnpolizei und Gemeindepolizei zur Verfügung.

[1200] SächsHStA, LRS, Ministerpräsident, Nr. 195, Bl. 21 ff.

§ 4

Die am Sitze der Landratsämter befindliche Kriminaldienststelle übt in unmittelbarer Zusammenarbeit und möglichst räumlicher Verbindung am Orte die fachliche Leitung der Kreispolizei hinsichtlich deren kriminalpolizeilicher Tätigkeit aus.

§ 5

Von den Polizei-Vollzugsbeamten sind Hilfsbeamte der Staatsanwaltschaft:

Die Vollzugsbeamten der Kriminalpolizei, Kreispolizei, Bahnpolizei, Strompolizei, Gemeindepolizei und der Polizeireserve, soweit sie die Anstellungsprüfung bestanden und die Urkunde hierüber erhalten haben.

§ 6

Zum Aufgabenkreis der Kriminalpolizei gehört:

Die Verfolgung aller Verbrechen und Vergehen. Entstehen Zweifel, ob eine Aufgabe zum Aufgabengebiet der Kriminalpolizei zu rechnen ist, so ist bis zur Entscheidung der Landesverwaltung die Entschließung des zuständigen Kriminalamtes maßgebend.

Ersuchen und Aufträgen der Justizbehörden hat die Kriminalpolizei zu entsprechen.

§ 7

Das Landeskriminalamt hat die Aufgabe, die Tätigkeit der Kriminalpolizei innerhalb des Bundeslandes zu beaufsichtigen und zu leiten, für eine einheitliche Geschäftsführung aller Dienststellen zu sorgen, auf eine zweckentsprechende Verteilung der Beamten im ganzen Lande hinzuwirken, die planmäßige Zusammenarbeit aller kriminalpolizeilichen Organe sicherzustellen, die Verbindung dieser Organe untereinander und mit dem Landeskriminalamt sowie die erforderliche Fühlung mit der Landesjustizverwaltung aufrecht zu erhalten, in kriminalpolizeilichen Fragen in ständiger Fühlung gemeinsam mit den übrigen Bundesländern zu arbeiten und den erforderlichen kriminalpolizeilichen Austausch zu pflegen.

§ 8

(1) Die Beamten der Kreispolizei und der Bahn- und Strompolizei unterstehen in der Ausübung des Kriminaldienstes der fachlichen Leitung und Beaufsichtigung des Leiters des zuständigen Kriminalamtes und haben dessen Aufträge und Anordnungen auszuführen.

(2) Die allgemeine Leitung und Beaufsichtigung der gesamten kriminalpolizeilichen Tätigkeit innerhalb des Bezirkes einer Kriminaldienststelle steht deren Leiter zu.

(3) Bei Anwesenheit von auswärtigen Kriminalbeamten übernimmt der rang- oder dienstälteste Kriminalbeamte die Leitung. Dabei ist aber auf jeden Fall dem auswärtigen Spezialbeamten der infolge seiner Spezialausbildung gebotene Einfluß auf den Gang der Erörterungen einzuräumen.

[...]

[Die §§ 9 – 15 enthalten weitere detaillierte Regelungen u. a. zur Zuständigkeit der Kriminalpolizei, zur Zusammenarbeit mit den verschiedenen Polizeizweigen und mit der Justiz.]

§ 16

Die Polizeireserve ist eine der Landesverwaltung - Inneres und Volksbildung - direkt unterstellte bewegliche Polizei und wird auf die Städte Dresden, Leipzig, Zwickau und Löbau verteilt. Sie wird nach den Anordnungen der Landesverwaltung zum Einsatz gebracht, wenn die örtlichen Polizeikräfte zur Durchführung bestimmter Polizeiaufgaben oder zur Wiederherstellung der gestörten Ordnung und Sicherheit nicht ausreichen.

Verordnung über die Geltendmachung von Ansprüchen aus Maßnahmen der öffentlichen Gewalt vom 14. März 1946[1201]

§ 1

Über Ansprüche auf Rückgabe von Gegenständen oder auf Schadensersatz von Maßnahmen, die von Behörden oder Gemeinden oder Gemeindeverbänden im Bundesland Sachsen in Ausübung öffentlicher Gewalt getroffen worden sind, entscheidet die Landesverwaltung des Bundeslandes Sachsen. Der Rechtsweg ist ausgeschlossen.

§ 2

Die Aufrechnung mit Ansprüchen der in § 1 bezeichneten Art ist unzulässig.

§ 3

Aus Urteilen, in denen Ansprüche der in § 1 bezeichneten Art bereits zuerkannt worden sind, ist die Zwangsvollstreckung unzulässig.

§ 4

Soweit ein anhängiger Rechtsstreit durch diese Verordnung seine Erledigung findet, werden die Gerichtskosten niedergeschlagen und die außergerichtlichen Kosten gegeneinander aufgehoben.

Landesverwaltung Sachsen
Der Präsident
Dr. h. c. Friedrichs

Inneres:
K. Fischer, 1. Vizepräsident

Justiz:
Dr. Uhle, Vizepräsident

[1201] Gesetze, Befehle, S. 133.

Verordnung über das Polizeiwesen im Bundesland Sachsen vom 2. August 1946[1202]

§ 1

Die Polizei im Bundesland Sachsen ist eine Einrichtung der Landkreise und der Stadtkreise Chemnitz, Dresden, Görlitz, Leipzig, Plauen und Zwickau. Die Kriminalpolizei, die Strompolizei und die zum Schutz der Landesverwaltung verwendete Polizei sind landeseigene Einrichtungen.

§ 2

Die Landesverwaltung führt die Aufsicht über die gesamte Polizei im Bundesland Sachsen. Sie erläßt die Bestimmungen über den Aufbau, die Gliederung, die Zuständigkeit, die Aufgaben, die Dienstregelung, die Vergütung, die Bekleidung und die Ausrüstung der Polizei.

§ 3

Die gesamte Polizei im Bundesland wird in 5 Bezirke und innerhalb eines Bezirkes in Land- und Stadtkreis zusammengefaßt. Die Leitung der Polizei eines Bezirkes hat ein Polizeipräsident. Er führt die Bezeichnung „Bezirkspolizeipräsident", ist für die Durchführung der Aufgaben der Polizei der Landesverwaltung verantwortlich und hat deren Anweisungen zu befolgen.

Die Landesverwaltung kann Angehörige der Polizei eines Stadt- oder Landkreises vorübergehend in einem anderen Stadt- oder Landkreis beschäftigen. Die Kriminalpolizei ist in der Ausübung ihrer Tätigkeit an örtliche Grenzen nicht gebunden.

§ 4

Der Bezirkspolizeipräsident kann für den Bezirk, für den ihm die Leitung der Polizei übertragen ist, Polizeiverordnungen mit Zustimmung der Landesverwaltung erlassen.

§ 5

Innerhalb eines Landkreises wird die Polizei in Gebietsgemeinschaften zusammengefaßt. Die Leiter der Polizei der Stadt- und Landkreise ernennt die Landesverwaltung. Die Leiter der

---

[1202] SächsHStA, LRS, Ministerpräsident Nr. 195, Bl. 101 ff. sowie MdI, Nr. 270 (nicht paginiert)

Gebietsgemeinschaften ernennt der Bezirkspolizeipräsident im Einvernehmen mit dem zuständigen Landrat. Die Ernennungen bedürfen der Bestätigung der Landesverwaltung.

§ 6

Zur Durchführung der polizeilichen Aufgaben in den Stadt- und Landkreisen zahlt die Landesverwaltung einen Polizeikostenzuschuß, dessen Höhe durch den Haushaltsplan des Bundeslandes festgelegt wird.

§ 7

Die Bestimmungen zur Durchführung dieser Verordnung erläßt die Landesverwaltung Sachsen – Abteilung Chef der Polizei im Bundesland Sachsen.

Landesverwaltung Sachsen

Der Präsident — 1. Vizepräsident

gez. Dr. h. c. Friedrichs — gez. Kurt Fischer

Chef der Polizei im Bundesland Sachsen

gez. Hofmann

1. Ausführungsvorschrift[1203] zur Verordnung über das Polizeiwesen im Bundesland Sachsen vom 3. August 1946[1204] – Auszug

Auf Grund des § 7 der Verordnung über das Polizeiwesen im Bundesland Sachsen vom 2. August 1946 wird zur Durchführung der Verordnung bestimmt:

§ 1

Im Bundesland Sachsen bestehen als landeseigene Polizeibehörden:

1. Der Chef der Polizei im Bundesland Sachsen als oberste Dienstbehörde der Polizei und als eine Abteilung der Landesverwaltung Sachsen zur du4chführung der im § 2 der Verordnung über das Polizeiwesen im Bundesland Sachsen vom 2. August 1946 festgelegten Aufgaben;
2. das Landeskriminalamt;
3. die Kriminalämter Chemnitz, Dresden, Bautzen, Leipzig und Zwickau mit den Kriminaldienststellen;
4. das Strompolizeiamt Dresden mit den Strompolizeidienststellen Riesa und Bad Schandau.

§ 2

Bezirkspolizeipräsident ist:

a) für den Stadtkreis Dresden,
für die Landkreise Dresden, Dippoldiswalde, Freiberg, Großenhain, Meißen, Pirna,
für das Kriminalamt Dresden
und für das Strompolizeiamt Dresden

der Leiter der Polizei (Polizeipräsident) des Stadtkreises Dresden;

b) für den Stadtkreis Chemnitz,
für die Landkreise Chemnitz, Annaberg, Flöha, Glauchau, Marienberg, Stollberg
und für das Kriminalamt Chemnitz

der Leiter der Polizei (Polizeipräsident) des Stadtkreises Chemnitz;

c) für den Stadtkreis Görlitz,

1203 Im Entwurfsstadium führte diese Vorschrift die Bezeichnung „ 1. Ausführungsverordnung".

1204 SächsHStA, LRS, Ministerpräsident, Nr. 195, Bl. 76 ff. sowie MdI, Nr. 270 (nicht paginiert).

für die Landkreise Görlitz, Bautzen, Hoyerswerda, Kamenz, Löbau, Weißwasser, Zittau

und für das Kriminalamt Bautzen

der Leiter der Polizei des Landkreises Bautzen;

d) für den Stadtkreis Leipzig,

für die Landkreise Leipzig, Borna, Döbeln, Grimma, Oschatz, Rochlitz

und für das Kriminalamt Leipzig

der Leiter der Polizei (Polizeipräsident) des Stadtkreises Leipzig;

e) für die Stadtkreise Zwickau und Plauen,

für die Landkreise Zwickau, Auerbach, Oelsnitz, Plauen, Schwarzenberg

und für das Kriminalamt Zwickau

der Leiter der Polizei (Polizeipräsident) des Stadtkreises Zwickau.

§ 3

1. Jeder Stadt- und jeder Landkreis errichtet ein Polizeiamt. Die Polizeiämter sind für die Angestellten ihrer Ämter Dienstbehörde.

2. Die Polizeiämter der Stadtkreise Chemnitz, Dresden, Leipzig und Zwickau führen die Bezeichnung „Polizeipräsidium". Die Polizeiämter der Stadtkreise Görlitz und Plauen führen die Bezeichnung „Polizeidirektion". Die Polizeiämter der Landkreise führen die Bezeichnung „Kreispolizeiamt".

3. Die Zusammenfassung der Polizei eines Landkreises zu Gebietsgemeinschaften bedarf der Genehmigung des Bezirkspolizeipräsidenten.

§ 4

Die Bezirkspolizeipräsidenten sind für die Angestellten der Kriminal- und Strompolizei und die Angestellten der Bezirkspolizeibehörde Dienstbehörde. Sie sind für die Kreispolizeiämter und die Polizeidirektionen Aufsichtsbehörde und erlassen die zur Durchführung ihrer Aufgaben erforderlichen Vorschriften.

§ 5

Die Polizeipräsidien, die Polizeidirektionen und die Kreispolizeiämter übernehmen alle polizeilichen Aufgaben, für die nicht andere Polizeibehörden zuständig sind.

§ 6

Das Landeskriminalamt hat die Aufgabe, die Tätigkeit der Kriminalpolizei zu überwachen, die einheitliche Ausrichtung und Geschäftsführung der Kriminalämter und Kriminaldienststellen, deren planmäßige Zusammenarbeit und die zweckentsprechende Verteilung der Angehörigen der Kriminalpolizei innerhalb des Bundeslandes zu sichern, die erforderliche Fühlung mit der Landesjustizverwaltung aufrecht zu erhalten, in kriminalpolizeilichen Fragen in ständiger Fühlung gemeinsam mit den übrigen Bundesländern zu arbeiten und den erforderlichen kriminalpolizeilichen Austausch zu pflegen, die aus kriminalpolizeilichen Ermittlungen gewonnenen Erkenntnisse von praktischem und wissenschaftlichem Wert zu sammeln, zu bearbeiten, zu verwalten und zur gleichmäßigen Ausbildung der Angehörigen der Kriminalpolizei zu verwerten, eine zentrale Einrichtung für den Erkennungs-, Nachrichten-, und Fahndungsdienst zu unterhalten.

§ 7

1. Zum Aufgabenkreis der Kriminalpolizei gehört die Verhütung, Verfolgung und Aufklärung aller Verbrechen und Vergehen. Entstehen Zweifel, ob die Bearbeitung eines Vorganges zum Aufgabengebiet der Kriminalpolizei gehört, so entscheidet darüber der Polizeipräsident – wenn notwendig, im Einvernehmen mit dem Landeskriminalamt.

2. Die Angehörigen der Kriminalpolizei haben den Ersuchen der Staatsanwaltschaft und Untersuchungsrichter sowie solchen der Amtsgerichte um Ausführung einzelner Maßnahmen und um Vornahme von Ermittlungen zu entsprechen. Sie sind, soweit sie im Vollzugsdienst tätig sind, Helfer der Staatsanwaltschaft im Sinne von § 152 Gerichtsverfassungsgesetz. Das Gleiche gilt für die Angehörigen der Ordnungs- und Strompolizei nach näherer Anweisung des Chefs der Polizei im Einvernehmen mit der Abteilung Justiz.

§ 8

1. Die Angehörigen der Ordnungs- und Strompolizei unterstehen während der Erledigung kriminalpolizeilicher Aufgaben der fachlichen Leitung und Beaufsichtigung des Leiters des zuständigen Kriminalamtes und haben dessen Aufträge und Anordnungen auszuführen.

2. Werden zur Bearbeitung eines Kriminalfalles Angehörige der Kriminalpolizei mehrerer Dienststellen herangezogen, so übernimmt der dienstälteste Angehörige der Kriminalpolizei die Leitung in der Bearbeitung des Falles. Dabei ist auf jeden Fall dem Auswärtigen, insbesondere jedoch dem Spezialisten des Landeskriminalamtes der infolge seiner Spezialausbildung gebotene Einfluß auf den Gang der Erörterungen einzuräumen.

§§ 9 – 18

(Die §§ 9 – 18 enthalten weitere detaillierte Regelungen u. a. zur Zusammenarbeit zwischen den verschiedenen Polizeizweigen untereinander und mit den Justizbehörden sowie zur Festlegung der Stärke der Polizei, zur polizeifachlichen Ausbildung der Angehörigen der Polizei, zur Genehmigung der Haushaltspläne und zur Überlassung von Liegenschaften und Material.)

§ 19

Die Polizeibehörden sind verpflichtet, mit den zuständigen Dienststellen der Besatzungsmacht in ständiger Fühlung zu bleiben und diesen Dienststellen über alle polizeilichen Vorkommnisse Auskunft zu erteilen. Sie haben Weisungen der Besatzungsmacht nur im Rahmen ihrer dienstlichen und örtlichen Zuständigkeit zu beachten.

§ 20

Für die Angehörigen des Vollzugsdienstes der Polizei gelten folgende Dienstbezeichnungen:

1. Polizeianwärter

   Während der Ausbildung und während der Ableistung der Probezeit

2. Schutzmann oder Oberschutzmann

   Angehörige der Ordnungs- und Strompolizei

3. Kriminalschutzmann oder –Oberschutzmann

   Angehörige der Kriminalpolizei

4. Polizeikommissar

   Dienstabteilungsleiter der Ordnungspolizei, Leiter einer Polizeistation mit mehr als 3 Polizisten

5. Kriminalkommissar

   Leiter einer Arbeitsgruppe der Kriminalpolizei,

   Leiter einer Kriminalstation mit mehr als 2 Polizisten

6. Polizeioberkommissar

   Vertreter des Leiters eines Polizeireviers, Leiter der Polizei einer Gebietsgemeinschaft mit mehr als 10 000 Einwohnern

7. Kriminaloberkommissar

   Leiter einer Kriminaldienststelle

8. Polizeiinspektor

   Vertreter des Leiters der Ordnungspolizei eines Kreispolizeiamtes, Leiter eines Polizeireviers, Leiter der Polizei einer Gebietsgemeinschaft mit mehr als 20 000 Einwohnern

9. Kriminalinspektor

   Fachabteilungsleiter der Kriminalpolizei, Leiter einer größeren Kriminaldienststelle

10. Polizeioberinspektor

    Leiter eines größeren Polizeireviers, Leiter einer Polizeiinspektion, Leiter der Ordnungspolizei eines Kreispolizeiamtes, Leiter der Polizei einer Gebietsgemeinschaft mit mehr als 30 000 Einwohnern, Vertreter des Kommandeurs der Ordnungspolizei in Zwickau, Plauen und Görlitz

11. Kriminaloberinspektor

    Dezernenten der Kriminalpolizei

12. Polizeirat

Leiter der Polizei einer Gebietsgemeinschaft mit mehr als 40 000 Einwohnern, Vertreter des Kommandeurs der Ordnungspolizei in Dresden, Leipzig und Chemnitz

13. Kriminalrat

    Vertreter des Leiters der Kriminalämter, Leiter der Kriminaldienststelle Plauen und Görlitz

14. Kommandeur der Ordnungspolizei

    Kommandeure in Zwickau, Plauen, Görlitz, Dresden, Leipzig und Chemnitz, Vertreter des Inspekteurs der Polizei

15. Kriminaldirektor

    Leiter der Kriminalämter Dresden, Leipzig, Chemnitz, Zwickau und Bautzen, Vertreter des Präsidenten des Landeskriminalamtes

16. Präsident des Landeskriminalamtes

17. Inspekteur der Polizei

Landesverwaltung Sachsen

1. Vizepräsident	Chef der Polizei im Bundesland Sachsen
gez. Kurt Fischer	gez. Hofmann

Entwurf eines Sächsischen Polizeigesetzes (Stand 1946/47)[1205]

Das sächsische Volk[1206] hat durch den Landtag folgendes Gesetz beschlossen:

§ 1

(1) Die Polizei hat die Demokratie, deren Einrichtungen, deren Auf- und Ausbau zu schützen [sowie] alle nazistischen und militärischen Bestrebungen zu unterbinden. Die Polizeibehörden haben im Rahmen der Gesetze die nach pflichtgemäßem Ermessen notwendigen Maßnahmen zu treffen, um von der Allgemeinheit oder dem Einzelnen Gefahren abzuwehren, durch die öffentliche Sicherheit oder Ordnung bedroht wird.

(2) Daneben haben die Polizeibehörden diejenigen Aufgaben zu erfüllen, die ihnen durch Gesetz besonders übertragen sind.

§ 2

(1) Die Polizei, mit Ausnahme der Kriminalpolizei, der Grenzpolizei und der Strompolizei, ist in dem Land Sachsen eine Angelegenheit der Kreiskommunalverbände (Landkreise) und der kreisfreien Gemeinden (Stadtkreise).

(2) Die Kriminalpolizei, die Grenzpolizei und die Strompolizei ist eine Angelegenheit des Landes.

§ 3

Die Aufsicht über die gesamte Polizei führt der Minister des Innern. Er erläßt die Bestimmungen über den Aufbau, die Gliederung, die Zuständigkeit, die Dienstregelung, die Besoldung, die Bekleidung und die Ausrüstung der Polizei.

§ 4

(1) Jeder Stadt- und Landkreis errichtet ein Polizeiamt. Die Polizeiämter sind für die bei ihnen tätigen Angestellten Dienstbehörde.

(2) Die Leiter der Polizeiämter werden durch den Minister des Innern ernannt.

[1205] SächsHStA, LRS, MdI, Nr. 138 (nicht paginiert).

[1206] Minister Kurt Fischer änderte diese Formulierung handschriftlich in „Die sächsische Bevölkerung“ ab.

§ 5

Innerhalb der Landkreise werden zur Durchführung ortspolizeilicher Aufgaben Gebietsgemeinschaften gebildet. Die Leiter der Gebietsgemeinschaften ernennt das Kreispolizeiamt nach Anhören des Kreisrates und im Einvernehmen mit dem Minister des Innern.

§ 6

Die Polizeiämter können für den Umfang ihres gesamten Amtsbezirks oder für Teile desselben Polizeiverordnungen erlassen. Die Polizeiverordnungen bedürfen der Zustimmung der zuständigen Kreistage oder Gemeindevertretungen. In Fällen, die keinen Aufschub gestatten, ist die Zustimmung nachzuholen. Erfolgt sie nicht innerhalb von 6 Wochen nach dem Tage der Veröffentlichung der Polizeiverordnung, so kann die Rechtswirksamkeit auf Antrag des Polizeiamts durch das Ministerium des Innern bestätigt werden. Erfolgt diese Bestätigung nicht innerhalb 3 Monaten, gerechnet ab dem Tage der Veröffentlichung der Polizeiverordnung, so tritt diese außer Kraft.

§ 7

Die Polizeikosten trägt das Land. Dem Land fließen sämtliche Einnahmen der Polizei zu.

§ 8

Die Durchführungsbestimmungen zu diesem Gesetz erläßt der Minister des Innern.

§ 9

Dieses Gesetz tritt mit dem Tage seiner Verkündung in Kraft. Alle diesem Gesetz entgegen- oder im Widerspruch stehenden Bestimmungen gelten mit dem gleichen Tage als aufgehoben.

Entwurf eines sächsischen Polizeigesetzes (Stand April 1947)[1207]

§ 1

Die Aufrechterhaltung von Ordnung und Sicherheit ist Selbstverwaltungsaufgabe der Stadt- und Landkreise im Rahmen der Weisungen der Landesregierung.

§ 2

Im Rahmen ihrer Zuständigkeit hat die Polizei von dieser Selbstverwaltungsaufgabe zur Aufrechterhaltung der Ordnung und Sicherheit Maßnahmen zutreffen, die ihr durch Gesetz übertragen sind.

Die Polizei hat die Einhaltung der Landesverfassung, der Gesetz des Landtags und der Verordnungen der Landeregierung zur demokratischen Entwicklung zu sichern und zu fördern.

§ 3

Die Polizei (Schutz-, Kriminal- und Verwaltungspolizei) ist Angelegenheit des Landes. Sie untersteht unmittelbar der Landesregierung - Ministerium des Innern.

§ 4

Die Dienstaufsicht über die Polizei des Landes führt der Minister des Innern.

Die Bestimmungen über den Aufbau und die Gliederung der Polizei, die Zuständigkeit ihrer Sparten, die Dienstregelung, Besoldung, Bekleidung und Ausrüstung der Polizei sowie über Einstellungen, Beförderungen und Entlassungen erläßt der Minister des Innern in Abstimmung mit den Innenministern der anderen Länder der sowjetischen Besatzungszone.

Die Kosten für die Polizei werden vom Land getragen und durch ein besonderes Polizeikostengesetz geregelt.

Die Durchführung der polizeilichen Aufgaben obliegt der Polizeiabteilung des Ministeriums des Innern unter der Leitung des Chefs der Landespolizei.

§ 5

Die Polizeiabteilung des Innenministeriums ist die Landespolizeibehörde, ihr unterstehen die Kreispolizeiämter.

Die Kreispolizeiämter sind Kreispolizeibehörden, ihnen unterstehen die Ortspolizeibehörden.

[1207] SächsHStA, LBVPS, Nr. 10, Bl. 41 ff.

§ 6

Die Kreispolizeibehörden haben den Ersuchen der Oberbürgermeister und Landräte in Rahmen der Zuständigkeit dieser zur Aufrechterhaltung von Sicherheit und Ordnung Folge zu leisten.

Die Landräte können im Einvernehmen mit dem Minister des Innern die in Absatz 1 festgelegten Rechte auf die Bürgermeister größerer Städte für ihren Zuständigkeitsbereich übertragen.

§ 7

Die in § 3 genannte Verwaltungspolizei ist zuständig für nachstehend aufgeführte Sachgebiete. Sofern bisherige polizeiliche Sachgebiete nicht hierunter aufgeführt sind, gehören sie nicht mehr zur Zuständigkeit der Polizeibehörden.

Sachgebiete:

- Polizeiverwaltungsrecht
- Polizeistrafrecht einschließlich Polizeistrafverfahren
- Paß- und Meldewesen (dabei Ausländer, Auswanderung, Staatsangehörigkeit)
- Verkehrspolizei (Zulassung und Führerscheinwesen, Prüfung und Schätzung)
- Lustbarkeitsgenehmigung (dabei Theater- und Lichtspielpolizei. Genehmigung kultureller Veranstaltungsprogramme fällt nicht darunter)
- Vereins- und Versammlungswesen
- Sprengstoff- und Waffenscheine
- Preisprüfung, Preisüberwachung
- Feld- und Forstschutz, Fischereiberechtigung

Ferner:

Solche Sachgebiete, die durch den Minister des Innern ergänzend bestimmt werden.

Bisherige polizeiliche Sachgebiete, die durch die Verwaltungspolizei nicht wahrgenommen werden, führen nicht mehr die Bezeichnung „Polizei“.

§ 8

Die Durchführungsbestimmungen zu diesem Gesetz erläßt die Landesregierung – Ministerium des Innern.

§ 9

Dieses Gesetz tritt mit dem Tag seiner Verkündung in Kraft. Alle diesem Gesetz entgegenstehenden Bestimmungen sind aufgehoben.

Rundverfügung der Polizeiabteilung des sächsischen Ministeriums des Innern Nr. 182 vom 1. Juli 1947[1208] zur Gliederung der Polizeipräsidien, Polizeidirektionen und Kreispolizeiämter in Sachsen

Landesregierung Sachsen — Dresden, den 1. Juli 1947

Ministerium des Innern — Nordallee 6

- Polizeiabteilung.-

An die

Polizeipräsidien, Polizeidirektionen, Kreispolizeiämter

Auf Vorschlag der Verwaltung des Innern und auf Anordnung der SMA wird für alle Polizeipräsidien und Polizeidirektionen folgende behördliche Gliederung vorgeschrieben:

I. Präsidialkanzlei mit der Abteilungsbezeichnung I 2 und folgender Gliederung:

1. Registratur
2. Berichtswesen mit Überwachung der Durchführung der SMA-Befehle und Verfügungen der Polizeiabteilung, Rapportstelle und Fernmeldewesen (Fernsprechvermittlung, Fernschreiber und Polizeifunk)
3. Dolmetscher

II. Verwaltung mit der Abteilungsbezeichnung I 2 A und folgender Gliederung:

1. Allgemeine Abteilung, Polizeirecht und Polizeiverordnungen
2. Abteilung Paß- und Meldewesen, Personenstand und Ausländer
3. Abteilung Verkehr mit Überwachung der Registrierung von Zulassung von Fahrzeugen, Ausgabe der Führerscheine und andere Fahrzeugdokumente, Kraftfahrzeugprüfwesen
4. Abteilung Finanzen, Haushalt- und Kassenwesen, Entlohnung
5. Abteilung Wirtschaft mit Bekleidung, Ausrüstung, Materialverwaltung, Gebäude- und Grundstücksverwaltung, Fahrbereitschaft, Betriebsküche und Wirtschaftsbetriebe

---

[1208] SächsHStA, LBVPS, 9, Bl. 200.

III. Vollzug mit der Abteilungsbezeichnung I 2 B und folgender Gliederung:

1. Abteilung Ordnungspolizei mit weiblicher Verkehrspolizei, Polizeikontrollen, Bewachungspolizei, Waffen und Munition
2. Bahnpolizei, Strompolizei (für Dresden)
3. Polizeigefängnisse, Haftlager
4. Grenzpolizei (ohne Leipzig)

IV. Personal mit der Abteilungsbezeichnung I 2 C und folgender Gliederung:

1. Personalstelle
2. Schulwesen, Aus- und Fortbildung
3. Kriminalpolizei, Kriminalpolizei, Zusammenarbeit Kriminalpolizei – Ordnungspolizei

Jeder Schriftwechsel, alle Akten usw. laufen nur unter diesen Abteilungsbezeichnungen.

Die Polizeipräsidien und Polizeidirektionen haben diese Gliederung sofort durchzuführen und die Durchführung bis zum 15. Juli 1947 der Polizeiabteilung des Ministeriums des Innern mitzuteilen. Ab 15. Juli 1947 werden im gesamten Schriftverkehr nur noch die für die einzelnen Abteilungen in dieser Verfügung genannten Abteilungsbezeichnungen geführt.

Die Kreispolizeiämter erhalten dieselbe Gliederung, jedoch wird die Unterabteilung 4 Finanzen und 5 Wirtschaft zu einer Unterabteilung 4 Finanzen und Wirtschaft zusammengelegt.

Ausgefertigt:

Dresden, den 1. Juli 1947 gez.: Hofmann

Vereinbarung über die Zuständigkeit der Deutschen Verwaltung des Innern vom 26. Juni 1947[1209]

1.

Die DVdI ist für das gesamte Polizeiwesen in der sowjetisch Besatzungszone (Schutz-, Kriminal-, Verwaltungspolizei und Bahnpolizei) zuständig:

a) Die Schutz-, Kriminal- und Verwaltungspolizei als Landespolizeien werden von der DVdI einerseits über das Ministerium des Innern der Länder und Provinzen, andererseits unmittelbar über die Polizeiabteilung des Ministeriums des Innern als Landes(Provinzial)-Polizeibehörden angeleitet und kontrolliert.

b) Die Bahnpolizei der sowjetischen Besatzungszone untersteht der DVdI direkt.

2.

Die DVdI ist im Rahmen der ihr übertragenen Rechte für nachstehend aufgeführte Arbeitsgebiete verantwortlich:

a) Aufrechterhaltung der Ordnung und Sicherheit , Maßnahmen gegen die Kriminalität und sonstige Rechtsbrecher, gegen Übertreter der Gesetze des Alliierten Kontrollrates, der SMAD und der Gesetze der Landtage und der Verordnungen der Landes(Provinzial)- Regierungen in der sowjetischen Besatzungszone;

b) Sicherung der demokratischen Entwicklung Deutschlands, Verhinderung von Sabotagen, Brandstiftungen und anderen Vergehen, die die demokratische Entwicklung stören.

3.

Zur Durchführung dieser Aufgaben arbeitet die DVdI für die Innenminister der Länder und Provinzen grundsätzliche Bestimmungen, Verordnungen und Gesetzentwürfe aus über

a) den Aufbau und die Gliederung der Polizei der Länder und Provinzen,

b) die Zuständigkeit der einzelnen Polizeisparten,

c) Einstellungs-, Laufbahn- und Beförderungs-Richtlinien der Polizei,

d) Dienstregelung und Dienststrafordnung der Polizei,

e) Aus- und Fortbildungswesen der Polizei,

f) Besoldung, Bekleidung und Ausrüstung der Polizei.

[1209] Zitiert nach Günther Glaser: Reorganisation der Polizei, S. 86 ff..

4.

Die zu 3a) bis 3f) zur Ausarbeitung kommenden grundsätzlichen Bestimmungen, Verordnungen und Gesetze werden von der DVdI nach Abstimmung mit den Innenministern der Länder und Provinzen der SMAD zur Bestätigung vorgelegt.

5.

Das gleiche Verfahren ist bei den von den Ländern und Provinzen ausgearbeiteten grundsätzlichen Bestimmungen, Verordnungen und Gesetzen anzuwenden.

6.

Die DVdI kann im Rahmen ihrer Zuständigkeit den Chefs der Landes(Provinzial)-Polizeibehörden Weisungen unmittelbar erteilen.

7.

Für die Bahnpolizei der sowjetischen Besatzungszone treten die von der DVdI erlassenen Bestimmungen, Verordnungen und Gesetze nach Abstimmung mit der Deutschen Zentralverwaltung des Verkehrs und (der) Bestätigung durch die SMAD direkt in Kraft.

8.

a) Ernennungen, Versetzungen und Entlassungen der Chefs der Landes(Provinzial)-Polizeibehörden, ihrer Stellvertreter, Ihrer Abteilungsleiter und Stellvertreter, der Polizeipräsidenten der Großstädte und ihrer Stellvertreter und der Leiter der Polizeischulen und ihrer Stellvertreter erfolgen durch den Minister des Innern nach Einverständnis des Präsidenten der DVdI und nach Bestätigung der SMAD.

b) Ernennungen, Versetzungen und Entlassungen des leitenden Personals für die Bahnpolizei erfolgen durch den Präsidenten der DVdI nach Bestätigung durch die SMAD.

9.

a) Die DVdI hat das Recht, im Rahmen ihrer Zuständigkeit zur Überprüfung und Kontrolle, Abstellung von Schwächen und Mängeln Beauftragte (Angestellte) in die Polizeibehörden der Länder und Provinzen zu entsenden.

b) Die Auswertung der Prüfungsergebnisse erfolgt nach Information des Innenministers mit dem Chef der Landes(Provinzial)-Polizeibehörde unmittelbar.

10.

Diese Vereinbarung ist für die DVdI und die fünf Minister des Innern der Länder und Provinzen der sowjetischen Besatzungszone verbindlich.

Verordnung des Chefs der Verwaltung des Innern der SMAD über die DVdI in der sowjetischen Besatzungszone vom Juli 1947[1210] – Auszug

Bestätigt: Streng vertraulich

Stellv. Oberster Chef der SMAD

Dratwin, Generalleutnant

Juli 1947

§ 1

Die DVdI leitet alle Polizeiorgane in den Provinzen und Ländern der sowjetischen Besatzungszone Deutschlands.

[...]

Die Hauptaufgabe der DVdI und aller Polizeiorgane besteht darin:

e) einen energischen Kampf gegen das Verbrechertum und die Störenfriede der öffentlichen Ordnung und Gesetze, die vom alliierten Kontrollrat, der SMAD und den demokratischen Organen der Selbstverwaltungen festgelegt wurden, zu führen,

f) den Aufbau Deutschlands nach demokratischen Grundsätzen zu fördern,

g) täglich den Schutz der Rechte der deutschen Bevölkerung, die durch Gesetze der Länder und Provinzen festgelegt sind, zu gewährleisten,

h) einen entschiedenen Kampf gegen die Nazisten und andere Verbrecher, die den demokratischen Aufbau Deutschlands hemmen, zu führen.

§ 2

Die Regierungen der Provinzen/Länder erweisen Hilfe und verwirklichen die Kontrolle über die Arbeit der Polizeiorgane an den Orten. Gleichzeitig können sie ihre Anweisungen an die Orte geben, in denen sie die SMAD davon in Kenntnis setzen.

Gesetze und Direktiven der DVdI der SBZ sind bindend für alle Polizeiorgane der Provinzen Länder und unterliegen nicht der Veränderung oder Aufhebung von Seiten der Minister des Innern der Provinzen/Länder. Die Minister des Innern der Provinzen/Länder haben das Recht, im Falle der Notwendigkeit sich mit einer Fürbitte an die DVdI zu wenden und ihre Vorschläge in Fragen des Polizeidienstes, die durch die örtlichen Verhältnisse der Provinz/des Landes bedingt sind, einzureichen.

[...]

[1210] BArch, DO 1/7.0/1, Bl. 55 ff..

Die Chefs der Polizeiverwaltungen der Provinzen/Länder sind der DVdI in der SBZ über ihre Arbeit Rechenschaft schuldig. Gleichzeitig legen sie vor den Ministern des Innern der Provinz/ des Landes Rechenschaft ab und berichten ihnen über alle Maßnahmen, die von den Polizeiorganen in der Provinz/ dem Lande durchzuführen sind.

§ 3

Die DVdI der SBZ gliedert sich wie folgt auf:

a) Sekretariat der Verwaltung

b) Personalabteilung

c) Verwaltungspolizeiabteilung

d) Kriminalabteilung

e) Schutzpolizeiabteilung

[...]

Die Polizeiverwaltungen der Provinzen/Länder bestehen aus den selben Abteilungen, wie in § 3 der vorliegenden Verordnung angegeben.

Die Aufgliederung der örtlichen unteren Polizeiorgane der Provinzen/Länder und der Polizei im Eisenbahn- und Wassertransport wird von der DVdI mit Zustimmung der Verwaltung des Innern der SMAD festgelegt.

[...]

§ 6

Die Polizeiorgane der Länder und Provinzen der SBZ werden im weiteren „Polizeiverwaltung der Provinzen“ oder „Polizeiverwaltung des Landes“ genannt, ihre Leiter „Chef der Polizeibehörde“.

[...]

§ 10

Einstellung, Ernennung und Versetzungen im Dienst und Entlassungen von Chefs der Polizeibehörden der Provinzen/Länder, ihrer Stellvertreter, der Abteilungschefs der Polizeibehörden der Provinzen/Länder und ihrer Stellvertreter, Polizeipräsidenten großer Städte und ihrer Stellvertreter erfolgt durch den Präsidenten der DVdI der SBZ unter Zustimmung der Verwaltung des Innern der SMAD auf Vorstellung und mit dem Einverständnis der örtlichen deutschen Organe der Selbstverwaltung.

[...]

§ 13

Den Abteilungen der DVdI der SBZ obliegen folgende Funktionen:

1. Sekretariat der Verwaltung

[...]

2. Personalabteilung

a) Arbeitet die Aufgliederungs- und Etatpläne der Polizeiorgane der Provinzen und Länder, der Eisenbahn- und Wasserpolizei aus.

b) [...]

c) [...]

d) Untersucht und sichtet die Akten über Disziplinarvergehen und Beschwerden über Mitarbeiter der DVdI und der Polizeiorgane der Provinzen/Länder.

e) Legt für die Polizeiorgane der SBZ die /Form der Erfassung und Berichte des Personalbestandes der Polizei und den Termin ihrer Einreichung an die DVdI fest.

f) Legt einheitliche, für die ganze Zone gültige Dienstgradbezeichnungen, Art der Bekleidung und Abzeichen für die Beamten (sic!) der Polizei der Provinzen/Länder fest.

3. Abteilung Verwaltungspolizei

Kontrolliert die Arbeit der Abteilungen der Verwaltungspolizei der Länder/Provinzen und erweist ihnen Hilfe bei derselben [...]

4. Abteilung Kriminalpolizei

Kontrolliert und erweist Hilfe bei den Arbeiten der Kripo der Provinzen/Länder im Kampf gegen das Verbrechertum der SBZ [...]

5. Abteilung Schutzpolizei

Leitet die Arbeit und leistet den Abteilungen der Schutzpolizei der Provinzen/Länder Hilfe in Fragen [...].

[...]

§ 14

Die vorliegende Verordnung wird in der Presse nicht veröffentlicht und ist ein Dokument lediglich für den Dienstgebrauch.

Juli 1947 Chef der Verwaltung des Innern der SMAD

Generalmajor Malkow

Zusammenfassung der Dissertation von Klaus-Peter Krause zum Thema:[1211]

„Die Herausbildung und Entwicklung der Deutschen Volkspolizei unter Führung der marxistisch-leninistischen Partei im Land Sachsen 1945 bis 1952“

„Die vorgelegte Dissertationsschrift zur Geschichte der sächsischen Polizei stellt ihren Entwicklungsweg von einer antifaschistisch-demokratischen Polizei, dem Machtorgan der revolutionär-demokratischen Diktatur der Arbeiter und Bauern, zu einer wahrhaften Polizei des Volkes, dem Machtorgan der Diktatur des Proletariats, dar. In überzeugender Weise wird sichtbar, daß die marxistisch-leninistische Partei, die SED, schöpferisch die Lehren der Klassiker des Marxismus-Leninismus anwandte, die Erfahrungen der KPdSU beim Aufbau der Miliz verarbeitete und zu jedem Zeitpunkt die richtige Strategie und Taktik ausgearbeitet hat. Die Führung der sächsischen Volkspolizei durch die SED war die wichtigste Quelle und Kraft ihrer Stärke. Eine Fülle von historischen Fakten, Dokumenten und Prozessen belegen, mit welcher Entschlossenheit, welcher Einsatzbereitschaft und welchem Opfermut die Angehörigen der sächsischen Volkspolizei in jeder Etappe des einheitlichen revolutionären Prozesses ihren von der Arbeiterklasse erteilten Auftrag erfüllten. Zu einem grundlegenden Wesenszug ihres Handelns entwickelte sich ihre untrennbare Verbundenheit und Treue zur Arbeiterklasse und dem ganzen werktätigen Volk sowie die Freundschaft mit dem Lande Lenins. Die sächsische Volkspolizei stand in ihrer ganzen Entwicklung fest auf den Positionen des proletarischen Internationalismus und sozialistischen Patriotismus.

Die Dissertationsschrift verdeutlicht, wie sich Disziplin, Ordnung, polizeifachliches Können und Handeln in erbitterten Klassenauseinandersetzungen mit den Feinden der demokratischen Entwicklung und des sozialistischen Aufbaus entwickelten. Gemeinsam mit den anderen Schutz- und Sicherheitsorganen trug die sächsische Volkspolizei durch politische Standhaftigkeit und Klassenwachsamkeit dazu bei, daß alle Angriffe der imperialistischen Reaktion gegen

---

[1211] Klaus-Peter Krause: Die Herausbildung und Entwicklung der Deutschen Volkspolizei, S. 136 ff. Ein Exemplar der Dissertation befindet sich heute in der Zweigbibliothek für Erziehungswissenschaften bei der Sächsischen Staats- und Universitätsbibliothek in Dresden.
Das Promotionsverfahren des Diplom-Gesellschaftswissenschaftlers und damaligen Oberstleutnants der Volkspolizei Krause wurde am 7. Juni 1989 an der Fakultät für Gesellschaftswissenschaften der Pädagogischen Hochschule „Karl Friedrich Wilhelm Wander“ Dresden abgeschlossen.

den Frieden und den Sozialismus zum Scheitern verurteilt waren. Gleichzeitig sicherte die sächsische Volkspolizei von Anfang an die demokratische Rechtsstaatlichkeit unseres Landes, wahrte die Interessen der Bürger und garantierte die Einhaltung der Menschenrechte. Mit ihrem Wirken trug die sächsische Volkspolizei wesentlich dazu bei, daß sich die Bürger in hohem Maße geborgen und sicher fühlen.

Das gesamte Wirken der sächsischen Volkspolizei war eingebettet in die objektiven gesellschaftlichen Entwicklungsprozesse der Zeit von 1945 bis 1952. Sie bewährte sich in der Durchführung der demokratischen Bodenreform, im Prozess der Enteignung der Nazi- und Kriegsverbrecher, dem Aufbau demokratischer Machtorgane, im Kampf gegen Schieber, Spekulanten und kriminelle Banden. Sie sicherte den Beginn des sozialistischen Aufbaus im ersten Arbeiter- und Bauernstaat auf deutschem Boden und trug mit ihrem Handeln aktiv dazu bei, daß sich die DDR als ein geachteter, sozialistischer Staat entwickeln konnte.

Indem die sächsische Volkspolizei zu jedem Zeitpunkt ihrer Entwicklung ihren Klassenauftrag, Gewährleistung einer hohen öffentlichen Ordnung und Sicherheit, Stärkung der Macht der Arbeiterklasse, erfüllte, trug sie dazu bei, daß der Frieden gesichert werden konnte und von deutschem Boden kein Krieg mehr ausging.“

6.4 Karten und Übersichten

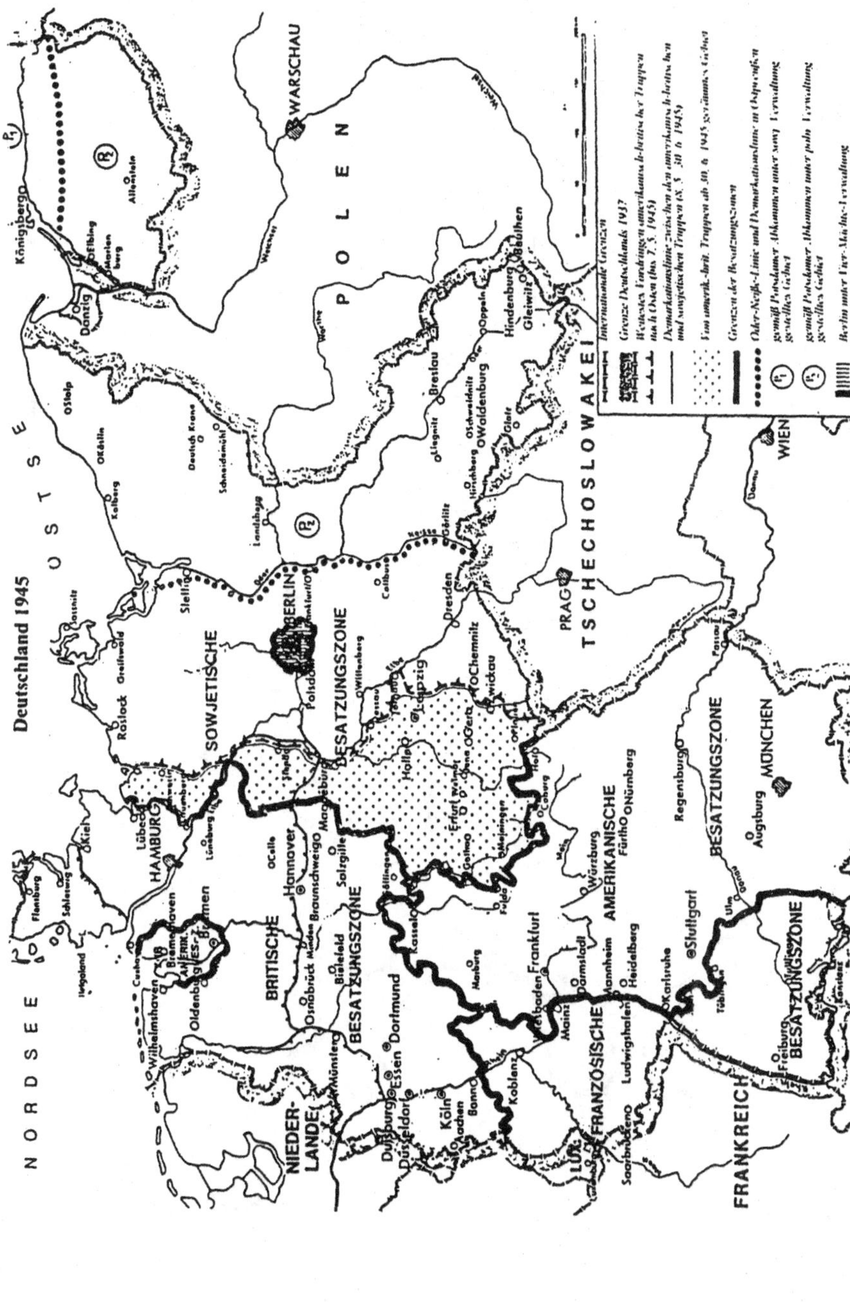

Quelle: Die Auswärtige Politik der Bundesrepublik Deutschland, hrsg. vom Auswärtigen Amt, Köln: Verlag Wissenschaft und Politik Berend von Nottbeck, 1972, Faltkarte nach S. 991.

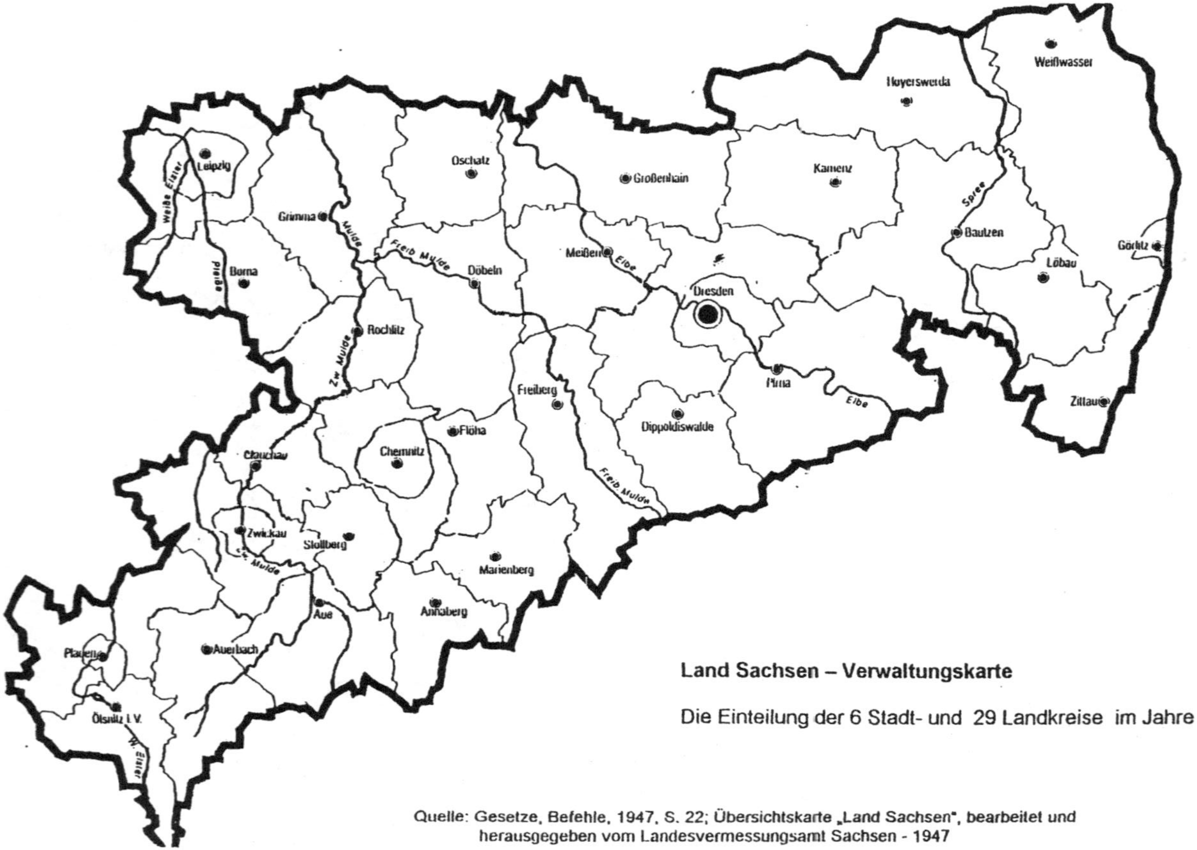

Land Sachsen – Verwaltungskarte

Die Einteilung der 6 Stadt- und 29 Landkreise im Jahre 1947

Quelle: Gesetze, Befehle, 1947, S. 22; Übersichtskarte „Land Sachsen", bearbeitet und herausgegeben vom Landesvermessungsamt Sachsen - 1947

Organisationsplan der Polizei im Land Sachsen

Leitungsebene – Stand: 1945/1946

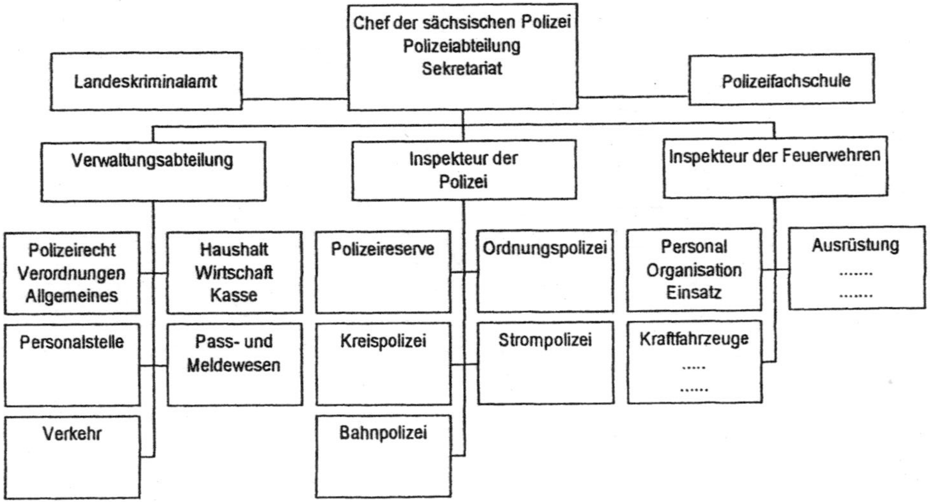

Quelle: Amtl. N. der LVS, 1945, S. 69; SächsHStA, LBVPS, Nr. 5, Bl. 13

Organisationsplan der Kriminalpolizei im Land Sachsen

Stand: Sommer 1947

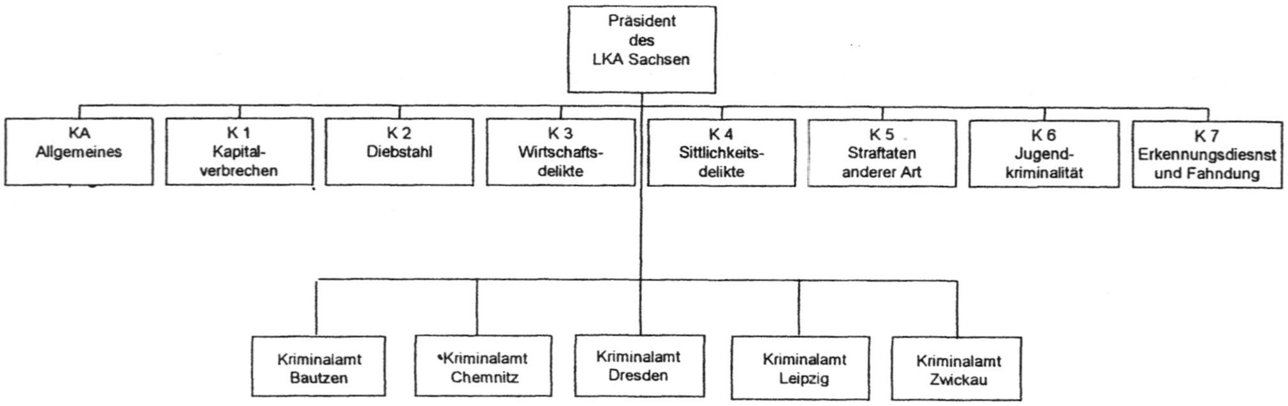

Quelle: SächsHStA, LBVPS, Nr. 120

Organisationsplan der Polizei im Land Sachsen

Leitungsebene – Stand: 1947/1948

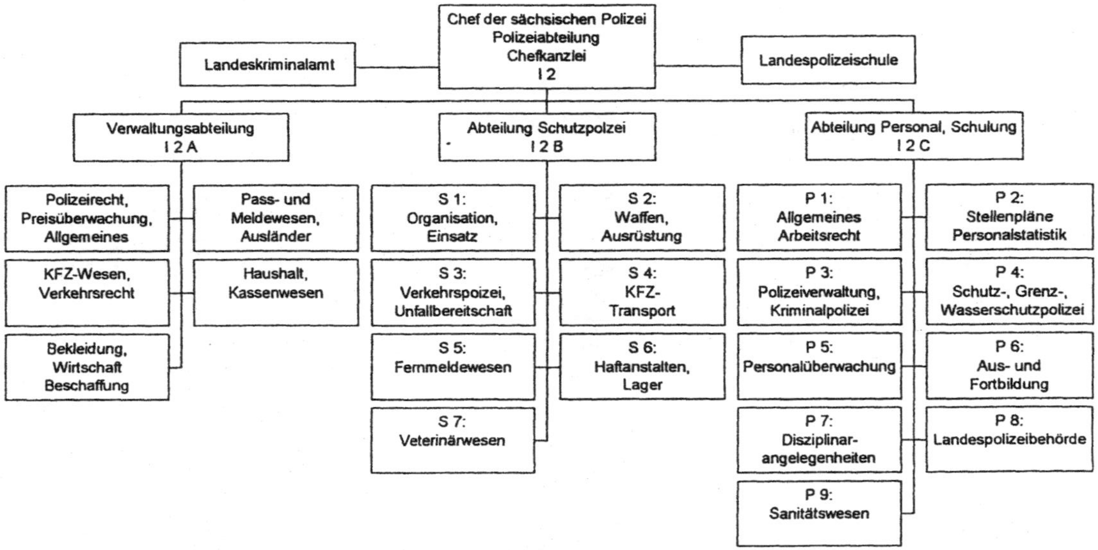

Quelle: Gesetze, Befehle, 1947, S. 549; SächsHStA, LBVPS, Nr. 163, Bl. 25

Organisations- und Strukturplan der Landespolizeibehörde Sachsen

Stand: Anfang 1949

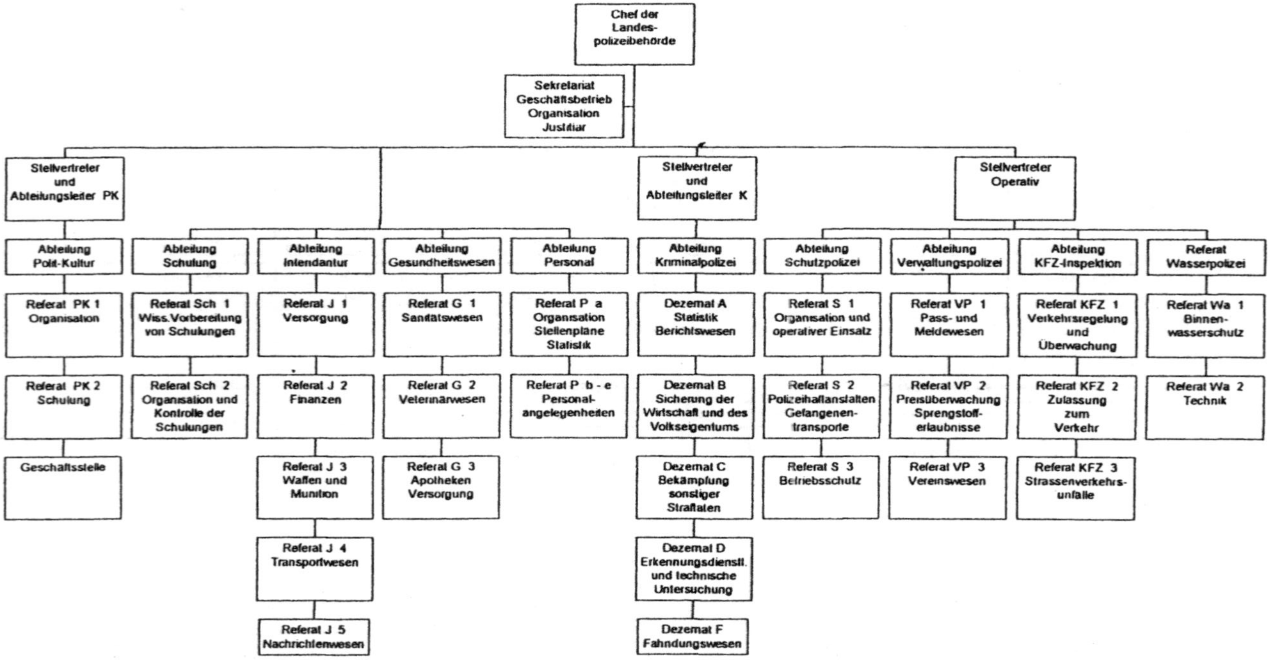

Quelle: SächsHStA, LBVPS, Nr. 163, Bl. 3 und Nr. 10, Bl. 124

FSC
www.fsc.org
MIX
Papier | Fördert
gute Waldnutzung
FSC® C083411

Kolibri 360 GmbH
Ferdinand-Jühlke-Straße 7
99095 Erfurt, Deutschland
produktsicherheit@kolibri360.de

Druck:
CPI Druckdienstleistungen GmbH
im Auftrag der
Kolibri 360 GmbH
Ferdinand-Jühlke-Str. 7
99095 Erfurt